"人类智能与人工智能"书系（第一辑）

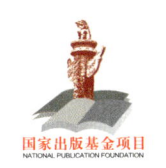

游旭群　郭秀艳　苏彦捷　主编

创造力与人工智能

CREATIVITY AND ARTIFICIAL INTELLIGENCE

周　详　祖　冲　崔虞馨 ◎ 著

陕西师范大学出版总社　西安

图书代号　ZZ24N0198

图书在版编目（CIP）数据

创造力与人工智能/周详,祖冲,崔虞馨著.—西安：陕西师范大学出版总社有限公司,2024.4
ISBN 978-7-5695-4060-4

Ⅰ.①创… Ⅱ.①周… ②祖… ③崔… Ⅲ.①认知语言学－应用－创造能力－研究②认知语言学－应用－人工智能－研究　Ⅳ.① H0-06

中国国家版本馆 CIP 数据核字（2024）第 017246 号

创造力与人工智能
CHUANGZAOLI YU RENGONG ZHINENG

周详　祖冲　崔虞馨　著

出 版 人	刘东风
出版统筹	雷永利　古　洁
责任编辑	古　洁　王红凯
责任校对	孙瑜鑫
出版发行	陕西师范大学出版总社
	（西安市长安南路 199 号　邮编 710062）
网　　址	http://www.snupg.com
印　　刷	中煤地西安地图制印有限公司
开　　本	720 mm × 1020 mm　1/16
印　　张	25.75
字　　数	369 千
版　　次	2024 年 4 月第 1 版
印　　次	2024 年 4 月第 1 次印刷
书　　号	ISBN 978-7-5695-4060-4
定　　价	98.00 元

读者购书、书店添货或发现印刷装订问题，请与本社营销部联系。
电话：（029）85307864　85303629　　传真：（029）85303879

国家社科基金后期资助项目(19FSHB010)"人机协同智能下的合作创新促进机制"、国家社科基金项目(12BSH053)"集体智慧在协同创新中的生成与应用研究"和教育部高等学校教指委教改项目(20221039)"基础学科拔尖学生合作创新能力的协同培养路径"的系列成果之一

总序

General introduction

探索心智奥秘，助力类脑智能

自 1961 年从北京大学心理系毕业到华东师范大学工作以来，我已经专注于心理学教学和研究凡六十余载。心理学于我，早已超越个人的专业兴趣，而成为毕生求索的事业；我也有幸在这六十多年里，见证心理学发生翻天覆地的变化和中国心理学的蓬勃发展。

记得我刚参加工作时，国内设立心理学系或专业的院校较少，开展心理学研究工作的学者也较少，在研究方法上主要采用较为简单的行为学测量方法。此后，科学技术的发展一日千里，随着脑功能成像技术和认知模型等在心理学研究中的应用，越来越多的心理学研究者开始结合行为、认知模型、脑活动、神经计算模型等多元视角，对心理过程进行探析。世纪之交以来，我国的心理学研究主题渐呈百花齐放之态，研究涉及注意、情绪、思维、学习、记忆、社会认知等与现实生活密切相关的众多方面，高水平研究成果不断涌现。国家也出台了一系列文件，强调要完善社会心理服务体系建设。特别是在 2016 年，国家卫生计生委、中宣部、教育部等多个部委联合出台的《关于加强心理健康服务的指导意见》提出：2030

年我国心理健康服务的基本目标为"全民心理健康素养普遍提升""符合国情的心理健康服务体系基本健全"。这些文件和意见均反映了国家对于心理学学科发展和实际应用的重视。目前，心理学已成为一门热点学科，国内众多院校设立了心理学院、心理学系或心理学专业，学生数量和从事心理学行业的专业人员数量均与日俱增，心理学学者逐渐在社会服务和重大现实问题解决中崭露头角。

心理学的蓬勃发展，还表现在心理学与经济、管理、工程、人工智能等诸多学科进行交叉互补，形成了一系列新的学科发展方向。目前，人类正在迎接第四次工业革命的到来，其核心内容就是人工智能。近几年的政府工作报告中均提到了人工智能，可以看出我国政府对人工智能发展的重视，可以说，发展人工智能是我国现阶段的一个战略性任务。心理学与人工智能之间的关系十分密切。在人工智能发展的各个阶段，心理学都起着至关重要的作用。人工智能的主要目的是模拟、延伸和扩展人的智能，并建造出像人类一样可以胜任多种任务的人工智能系统。心理学旨在研究人类的心理活动和行为规律，对人类智能进行挖掘和探索。心理学对人的认知、意志和情感所进行的研究和构建的理论模型，系统地揭示了人类智能的本质，为人工智能研究提供了模板。历数近年来人工智能领域新算法的提出和发展，其中有很多是直接借鉴和模拟了心理学研究中有关人类智能的成果。目前，人工智能已经应用到生产和生活的诸多方面，给人们带来了许多便利。然而，当前的人工智能仍属于弱人工智能，在很大程度上还只是高级的自动化而并非真正的智能；人工智能若想要更接近人类智能以达到强人工智能，就需在很多方面更加"拟人化"。人工智能在从弱人工智能向强人工智能发展的过程中，势必需要更紧密地与心理学结合，更多地借鉴人类智能的实现过程，这可能是一个解决人工智能面临发展瓶颈或者困境的有效途径。从另一个方面看，心理学的研究也可以借鉴人工智能的一些研究思路和研究模型，这对心理学来说也是一个很好的发展机会。一些心理学工作者正在开展关于人工智能的研究，并取得了傲人的成绩，但是整体看来这些研究相对分散，缺乏探索人类智能与人工智能之间关系以及如何用来解决实际问题的著作，这在一定程度上阻碍了心理学学科和人工智能学科的发展及相关人才的培养。在这样的背景下，中国心理学会出版工作委员会召集北京大学、浙江大学、复旦大学、中国科学院大学、中国科学技术大学、南开大学、陕西师范大学、华中师范大学、西南大学、南京师范大学、华南师范大学、宁波大学等单位近二十余位心理学和人工智能领域的专家学者编写"人类智能与人工智能"书系，可以说是恰逢其时且具前瞻性的。本丛书展现出心理学工作者具体的思考和研究成果，借由人工智能将成果应用转化到实际生活中，有助于解决当前教育、医疗、军事、国防等领域的现实问题，对于推动心理学和人工智能领域的深度交叉、彼此借鉴具有重要意义。

我很荣幸受邀为"人类智能与人工智能"书系撰写总序。我浏览丛书后，首先发现丛书作者均是各自研究领域内的翘楚，在研究工作和理论视域方面均拔群出萃。其次发现丛书的内容丰富，体系完整：参与撰写的近二十位作者中，既有心理学领域的专家，又有人工智能领域的学者，这种具有不同学科领域背景作者的相互紧密配合，能够从心理学视角和人工智能视角梳理人类智能和人工智能的关系，较为全面地对心理学领域和人工智能领域的研究成果进行整合。总体看来，丛书体系可分为三个模块：第一个模块主要论述人类智能与人工智能的发展史，在该模块中领域内专家学者系统梳理了人类智能和人工智能的发展历史及二者的相互联系；第二个模块主要涉及人类智能与人工智能的理论模型及算法，包括心理学研究者在注意、感知觉、学习、记忆、决策、群体心理等领域的研究成果，创建的与人类智能相关的理论模型及这些理论模型与人工智能的关系；第三个模块主要探讨人类智能与人工智能的实际应用，包括人类智能与人工智能在航空航天、教育、医疗卫生、社会生活等方面的应用，这对于解答现实重大问题是至关重要的。

"人类智能与人工智能"书系首次系统梳理了人类智能和人工智能的相关知识体系，适合作为国内高等院校心理学、人工智能等专业本科生和研究生的教学用书，可以对心理学、人工智能等专业人才的培养提供帮助；也能够为心理学、人工智能等领域研究人员的科研工作提供借鉴和启发，引导科学研究工作的进一步提升；还可以成为所有对心理学、人工智能感兴趣者的宝贵读物，帮助心理学、人工智能领域科学知识的普及。"人类智能与人工智能"书系的出版将引领和拓展心理学与人工智能学科的交叉，进一步推动人类智能与人工智能的交叉融合，使心理学与人工智能学科更好地服务国家建设和社会治理。

杨治良

2023 年 7 月于上海

前言

Introduction

一、山水创造力

大约三年前，在春日不读书的人间四月天，我欣喜受邀"西游"，赴陕西师范大学参加"人类智能与人工智能"学术研讨暨丛书编写工作会，与丛书作者们心灵绽放、激扬文字，深度探讨了书系的意义、基本结构及命名。我承担有关人类创造力与人工智能的专著，记得当时并未想好中文书名，倒是先想出个英文书名——CRE**AI**TIVITY，蓝色AI凸显于绿色creativity之间，蓝色"人工智能"（代表青山、智慧），绿色"创新"（代表绿水、仁爱）。人工智能源于人类创造力，人类创造力源于自然。自然、人类与人工智能三者相互依存、相互尊重、相互合作，才能实现人类社会的可持续发展。

试想在自然青山绿水之间，智者乐水、仁者乐山，人类创造"人工智能"时积极秉持科技向善取向，必然利益万物、生机盎然，自然之美、生命之美、工艺之美、科技之美，各美其美，美美与共。

或许，本书别称《山水创造力》方显其智仁底蕴，以及逍遥山水之畅神。

二、人智共创

有段时间见 CREATIVITY 过于严肃，于是找上海的资深广告人"艺术家/吃货老赵"对其做优化设计，鬼才老赵提议用英文字母呈现中国水墨山水画，顿感有种中西合璧的惊艳，但这类作者收费太贵，俺穷书生缺银子，只好忍痛割爱。

随后想尝试与 AI 绘画助手进行协作创新，用过图画生成的 DALLE、Midjourney、Stable Diffusion、文心一格等，未能如愿。偶然在 vivo 开发者大会听到 vivo 视觉算法总监阮晓虎先生的演讲，得知 BlueLM-Art 在文字创作和中国元素的图像生成上遥遥领先于其他竞品，为了用字母成图画，便在其 AI 绘画展台现场拜托 BlueLM-Art 的资深算法工程师罗龙强先生帮忙绘制，与罗工一通忙活之后，迭代出如下画面，虽然尚未达到我想象的调调，与真人艺术家还有一定差距，但好玩了许多，且未来可期。

总之，AI 降低了创意的技术门槛与成本，利于大众创新；人智共创中人的独到优势不可替代；除了 AI 性能，人智共创素养深刻影响创新绩效，作者的知识、技能、态度、价值观与伦理等素养都很重要。

三、导读

创造力（creativity）是人类智能的瑰宝，从改变世界的革命性科学发现、艺术家的杰作、职场中的思维火花，到日常生活中的厨艺创新，已渗透于人类活动的每一个角落。究其本质，阿马比尔（Amabile）认为创造力是"产生新颖（original）且适宜的（appropriate）产品、观点的能力"，国内学者林崇德提出，创造力是根据一定目的，运用一切已知信息，产生出某种新颖、独特，有社会价值或个人价值的产品的智力。

飞速发展的人工智能技术，数字人、机器人，包括近年来大放异彩、具备创造性的生成式 AI 正在科学、艺术、教育等领域表现出极大的助力作用。人工智能既是人类创造力的辉煌结晶，也正在逐步展现出自身的创造潜能。作为推动个人、团队和产业创新的核心利器，它也亟需创造力研究的理论支撑，才能释放其无限可能。

"人类智能与人工智能书系"的基本目标是：充分发挥心理学理论及方法对于优化人工智能基础性研究与应用推广的独特价值，提高人机增强智能，促进人机和谐共融。本书通过"概述""促进""融合""反思"4 部分内容，系统论证创造力与人工智能相互促进的理论基础与应用实例，探究两者的多领域融合，并对其互促及融合过程中面临的现实挑战进行前瞻讨论。第一部分"概述"包括第一、二、三章，在个体创造力方面探讨了创造力的概念与评估，个体创造力的认知神经基础与影响因素；在团体创造力方面探讨了团队创造力的概念与评估，形成机制与影响因素，以及打开团队创造力"黑箱"的质性研究新视角；在人工智能与心理学方面探讨了人工智能领域的过去与未来，人工智能技术的实现,以及人工智能与心理学的交互需求。第二部分"促进"包括第四、五章,在人工智能助力创造力方面探讨了人工智能支持创造力基础研究,增强个体创造力,提升团队创造力,推动产业创新,并从合作视角出发多层次探讨人工智能对创造力的赋能作用;在创造力研究助推人工智能发展方面探讨了人类创造了人工智能,创造力研究对人工智能算法与应用的增强,以及创造力研究对人工智能研究方向的启示。第三部分"融合"包括第六、七章,在计算创造力方面探讨了计算创造力与其开端,计算创造力的方法与工具,以及认知计算与社会计算取向;在人工智能的创造力方面探讨了人工智能创造力的界定,人工智能创造力的涌现,以及人工智能创造力的评估。第四部分"反思"包括第八、九章,在人工智能对创造力的潜在阻碍方面,探讨了人工智能技术的伦理风险,人工智能技术引发的威胁,人机协作中的信任危机,并以文化创意产业为例提出人工智能挑战创造力的破局之策;在人工智能创造力的问题与挑战方面,探讨了人工智能生成物的法律问题,人工智能创造力引发的人类主体性危机,并提出人机共生的发展趋势与未来展望。

四、追问

随着人工智能技术加速渗透至社会生产及人类生活当中,人机之间和谐、互惠、相依的"共生关系"已成为重要的发展趋势。在此背景下,如何充分发挥人类创造力、提升机器智能、促进人机协作创新有待创造力研究者深入探讨。其中,既需要发掘人工智能助力创造力激发、培养的有效路径,也需要考虑人工智能发展对人类创造力的潜在威胁,同时,还应当关注人机共生时代下人工智能由"辅助工具"向"协同创新搭档"乃至"独立创造者"的身份转变,探索机器创造力、人机协同创造力的概念、测量、影响因素及行为后果。

在科学问题方面，博登（Boden）认为创造力是人类智能的基本属性，也是人工智能的一大挑战，2004年曾就创造力与人工智能提出4个经典问题：（1）计算机的想法能否有助于理解人类创造力？（2）计算机能识别创造力吗？（3）计算机能做至少看起来有创造性的事情吗？（4）计算机本身能否真正是有创造力的？*Science*杂志2021年发布的125个前沿科学问题也继续针对这一主题发问："机器人或AI能否具有人类创造性？"而创造性人工智能，作为2022年度十大科学突破之一，或许让人们对上述问题有了初步答案。就此，我们再追加2个问题供读者思考：（5）计算机与人类协同工作时如何实现真正意义上的人机协同、互相促进？（6）相关伦理与治理原则是什么？

五、感谢

首先，向本书所参考和征引的文献资料作者致以深深的谢意！

其次，感谢本书依托的国家社科基金项目研究团队，集体智慧在合作创新中的生成与应用课题、人机协同创新促进机制课题研究的诸多参与者为本书提供了持续专业支持，其中，周详、祖冲、崔虞馨和张婧婧分别完成了第一、三、九章，第四、六章，第二、七章和第五、八章的撰写。

最后，感谢本书阅读者的思考与践行！当阅读者认识到人类创造力与人工智能的关系，理解人机共生时代下人-机-物全场景原生空间多元交互作用，感受复杂中的简单之美时；当阅读者创建合作文化，融贯东西方智能与智慧时，更有魅力、更负责任的人机合作创新才会发生。

周 详

2023 年秋于天津

目 录
Catalogue

第一部分 概述

第一章 个体创造力 001

第一节 创造力的概念与评估 004
一、什么是创造力 004
二、创造力的测量 013

第二节 个体创造力的认知神经基础 018
一、脑区水平——任务驱动下的协同工作 018
二、全脑水平——右脑的核心地位遭受质疑 023

第三节 个体创造力的影响因素 025
一、影响创造力的个体因素 025
二、影响创造力的环境因素 032

第二章 团队创造力 045

第一节 团队创造力的概念与评估 047
一、团队创造力的概念 047
二、团队创造力的评估 050

第二节 团队创造力的形成机制 054
一、输入 – 过程 – 输出模型 055

二、透镜模型……………………………………………… 057
　　三、动机性信息加工模型………………………………… 059
　　四、创造性综合模型……………………………………… 062
  第三节　团队创造力的影响因素…………………………… 065
　　一、成员创造力…………………………………………… 066
　　二、团队构成……………………………………………… 067
　　三、组织环境……………………………………………… 070
　　四、团队过程……………………………………………… 071
  第四节　质性研究：打开团队创造力"黑箱"的新视角… 074
　　一、互动过程分析法……………………………………… 076
　　二、社会网络分析法……………………………………… 078
　　三、认知网络分析法……………………………………… 080

第三章　人工智能与心理学……………………………………… 083
  第一节　人工智能领域的过去与未来……………………… 086
　　一、人类智力的研究……………………………………… 086
　　二、人工智能研究的哲学背景…………………………… 091
　　三、通向未来的人工智能研究…………………………… 093
  第二节　人工智能技术的实现……………………………… 097
　　一、人工智能的定义……………………………………… 097
　　二、人工智能的研究路径………………………………… 099
　　三、智能体与知识表示…………………………………… 101
　　四、人工智能的技术应用………………………………… 103
  第三节　人工智能与心理学的交互需求…………………… 110

一、心理学对人工智能研究的作用 …………………………… 110
　　二、情感计算——关注心理的人工智能技术 ………………… 113
　　三、在人机交互中理解人类心理 ……………………………… 114

第二部分　促进

第四章　人工智能助力创造力 …………………………………… 117

第一节　人工智能支持创造力基础研究 ……………………… 119
　　一、机器发现 …………………………………………………… 120
　　二、计算模拟 …………………………………………………… 122
　　三、生成式人工智能 …………………………………………… 125
　　四、智能化测评与大数据的支持 ……………………………… 127
　　五、新的问题和新的方向 ……………………………………… 129

第二节　人工智能增强个体创造力 …………………………… 133
　　一、社会构建视角 ……………………………………………… 133
　　二、技术支持视角 ……………………………………………… 134

第三节　人工智能提升团队创造力 …………………………… 140
　　一、优化知识管理与知识共享 ………………………………… 141
　　二、智能辅导系统（ITS）……………………………………… 143
　　三、人机组队带来的挑战 ……………………………………… 145

第四节　人工智能推动产业创新 ……………………………… 146
　　一、情感计算对产业创新的影响 ……………………………… 148
　　二、人工智能其他技术对其他产业创新的影响 ……………… 150

第五节　人智协同多层次赋能创造力 ·············· 152
一、人智协同创新素养的概念内涵 ················ 153
二、人智协同创新素养的赋能价值 ················ 156
三、人智协同创新素养的培育路径 ················ 158

第五章　创造力研究助推人工智能发展 ·············· 161

第一节　人类创造力发展了人工智能 ·············· 163
一、创造力对类脑智能的启发 ···················· 164
二、人工智能发展中的创造力体现 ················ 165

第二节　创造力对人工智能算法与应用的增强 ······ 175
一、创造力模型对算法的支持 ···················· 175
二、启发式算法 ································ 176
三、4P 模型的启发 ······························ 179
四、创造力对人工智能应用的支持 ················ 181

第三节　创造力研究对人工智能研究方向的启示 ···· 184
一、随机性功能实现的模型开发 ·················· 185
二、人格特质的纳入 ···························· 188
三、人机协作方向的发展 ························ 190
四、判别模块的优化 ···························· 192

第三部分　融合

第六章　计算创造力的相关研究 ···················· 195

第一节　计算创造力与其开端 ···················· 197

一、计算心理学 197
　　二、计算创造力 200
　第二节　计算创造力的方法与工具 203
　　一、与生成式人工智能有关的模型与框架 203
　　二、算法的整体概述 211
　第三节　认知计算与社会计算取向 214
　　一、认知计算 215
　　二、社会计算 219
　第四节　计算认知科学与计算创造力 223
　　一、计算认知科学 224
　　二、创造力的计算认知模型 227

第七章　人工智能的创造力 233
　第一节　人工智能创造力的界定 236
　第二节　人工智能创造力的涌现 241
　　一、文本生成 243
　　二、音乐生成 246
　　三、图像生成 248
　　四、其他领域 252
　第三节　人工智能创造力的评估 253
　　一、类比于人类创造力的评估 255
　　二、人工智能被评价为具有创造力的条件 258
　　三、人工智能生成内容的适用性与新颖性评估 261
　　四、心理学视角下人工智能创造力评价研究 263

第四部分　反思

第八章　人工智能对创造力的潜在阻碍 …… 273

第一节　人工智能技术的伦理风险 …… 275
一、人工智能算法偏见 …… 275
二、算法推荐机制下的信息茧房 …… 281
三、人工智能技术削弱人类自主性 …… 284

第二节　人工智能技术引发的威胁 …… 287
一、对人工智能的社会认知 …… 287
二、人工智能引发现实威胁 …… 289
三、人工智能引发人类独特性威胁 …… 293

第三节　人机协作中的信任危机 …… 298
一、人机协作中的信任问题 …… 298
二、人机信任对创造力绩效的影响 …… 300

第四节　人工智能挑战创造力的破局之策：以文化创意产业为例 …… 302
一、生成式 AI 与人类的创作特征对比 …… 304
二、人类创意的竞争优势解析 …… 306
三、人类创意的竞争优势实践 …… 308

第九章　人工智能创造力的问题与挑战 …… 311

第一节　人工智能生成物的法律问题 …… 313
一、人工智能生成物对现有法律制度的冲击 …… 314

二、人工智能是否能成为法律中的适格主体……………325
第二节　人工智能创造力引发的人类主体性危机……327
一、人是否仍是天之骄子？
　　——人工智能创造力挑战人类主体性……………327
二、"糖衣炮弹"——人工智能创造力与人的异化…………330
第三节　人机共生——发展趋势与未来展望…………334
一、人机关系的演变历程………………………………335
二、人机共生的概念界定………………………………336
三、关于人机共生的未来展望…………………………337

参考文献 …………………………………………………343

第一部分 概述

第一章 个体创造力

想想你是否亲历或目睹过以下情境：

小翟是公司产品研发部的员工，负责新产品和新技术的开发。其所在部门设置了创新绩效考核制度，根据考核期内员工的研发任务执行情况、取得的专利成果数等创新绩效指标来调整薪资与年终奖。

小姜是一所 985 高校的心理学专业在读研究生，导师对她的毕业论文首要要求是，内容需要有原创性和创新性。不能简单地重复前人的观点，而是需要提出独立的见解，在研究观点、结构或方法上有所突破。

老杨是一家知名餐厅的主厨，餐厅老板要求老杨所带领的厨师团队每个季度都要更换一次菜单，且新菜单中需要增加 3 道新研发的菜式，从而不断地吸引顾客。

琳琳今年刚刚升上小学三年级，她所在的学校正在大力推行 STEM 教育——科学（science）、技术（technology）、工程（engineering）、数学（mathematics）四门学科相结合的教育范式，把培养学生的创新精神、创新能力和实践能力纳入主要教育目标。

晓薇在一家上市企业中担任高层管理者，近期，在一场关于公司章程修订的高层会议中，有董事会成员强调了管理创新的重要性，提议实行组织变革，提升企业竞争力。

你或许已经发现，对创造力的需求贯穿于上述情境中。科研工作者需要有创造性的产出，管理者不断探寻管理方式的推陈出新，青少年需要在课堂中提升自身的创新能力，甚至在看似与创造力关联不强的餐饮行业中，也存在对创意的推崇。小到生活中的灵光一现，大到科学技术革命，创造力以不容忽视的姿态，广泛地扎根于人类社会当中，是人类文明蓬勃发展的推动力，也是在竞争日益激烈，环境复杂性和不确定性逐渐提升的背景下，个人、组织、国家提升绩效与竞争力的重要决定因素。

伴随着社会的信息化与智能化发展进程，创造力的重要性愈发凸显。第四次工业革命以来，大数据、云计算、人工智能等技术的迅速发展及其引发的产业革命正在重塑劳动体系，冲击着生产生活的方方面面（见图1-1）。自动化技术的普遍性应用会导致大量体力性质的、高重复性的、复杂度较低的任务或工作被取代。据新华网（2016）报道，日本智库野村综合研究所与英国牛津大学的一项合作研究显示，在日本，普通文员、出租车司机、收银员、保安、大楼清洁工、酒店客房服务员等近半数职位，可能在20年内被人工智能所取代，相对而言，教师、研究人员、美容师这类需要创造力、同情心等"人类特质"的工作被取代的可能性较低。中国研究者龚遥、彭希哲（2020）通过随机森林分类器算法，预测了人工智能应用影响下各类职业的技术潜在被替代风险，发现包括文秘、审查等职业在内的大约59.5%的中国就业岗位将在未来20年间受到人工智能的冲击。

图1-1 中国移动广西公司数字员工"瑶瑶"[1]

---

[1] 储备"元宇宙"能力 广西移动"数字员工"正式上岗 [EB/OL].(2022-05-25)[2022-08-10]. https://www.gx.chinanews.com.cn/byxx/2022-05-25/detail-ihaysxqf0559711.shtml.

尽管人类正面临着各行业工作自动化的风险，但自动化及人工智能技术在模拟或替代人类创造性工作方面仍存在局限。这也使得创造力如同一枚"护身符"，成为个体在劳动市场中保持竞争力的关键资产。创造力赋予了工作者在人工智能时代保持其独特性和不可替代性的能力，从而保障了他们的就业机会。此外，人工智能领域的持续进步可能引发工作形式、内容的巨大转变，人们需要持续习得新技能来匹配自动化所衍生的新兴岗位（如人工智能训练师），或是应对现有职位中技能要求的变化（如工作者面临更多与人工智能协同决策及问题解决的情境），届时，创造性人才的适应性及灵活性将是他们快速适应工作内容、有效处理工作挑战的关键。鉴于对创造力持续增长的需求，理解创造力的本质、评估手段及影响因素，对于深入认识并有效培养创造力至关重要，这也是本章中将要详细探讨的主题。

第一节 创造力的概念与评估

创造力作为一种普遍存在的概念，涵盖了从理论物理学的革命性发现——如爱因斯坦的相对论，到视觉艺术的杰作——比如梵高的《向日葵》，再到日常生活中厨艺的创新——诸如厨师独创的一道新菜，以及职场中思维的火花——例如员工提出的一个创新想法。这个被广泛提及的词语，似乎包罗万象，渗透于人类活动的每一个角落。然而，创造力的本质是什么？创造力是否是人们与生俱来的天赋，或是可以通过教育和培训得到发展的？评估一个人的创造力水平，我们应该采用哪些标准和工具？这些问题仍需结合创造力的定义及测量方式来进一步回答。

一、什么是创造力

阿马比尔（Amabile）（1983），创造力是"产生新颖（original）且适宜的

(appropriate)产品、观点的能力"，这也是迄今为止关于创造力最为广泛采纳与使用的定义。国内学者林崇德进一步提出，创造力是根据一定目的，运用一切已知信息，产生出某种新颖、独特，有社会价值或个人价值的产品的智力品质。这里所提到的产品并不局限于一项新技术、新工艺、新产品，也可以是一种新概念、新设想、新理论，即以各种形式存在的思维产物。基于上述界定，创造力的判定标准应当同时涵盖新颖性（推陈出新、独创、与众不同）和适用性（实用的、具有社会价值或个人价值）这两个要素。这也解释了为什么在面对一些毫无应用价值的设计时（如领口处被封死的套头衫、没有鞋底的球鞋），我们并不会将其知觉为有创造性的，而仅仅是将其知觉为"无用的"。

事实上，关于创造力的概念与结构始终存在争议，阿马比尔等人的定义中固然归纳出创造力中的两个关键性成分——新颖性与独特性，但是其中所隐含的"创造力是一种能力"的观点不足以涵盖创造力的全部研究取向。正如一些研究者认为创造性与非创造性个体具有先天性的个体差别，而另一部分研究者则强调塑造创造力的后天环境的重要性。关于创造力的文献十分纷杂且发散，涉及实验、历史测量学、心理测量学等多类研究方法，横跨教育学、管理学、生理学、心理学等众多学科。为了将已有研究内容系统性地组织在一起，多位学者相继提出了创造力的 4P 模型、4C 模型。

1. 创造力的 4P 模型

早在 1961 年，罗兹（Rhodes）在梳理既往创造力相关研究后，将创造力的概念简洁地归纳为以下四方面：创造性的人（person）、创造性过程（process）、创造性产品（product）、促进创造力产生的环境（press）。

（1）创造性的人。涉及与创造力相关的个人特质的研究，包括人格、智力、动机等方面，该领域研究者将这些个体特征视作识别高创造力者的条件。

创造性人才的人格特征被概括为：有较高的审美能力及广泛的兴趣、被复杂的事物所吸引、精力充沛、具有独立判断能力、高自主性、富有直觉、自信、能够解决或适应自我概念中明显相反或冲突的特征，以及坚信自己具有创造性。林崇德（2014）则将创造性人格归纳为冒险性、好奇心、坚持性等九个维度，并发现不同国家（中、英、日、德）青少年的创造性人格特点存在共性及差异。

关于智力与创造力的关系，大多数研究支持创造力与智力之间的正向相关。如美国心理学家吉尔福特（Guilford），这位最先唤起学界对于创造力这一领域重视的研究者，在其智力结构模型中提出创造力是智力的子集，即创造力包含在智力的维度之中（Guilford，1967）。此外，也有相似观点认为，智力实际上是创造力所需的资源之一。在"三环"模型（three-ring model）中，伦祖利（Renzulli）等人（1986）认为，当平均以上水平的智力、创造力和对任务的承诺这三个条件交汇时，才会产生天才，即创造力和智力存在部分重叠。除理论假说外，大量实证结果也显示智力是创造力的重要预测因素，两者间往往表现出高度相关。

关于动机与创造力的关系，研究最为广泛的即是依据动机产生来源对其进行内部、外部划分，并考察它们对于创造力的差异化作用。以阿马比尔为代表的研究者将内部动机视作创造性人才的核心特征，认为高创造力者倾向于受到兴趣、激情等内部动机的驱动，而非奖赏、惩罚等外部因素。

除此之外，也有观点认为创造力可能与某些消极特征相关联，如西蒙顿（Simonton）（2010）发现创造性个体在明尼苏达多项人格测验（MMPI）的临床量表及埃森克人格问卷（EPQ）——精神质量表上的得分高于平均水平。而一项针对于名人传记的研究则发现，70%~77%的诗人、音乐家、小说作家，以及59%~68%的画家、作曲家、散文作家患有不同类型的精神疾病，患病率远高于其他职业。高创造力个体与精神疾病的患者具有精神质、分裂质、妄想等人格特质（叶超群 等，2021）。

（2）创造性过程。关注创造力产生的具体心理过程。基于这一取向，有研究者将创造性过程分解为一系列连续或循环的阶段。

早在1926年，沃拉斯（Wallas）就曾提出创造性过程的四阶段模型，认为创意的产生需要经历准备期、酝酿期、明朗期和验证期。①准备期包括前期知识积累与信息搜集、对创造性问题本身的细致分析及初步尝试问题解决，这一阶段个体会有意识地努力，但可能陷入思维僵局；②酝酿期是指当个体遭遇解题困境时，暂时脱离当前问题情境的状态，在这一阶段中，潜意识水平上对于问题的加工仍在进行；③明朗期指当问题被搁置一段时间后，新颖的想法或答案突然出现在个体意识中的阶段，即我们常说的"豁然开朗"；④验证期则是个体对于明朗期答案的正确性验证（詹慧佳 等，2015）。德国化学家凯库勒（Kekule）经历对苯分子链状结构的多次验证失败后，意外在睡梦中获得了关于苯环结构的灵感，并据此进行实验验证，此过程即是创造性过程四阶段的生动写照。

在此基础上，有研究者进而提出创造性问题解决模型，包括五个阶段：①定义问题：尽可能以多种不同的方式建构问题，②检索与问题相关的知识、信息，③生成潜在的解决方案，④生成评价方案的准则，⑤选择最优方案并实施。当所选择的方案未成功运行时,这五个阶段可能会被重新启动,开始新的循环（Ma，2009）。

在创造性过程研究取向下，众多研究者关注创造性思维的核心作用，认为创造性思维是创造活动过程中个体创造性的具体表现，由于此类研究不胜枚举，将在本节的"创造性思维"部分对相关观点进行总结。

（3）创造性产品。强调应当从结果取向出发对创造力进行界定，即创造力实际上体现在个体的创造性产品当中。斯滕伯格（Sternberg）和鲁巴特（Lubart）（1997）认为，创造力潜能并不一定能够转化为现实的创造性表现，由此，应当通过产品来评判一个人是否具有创造力。相比与创造力相关的个人特质，产品作为创造力评价指标也更加客观。此处"产品"一词的内涵十分广泛。其一,"产品"是跨领域的,可以涵盖绘画、著作、编曲、舞蹈等艺术产物,发明、论文等科学成果,以及其他生活中的创造性产出(厨师研发出的新型融合菜、体操运动员创造的新动作等),不同领域的创造性产出可能需要产出者具备与之相关的知识或技能,且每个领域对于产品的评价可能遵循不同的标准;其二,"产品"未必局限于实体产物,创造性的观点、创新绩效、问题解决方案等抽象产出同样可以作为评估对象,并作为衡量个体创造力的指标;其三,"产品"所涉及的时间范畴也十分广泛,既可以对既往取得过的创造性成就进行整体评估,也可以对特定情境下个体的产出进行评价(如一项设计任务中个体的表现)。

那么,如何评价产品是否具有创造性?与上文中阿马比尔的定义相匹配,产品的原创性和实用性应当同时被纳入考量。一方面,产品应当具有一定独创性,是以往未被想到过的,或是在既有内容上有所突破、改进的;另一方面,产品本身应当是有意义的,即对于创造者自身或问题情境具备有用性,对创新环境有价值。

(4)创造性环境。罗兹将其界定为人与环境的关系。创造性产物无法脱离社会环境,因此,创意产出者在宣传其产品并接受反馈时会不可避免地受到外界影响。事实上,环境对于创造力的影响可能不仅体现于对于创新产品的反馈,还可能体现在更多层面上。

根据布朗芬布伦纳(Bronfenbrenner)(2009)的观点,人类的发展实际上是他们与外界环境中的人、对象、符号持续复杂互动的过程。而环境对于个体创造性的影响可能被归纳为4种层次。其中,对个人而言最直观的环境是包括家庭、学校、朋友群体、工作场所在内的微观系统(microsystem),这一系统也会直接影响个体的创造力,如人们需要以创造性的方式处理家庭冲突或是解决职场问题。中观系统(mesosystem)则是由一些微系统组成的,如对于孩子而言,家庭和学校相联结就构成了一个中观系统；而对于成年人而言，中观系统可能包括家庭和工作场所之间的联结。外部系统（exosystem）包括各级政府、父母或朋友的工作场所，可以阅读或收听到新闻的媒体，以及一些企业等。这一系统可以帮助个体或组织意识到当前世界上还有哪些事物需要补足或改正，从而激励创造力，如个体可能试图创造一种在实体店和网络上都还没出现的新产品。宏观系统（macrosystem）指的是影响到个体生活的社会文化条件，这与斯滕伯格所提到的时代精神十分相似，可能在人们尚未意识到的情况下，影响人们的思想和行动。

除了上述自然生活环境外，也有研究者基于行为实验等方法考察诸如时间压力、自主性、资源等情境设置如何影响个体的创造性表现，认为环境对于个体的影响也可能存在于某些操纵性情境之中。关于各类环境因素对于创造力的具体影响，我们将在本章第三节进行详细讨论。

2. 创造力的 4C 模型

2009 年，考夫曼（Kaufman）等研究者提出创造力的 4C 模型，根据其观点，以往创造力研究中存在两种不同取向：卓越的创造力（Big-C）和日常的创造力（little-c）。前者旨在了解创造性天才及讨论哪些创造性作品可能是"不朽的"，对艺术家、科学家等创造性杰出人才进行历史测量学（对历史人物的资料进行量化分析）或个案研究（聚焦个体的终身发展过程）。后者则是将目光转向普通人，认为其每天都可能参与创造性活动（如将家庭照片制成创意剪贴簿，将意大利菜和中国菜融合在一起，想出创造性的方法来解决工作中的复杂日程安排），并从这一视角出发去研究大学生、儿童、员工等人群的日常创造力。

Big-C 和 little-c 的二分法在一定程度上区分了现有的创造力类型，但两者中间区域可能存在划分模糊的问题，且 little-c 可能无法准确描述个人头脑中的（发展的）创造力。在此基础上，考夫曼提出创造力的 4C 模型，在 Big-C 与

little-c 的基础上增加了 Pro-c（专业的创造力）及 mini-c（微创造力）。

（1）Big-C（卓越的创造力）包括明确的、杰出的创造性贡献，具备这类创造力的典型人物包括爱迪生、达芬奇、毕加索、爱因斯坦、弗洛伊德等，他们对社会文化中某个重要领域做出了重大贡献，并取得了突出的成就。

（2）Pro-c（专业的创造力）适用于已达到专业水平，但尚未取得显赫地位的创造者。例如，与在生活中作画娱乐的业余绘画爱好者（little-c）不同，有些画家已具备较高的创作能力，在领域中享有一定声誉，但是显然其还未达到像达芬奇、梵高等（Big-C）一样对整个领域产生深远影响的程度。这一类别中可能包括具有一定影响力的教授、画家、作家、编曲家、厨师等专业化的创造者。

（3）little-c（日常的创造力）强调创造力在生活当中所发挥的重要作用，以及在学校、家庭、工作场所等日常生活情境中识别、培养创造力的重要性，与创造力的 4P 模型中的创造性环境领域研究关系紧密。相比于 Pro-c 和 Big-C 这两类需要专业化领域知识的创造力，litte-c 更偏向于领域一般性，即日常生活中创造力可能存在于艺术、科学、烹饪等各个方面。

（4）mini-c（微创造力）是个体对经验、行为、事件做出的新颖且对个人有意义的诠释，与日常创造力相比，微创造力甚至可能还没有形成具象化的创造力产物（如一幅画、一篇小说、一个具体方案），而仅表现为一些创造性的见解。

考夫曼进一步认为，4C 模型可能代表了人在一生中的创造力发展轨迹，反映创造力从混沌到成熟的潜在路径。如图 1-2 所示，每个人的创造力均从 mini-c 开始，这一时期创造者可能会产生某些灵感，一部分人会在这一阶段接受专业组织、机构的正规教育，作为正式学徒进入领域，经过 10 年左右的时间发展为 Pro-c；另一部分人并未接受专业指导，而是依靠自己的试探、摸索发展为 little-c。步入 little-c 阶段，有些人可能就此止步，并不期望将创造力提升到专业水平。此时,他们可能会将创造性活动作为一种持续的爱好,通过创造力来进行自我表达、整理情绪、探索新的想法或生活体验。在这种情况下,创造力本身就是一个有价值的最终目标。而另一些人可能会通过成为非正式的学徒(与年长的、更有经验的同事或导师一起工作)来渐渐将创造力发展到 Pro-c 水平。当处于 Pro-c 阶段时,个体同样面临两种可能性:其一,个体可能陷入创造的停滞状态,未在 Pro-c 的基础上有质的突破,直到其职业生涯结束不会再做出额外的重要贡献;其二,个体可能在其职业生涯中坚持创新,直至其取得巨大成就,这是创造者可能达到的最高水平,Big-C 的最终归宿是成为传奇,像爱因斯坦和牛顿一样被世人所铭记,值得注意的是,并非所有的杰出创造力都能够得到即时的认证,有些对于 Big-C 中杰出成就的认证是在创作者去世后才完成的。

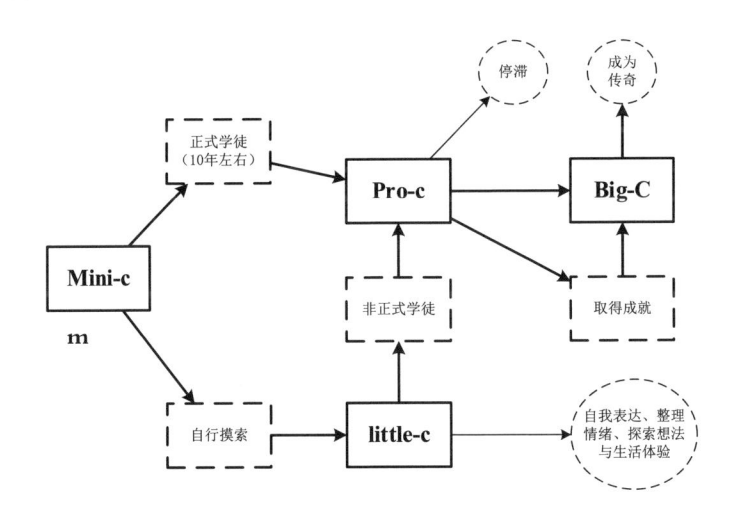

图 1-2 创造力的 4C 模型(Kaufman et al., 2009)

创造力的 4P 模型及 4C 模型分别聚焦于创造力的不同表征形式与创造力的发展历程,为更全面地理解创造力的定义、梳理创造力的相关研究做出了重要贡献,也为创造力的测量、培养提供了理论基础。

3. 创造性思维

创造性思维是创造过程中个体创造力的具体表现，也被视作创造力的核心成分，指个体产生独创且适用的观点的思维形式。也有研究者从认知神经视角对创造性思维做出定义，即创造性思维是大脑皮层区域不断地恢复联系、形成联系的过程，是以感知、记忆、思考、联想、理解等能力为基础，以综合性、探索性和求新性为特点的心智活动（张丽华 等，2006）。根据吉尔福特的观点，创造性思维包括发散性思维（divergent thinking）与聚合性思维（convergent thinking）两个维度。这一划分方式也被大量理论及实证研究沿用。

发散性思维也称作扩散性思维、辐射性思维、求异思维，是一种开放性的心理过程，强调沿着各种不同的方向去思考，旨在打破常规、寻求变异，进而产生大量独特新思想，是创造性思维活动的核心。聚合性思维（也称收敛思维、求同思维）是个体基于知识经验或传统方法来对给定信息进行分析、演绎推理，并从中获得一个最佳答案的思维形式。

发散性思维与聚合性思维同为创造力的重要成分，但二者所依赖的认知加工过程可能存在差异，聚合性思维可能依赖于较强的自上而下的控制，来指导其搜索过程，发散性思维则可能受益于低强度的自上而下的控制，以便从一个观点灵活、快速地跳转到另一个观点。从思维方向和过程上来看，发散性思维和聚合性思维具有互补的性质。发散性思维有利于个体生成大量的可能性方案、观点，而聚合性思维则有利于从所形成的诸多方案中寻找到最优解。这两类思维可能结合或交替运用于创造性过程中，如在其创造性问题解决模型中，发散性思维在第三、四阶段（生成潜在的解决方案、生成评价方案的准则）起到重要作用，而聚合性思维在第五阶段（选择最优方案并实施）起到决定性作用。

顿悟（insight）是创造性思维领域中的另一关键研究对象，尽管有观点将其归为聚合性思维的一种表现形式，认为他们都需要寻找最优或正确答案，但也有持不同意见的学者，认为发散及聚合思维仍属于意识范畴，而顿悟（类似于灵感）是带有无意识的创造性思维，突破了原有的"发散—聚合"二维度划分，因此应当作为一类独立的创造性思维被讨论。关于顿悟的定义，西蒙（Simon）认为，顿悟是"通过理解和洞察了解情境的能力或行为"，包括如下特征：①顿悟前常有一段时间的失败，并伴有挫折感；②顿悟中突然出现的是解题方案或答案即将来临的意识；③顿悟通常与一种新的问题表征方式有关；④有时顿悟前有一段"潜伏期"，在此期间个体没有有意识地注意问题（张庆林 等，2004）。通俗来讲，顿悟是个体在问题解决过程中面临障碍而停滞时，突然"灵光一现"的过程，往往伴随着"啊哈"的体验。在上文提到的沃拉斯创造性过程的四阶段模型中，从酝酿期转向明朗期的阶段，个体就经历了顿悟过程。

二、创造力的测量

到目前为止，心理学研究者依据心理测量的原则和模型，已经开发出一系列深入且多样化的创造力评估工具，能够在多个层面上捕捉创造力的细微差别。这些测量手段基本可以整合进创造力的4P模型的框架中，即从创造性的人、产品、过程及环境四方面出发，用以评估和理解创造力的各个方面。

1. 测量创造性的人

对于创造性的人的评估主要围绕人格、动机方面展开。

高夫（Gough）（1979）基于1700多名被试的测验结果编制出创造性形容词检核表，词表由30个形容词组成，其中18个与创造力正相关、12个与创造力负相关，填答者需要勾选符合自己人格特征的词语。威廉斯创造性倾向量表（Williams prefer measurement forms, WPMF）是使用较为广泛的创造性人格自评测量工具之一，包括好奇心、想象力、挑战性和冒险性四个维度（林幸台 等，1997）。林崇德编制的创造性人格问卷则包括自信心、好奇心、内部动机、怀疑性、开放性、自我接纳、独立性、冒险性、坚持性九个维度（林崇德，2014）。此外，卡特纳-托兰斯创造知觉调查表、柯顿创造力风格问卷、MBTI人格类型量表也常用于衡量与创造力相关的人格特质（徐雪芬 等，2013）。

动机方面，阿马比尔等人（1994）编制的工作倾向问卷（work preference inventory, WPI）在国内外研究中均被广泛使用，WPI包括内部动机（乐趣、挑战性）与外部动机（奖酬、他人评价）两个维度，其中内部动机维度被认为与创造力有更加紧密的关联。其他较为成熟的测量工具还包括创造性动机量表（creative motivation scale, CMS）（Torrance, 1958）、创造性态度测量（creative attitude survey, CAS）（Schaefer, 1970）等。值得一提的是，泰勒（Taylor）等人（2021）近期编制了创造性特质动机量表（creative trait motivation scale, CTM），量表由内部动机、外部动机、无动机三个维度组成，且形成了艺术、日常生活、科学三种版本，可以更有效地测量领域特殊性情境下的个体动机。

2. 测量创造性产品

同感评估技术（consensus assessment technique, CAT）是创造性产品测量中的常用方法，由几位领域内专家对某一特定产品（如广告设计、绘画作品、问题解决方案等）进行评分，评分维度包括新颖性、适宜性等方面。此处"同感"可以引申为人们对于"什么是创造力"的共识。基于创造性内隐理论的观点，人们对于创造力存在共同的内在评价标准，由此，专家在对创造性产品进行评价时，也会表现出较高的一致性。后续研究中，考虑到专家评分的应用成本较高，克罗普利（Cropley）和考夫曼（2012）编制了创造性解决方案诊断量表（creative solution diagnosis scale, CSDS），包括30道题目（每题分属一个评价维度），即便是非专家也可使用这一量表对创造性产品进行打分。

此外，也有研究者基于个体已获得的创造性成就来衡量个体创造力，这类成就可能遵循客观指标（如科研成果的数量），也可能需要个人基于自己在某些领域所获得的成就进行自评。创造性成就问卷（creative achievement questionnaire, CAQ）是较为常用的自评量表，涵盖视觉艺术、音乐、舞蹈、建筑设计、创意写作、幽默、发明、科学发现、戏剧和电影，以及烹饪艺术十个领域，需要填答者基于自身真实情况评估自己在各创造性领域中所取得的成就（Carson et al., 2005）。创造力行为清单（creative behavior inventory, CBI）也常用于创造性成就测量，包括56项与创造力有关的活动或成就，填答者报告自己是否有过类似经历并回答经历次数（Hocevar, 1979）。

3. 测量创造性过程

发散、聚合思维测验及顿悟测验是创造性过程测量的主要范式。发散思维测验常以开放性问题的形式呈现，要求作答者根据题目尽可能多地想出答案。最具代表性的测验是托兰斯（Torrance）开发的托兰斯创造性思维测验（Torrance tests of creative thinking, TTCT），包括言语及图画测验两部分，每部分又各自包含两套等效的测验（A卷及B卷）。以言语测验中"不寻常用途""产品改造"任务为例，作答者需要尽可能多地想出"空罐子"的用途、改造玩具小猴的方案（Torrance, 1972）。与之相近的还有吉尔福特所提出的替代性用途测验（alternative uses task, AUT），也需要个体针对某一常见物品（如纸箱、曲别针、砖头）想出常规用途之外的替代性用途。这两项测验通常采用客观指标对于结果进行评价，包括观点的流畅性（提出观点的数量）、灵活性（观点可以划分为多少种类别）以及新颖性（观点在所有作答者答案池出现的频率，出现频率越低表示这一观点的新颖性越高）（Guilford, 1967）。

远距离联想测验（remote associates test, RAT）常用于测量聚合性思维。每道题目中包含三个含义相隔较远的词语，需要找到并填入一个词使之与题目中的三个词都有联系，这一测验既要求作答者通过聚合思维找到三个词的交会点，也考察个体是否能在彼此关系较远的元素中建立联系（联想组织能力）。国内学者基于这一思路，参考《汉语常用词汇表》编制了中文远距离联想测验（李

良敏 等，2015），示例如：题目词语（毯、眉、发）——目标词（毛）。

常用顿悟测验包括但不局限于以下几类：其一，邓克尔蜡烛问题。在桌子上摆放三个硬纸盒，分别装着图钉、火柴盒、蜡烛，要求作答者用桌子上的这些物品将蜡烛固定在木板墙上，且保证蜡油不滴到桌面或地上。事实上，当摆脱思维定式，不再将纸盒仅作为承装物品的容器时，会发现纸盒可用作蜡烛托盘，用图钉固定在木板上。其二，字谜。国内研究者以中国传统字谜（如"孙尚香"，谜底是"娱"）作为实验材料，对顿悟的认知神经机制进行了深入探讨（吴真真 等，2008）。其三，九点问题（见图1-3）。这一任务要求作答者用一笔画出四条直线，把图中的九个点都连起来，解题关键在于突破九点围成正方形的形状范围。需要明晰的是，顿悟测验往往应用于考察顿悟的脑机制（如ERP、fMRI等结果），此类研究中，顿悟测验本身被视作一种任务情境，而非对创造力水平的直接衡量，因此，其是否可作为创造力的有效测量方式仍需进一步验证。

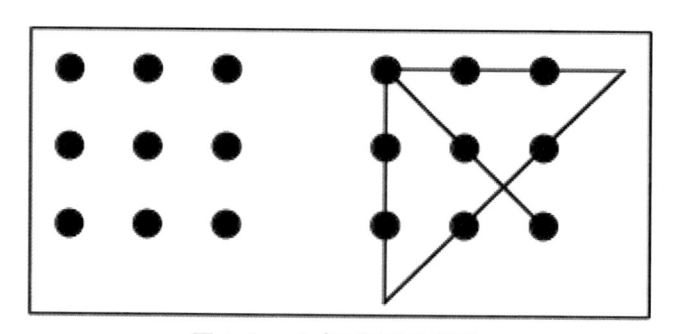

图1-3 九点问题及其答案

4. 测量创造性环境

对于创造性环境的测量在管理学领域应用最为广泛，其中，"创新氛围"是受到较多关注的环境因素。陈威豪（2006）在其对创造与创新氛围测量工具的述评研究中，通过检索SCI、SSCI、A&HCI三类国际权威期刊中的论文结果，发现组织环境中使用最为普遍的创新氛围测量工具包括以下几项：①团队氛围量表（team climate inventory, TCI）包括愿景目标、参与的安全感、任务导向、创新支持四个维度。②工作环境量表（work environment inventory, WEI）由阿马比尔及其同事编制，由创新激励、创新资源配置、创新管理技能三维度构成。③团队创新氛围评估量表（assessing the climate for creativity, KEYS）由阿马比尔等人在工作环境量表的基础上进一步改编，涉及促进、阻碍、整体标准三个方面，细分为十个维度。

此外，创新氛围评估问卷（creative climate questionnaire, CCQ）、情境扫描评估问卷（situational outlook questionnaire, SOQ）也是创新氛围的常用评估工具，在研究中被广泛使用。而考虑到东西方文化差异，也有国内研究者结合中国文化特点开发了适用于本土情境的组织创新气氛量表（郑建君，2009），包括激励机制、领导躬行、团队协力、上级支持、资源保障、组织促进、自主工作七个维度。

随着创造力研究的深化，研究者对于创造力的定义及结构划分仍在不断拓展，并开发出相应的测量工具。例如，依据创造力改变的程度，可划分为渐进性创造力与突破性创造力。渐进性创造力指所提出的观点或方案对现有框架体系进行了少量的改变和修正，而突破性创造力所涉及的观点、方案与组织现有的实践或做法完全不同，甚至可能具有颠覆性。在这一结构的基础上，有研究者开发出题项用于测量这两类创造力。此外，考夫曼（2012）从创造力的领域特殊性观点出发，编制了领域创造力量表（Kaufman domains of creativity scale, K-DOCS），衡量个体在日常、学术、表现、科学/机械和艺术创造力五个领域内的创造力水平。也有研究者聚焦于单一领域开发测量工具，如胡卫平及俞国良（2002）设计了测量科学创造力的青少年科学创造力测验（scientific creativity test for adolescents, SCTA），阿马比尔（1979）使用粘贴画任务测量个体艺术创造力，张景焕等人（2013）编制社会交往情境问题测量小学生社会创造力等。

总体而言，创造力的测量方法类目繁多，在选择测量方案时应当结合具体的研究主题、施测对象、施测情境灵活选用。也有研究者提出采用混合测验的策略（如同时对创造性人格及创造性环境进行评估），将有利于获得更全面的创造力评估结果（贡喆 等，2016）。

第二节　个体创造力的认知神经基础

随着认知神经科学的发展，越来越多的研究者认为，既往创造力相关研究中多以理论和行为探讨为主，未能阐释创造力的本质。只有从微观层面出发对创造力的脑机制进行探讨，才能透过外在表象解释创造力赖以存在的客观物质基础。大量研究聚焦于发散思维、聚合思维、顿悟等创造性思维任务及绘画、编曲等艺术创作任务过程中的脑机制，试图通过脑电（electroencephalogram, EEG）、正电子发射断层成像术（positron emission tomography, PET）、功能性磁共振成像（functional magnetic resonance imaging, fMRI）、磁共振成像（magnetic resonance imaging, MRI）、弥散张量成像（diffusion tensor imaging, DTI）等技术考察下述问题：创造力涉及哪些脑区的协同作用及哪些脑区的抑制？创造力的主要过程产生于大脑左侧还是右侧？下文将基于这两个主要问题对既往文献进行回顾。

一、脑区水平——任务驱动下的协同工作

脑电是一种应用广泛的非侵入性方法，通过在头皮上放置电极以记录大脑电活动，从而提供关于大脑功能状态的实时信息。大量研究表明，相比于推理、记忆提取、计算等常规任务，个体在完成创造性任务时，会产生更强烈的 α 波。具体而言，α 波随与创造力相关的任务需求及提出观点的原创性变化而变化，与个体的创造性水平呈正相关。相关区域涉及额叶、颞叶、顶叶中的多个脑区。

正电子发射断层扫描是核医学领域较为先进的临床检查影像技术，通过将

生命代谢中必需的某种物质标记上短寿命放射性核素并注入人体，来观测示踪剂的聚集情况并判断代谢活动情况。在一项正电子发射断层扫描研究中，研究者要求被试完成词语顿悟任务，发现创造性程序激活了前扣带回皮层、左侧缘上回、枕叶上回、颞叶回、角回、楔前叶、额叶、顶叶。布朗（Brown）等人的研究则指出，当被试把不完整的旋律创造性地结合到一起时，被激活的区域有：双侧的感觉运动区域、前感觉运动区域、外侧前运动区皮层、额叶岛盖、初级运动皮层、前脑岛皮层、听觉皮层、丘脑、基底神经节、颞叶上极、中脑、脑桥和小脑后叶；当被试把不完整的句子创造性地结合到一起的时候，被激活的区域包括：前感觉运动区域、感觉运动皮层、前感觉皮层、额叶岛盖、前扣带回皮层、前脑岛、顶叶皮层、听觉皮层、颞叶中回、海马回、额叶上回、颞叶腹侧、丘脑、基底神经节、中脑、小脑后叶，结果如图 1-4 所示，其中，红色部分代表仅在旋律生成任务中出现的激活区域，蓝色部分代表仅在造句任务中出现的激活区域，而青色部分则表示两项任务的共同激活区域。

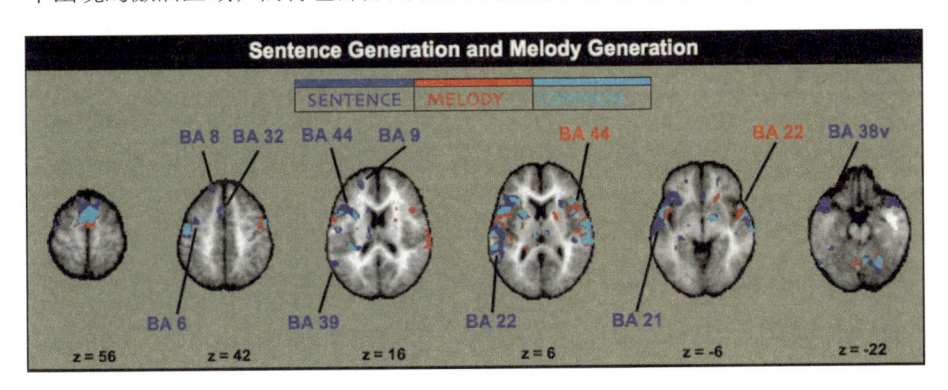

图 1-4　旋律生成与造句任务中的脑区激活（Brown et al., 2006）

除此之外，功能性磁共振成像也是创造力神经机制研究中的常用技术。这一技术基于血氧水平依赖性（BOLD）测量并映射大脑活动，其技术依据是，当一个脑区变得更加活跃时，会需要更多的氧气，导致该区域的氧合血红蛋白比例增加。既往研究基于任务态功能性磁共振成像，从言语、问题解决、音乐、美术等多方面证实了额叶在创造力中发挥的重要作用。言语方面，罗劲等研究者利用42组模糊句子和答案的顿悟任务进行测验，并发现在顿悟和困难线索的情况下，左外侧前额叶更多地被激活（Luo et al., 2004）。也有研究发现，双侧前额叶区域与思考创造性故事相关；左侧前额叶在词语关联和完成句子的时候被激活；右侧前额叶与发散式语义过程相关（Howard-Jones et al., 2005）。问题解决方面，戈尔（Goel）等研究者（2005）要求被试解决22根火柴搭成八个正方形的问题，并在任务期间进行功能性磁共振成像扫描，结果显示这一创造性问题解决任务与额叶的激活相关。汉森（Hansen）等人（2008）的研究则表明，对于字符串创造性地推理与前额叶的显著激活相关。音乐方面，现有结果存在一定争议，如部分研究表明即兴作曲与前额叶的激活相关（Bengtsson et al., 2007），然而也有研究显示即兴作曲过程与大部分前额叶区域的抑制相关，与前运动区域、感觉运动区域、初级运动皮层被激活的激活相关（Limb et al., 2008）。在美术方面，相较于普通人，艺术家完成临摹面孔的任务时，右侧额叶被更多地激活（Solso, 2001）。

弥散张量成像技术利用对于部分各向异性（Fractional Anisotropy, FA）的测量来探测轴突的整体性。具体而言，更高的各向异性意味着更高的轴突整体性，或者意味着更高的髓鞘化。成年被试中各向异性与创造力的关系研究表明，双侧前额叶、胼胝体、双侧基底神经节、双侧颞叶与顶叶连接处、右下侧顶叶处白质的各向异性的增高与被试的高创造力呈正相关。这一结果说明，白质的整体性对于创造力有着重要的作用（Takeuchi et al., 2010）。然而，也有研究发现发散性思维与左下侧前额叶白质的各向异性呈负相关，经验开放性与右下侧前额叶白质的各向异性呈负相关（见图1-5）。

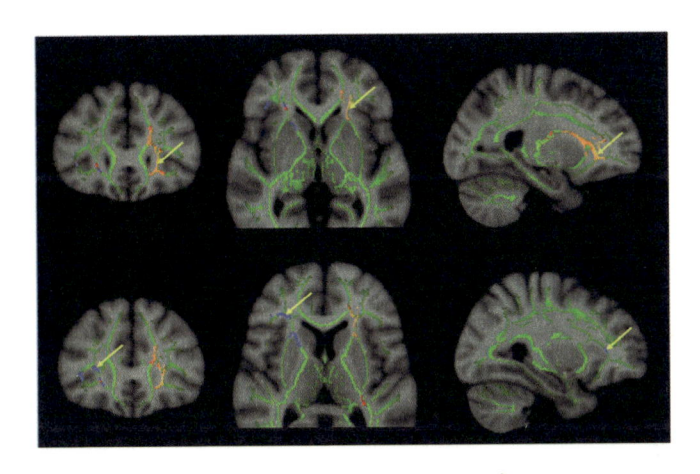

图 1-5 发散性思维（橘色/红色）和经验开放性（蓝色）与 FA 成负相关（Jung, 2010）

基于弗莱厄蒂（Flaherty）、迪特里希（Dietrich）、荣格（Jung）等人提出的不同模型可对以上结论进行解释。首先，弗莱厄蒂（2005）提出了人类创造性内驱力的三因素模型（three-factor anatomical model），颞叶可以增强创造性观点的生成，额叶影响创造性观点生成的质量，边缘系统影响新颖性的寻求和创造性的内驱力。

迪特里希（2004）从变异与选择两个方面，利用进化框架对于创造力的产生机制进行了解释。此处，变异体现为大脑中的随机活动，此处，变异指大脑持续生成新的概念组合，而选择则意味着通过评估来确定真正有创意的观点。首先，在变异方面，创造力的产生需要储存特定信息的脑区也能够重新整合一些特定的信息，即大脑中的神经通路既能处理某一种信息，也能将不同的信息联系起来。当任何一处神经通路成功地整合信息后，创造力便能够产生。也就是说，创造力的产生并不局限在大脑的某一部分，而是可以出现在任何脑区。故而，创造力是全脑各个部位相互协同的结果。其次，在选择方面，当变异产生后，前额叶负责将整合好的创造性信息提升到意识层面。从而，个体能够将创造性思维转化成创造性行为而外在地表现出来。近年来，迪特里希等及海德（Haider）（2014）利用预期框架理论对于创造力的进化框架进行了更为详尽的解释：预期能够对于信息的多样性进行计算，并基于以往的经验，对未来的行为模式进行选择。此理论将大脑分为内隐系统和外显系统。内隐系统的作用通常较短暂而精确，它处理正在进行的行为的相关信息。且内隐系统只能处理当下任务，不能处理还未发生事情的信息。外显系统通常不发生在行为正在进行的过程中，而是需要在事情还未发生时处理关于未来的信息。相较于内隐系统，外显系统不会局限于按部就班地完成信息的处理，而是旨在对未来行为进行预期。因此，外显系统需要更加灵活地处理高级的信息，如鉴别各内隐系统掌握何种信息。它的作用区域遍及整个大脑。此预期框架理论强调预期在创造力等高级认知过程的产生中的重要作用，强调创造力等高级认知功能的产生不仅仅依赖某一脑区，而应该是全脑协同作用的结果。

荣格提出了网络模型的"一级近似"理论（first approximation theory）。此理论认为，创造力等认知过程往往依赖于多个脑区所建立起的多个神经网络的共同作用。创造力的产生与执行注意神经网络（前扣带回皮层、前额叶皮层）、想象神经网络（颞叶中部、前额叶中部、后扣带回皮层、楔前叶、腹侧顶叶中部），以及任务导向的突显监测神经网络（背侧前扣带回皮层、前脑岛）密切相关。创造力的形成与执行注意神经网络的抑制、想象神经网络和突显监测神经网络的激活有关。不过，此三个神经网络共同作用而产生创造力的机制目前尚存在争议。因此，今后的相关研究可以致力于此，辨明各个神经网络之间的交互作用如何影响创造力的产生（Jung et al., 2013）。

综上，创造力的相关研究成果颇丰。虽然到目前为止仍没有一个能够得到广泛认可的结论，但不难看出额叶在创造力过程中发挥关键作用，顶叶、枕叶、颞叶、前扣带回皮层也被部分研究证实与创造力有一定关联。因此，创造力可被视为各脑区在任务导向下协同作用所产生。在未来的研究中，有望使用诸如脑功能网络分析和频次聚类分析等新技术，对多脑区参与一个创新任务及同一脑区参与多个创新任务的状况进行细分探究。

二、全脑水平——右脑的核心地位遭受质疑

数十年来，关于创造力产生于左脑还是右脑的争论从未停歇。基本观点可划分为两类：一种观点认为创造性思维是右脑主导的认知过程；另一种观点认为，创造性思维涉及左右脑信息的交互与整合。

加林（Galin）（1974）提出，相较于左脑，右脑在创造力中起到了更加重要的作用。具体而言，由于有创造力的个体体现出更多的初级认知过程，而右脑掌控着初级认知过程、左脑掌握次级认知过程，因此，创造力与右脑息息相关。实证结果也支持右脑在顿悟等创造性活动中的关键作用。库尼奥斯（Kounios）等人（2008）通过脑电方法考察顿悟的神经机制，发现高顿悟个体的右脑激活更多，而左脑激活更少。也有研究表明，高创造力的被试在完成发散思维任务时，双侧额叶都会被激活；而低创造力的被试仅仅左侧额叶被激活。此外，一项研究中利用远距离联想测验考察创造力任务中男性与女性的区别，发现对于男性来说，寻找词语的关联的初期，脑两半球的 $\beta2$ 增强。而对于女性来说，任务的初始阶段右半球 $\beta\text{-}2$ 波的增强比左半球要强烈（Razumnikova et al., 2005）。洛茨（Lotze）等人（2014）基于静息态脑功能磁共振成像的研究结果同样发现了大脑右半球连接性对于词汇创造力的重要作用。

然而，随着认知神经研究的推进，左脑在创造性过程中的重要作用也得到了验证。在一项研究中，被试需要完成对于某一音乐片段的分析、记忆和创造力任务，结果发现分析任务与大脑两半球的顶叶和颞叶区域相关，其中左半球有着主导地位；记忆任务与大脑右半球相关；创造性的任务与左半球相关（Beisteiner et al., 1994）。在视觉创造力方面，一项功能性磁共振成像研究发现，与对照组相比，视觉创造力任务更多地激活了被试的左后侧顶叶皮层、左侧前运动皮层、左背侧前额叶皮层、左前额叶皮层中部（Aziz–Zadeh et al., 2013）。

近年来，越来越多的研究支持左右大脑半球的协同作用对于创造力的积极影响。本尼迪克（Benedek）等人（2014）的发散性思维测验研究的结果表

明，左侧前额叶、右侧颞叶的激活，右侧顶叶、颞叶连接处的抑制与创造力呈正相关。有证据显示，颞叶中回、双侧中央后回之间的连接性与发散思维任务的成绩呈正相关；左侧缘上回与右侧枕叶皮层之间的连接性能够预测被试发散思维任务成绩随时间的变化（Cousijn et al., 2014）。静息态脑功能磁共振成像研究结果表明，左侧额下回与大脑默认模式网络之间的高连接性与高创造力相关（Beaty et al., 2014）；右侧额下回与双侧下顶叶皮层、左背侧前额叶皮层之间、前额叶与颞叶皮层、双侧扣带回皮层与额上回的高连接性与高创造力相关（Chen et al., 2014; Wei et al., 2014），由此可见，左右脑不同脑区之间的静息态功能连接性对于创造力的产生起着重要作用。此外，有研究者使用经颅直流电刺激（transcranial direct current stimulation, tDCS）对被试的右侧额下回进行阳极电刺激，对左侧额下回进行阴极电刺激，发现被试表现出较高的词语发散性思维。然而，如若将电极的阴阳性进行交换，则不能够得到同样的实验结果。由此，言语创造力同样需要大脑左右两侧的刺激平衡（Mayseless et al.,2015）。

基于既往理论及实证中的矛盾，也有研究者也提出了调和观点，认为左右脑在创造性过程中的作用可能与创造性任务类型有关。有学者基于静息态功能性磁共振成像结果探索双侧半球的交互模式与创造性思维的关系，对于创造性思维的测量采用了两类任务：视觉创造性任务（通过绘画等方式输出新颖且有用的创造性产物）、言语创造性任务（通过口头报告或文字书写的形式输出新颖且有用的解决方案），两类任务中均涉及对发散性思维的衡量。结果发现，视觉网络、感觉运动网络、默认网络中部分脑区的右半球偏侧化程度可以预测视觉空间发散性表现；而参与复杂语义加工（如，外侧颞叶和额下回）及认知控制加工（如，额下回、额中回和顶上小叶）的脑区在半球间的平衡性正向预测言语发散性思维表现，这一结果可能说明，视觉创造力更依赖右半球加工，而言语创造力更依赖左右脑协同（Chen et al., 2019）。

整体而言，创造性思维中涵盖发散、聚合、顿悟等多种成分，包含言语、视觉等多种任务范式，这些因素都可能导致创造性脑机制研究中的差异性结果，后续研究有必要对既往结果进行更加全面的整合，结合不同的认知神经科学技术手段、不同的创造性任务范式更加深刻地认识创造力的认知神经基础。

第三节　个体创造力的影响因素

创造力从何而来？这一议题已受到教育、管理等领域研究者与实务者的广泛关注。在上一节中，我们讨论了以往认知神经科学取向的研究者如何对创造力的本质进行探索，即考察创造性过程中的普遍性及规律性。然而，如果创造力是人们所共有的，又是哪些因素决定了创造力的高低呢？从这一问题出发，心理学家展开了一系列的理论与实证研究，并将创造力的影响因素归为内因及外因，前者涉及与创造力密切相关的个体因素（如基因、人格、情绪、动机等），后者则指向塑造、影响创造力的环境因素（如家庭、学校、工作、文化环境等）。

一、影响创造力的个体因素

个体差异始终是创造力研究中的关键取向。在大多数情况下，即使向两个人提供完全一致的创造性活动环境（如相同的任务要求、完成场所），两者的创造性过程及产出也可能存在巨大差异，在其中发挥作用的即影响创造力的个体因素。个体影响因素中不仅包含情绪状态、人格特征、动机水平，也可能涉及更深层、不易被察觉的因素，如神经递质与基因等生物学特征。

1. 生物学视角——神经递质与基因

（1）神经递质。

自从 20 世纪初期德国科学家洛伊（Loewi）证实了神经元化学传递的可能性，穿梭在神经元之间的神经递质便引起了心理学家的研究兴致。多巴胺作为一种神经递质，被认为与更积极的情绪相关，并且有利于增强人们的认知灵活性，降低对于替代性想法的抑制，而积极情绪与认知灵活性往往被视作创造力的重要预测因素，由此，多巴胺可能与创造力间存在正向关联。创造力与神经疾病的相关实证结果也在一定程度上为多巴胺与创造力间的联系提供了支持。研究表明，接受多巴胺激动剂治疗的帕金森患者会表现出艺术创造力的提升（Kulisevsky et al., 2009）。此外，精神分裂症的治疗药物多巴胺拮抗剂会降低创作动机，间接验证了多巴胺的减少会抑制创造力的产生（Flaherty, 2011）。

然而，并非高水平的多巴胺就能够提高创造力。一项研究以自主眨眼频率作为多巴胺的指标，发现多巴胺与发散性思维的灵活性指标呈倒U型关系，与聚合思维呈负相关，即中等水平的多巴胺有利于发散思维，而较高的多巴胺水平会抑制聚合思维（Chermahini et al., 2010）。综上，多巴胺可能是影响创造力的重要因素，但其对创造力的影响效果及机制可能更加复杂，需要考虑到创造力中所涉及的不同认知成分，并探索多巴胺与其他因素对于创造力的共同作用。

（2）基因。

除神经递质对创造力的影响以外，生物遗传的物质基础——基因，对于创造力的影响也已成为心理学研究热点，多巴胺递质系统基因、5-羟色胺递质系统基因等被纳入与创造力有关的重要候选基因。研究表明，多巴胺D2（dopamine receptor D2, DRD2, 位置：DRD2 TAQ IA）受体基因和色氨酸羟化酶（tryptophan hydroxylase 1, TPH1, 位置：TPH-A779C）基因与创造力相关，其中，DRD2的A1+等位基因与高水平的词语创造力相关，TPH1的A等位基因与高水平的图形和数字创造力相关（Reuter et al., 2006）。朗科（Runco）等人（2011）同样指出，DRD2基因与创造性任务表现中的流畅性相关。国内研究者张景焕及其团队在中国汉族群体当中率先展开了创造力的基因组学研究，考察儿茶酚-O-甲基转移酶基因（Catechol-O-Methyl-transferase, COMT）与DRD2基因对于创造性潜力的共同作用，发现两基因内的某些位点对言语、图形创造性任务中的流畅性、灵活性及新颖性存在交互作用（Zhang et al., 2014），以及 TPH1 与发散性思维得分存在显著关联（Zhang et al., 2017）。

2. 稳定的心理特征——人格与认知风格

（1）人格。

人格反映了个体较为稳定的心理特征，具有跨情境一致性。正如创造力的 4P 模型中所强调的，人格是创造力的重要影响因素之一。一项关于创造力与大五人格的元分析结果显示，科学、艺术两个领域中，高创造性个体都表现出更高水平的外倾性及开放性，更加有自信，雄心勃勃，好奇且开放；尽责性与创造力间的关系取决于创造力领域，在艺术领域，艺术家比非艺术家表现出更低的尽责性，更加不拘小节、缺少秩序，而在科学创造力领域，科学家比非科学家更加细心、谨慎、有自控力（Feist, 1998）。后续多项研究中也验证了外倾性的积极作用，其与创造力的四种测量方式（创造力自我评估、Welsh-Barron 成人美术量表、发散性思维测验、创造性行为清单）均存在显著的正相关。国内研究者王艳平、赵文丽（2018）以企业员工为对象，发现员工创造力与大五人格特质中的外倾性、宜人性、责任感、开放性均存在一定程度的正相关，而神经质负向预测员工创造力。基于此，大五人格与创造力的关系仍需要在多类文化背景、被试群体中，采用多种创造力测量手段进一步检验。

近期研究中也关注新型人格特质与创造力间的关联。如员工的主动性人格（主动采取措施来影响、改变周围环境，而非被动接受外在压力的一种人格特征）正向预测其创造力水平，而自恋型人格（具有高度膨胀的自我概念、自大傲慢的行为、夸张性及崇拜需要等特征）对员工创造力具有负向预测作用。

（2）认知风格。

认知风格作为重要的个体差异变量，也被视作影响创造力的关键性因素之一。认知风格指个体组织和表征信息时所呈现出的习惯性、偏好性的方式，通常划分为场独立与场依存两维度，前者在信息加工时更多依赖内部参照信息，后者更多依赖外部线索、更容易受到环境影响。大量研究结果显示，场独立风格的个体在创造力表现方面占据优势。唐殿强、吴燚（2002）在高中生群体中施测镶嵌图形测验和创造性思维测验，考察场独立与场依存学生在创造性表现上的差异，发现场独立个体在测验流畅性、灵活性、新颖性维度得分上均显著高于场依存学生。王洪礼和周玉林（2006）也验证了这一结果，在城市及农村高中生中，场独立个体均在创造力任务表现上存在优势。除行为层面的研究证据，郭蝉瑜等人（2021）从认知神经科学方面出发，对场依存-场独立认知风格影响创造性思维的大脑功能基础进行探讨，发现右侧前扣带回、右侧额中回（认知控制的关键脑区）的度中心性在认知风格和创造性思维的关系间存在部分中介效应，并据此推断独立性认知风格的个体可能具有更高的认知控制能力，从而有效集中注意力，表现出更高的认知灵活性，在创造性思维中获得更好的成绩。

3. 心理过程视角——分析性加工、情绪、动机与创造力自我效能

（1）分析性加工。

斯坦诺维奇（Stanovich）和卡尼曼（Kahneman）探讨的双加工理论指出，在人们的思维及推理活动中存在两种截然不同的信息加工系统，系统1也被称为直觉加工、经验系统，具有加工速度快、反应自动化、并行加工等特点，几乎不占用心理资源；系统2也被称为分析加工、理性系统，其典型特征则表现为缓慢的、系列的、控制的，通过逻辑推理的规则来运行，占用较多心理资源。两种加工间相互独立。近年来，分析性加工与创造力之间的关系已引发研究者广泛关注，然而，关于分析性加工是否会降低或提高创造力，存在相互矛盾的证据。我们认为，既往研究中创造力测量范式（发散性任务或聚合性任务）和分析性加工的研究取向（倾向性或情境性）的差异可能解释了这些矛盾的发现。鸿迪孜、崔虞馨、周详和翟宏堃考察了分析性加工启动如何影响个体在发散性和收敛性创造力任务中的表现，以及思维方式的调节作用。在研究1（N=155）中，参与者被分配到分析处理组或对照组，在接受启动操纵后完成聚合创造力

（RAT）和发散性创造力（AUT）任务。在研究2（N=119）中，采用与研究1不同的分析性加工的启动范式，并引入了个人经验性-理性思维风格作为调节变量。结果显示，对分析性加工的启动促进了聚合创造力，而削弱了发散创造力（研究1）。值得注意的是，分析性加工启动对发散性创造力的影响在高理性思维风格个体中显著（研究2）。这些结果表明，在分析性关系和创造力之间的关系中，应关注思维方式及创造力维度的作用（Hongdizi et al., 2023）。

（2）情绪。

情绪是研究最为广泛的创造力预测因素之一，其中，情绪效价对于创造力的影响受到了较多关注。基于拓展构建理论（broaden and build theory）观点，积极情绪而非消极情绪能够促进创造性的产生，具体解释为，积极的情绪能够拓展个体的认知范围，提升记忆信息的提取速度及思维灵活性，从而提升个体创造力，积极情绪也能够帮助个体构建持久性的生理、心理及社会资源，有助于实现个体成长；相反，消极情绪缩小了个体注意范围，降低了认知灵活性，不利于创造性表现。这一观点在实证研究中得到了验证。早在1987年，伊森（Isen）等人的研究中就发现，通过观看喜剧电影或赠送糖果启动被试的积极情绪后，被试在顿悟任务及远程思维联想测试中表现更好。张鹏程等人（2017）指出，与中性情绪组相比，感动、愉快的积极情绪体验提升了个体在科学发明创造实验问题测验中的表现。管理学领域研究同样显示，积极情绪正向预测员工创造力，而消极情绪会阻碍员工的创造力表现。

然而，也有研究得到了截然不同的结论。乔治（George）和周（Zhou）（2002）在一家大型直升机制造企业中对员工进行调查，发现当个体感知到所在组织对于创造性绩效的认可，且具有对自我情绪的清晰感知时，消极情绪对员工的创造性绩效有正向预测作用。对于这一结果，乔治基于情绪-信息理论，从情绪的信息功能视角阐释消极情绪对于创造力的积极影响，认为消极情绪所传达的信息使个体感知到当前存在需要改善的问题，从而通过增加投入来改善现状，促进创造力的提升。

为调和以往不一致的理论及实证结果，戴德鲁（De Dreu）等人（2008）进一步提出了创造力的双通道模型（dual pathway model），为解释情绪对创造力的影响提供了更为整合性的框架。理论提出，除了情绪的效价以外，情绪的另一维度——激活水平也是影响创造力的重要变量。适度激活状态下的情绪更有利于提升个体对信息的注意与整合能力，且情绪激活所伴随的多巴胺及肾上腺素分泌也有助于改善工作记忆、提高处理任务的能力。因此，激活状态下的积极情绪（如"兴奋的"）与消极情绪（如"愤怒的"）均能够促进个体的创造力，且分别经由灵活性、坚持性这两条不同的通路。具体而言，激活的积极情绪可能通过赋能认知灵活性来促进创意的生成，提升产出观点的多样性，而激活的消极情绪则可能通过强化个体的坚持和毅力，提升个体对特定问题的持续关注和深入探索，从而促进创造力的提升。

（3）动机。

动机与情绪一样，都是创造力的潜在内驱力。从来源上划分，动机可分为内部动机与外部动机，内部动机指个体受到某项任务自身趣味性与挑战性的激励而产生的参与动机，而与之相对的外部动机则是指个体由于任务之外的奖励、报酬、惩罚等因素而产生的参与动力。内部动机被视为创造力产生的必要条件，高内部动机个体受到自身兴趣及渴望的驱动，往往具有更高的专注力、持久性，付诸更多认知努力，因而更易表现出创造性。大量实证结果也表明，个体内部动机对于创造性过程投入和创造性表现均具有正向预测作用。相比之下，外部动机的作用就更具争议性，阿马比尔在其早期研究中指出，与外部动机相关的外部激励或限制因素（如外部评价、奖励、惩罚等）对于创造力有害，且外部动机与内部动机间的关系为此消彼长，外部动机的提升意味着内部动机的损害。而在后续研究中，阿马比尔更正了这一观点，认为某些情境下，外部动机可能与内部动机发挥协同作用，如当外部奖励能够给予员工更多支持或能够肯定员工价值时，外部动机会增强内部动机对于创造性绩效的积极影响。此外，也有证据指出内部动机及外部动机对于创造力的贡献可能受到创造性任务类型的影响，在连线、命名、故事任务中，内部动机与外部动机存在对任务表现的差异性贡献（薛贵 等，2001）。

福加德（Forgeard）等人（2013）在原有的内部/外部动机基础上，提出了创造性动机的第二个维度，创造性行为的目标对象（自我取向/他人取向）。他认为，有些情况下，我们从事创造性的活动并非为了自我的利益及兴趣，而可能是为了帮助他人、实现他人的诉求。这一观点的提出也唤起了创造力研究者对于亲社会动机的重视。亲社会动机指造福他人的意愿。一项元分析表明，除内部动机与创造力自我效能外，亲社会动机在预测创造力方面也具有独特的解释力。亲社会动机可能促进个体的观点采择，帮助个体跳出自身视角，提高对他人观点和需求的敏感性，促使个体在新颖性之外也关注观点对他人的有用性，从而提升个体的创造性表现。实证研究显示，亲社会动机不仅能够独立预测个体的创造力表现，也与内部动机协同促进个体创造力，当个体具有较高亲社会动机时，内部动机才能显著提升创造力（李阳 等，2015）。

（4）创造力自我效能。

"我相信自己具有创造力"是对创造力自我效能概念的简洁描述，换言之，创造力自我效能感是个体对于自己能否有创造性表现、取得创造性成果的信念。基于社会认知理论的观点，人类行为的激励因素可能是效能信念，即人相信自己具有通过行动产生效果的力量。创新观点、产品的产生、实施可能需要长时间的努力与投入，且面临失败的风险，具有高创造力自我效能的个体往往会表现出更高的自信，同时更主动地学习任务相关的技能及知识，从而在创造性活动中有更好的表现；同时，高创造力自我效能的个体即使在面对创造性过程中的失败、挫折时也能够坚持目标，能够长时间地向创造性目标前进。

实证研究中，学者关于创造力自我效能感对创造性表现的重要作用已经达成共识，黄秋风等人（2017）基于192篇中英文献进行了变革型领导与员工创新行为间关系的元分析，并探讨了内部动机及创新自我效能感这两种心理过程机制，结果显示，创造力自我效能是创造力的关键预测变量。管理学领域研究显示，创造力自我效能感不仅对于员工创新行为有直接影响，还通过提升员工的成就动机、工作卷入水平促进其创造力表现。对于小学生群体的研究同样发现，小学生的科学、数学创造力自我效能感正向预测教师对学生科学、数学创造性表达的评价。

值得关注的是，情绪、动机及创造力自我效能感这三类心理状态变量常被视作关键的中介变量，连接人格、环境因素与创造力。

二、影响创造力的环境因素

创造力并不是凭空产生的，众多创造力理论中都强调了环境在个体创造力发展中的关键作用，如创造力的4P模型、创造力的投资理论、系统理论等。创造力的4P模型将创造性的环境作为创造力的概念内涵之一，与创造性个人、产品、过程并置为创造力的四个重要研究取向。投资理论中，斯滕伯格将人的创造类比为市场上的投资，认为创造性人才就像优秀的投资人，需要在思想领域中"买低卖高"，产生一些新异的、超前的，甚至在当时是"公然对抗众人"（低买）的观点，并说服众人接受、信服这一观点，使这一观点受到追捧、产生高影响力（高卖），在这一过程中，涉及六种基本要素：智力、知识、思维风格、人格、动机和环境。系统理论中也强调，创造力是个人与环境互动的结果，涉及个体（person）、领域（domain）及学界（field）三方面，即个体的创造性观点、产品必须得到社会文化中领域内专家的认可才能够称得上具有创造力。

关于创造力环境影响因素的实证研究，不同领域研究者的侧重存在差异。如发展心理学及教育领域的研究者倾向于关注塑造创造力的家庭、学校环境，关注父母、老师、同辈如何影响儿童及青少年的创造性发展。管理学领域的研究者探索影响员工创造力、创新行为的组织环境因素，包括团队、组织氛围，工作特性等。此外，文化心理学研究者聚焦于文化环境，探讨创造力的文化差异及多元文化对于创造力的作用。

1. 家庭、学校环境因素

从发展心理学的视角出发，创造力随着年龄的增长在逐步变化，而家庭及学校环境在儿童及青少年的创造力发展中起到不容忽视的作用。

（1）家庭环境。

家庭不仅能够为儿童及青少年提供激发创造潜力的知识氛围、宽松的探索环境，也能够为孩子提供创造性发展所需要的情感支持。大量研究表明，家庭环境的知识性维度与儿童的创意自我效能及创造性思维紧密相关，家庭为儿童所提供的政治、社会、智力和文化活动等方面的知识性背景有利于儿童产生相关领域的兴趣，表现出更高的创造性。父母教养方式与小学高年级学生的社会创造力（个体在解决人际问题时产生新颖且适宜的观点、想法的能力）存在显著关联，其中，父母对于子女的自主支持正向预测学生社会创造力，而父母对于子女的心理控制负向预测社会创造力（张景焕 等，2013），这一结果提示在家庭环境中，为子女提供自由选择的机会，而非强迫子女按照父母的要求行事，有助于孩子形成积极的自我评价并进一步促进其社会创造力的发展。李文福等人（2017）对311名初高中生及大学生的创造性倾向、人格、父母教养方式进行测量，发现父母的理解与子女创造性倾向呈现显著正相关，而开放性及外倾性人格在父母教养与创造性倾向间发挥中介作用。此外，父母的创造力水平及家庭社会经济地位也是儿童创造力的重要预测因子。

（2）学校环境。

关于学校对于儿童及青少年创造力的影响。有学者认为，传统教育中的大多数测验都是基于聚合思维的需要，要求学生寻找唯一正确的答案，而排斥发散性思维，这可能不利于创造性的培养。一项研究基于元分析方法探讨影响创造力的可能变量，发现高竞争性、低冲突性的班级氛围，以及教师对创造性思维和反省思维的鼓励有利于创造力的形成。当学生有机会参与公开讨论、自我评价及自主学习时，他们的创造力得分更高，这种自主性的课堂氛围有利于增强学生对于新体验的开放性，激发好奇心（Ma, 2009）。张景焕等人（2020）等人通过一项纵向研究，考察小学高年级学生创造力的发展趋势、性别差异及学校支持的影响，发现教师支持显著预测男生创造力灵活性、流畅性的初始水平及新颖性的增长速度；教师支持的发展正向预测创造力流畅性的发展。除教师支持外，同伴支持也可能对创造性发展起到积极作用。有研究者对603名中国小学生进行施测，发现学校氛围中的三个维度，教师支持、同伴支持、自主性机会，均显著预测小学生的创造性倾向（Gao et al., 2020）。

综上所述，家庭与学校环境中的自主性支持是创造力发展的重要前提，给予孩子们自由探索、公开讨论的环境有助于激励他们追求创新、独立思考，并最终成为具有创造力的个体。家庭与学校环境也不应当孤立地看待，两者在创造力的塑造过程中共同发挥作用。

2. 组织环境因素

员工创新是组织保持、提升竞争力的基础，管理学领域研究者围绕创造力的影响因素也展开了充分的探讨。哈蒙德（Hammond）等人（2011）在其元分析中提出了员工创造力的影响因素模型（见图1-6），在这一模型中，员工创造力包括创意的产生及创意的实施两阶段，而除了我们上文提到的人格及动机因素外，环境因素（包括工作特性及情境因素）也是组织员工中创造力的重要前因变量，涉及工作复杂度、时间压力、工作自主性、领导支持及组织氛围等多方面。相似地，国内研究者汤超颖、高嘉欣（2018）将创造性情境的相关实证研究归类为三种：人际情境、任务情境及氛围情境。本小节将以这一分类作

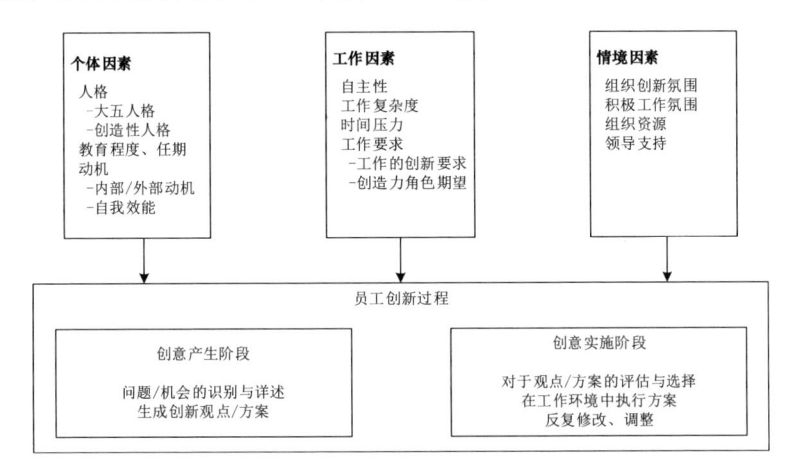

为依据，着重综述领导方式、工作特性、组织氛围对于员工创造力的预测作用。

```
┌─────────────────┐  ┌─────────────────┐  ┌─────────────────┐
│ 个体因素         │  │ 工作因素         │  │ 情境因素         │
│ 人格             │  │ 自主性           │  │ 组织创新氛围     │
│  -大五人格       │  │ 工作复杂度       │  │ 积极工作氛围     │
│  -创造性人格     │  │ 时间压力         │  │ 组织资源         │
│ 教育程度、任期   │  │ 工作要求         │  │ 领导支持         │
│ 动机             │  │  -工作的创新要求 │  │                  │
│  -内部/外部动机  │  │  -创造力角色期望 │  │                  │
│  -自我效能       │  │                  │  │                  │
└────────┬────────┘  └────────┬────────┘  └────────┬────────┘
         │                    │                    │
         ▼                    ▼                    ▼
┌─────────────────────────────────────────────────────────────┐
│                      员工创新过程                            │
│ ┌──────────────────────┐   ┌──────────────────────────┐    │
│ │ 创意产生阶段         │   │ 创意实施阶段              │    │
│ │ 问题/机会的识别与详述│   │ 对于观点/方案的评估与选择 │    │
│ │ 生成创新观点/方案    │   │ 在工作环境中执行方案      │    │
│ │                      │   │ 反复修改、调整            │    │
│ └──────────────────────┘   └──────────────────────────┘    │
└─────────────────────────────────────────────────────────────┘
```

图 1-6　组织中员工创新的影响因素（Hammond et al., 2011）

（1）领导方式。

领导者是员工的直接接触对象，也是影响员工创造力最重要的因素之一。有学者基于自我决定理论，依据领导者对于员工自主性的支持程度将领导者划分为支持型与控制型两类。支持型领导关心员工的感受和需求，鼓励员工表达自己的担忧，能够提供积极的信息型反馈，并促进员工的技能发展。这种领导形式有助于提升员工的自主性，使其对工作表现出更高的兴趣水平，从而提升创造性表现。相反，控制型领导会密切监视员工的行动，在员工本人未参与的条件下就做出决定，以控制性的方式提出反馈，并强迫员工以特定的方式思考或行事。这类领导行为会削弱员工的内部动机，降低创造性表现。

近年来，随着领导风格的提出，越来越多的研究者关注不同类型的领导风格如何影响组织中个体的创造性表现。国外学者在一项元分析中检验了13类领导风格与员工创造力及创新绩效间的关系，发现员工创造力表现与真实型、授权型、创业型领导关系密切。其中，真实型领导具有较高水平的自我意识及内化的道德准则，他们能够以平衡、道德的方式加工信息，以透明、公平的方式对待其追随者，这一领导风格有助于构建正直、真诚的工作环境，使员工产生更高水平的安全感及内部动机。授权型领导通过授权、鼓励员工自主决策，向员工分享信息及征求意见等方式表达对于下属能力的信任，这一类领导不仅能够提升员工的自我效能感，也有利于员工培养自主工作能力。创业型领导是一种结合了传统领导力与创业精神的领导风格，通过创建愿景来动员组织成员，他们会鼓励员工探索新领域、挑战现状，发现并创造独特的战略价值。

除此之外，魅力型领导、谦卑型领导、变革型领导、德行领导对于员工创造力的促进作用也被广泛验证。在近期的一项元分析研究中，林新奇等研究者（2022）发现交易型领导、伦理型领导、变革型领导、服务型领导、领导-成员交换、授权型领导、包容型领导及真实型领导均能显著正向预测员工创新绩效，且预测作用递增。

整体看来，积极的领导风格往往具备以下特征：其一，领导自身具备开放性、创新性等特质，能够通过示范效应激励员工的创新行为；其二，领导能够为员工提供富有意义的、挑战性的工作，赋予员工更多自主决策的权力，增强员工的内部动机，从而促进其创造性表现；其三，领导能够及时关注员工的需求，与员工建立更高水平的信任与更深厚的情感联结，从而为员工的创造性活动提供情感支持；其四，领导具有包容性，能够以开放、鼓励的心态回应员工创新过程中可能面临的潜在风险及不确定性，有利于员工进行创造性的尝试。

（2）工作特性。

工作特性与领导方式一样，在员工的创造力发展中发挥重要作用。从工作的复杂程度来考虑，与相对简单、常规的工作相比，复杂、具有挑战性的工作（即那些具有高度的自主性、技能多样性、重要性和反馈性的工作）会激发更高水平的动机和创造力。复杂工作可能更需要创造性的结果，同时，工作中对于多种技能的要求及其挑战性可能使员工对工作本身产生更高的兴趣，更专注地投入到工作中，也有助于其取得创造性的成果。

时间压力是工作特性的另一个重要维度，然而，其对于员工创造力的影响存在较大争议，有学者支持时间压力对于个体创新的激励作用，一项研究中基于149名员工的经验取样数据，发现时间压力可以作为一种挑战性的压力源，促进员工的日常创新与主动性行为（Ohly et al., 2010）。然而，也有研究者认为时间压力会抑制个体的创造力表现。近期，有证据表明时间压力与员工创造力间存在倒U型关系，即中等程度的时间压力对于创造力有更好的促进效果（Bare et al., 2006）。此外，在时间压力与创造力的关系中，也存在关键的调节变量，对于"怕掉面子"、持有回避动机的员工，时间压力会呈现出对创造力更强的负面效应；在高创造性人格的员工中，时间压力会促进创造性绩效的产生。

工作自主性通常指工作者在安排工作计划、确定执行程序、使用工作方法时所具有的独立处置权，即工作任务赋予个体的实际客观的决策权力。基于自我决定理论及工作特征模型的观点，工作自主性是一种理想的工作特性，与内部动机密切相关，自主的工作设置使得员工在完成任务时更加自由、独立，不受外部控制及约束，这有助于其内部动机的提升，并进一步提升员工的创造性绩效。王端旭、赵轶（2011）研究发现，工作特性中的工作自主性、技能多样性维度均能够正向预测员工创造力。此外，工作自主性对于员工创造力的影响也受到心理绩效压力、学习目标取向等因素的调节作用（Zhang et al., 2017）。

（3）组织氛围。

组织氛围是员工对于组织环境的主观知觉，内涵十分丰富，并依据适用情境发展出了不同的子概念。段锦云等人（2014）将以往研究中所涉及的组织氛围归纳为以下六类：建言氛围（对于组织是否接纳或鼓励成员建言的感知）、情绪氛围（成员对于团队情绪及团队中情绪交换的感知）、创新氛围（对于工作环境接纳、鼓励创新程度的感知）、公平氛围（对于组织分配、程序制度公平合理程度的感知）、顾客服务范围（对于组织中有利于满足顾客需要的程序、实践的感知)、心理社会安全氛围(对于组织是否重视与员工工作中心理健康、安全有关政策的实施的感知)。

随着创造力领域研究推进,研究者们将与组织中创造性产出密切相关的环境变量进行整合,提出了组织创新氛围的概念,并将其视作创造力的重要预测变量。顾远东等人(2019)在其研究中将组织创新氛围界定为:组织成员直接或间接知觉到工作环境中一组可以测量的、影响员工创新性行为表现的组织特质,包括环境自由、组织支持、团队合作、学习成长、能力发挥等,并验证了组织创新氛围通过创造力自我效能感的中介对员工创新行为的积极影响。具体而言,环境及工作自由指的是工作气氛和谐,可以自由设定工作目标与进度,不受干扰地独立工作;组织支持强调组织鼓励员工进行创新性思考及活动、不惧试错,并提供专业信息、设备、技术等方面的支持;团队合作指团队成员能够基于共同目标一起努力,在工作中信息共享、互相协助、沟通协调以解决问题和冲突;学习成长强调组织为员工提供更多学习机会,鼓励员工参与各项学习及培训;能力发挥则强调从工作内容及领导方式两方面给员工能力发挥的空间,给员工从事挑战性工作的机会,同时鼓励主管对员工的适当授权。由此,对员工创新的支持性组织氛围应当具备开放性、容错性、协作性、成长性、自主性等特点,才能够更大限度地激发员工的内部动机、增强创新自我效能,从而提升创造性表现。

3. 文化环境因素

文化一般指社会成员间共享的价值、规范、思维方式、行为及文化产品。以往关于文化因素对于创造力影响的研究主要从三方面视角展开,其一为跨文化的研究视角,关注创造力概念、过程、表现的文化差异;其二为多元文化的研究视角,关注暴露于多种文化中如何影响个体的创造力;其三为本土心理学的研究视角,从中国文化背景下提取、构建出概念框架(如中庸思维、儒家思维),

并讨论其对于中国人创造力的影响。

（1）跨文化的研究视角。

"东—西"是跨文化相关研究中最常见的划分方式，而关于东西方的创造力的比较，似乎存在根深蒂固的刻板印象，即东方文化中的创造力显著低于西方。某些证据确实支持这一观点，如以获得诺贝尔奖项的数量作为创造力的客观评价指标，东方创造力与西方存在较大差距，美国、英国、德国等人口较少的西方国家的获奖数目甚至超过了整个亚洲地区，而即便是亚洲地区中较为发达的日本，也远远落后于瑞士、荷兰等较小的西方国家。部分研究考察东西方个体在创造性任务中的表现，并支持西方创造力胜于东方的观点。一项跨文化研究中发现，德国学生（白人、亚裔）在艺术创造力任务中的得分显著高于中国学生（中国留学生、国内大学生）（Yi et al., 2013）。一项基于中美比较的研究中得到了相似的结果，美国学生表现出更高的艺术创造力，所创作的艺术作品相比于中国学生的作品更加有创意及美感（Niu et al., 2006）。著名心理学家、教育家林崇德（2010）在其关于创造性人才特征的论述中也提到，中国学生在数学等考试中的成绩表现遥遥领先，知识水平也并不落后，但是在创造性方面"缺乏后劲"。

然而，也有与之相反的现象及实证结果，例如，科学期刊中，亚洲学者所发表的文章比例正在逐年增长；微软、辉瑞等全球性公司的基础研究投资也越来越多地转向东亚的实验室。在近期一项中法比较的跨文化研究当中也发现，中国香港的学生在创造性任务的8项指标中均显著高于法国巴黎的学生（Cheung et al., 2016）。

基于以往观点、证据中的差异，文化确实会对于创造力产生不容忽视的影响，但这种影响不能简单用创造性的"高低"来概述，文化可能塑造人们对于创造力的概念界定、评价标准、创造性过程等多个方面。

大量研究显示，文化会影响个体对于创造力的构念。以东方国家为代表的集体主义文化背景下，人们将创意产品或观点的接受者反应视为评估创造力的重要标准，将个人的道德及社会贡献作为定义创造力的内隐性构念。而以西方国家为代表的个人主义文化背景下，人们强调独立与与众不同，由此，创造力更多地指向自我聚焦，即西方认为创造力指向个体成功，以及解决困难问题。学者牛卫华在关于中美文化与创造力的文章中将中国人眼中的创造力比喻为荷花，荷花从泥土中来却又富有魅力，展现出高贵与纯洁，这象征着创造性个体应当具有的高洁品质，即一个卓越的创造者应当能够成为社会模范。荷花与泥土紧密相连，即中国文化中的创造力也需要来自环境的支持、与他人合作、得到集体的认可，这意味着创造力内涵中的"适用性"相比于"新颖性"可能在东方文化背景下更关键。相比之下，美国文化下的创造力像是捕蝇草，更加注重内部及个人目标，鲜少关注创造性个体对于社会的责任，这种对于自己观点的专注可能导致杂乱的、不完整的或无用的创造性结果（Niu et al., 2013）。

对于创造力的内隐或外显构念也影响了文化中个体创造力的表达方式及对创造力的评判标准。如西方可能更加崇尚突破式创造力，试图颠覆已有的观念；而东方文化中存在着对突破式创造力的恐惧与排斥，因此个体可能在创新过程中更加审慎，在已有经验或成果的基础上通过渐进式创造力来逐步实现创新目标。关于对创造力的评价，研究指出，人们对创意的反应明显因文化而异。具体表现为，美国人倾向于赋予新颖的、幽默的、具有美感的创造性产品以更高的价值，他们关注产品的新颖性及突破性，希望产品能够在某种程度上挑战社会规范与既定的"真理"；相反，中国人更倾向于欣赏符合文化规范、对社会有益的产品，他们对于创造性产品的评价也会更多地受到创作者地位及创作物主题的影响（Lan et al., 2012）。

此外，也有研究者从文化价值观的角度进一步阐释文化对于创造力的影响，认为文化价值观中的三个维度——集体/个人主义、权力距离高/低、不确定性规避程度高/低对于创造力存在重要影响（见图1-7）。集体主义强调机体内成员的一致性、共识及相互依赖；高权力距离反映社会等级制度对于不平等具有较高的接受程度，即强者对弱者的控制程度；高不确定性规避强调为了减少不确定性及模糊性，需要维持规则、遵守既定程序。这三者均与创造力中的适用性成分存在更紧密的关联，而反之，个人主义、低权力距离、低不确定性规避被视作创造力新颖性的重要促进条件。

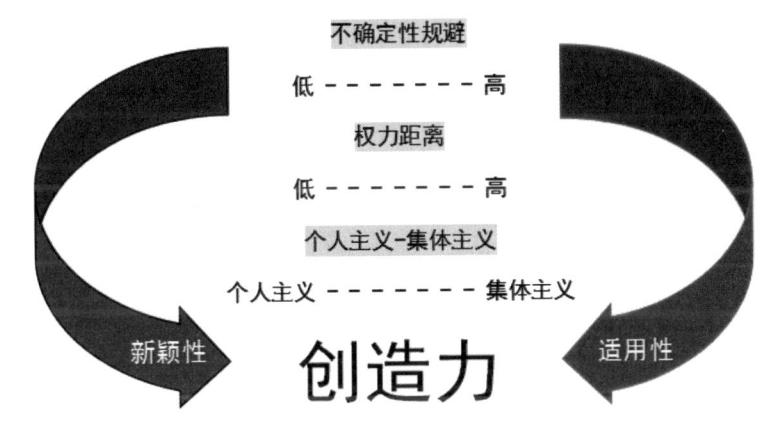

图 1-7 文化价值观与创造力新颖性 – 适用性的关系（Erez et al., 2010）

（2）多元文化的研究视角。

多元文化经验对于创造力的影响也是十余年来的研究热点。研究发现，在国外生活的时间（而非在国外旅行的时间）与创造力存在正向关联；对于曾在国外生活过的个体而言，启动外国生活的经历会暂时性地增强他们的创作倾向；而启动适应外国文化的经历可以提升其创造力（Maddux et al., 2009）。其后续研究中发现，回忆多元文化学习经历也能够促进创造力，表现为提升想法灵活性、克服功能性固着、在概念间建立新颖的联系。在一项调查中，人们的多元文化经历（包括掌握外语、父母出生地、接触其他文化的程度等指标）越高，越容易想出与众不同的送礼方案，也越倾向于采用来自其他文化的观点（Leung et al., 2010）。也有研究者将"认同"这一变量引入双文化经历（在国外生活）个体的创造力研究中，发现同时认同自己所属国文化和东道国文化的人会表现出更高水平的创造力及职业成功（Tadmor et al., 2012）。

也有证据显示，即使个体没有长期的国外生活经验，短暂地接触不同文化也会对个体创造力产生即刻与延后的积极影响。有研究以欧裔美国大学生作为研究对象，考察接触异国文化（中国文化）对于其创造力的影响，研究设置了五组文化暴露条件：不接触任何文化、仅接触美国文化、仅接触中国文化、同时接触中美两国文化（双重文化组）、接触美国与中国的混搭文化（融合文化组，如米饭做的汉堡），通过给被试呈现相关文化的展示（图片、背景音乐、音乐视频、电影预告片）来操纵文化暴露。结果发现，双重文化组与融合文化组的被试创造性表现显著高于对照组，且这种创造力的增益在5~7天后的重测阶段仍然存在（Maddux et al., 2009）。

多元文化的经历可能会激活与创造力高度相关的多种心理过程，如激发人们寻求新想法的意愿，为人们提供接触新概念的机会，鼓励个体重新审视自己的文化信仰等。为了阐释多元文化经历对于个体影响的机制，有研究者提出，多元文化经历促进了创造性思维的三种认知技能：交替、整合和包含（黄林洁琼 等，2018）。

交替涉及在两种或多种概念框架下的转换，如在国外生活的个体可能需要依据具体情境适时转换自己的行为方式，在东道国环境中表现得"入乡随俗"，在自己所属国文化环境中依赖固有的行为准则。交替能力越强的个体，往往能在创造性活动中表现出更强的灵活性。

整合指解决相互矛盾的、不一致的文化规范，如当两种文化背景出现在同一时空时，个体可能会改变行为方式，使得自己的行为表现同时能够被两类规范所认可。黄林洁琼等研究者通过一个形象的例子来阐释这一策略，一位在英国读书的巴基斯坦女孩可能以更加西式的方式来佩戴头巾，来确保自己与周围同学着装相仿，又无须担心在校园里遇到爷爷奶奶。这种通过运用新的概念来解决矛盾信息的方法也有助于提升个体的创造性表现。

包含指将两种身份合并入一个更加上位的身份当中，如认为男性和女性都是人类成员。这种自我边界的拓展有利于个体从更加广泛的认知范围中获得观点、灵感，有助于创造力的产生。

（3）本土的研究视角。

考虑到不同文化间的巨大差异，有国内心理学研究者指出，不应一味地复制西方的概念、理论及研究取向，而是应当基于中国文化的特色发展本土化的概念、理论及研究范式。基于此，有众多研究者从本土心理学的视角出发，考察诸如中庸思维等中国情境下的重要文化要素对于创造力的影响。

中庸思维是根植于中国人心底的固有思维方式之一，《论语·雍也》中最早提及中庸一词——"中庸之为德也，其至矣乎"，蔡元培认为中庸的核心理念在于异中求同、兼容并包。心理学研究者将中庸思维定义为注重自我约束，不随一己心情行动，关注行动对他人的后果，选择最佳行动方案的思维方式，包含三方面的特点：①擅于从多角度思考；②擅于整合外在环境信息及个人内在想法；③以和谐作为行为准则，关注行为的可能后果（沈伊默 等，2019）。

随着中庸一词内涵的明确，研究者开始关注中庸思维对于创造力的潜在影响，张光曦、古昕宇（2015）发现，中庸思维中的整合性与和谐性两维度正向预测员工的创造力，且员工满意度在其中发挥中介作用，作者认为，创造力内部存在固有的矛盾性——新颖性与适用性间的矛盾，而中庸思维中所体现的包容矛盾的思想有助于个体解决难题，更好地在两个维度间获得平衡。同时，中庸思想中的整合性也有利于个体更加广泛地搜集信息，有利于创新观点的产生。魏江茹（2019）发现，中庸思维与员工的创新行为呈现倒 U 形关系，即中等水平的中庸思维对于创造力的助益最强。有研究者从人际层面进行解释，认为中庸思维中的和谐性方面会降低组织内员工的知识隐藏行为，从而促进员工的知识获取，有利于员工创造力的提升（吴士健 等，2020）。

"面子"是中国本土的社会心理概念，指在特定的社会交往中，个人极力主张的，同时也是他人认为个体应该具备的正向社会价值（王轶楠，杨中芳，2005），划分为想得面子和怕失面子两个维度。有研究显示，怕丢面子倾向与创造力的新颖性、流畅性之间存在负相关，而与适用性之间存在正相关，且这种面子观念是解释创造力文化差异的重要机制。怕丢面子的个体往往会在进行自我定义时优先考虑外部信息，如关注其他人怎样看待自己。因此，这类人往往会顺应社会期望，与他人保持一致。这种顺应可能导致个体的创造性想法更加保守，遵循既有规则，新颖性更低（Miron–Spektor et al., 2015）。

综上，文化为创造力的培育提供了更为宏观的背景线索，其对创造力的影响存在多种解读方式，不仅涉及文化之间的差异，也关注文化的交汇与融合对创造力的塑造，以及从本土文化特征出发捕捉创造力的关键影响因素。随着全球化与技术革新的加速，本土文化特征及跨国界的文化交互将持续演进，对此，如何在教育及组织层面培育能够适应文化动态、驱动创新的人才，将是一个长远且关键的议题。

第二章
团队创造力

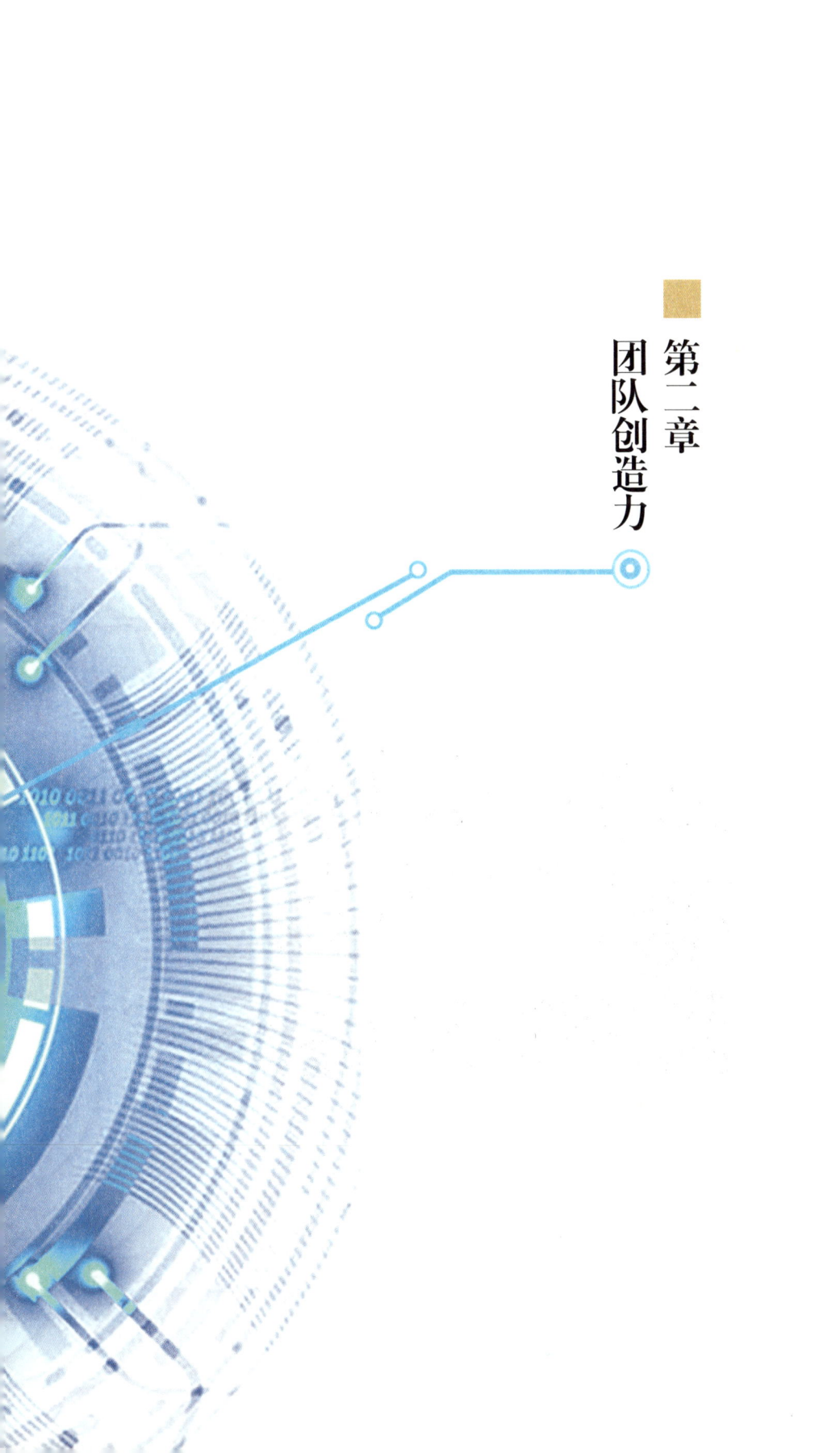

在皮克斯（Pixar）动画工作室中，存在着一种被称为"智囊团"（braintrust）的会议机制。工作团队由一群对电影制作充满热情、在业内有着敏锐洞察力的专业人士组成，他们定期聚集在一起，共同审视和评估公司当前正在制作的电影项目。

这一机制的设立源于一个信念，即优秀的创意来自坦率而开放的交流。会议过程中，职位高低不再重要，无论是资深导演还是新晋剧本编辑，每个人的意见都被认真对待，确保人们可以毫无顾忌地提出自己的想法。此外，"智囊团"（见图2-1）机制中也强调了一个关键的创新原则：良好的创意可以来自任何人。这意味着每个成员都有责任提升项目，使其达到最佳状态。集体努力和彼此间的支持构建了一个强大的创意生态系统，这使他们能够将普通故事打磨为真正吸引观众注意、引发观众共鸣的作品。在这一集体创新机制的驱动下，皮克斯创造了无数经典影片（Gordon et al., 2021）。

图 2-1　皮克斯的"智囊团"正在为制作中的电影提出建议[①]

皮克斯的"智囊团"案例反映了组织中集体智慧的重要性，但并非所有以团队为单位的创新都有令人满意的表现。不同的组织文化、团队结构、个体间

[①] How Pixar fosters collective creativity[EB/OL].(2008-09-01)[2022-03-10].https://hbr.org/2008/09/how-pixar-fosters-collective-creativity.

互动形式等因素可能极大地影响创新的过程与结果。为了全面理解团队创新的产生过程，探索团队创造力的有效提升路径，本章中，我们将结合不同理论视角，围绕团队创造力的内涵、测量方式及关键影响因素展开讨论。

第一节　团队创造力的概念与评估

伴随着经济全球化的进程，国家对于创新的需求日益迫切，创造力已然成为各领域共同关注的关键目标。然而，由于环境不确定性、任务复杂度的提升，以及个人思维能力、知识储备的限制，传统的"单打独斗"式创新可能不足以输出高水平的创造性成果，团队合作逐渐成为组织、高校等机构中进行创造性活动的主要形式，团队创造力（team creativity/group creativity）这一主题也愈发引起学者关注。从二十一世纪初团队创造力研究兴起至今，国内外期刊中已发表近千篇团队创造力主题的学术论文，然而，关于团队创造力的概念内涵及评估方式，现有观点仍存在一定分歧。

一、团队创造力的概念

与个体创造力相似，团队创造力的概念化亦展现出多样化的取向。较为常见的是结果和过程视角的分歧，两者分别关注团队创造性产出与创造性活动中的协作动态，从不同侧面定义了团队创造力。此外，个体与团队创造力的关系同样是界定团队创造力时存在的关键问题，团队创造力究竟是个体创造力的简单叠加还是超越个体层面的集体现象？本部分将从这些问题出发，通过对既往研究进行细致梳理，探讨团队创造力的概念内涵及主要研究取向。

1. 结果视角与过程视角

以往对团队创造力的定义主要归为两类视角：创造性结果视角及创造性过程视角。基于结果视角，团队的创造力体现为团体层面的创造性产出，是在特定情境下，团队成员通过互动过程所产生的新颖的、有用的想法（张宁俊 等，2019）。国内学者耿紫珍等人（2015）对于团队创造力的定义即基于这一视角，强调团队创造力是团队成员合作产生新颖及有效想法的能力，以团队想法的新颖程度和有效程度来衡量。

而从过程视角出发，团队创造力聚焦于团队协同创造的具体过程。张琳琳等人（2016）提出，"团队创造力代表了创新的想法、产品、服务或程序在团队层面的产生过程，为员工提供了基于团队情境的互动空间，并通过不同运作形态产生协同效应，使团队实现个体无法单独完成的创造效能"。卡梅利（Carmeli）与保罗斯（Paulus）（2015）将团队创造力界定为团队成员共同参与新观点的开发、探索新的解决方案的过程；林晓敏等研究者（2014）则认为团队创造力是团队创新的子过程，是团队进一步实施创新想法、实现创新的基础。

值得一提的是，尽管团队创造力两个取向的内涵难以调和，却也有众多关于团队创造力的定义并未对过程和结果视角进行明确的划分，如将团队创造力界定为团队对于有关于产品、服务、流程和程序的新颖且有用的观点的生产（张钢 等，2020）。这一定义中的"生产"既可以解读为过程，也可以被解读为结果。

2. 个体创造力与团队创造力

关于个体创造力与团队创造力的关系也存在众多争论。观点之一认为个体创造力是团队创造力最重要的预测因素。在团队创造力的早期研究中，研究者认为个体创造力与团队创造性结果之间可能存在两类简单的关系：一种关系是累加型，即团队创造力是成员创造力的总和，每位成员的创造力都会累加为团队的创造力；另一种关系是分离型，即团队创造力可能由最有创造力的成员单独推动，最具创意的想法（可能来自某一特定成员）会决定团队创造力。有学者在这两类关系的基础上提出了第三种选择，即虽然每位团队成员都具有贡献，但其贡献对于团队创造力的重要性以某种方式进行加权（Pirola-Merlo et al.,

2004）。而在多层团队创造力模型中，提出团队创造力的最终成果应当由团队成员在各行为阶段所表现的创造力决定，即某一特定时间点的团队创造力是成员创造力的平均值或加权平均值，而外部因素（如氛围）可能通过促进个体的创造力而间接对团队创造力产生积极影响，由此，团队创造力可以被理解为成员创造力的函数（李铭泽 等，2020）。

然而，也有观点指出，团队创造力是团队这一社会系统所独有的社会属性（Isaksen et al., 2002; 倪旭东 等，2016），不能仅作为个体的集合来看待。团队被视为一个社会系统，团队成员间的互动过程是决定团队创造力的关键因素（West, 2002）。刘璇、张向前（2016）也认为，团队创造力与团队成员的创造力没有直接相关，而与团队内部的激励机制、团队内的社会互动存在密切关联。基于这一观点，团队创造力被定义为团队对成员技能、知识等加以整合并使之协调发挥效应的集体特质（常涛 等，2019）。

吕洁、张钢（2015）从更为兼容及整合的视角对团队创造力与个体创造力的关系进行了假设及考证，认为团队创造力不仅涉及团队中成员的创造天赋，也有赖于一个复杂、综合的团队互动过程，在这一过程中，团队成员通过知识、技能的分享及信息交流来不断完善观点、方案，产生创造性的绩效。换句话说，团队创造力的内涵中同时包含个体的认知特征创造性努力，以及成员间互动所产生的协同效应。

3. 团队创造力的研究取向

整体而言，在个体创造力领域被广泛采用的 4P 模型（创造性主体、创造性过程、创造性产品、创造性环境）仍适用于概括团队创造力的研究取向。具体而言，余吟吟等人（2014）从创造主体、创造行为、创造成果、创造氛围四方面归纳了现有团队创造力的研究内容。其中，创造主体研究取向强调团队成员的个体特征及团队整体特征对于团队创造力的影响，个体特征包括知识水平、创造力等；

团队特征则涵盖团队规模、目标、异质性、认知风格等。创造行为视角关注团队创造中的具体行为过程，包括团队准备、创新点聚焦、思维发散、灵感孵化、综合性思考及团队成员互动等阶段。创造成果研究取向旨在通过对于团队成果的客观量化、主观评估对团队创造力进行检验。创造氛围关注影响团队创造力的外部因素，如组织氛围、压力、支持等。

王磊等人（2013）基于既往理论及实证研究，建构了高校科研团队创造力的三因素模型，将创造主体、创造过程、创造成果作为高校科研团队创造力的核心构成要素，并认为外部环境通过作用于创造主体、创造过程来进一步影响创造成果。创造主体要素中包括：团队的知识资源和领域技能、合作知识创造动机、思维风格、人格特质等。创造过程中包括创造性思维过程及创造性活动过程。创造成果中包括显性及隐性的知识创造成果。

二、团队创造力的评估

团队创造力的评估常见于测量类及实验类研究当中，测量研究中，研究者倾向于采用自评、他评量表等工具对团队创造力进行评估；而在实验研究中，参与者需要以团队为单位完成创造性任务，并以创造性任务的表现作为团队创造力指标。

1. 实验研究中的任务范式

（1）团队设计任务。

张钢、吕洁（2012）基于个体创造力的测量思路，将远距离联想任务在团队水平进行拓展，为团队提供三个看起来毫无关联的主题，并要求团队基于某一特定问题情境，结合这三个主题完成设计任务（如结合丝绸、伦敦奥运会和西游记这三个主题进行自由构想，设计出一套奥运概念产品）。对于创造性产出的评分采取同感评估的方式，要求多位领域内专家从新颖性、解决度、精细化三个维度对团队作品进行评分。这一团队创造力评估范式也在后续多项研究中被改编使用（倪旭东 等, 2019；倪旭东 等, 2016）。

张景焕等人（2016）参考既往任务范式，使用3个产品设计任务——"食堂设计""火车垃圾处理器""手机设计"来考察团队创造力，并从流畅性、新颖性、适宜性三方面计分，流畅性采用团队产生观点数量作为指标，新颖性及适应性则通过同感评估得到专家评分。

（2）头脑风暴法。

头脑风暴法（brain storming）由奥斯本（Osborn）首创，是应用十分广泛的协同创新策略，也常用于团队创造力测量（见图2-2）。头脑风暴由所有团队成员同时参与，针对某一特定选题畅所欲言、产生尽可能多的想法，其间需要遵循四条原则：①延迟评价：在观点生成阶段不对他人的观点进行任何评论；②鼓励"自由想象"：可以接受一些看似离奇的想法；③追求数量：观点的数量越多，越有可能获得有价值的想法；④鼓励利用、改善他人观点：允许在他人观点的基础上进行再创造、改进（王国平 等, 2006）。汇总团队在整个头脑风暴期间产出的观点后，从数量及质量两个维度对观点进行评价，数量指团队所提出的非重复性观点的数目，质量则通常采用主观评分法，要求接受过训练的评分者对于每个观点的新颖性、可行性进行打分（Rietzschel et al., 2006）。

传统的头脑风暴常采用口头报告的形式，所有参与者面对面地进行观点产出，研究者将录像内容转录为文字并分析团队的创造性表现。近年来，越来越多的研究者开始使用电子头脑风暴（团队成员通过计算机进行互动交流）范式进行团队创造力的测量（周详 等, 2018）。

图 2-2　电子头脑风暴工具：思想风暴幻方（ISC）

值得一提的是，使用头脑风暴范式的相关研究中也有研究者进行了名义组设置（Putman et al., 2009），相比于真实互动组，名义组中虽然包含同样数目的成员，但是每个成员都单独进行观点产出过程，最后再将成员观点按照与真实组相同的方法聚合在一起，计算团队创造力得分。然而，名义组中并未涉及真实的团队互动，严格而言并不适合仅将这一结果作为对团队创造力的衡量。故而，以往研究中名义组结果往往是作为真实互动组的对照条件存在（李晓丽　等，2011）。

整体而言，头脑风暴及设计任务这两种范式中对于创造力的测量都是基于结果取向，即对团队所产出的设计、观点进行评估来作为团队创造力的指标。

2. 测量类研究中的评估手段

（1）客观评估方法。

与个人创造力的客观评估方法相似，团队创造力的评估往往也将专利、发明、论文成果等作为评估指标。有研究以 Web of Science 中检索到的论文作为分析对象，构建了科学团队创造力的新颖性及影响力的指标（Lee et al., 2015）。孙笑明等人（2017）基于 41 家高新技术企业的专利数据，考察了中间人对于结构洞填充后联合团队创造力的影响。王磊、张庆普（2014）提出了对于高校科研团队创造力的成果评价指标，包括成果的获得情况（论文发表、专利授权、出版著作及其他评价性成果等）、成果的影响力（国家级、省部级科研奖励，论文被收录及引用的次数等）、成果的发展力（学术成果研究主题的变化程度、学术成果合作研究的变化趋势等）。

（2）主观评估方法。

测量类研究中，组织团队创造力的主观评估方式多采用自我报告或主观评分的方式，要求团队成员或主管对于其感知到的团队整体创造力水平进行评价。

关于自我报告式测量，有学者编制了共包括6道题项的团队创造力量表，涉及创造力（团队在任务相关问题上提出新颖且有用的想法、创造团队成立前未存在的新知识）、生产力（团队的高效性、准时性）、创新性（团队开发的新产品、新技术或新服务能够满足市场需求，并达到客户满意）三个维度（Chen, 2006）。也有国内研究者从复杂系统理论出发，基于团队创造性思维、团队创造性行动及团队创造性成果三个维度开发了9个条目的团队创造力量表（Jiang et al., 2014）。李树祥等人（2012）在以往研究成果的基础上，设置了8道题项，要求员工评价其感知到的团队创造力水平，如"本团队的工作富有原创性""本团队经常提出各种新点子""本团队经常运用新的方式完成任务""本团队能创造性地将不同的零散信息和知识融合，进而提出新概念或解决独一无二的问题"。

需要明确的是，员工自评的团队创造力量表是在个体（团队成员）层面进行施测，还需要进一步聚合到团队层面。对此，研究者通常计算rwg、ICC（1）和ICC（2）三个指标来检验个体层次的数据聚合到团队层面的有效性，并在此基础上进一步计算团队成员的均分，作为团队创造力评分。

关于主管报告法，有研究要求团队主管从团队创造性观点的新颖性、意义、有用性三方面进行 7 点 Likert 评分，量表包括 4 个题项，如"你的团队产生新观点的能力如何"（Shin et al., 2007）。其他国内研究者也通常借鉴或改编国外研究中的团队创造力测量题项，或是在团队访谈及案例研究的基础上自编测量题项。林晓敏等研究者（2014）基于创造力"新颖"且"有价值"的标准，将团队绩效考核档案中的成绩作为团队创造力的指标，具体而言，团队在值班周期内除了需要完成一系列的值班任务外，还被鼓励针对值班流程与规则、潜在的问题、故障解决措施等系统运行与维护工作的各个相关的方面提出优化建议，并将建议登记在正式的值班记录中。月底企业高层领导及 5 个部门的主管（中层领导）在集中开会讨论时，会对团队提出的优化建议进行评分，主要关注两点：所提建议及问题是否为新的（对应"新颖性"），关注建议是否有助于优化值班工作（对应"有用性"）。由此，团队绩效考核档案中对值班工作建议的评价符合创造力的评价标准，可作为团队创造力的测量指标。

上述团队创造力的主观评估类测量方式均是应用于组织情境，而对于高校中的团队创造力测量，周详等人（2013）构建了高校科研团队创造力量表，在创造力的 4P 模型等理论的支持下，该量表从成员、过程、氛围及成果四方面对团队创造力进行评估，最终量表共包括 23 个项目 4 个因子，分别为团队成员的创造性工作能力、团队创造互动过程、团队工作的意义与价值、团队创新氛围。

第二节　团队创造力的形成机制

中国有句俗语，叫"三个臭皮匠，顶个诸葛亮"，其中隐含的观点是，当人们以团队形式工作时可能产生超乎寻常的才智。这一假设在近年来的一项研究中被验证，研究者预先测量了个体创造力，并依据创造力的高低水平将成员分配到三种类型的双人小组当中：①高－高组：两人均为高创造力者；②高－低组：一个高创造力者加上一个低创造力者；③低－低组：两人均为低创造力者。每个小组均需完成一项团队创造性任务，并在过程中接受功能性近红外光谱（fNIRS）扫描，结果发现，当两个低创造力的个体共同进行创造性任务时，其表现并不差于高－高组及高－低组。此外，低－低组的扫描结果中显示出更高水平的脑间活动同步性，预示着低－低组中产生了更高水平的合作（Xue et al., 2018）。

然而，也有大量研究显示，团队协作似乎无法实现1+1>2的效果，甚至可能事倍功半。有研究发现，在团队创意生成过程当中，团队所产生的观点总数低于成员单独生成观点数目的总和，这意味着，将团队成员聚集起来共同提出想法，反而不如使成员单独提出想法再对其想法进行汇聚（Paulus et al., 1995），此种情况下，团队的构建也就失去了原本的意义。这一团队创造力的生产力赤字现象可能包含多种成因，如团队中出现的"搭便车"现象，由于观看或听到他人观点而产生的思维固着，因为担忧被其他成员评价而不愿意表述自己的观点，小组讨论过程中，同一时间只有一位成员可以发言所引起的生产阻塞等。

由此，团队中的创造力并非简单的1+1运算，而可能呈现出复杂的动态。在此基础上，有必要对团队创造力的形成机制及关键影响因素进行深入讨论，为优化团队协同的创新产出提供指导。

一、输入－过程－输出模型

输入－过程－输出（input-process-output）模型，简称IPO模型，是团队互动相关研究中影响力最大、使用最为广泛的模型（葛宝山 等，2012）。麦格拉斯（McGrath）（1984）率先提出适用于团队绩效的IPO模型，而后这一模型也被引入团队创造力研究领域当中（West et al., 1996），考察团队创造力的影响因素。IPO 模型将团队创造力的形成过程划分为三个模块：输入、过程及输出（见图 2-3）。

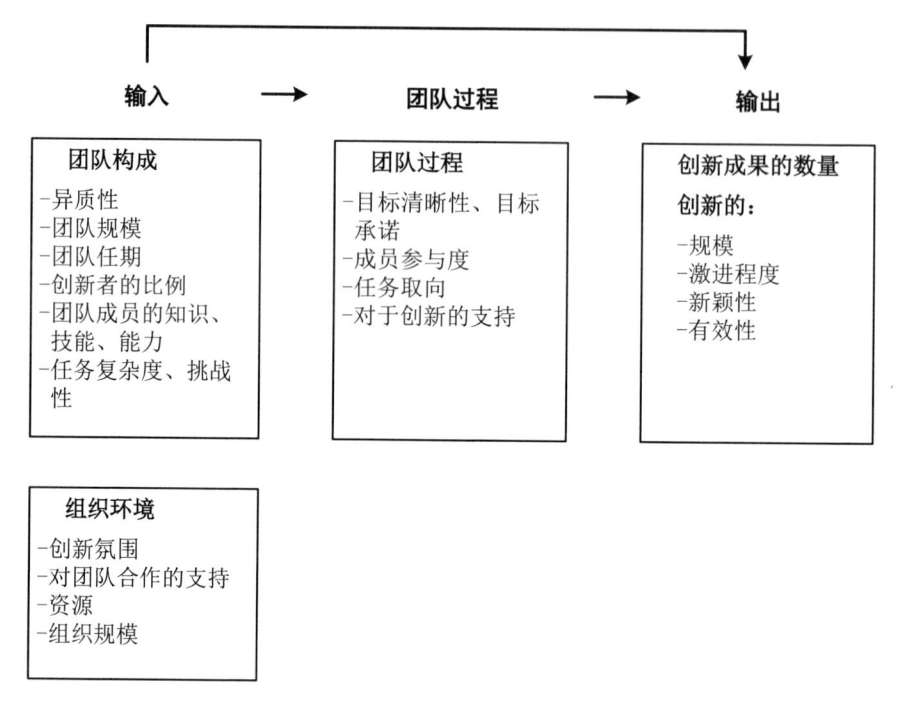

```
输入  →  团队过程  →  输出
```

团队构成
- 异质性
- 团队规模
- 团队任期
- 创新者的比例
- 团队成员的知识、技能、能力
- 任务复杂度、挑战性

团队过程
- 目标清晰性、目标承诺
- 成员参与度
- 任务取向
- 对于创新的支持

创新成果的数量
创新的：
- 规模
- 激进程度
- 新颖性
- 有效性

组织环境
- 创新氛围
- 对团队合作的支持
- 资源
- 组织规模

图 2-3　团队创造力的 IPO 模型（West et al., 1996）

输入模块包括团队构成与组织环境方面两方面因素，其中，团队构成涉及团队的规模、团队成员的异质性（如团队是否由不同性别、年龄、知识水平、种族的成员组成）、团队任期、团队中高创新性个体所占据的比例、任务复杂度，以及团队成员的知识、技能、能力；组织环境中涉及组织是否提供了充足的资源、适宜的培训及信息系统、对于团队的奖励、鼓励创新和团队合作的组织氛围，以及组织规模的大小等。

过程模块中主要关注四类与团队创造力密切相关的特征。其一为团队目标，包括目标的清晰度及团队成员对目标的承诺，对于团队成员而言，只有清楚地理解团队共同目标，并为实现这一目标付出足够的努力，不断克服困难，才能够实现团队层面的创造性产出。其二为成员参与，在创新过程中，成员的积极参与往往与较高水平的目标承诺相关，且当团队内多数成员都能够参与到团队共同决策中时，信息的交流与观点的碰撞往往会为现有的方案提供新的改进思路。其三为任务取向（也称任务导向），描述了团队成员对于与共同目标相关任务绩效的共同关注，任务导向视角下的成员冲突和争论旨在充分地探索对立的意见、坦诚地分析与任务有关的问题，具有建设性，能够提升团队创新的质量。其四为对于创新的支持，这既体现在团队中，也体现在组织当中。大量证据显示，创新更有可能发生在支持、鼓励创新而非对创造性的尝试做出惩罚的环境中，成员、团队的新想法遭受拒绝或忽视时，更难在后续任务中有创造性的产出。

输出模块中，对于创造性绩效的评价包括四个维度：创新的规模（magnitude）被定义为创新成果影响力的大小；激进水平（radicalness）被定义为创新成果在多大程度上会导致现状的改变；新颖性（novelty）被定义为创新成果的新颖水平；有效性（efficiency）则定义为创新成果对于实践的价值、益处。此外，创新的输出模块当中也应当涵盖团队成员的幸福感、成长及满意度。

整体而言，IPO模型提供了一个系统的视角，将可能塑造团队创造力的输入、过程因素集合在一个模型当中，为后续研究者考察团队创造力的主要影响因素提供了坚实的理论支持。后续较多团队创造力互动模型的提出也是建立在IPO模型的基础上。然而，该模型作为一个描述性模型，仅列举了相关变量，并未对团队互动的动态过程进行探讨，换句话讲，IPO模型并未打开个体到团体创造力层面的"黑箱"，而仅仅考察了可能影响互动过程的外部因素。故而，后续也有更多研究者试图通过其他的路径来解释团队创造力的形成机制。

二、透镜模型

IPO模型中关注团队创造力形成中的多种输入因素，相比之下，国内研究者周耀烈、杨腾蛟（2007）更多地聚焦于个体创造力在团队创造力中的核心作用，提出了个体创造力向团队创造力转化的透镜模型。基于自组织理论中的耗散结构理论与协同理论，研究者提出，从个体到团体创造力的转化包括两个阶段，从无序个体创造力向有序个体创造力的转变、从有序个体创造力向团队创造力的转化，在这两阶段中，各自需要经历一道关卡。

无序个体创造力向有序个体创造力转化的过程是一种耗散过程，远离非平衡度的无序个体创造力通过不断与外界环境交换能量，逐渐转变为一种在"空间上、时间上或功能上的有序状态"。要实现耗散过程，需要经历第一道关卡，即下述条件：①开放性个体：团队成员具有开放性，能够与外界不断地进行信息沟通，物质、资金、产品等方面的交换。②个体远离平衡态：即个体处于动态的环境之中，可能面临诸如上下级之间、权利与责任间的不平衡。③内部因素非线性：个体创造力的各类内部因素（专业知识、工作态度、创造性思维技能等）不存在线性关系。④内部因素存在涨落：即各内部因素由于发展的非平衡性所表现出的涨落性特点。⑤外部因素影响：涉及领导风格、工作特点、组织结构、环境与文化等可能激发创造力有序性的外部因素。

研究者将两道关卡形象地表示为两个凸透镜，初始输入的无序创造性观点如同射向四面八方的光线，进入第一层透镜中，一部分观点经由过滤被耗散，无法进入后续的团队创造过程中，而仅有部分的有序、与团队目标相匹配的观点及产物有机会继续在团队水平被深度加工。此时，这些个体层面的创造力就像是经过透镜折射后的平行光线，会进入第二层透镜（关卡）中，通过团队层面的集中机制，转化为团队层面的创造力产出，如同平行光汇聚为一点。在这一阶段中，团队层面的激励机制、信任机制、合作机制、风险机制、信息贡献机制是个体创造力有效聚合的重要条件。

透镜模型中开创性地提出了从无序到有序个体创造力转变的路径及其转化条件，在一定程度上填补了个体-团体创造力转换中的空缺，有助于研究者及组织管理者理解如何有效地凸显个体创造力在团队创造中的优势。然而，模型本身也存在一定限制。其一，透镜模型中以"黑箱"来描述两个关卡（耗散条件、集中机制）的作用，缺少对于团队中的互动过程的探讨；其二，理论中所涉及的有序、无序创造力并没有清晰的操作性定义，且度量方式可能比较复杂，这也导致对这一模型的实证检验较少。但仍不可否认，这一模型为理解个体、团队创造力的关系，明确促进创造力转化的条件，提供了重要的理论支持。

三、动机性信息加工模型

团队动机性信息加工模型（motivated information processing in group, MIP-G）由戴德鲁及其同事（2008）提出，旨在阐述团队判断及团队决策过程中的可能影响因素，后被拓展至创造力领域，用以整合既往团队创造力的研究结果（De Dreu et al., 2011）。

动机性信息加工模型的前提是团队能够作为信息处理器，即团队作为一个整体，能够像个体一样检索、加工相关信息以完成认知任务。而团队层面的信息加工是个体信息加工与团队沟通的结合（Van Knippenberg et al., 2004），每个团队成员所持有的信息、观点、偏好会经由团队的沟通、讨论在团队层面上得到整合，就像是团队成员将自己所持有的信息丢入团队的公共池当中。这些信息可能被其他成员添加到自己的知识或观点库中，被进一步处理、形成新的观点，但也有可能被扭曲或忽视。在此基础上，个人及团队层面信息加工之间的循环会一直持续，直到团队做出某种决定或判断。

需要明确的是，个人及团队层面的信息处理可能有两种形式：启发式的或系统性的，前者是对于信息的浅显加工，往往耗费较少的认知资源；后者则是更深层次的加工，需要花费较多的认知资源。当个体及团队进行系统性的加工时，会分配较多的注意力来关注现有信息、搜索额外的信息，并有意地将这些信息进行整合。而团队过程中，决定系统性信息加工方式使用程度的是团队成员的认知动机。认知动机反映应个体为实现对世界全面、准确的理解所愿意付出的努力程度，换句话讲，认知动机越强，成员或团队越渴望深入理解当前所从事的团队任务，更有可能付出更多认知努力来对任务相关信息进行缜密、系统性的加工。

此外，还有另一种动机在团队创造的信息加工过程中发挥关键性的作用，即社会动机。社会动机中包括利己取向及亲社会取向两类，利己动机驱动下的个体仅关注与自己相关的内容、结果，注重自身利益最大化；亲社会动机的驱动下的个体会更加关注团队目标、共同结果及公平性。如果说认知动机促进了信息被搜索、加工、交流与整合的深度，那么社会动机则决定了群体成员对于信息的加工偏好（哪些信息将得到加工），亲社会动机较高的情况下，其他团队成员的信息会更容易获得加工。

整体来看，社会动机及认知动机共同决定团队层面的信息加工、判断与决策。动机性信息加工模型中的核心假设是：同时持有高认知动机与亲社会动机的团队中，最有可能出现团队成功。具体而言，四类动机组合会引发不同的个体及团队层面结果：①低认知动机＋利己动机：团队成员不愿意投入过多的认知努力，可能会产生搭便车、社会懈怠等现象，且当成员间持有不同观点时，彼此都不愿意让步，可能导致讨论陷入僵局。②高认知动机＋利己动机：成员可能会以自我为中心，对观点展开激烈争论，甚至可能通过夸大、编造信息等手段来陈述自己的观点，此外，成员在思想上相对独立，可能不尊重、忽视其他成员的观点。③高亲社会动机＋低认知动机情境下，成员间会努力维持和谐、追求团队内部的一致性，可能导致形成对持有不寻常观点（可能是新颖观点）的成员施加压力的专制型领导，最终，团队可能通过相互妥协获得未经深入探索的方案、结论。④高亲社会动机＋高认知动机的成员会更多地搜索、编码、加工与集体目标相匹配的信息，同时对这些信息进行深度的、缜密的加工，并有可能在他人观点的基础上进一步拓展、改善，这有利于提高信息的共享质量、团队的运作效能（吴梦 等，2012），有助于团队创造力的达成。

戴德鲁也在其研究中梳理了与认知动机及社会动机相关的各类因素，如表2-1所示。对于认知动机，高认知需要、高结构需要及模糊厌恶水平的个体会更易表现出高认知动机，而认知闭合需求水平较高的个体可能会期望迅速得出结论，而并不在意这一结论是否是完善的、准确的，故而会表现出较低的认知动机，更可能采用启发式加工。此外，认知动机也受到环境因素的影响，如过程问责制度下，团队中的成员会预期自己被他人观察、评价，会促进其认知动机的提升，相反，诸如高时间压力、群体内偏好的同质性、专制型的领导等因素可能会削弱团体中成员的认知动机水平。

关于社会动机的影响因素，个体自身的宜人性人格、集体主义取向、信任倾向均会促进成员的亲社会动机；环境层面，提供基于团队成果而非个人成果的奖励、亲社会的规范及氛围等均可能正向预测亲社会动机。

表2-1 团队中认知动机和社会动机的影响因素

	认知动机	社会动机
个人层面	认知需要（+）	亲社会价值取向（+）
	认知闭合需要（-）	宜人性（+）
	经验开放性（+）	信任倾向（+）
		集体主义取向（+）
环境层面	问责处理（+）	合作奖励系统（+）
	时间压力（-）	第三方合作指导语（+）
	权力优势（-）	集体认同（+）
	环境噪声（-）	预期未来合作（+）
	外部威胁（-）	以往合作（+）

续表

	认知动机	社会动机
环境层面	偏好多样性（+） 强势的少数群体（+） 专制型领导（-）	

MMP-G 模型从团队信息加工的视角切入，为理解团队创造力的形成机制提供了新的视角，在实证研究中得到广泛验证（Oedzes et al., 2019；刘新梅 等，2017）。然而，动机性信息加工模型的普适性仍需要进一步检验，特别是，不同文化背景下社会动机与认知动机可能影响团队创造力中的不同维度，如集体主义文化中更加重视适用性，而个人主义文化中更加重视新颖性。

四、创造性综合模型

与上述模型相比，哈维（Harvey）（2014）提出的创造性综合模型（creative synthesis model）旨在关注一类特殊团队创造力——非凡创造力的形成机制。

在这之前，需要明确什么是非凡团队创造力。需要明确什么是非凡团队创造力。以皮克斯电影制片公司为例，这个由作家、导演、编剧和艺术家组成的跨学科团队多次制作出票房口碑双收的电影（突破性创新成果），这些成果对于整个电影领域具有重要价值，也得到了其他领域的认可，故而这类持续产生突破性和创造性产品的团队即可以被认为表现出非凡的团队创造力。

（1）进化模型的局限性。

以往团队创造力的相关研究中更多地使用进化模型（Staw, 2009），将创造力视作"随机变异"与"选择性保留"的结合。基于进化模型的观点，创造性过程中包含三个重要特征：其一，过程是阶段性的，如确定或提出一个问题—产生相应的观点—对观点进行评估—选择出一个或多个观点进行实施，这一特征允许研究者单独研究其中的任一阶段。其二，人们通过发散性思维产生新的观点，如团队中一个成员的想法可能会激发其他成员产生创造性观点，这一特征也使得研究者确立了想法生成阶段在创造性过程中的关键地位，并考察促进观点生成的条件。其三，创造性过程具有适应性及目标导向，这一特征有助于研究者理解在何种条件下团队最有可能实现理想化的创造性过程。

进化模型对于团队创造性过程具有较好的解释力度，然而，其仍存在一定的局限性。进化模型中倾向于认为外部因素驱动的是团队的渐进式创造力，而将突破性创造力视为罕见的、不频发的（Gersick, 1991）。此外，现有研究证据显示，团队认知、社会、环境资源对于团队创造性过程本身的作用是模糊不清的，甚至与进化模型中的观点相矛盾，如团队异质性作为一种团队层面的资源，在某些情境下反而会削弱团队的创造性表现。为了弥补进化模型的局限性，哈维提出了创造性综合模型假设，来解释团队如何结合认知、社会及环境资源，实现非凡创造性产出（见图 2-4）。

（2）创造性综合与范例。

具体而言，模型的核心（虚线圈内）是创造性综合与范例。创造性综合不是某一个具体的观点，而是指一种理解观点的新方式，如分子料理烹饪风格，即将科学技术应用至料理中，它依赖于科学又脱离了纯科学的范畴，是一种新颖的融合形式。在团队创造过程中，成员间观点、视角的差异促进了创造性综合过程，即将成员的观点以一种新颖的方式联系在一起，这种联结本身是具有创造性的。在创造性综合当中所产生的新颖想法被视作范例，如某一部具体的电影或某一道餐饮的配方。创造性综合与范例共同促进，并指导团队成员沿着某些特定的方向去产生新的观点。

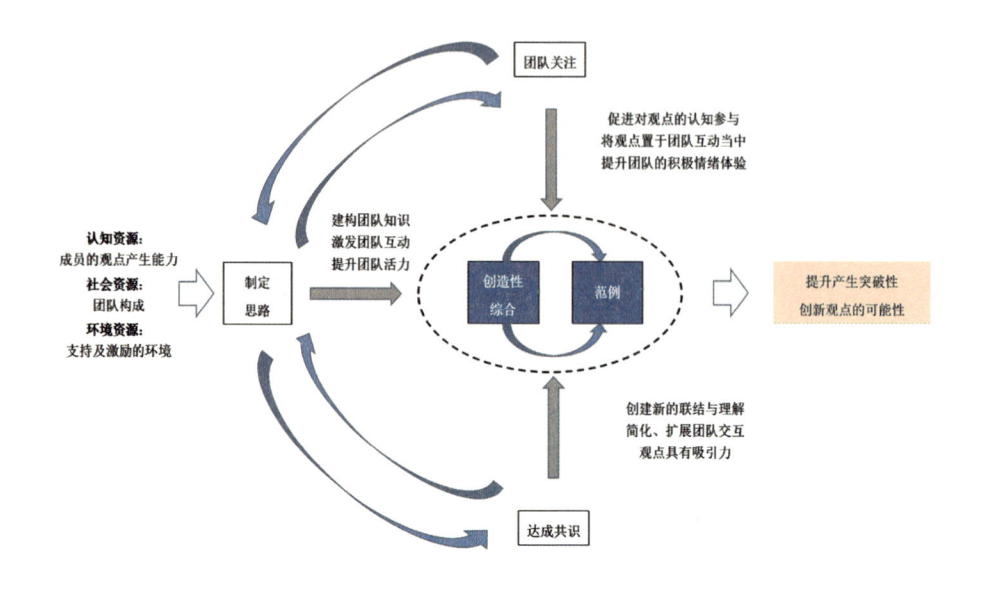

图 2-4　创造性综合模型（Harvey, 2014）

（3）促进创造性综合的三类过程。

哈维认为，要实现创造性综合，需要依赖三种重要的行为过程：团队关注、制定思路和达成共识（张毅 等, 2019）。

团队关注指成员最初需要基于对团队任务的共享认知来关注并考量新出现的观点。团队关注通过认知、社会、情感路径促进创造性综合过程，即提升了成员对于新观点、信息的认知投入；促进了团队互动、鼓励成员对他人观点保持开放态度；促进了团队的积极情感，使成员的思维更加拓展、灵活。这些均有助于团队在观点之间建立新颖的联结。

制定思路指通过产出某种实物的形式来促进创造性综合，更偏重具体的创意实施而非抽象性的认知活动。制定思路同样通过认知、社会、情感路径促进创造性综合过程：帮助构建团队知识；是团队互动的起点，能够引发后续团队层面的讨论与互动；能够降低团队内的误解与人际冲突、增加思维连贯性，从而使成员体验到更多的积极情感。

达成共识指团队成员从各自视角发现或者建构不同观点和创意的相似性。在认知层面，相似点是解释观点间新颖联系的基础，探索相似点有助于成员形成更具复杂性、创造性的理解（Grant et al., 2011）；社会层面，探索相似点有助于帮助群体成员从他人视角出发来重新建构自己的知识，会加强双方的沟通；情绪层面，当团队成员被某一观点所吸引时，可能会更积极地投入创造性综合过程中，即创造性综合是建立在一些对于成员具有普遍吸引力的观点上。当关注到想法间的相似性时，个体会倾向于认为这个想法"步入正轨"，可能激发其积极情感（Elfenbein, 2007）。

整体而言，上述三个过程共同促进团队创造性综合及范例的发展，有助于提高团队产生突破性创新观点的可能性，三个过程相互影响。创造性的综合过程在整个创新过程中可能循环、迭代出现，如第一次综合过程所形成的突破性观点可能是第二次综合过程的起点。在此基础上，团队成员的技能、理想化的团队构成、团队的内外环境等条件将作为外部资源，作用于团队创造性过程。

团队创造性综合模型聚焦于非凡团队创造力的形成过程，试图解释为什么一些团队能够源源不断地产出突破性的创新成果。这一模型是对既往的创造性进化模型的强烈冲击，但其普适性仍需要在更多的实证研究中被检验。

第三节　团队创造力的影响因素

基于团队创造力的理论模型及实证研究，其影响因素可以归为成员创造力、团队构成、组织环境、团队过程几方面，这些因素共同塑造了团队层面的创造力表现（如表 2-2 所示）。其中，成员创造力聚焦于团队中的个体，是团队创新的起点；而团队构成及团队过程则上升至团队层面，指向团队的组合形式、协作与交流过程；组织环境进一步指向团队所处的外部环境，关注组织层面的支持、阻碍性因素如何对团队创新产生影响。

表 2-2 团队创造力影响因素汇总表

影响因素		描述
成员个体方面	成员创造力	个体创造力是团队创造力的重要来源
团体构成方面	团队规模	部分研究认为团体人数与创造性呈倒 U 型关系 也有研究认为团体成员越多，创造性水平越高
	团队异质性	指成员在某些方面的差异程度 对创造性表现存在双刃剑效应
团体过程方面	团队目标取向	包括学习、绩效证明、绩效回避三种目标取向 前两种与创造性呈正相关，后一种为负相关
	团队冲突	关系冲突会损害创造性 任务冲突可能利于创造性，也可能呈倒 U 型关系
	心理安全感	员工对自己在团队中所展现的各种行为的人际互动安全程度的知觉，正向影响创造性
组织环境方面	组织支持	包括公平性、有效反馈与评估、自主性、组织文化等方面
	领导风格	如变革型、真诚型、家长式领导等

一、成员创造力

团队由个人组成，团队创造力也不可避免地受到成员创造力的影响。如第二节中所述，有研究者将团队创造力直接视作个体创造力的函数，认为通过计算个体创造力的加权均值可以获得团队创造力的得分。但随着相关研究的丰富，更多的人认识到，个体创造力虽然是团队创造力的重要来源，但其作用受到团队构成、团队过程、组织环境的调节。

张钢、吕洁（2012）发现了团队成员的知识异质性调节个体创造力对于团队创造力的作用，具体表现为高知识异质性水平下，成员创造力水平高的团队比成员创造力水平低的团队更具创造力。王莉红等人（2016）的研究中也解释了个体创造力向团队涌现的边界条件，发现共享团队目标、团队功能多样性、成员创造性人格均正向调节个体创造力与团队创造力间的关系。也有研究者基于对 64 个研发团队中 251 名全职员工的交叉滞后研究，发现团队一致性变革型领导促进了成员的高个人创造力向团队创造力的转化（He et al., 2020）。

二、团队构成

团队构成是团队创造力的重要预测变量，与之相关的研究问题在日常工作中也十分常见，如"大型及小型团队的创造力谁会更高？""'男女搭配、干活不累'的说法可以应用于团队创造力当中吗？"等。既往研究者从上述问题出发，对影响团队创造力的两个重要因素，团队规模、团队异质性展开了积极探索。

1. 团队规模

以往研究显示，非常小的团队（仅包含2、3名成员）缺少创新所需要的视角及观点的多样性（Jackson, 1996）；而大型团队（成员多于12、13人）则会过于笨重，无法实现有效的互动、交流（Poulton et al., 1993）。李（Lee）等人（2015）将来自多个数据库的数据与实际调查数据相结合，分析科学团队创造力的影响因素，结果发现，团队规模与团队创造力的新颖性指标间呈现倒U形关系，即规模适中的科学团队最容易产出稀缺的、新异的成果。大型的团队中可能存在搭便车、情感冲突等现象，成员间可能共识水平更低、需要更多的沟通、协调成本，并产生消极的群体体验，这些因素都会阻碍团队利用其资源优势。

对此，也有研究者持不同观点，斯图尔特（Stewart）（2006）认为创造性观点产生于实施过程是定义不清、复杂的，团队成员越多，越能够提供充足的资源、专业知识及技能，有助于在不确定性较高的环境当中完成困难任务。头脑风暴领域的研究也显示，创造性观点的数量和质量随着团队规模的扩大而提升。哈蒙德等人（2011）的元分析中发现，团队规模与团队层面的创新绩效存在显著的正向关联（ρ=0.259）。国内研究者以14所高校的228个创客团队为研究对象进行调查，发现规模越大的团队，创造力水平越高（李毅 等，2022）。韩梅等人（2017）考察了大学生团队在电子头脑风暴任务中的表现，发现由 9 名成员组成的大团体在提出观点的数量及新颖性上都明显优于 3 名成员所组成的小团体。

2. 团队异质性

团队异质性（heterogeneity）是团队构成中的重要维度，也是团队创造力研究者最常关注的变量之一，指成员们在某些方面的差异程度，部分研究中也称其为多样性（diversity）。团队中的异质性主要涵盖两方面（Harrison et al., 2002）：其一为性别、种族、年龄等容易观察、测量的变量上的差异，也被称为"表层异质性"；其二为更加深层的、较难直接观测到的差异，如观点、知识、人格特征、价值观、态度和信仰等，也被称为"深层异质性"。也有研究者采取"人口学多样性—任务相关多样性"的划分方式。前者考察人口学变量上的差异，后者强调在与任务相关的各个维度（如专长、教育程度、任期）上的差异（Horwitz et al., 2007）。

基于既往研究结果，团队异质性对于团队创造力可能存在"双刃剑"效应。一方面，较多研究证据显示成员异质性能够促进团队中的创造力与创新。如张燕、章振（2012）研究发现，团队成员的性别多样性正向预测团队绩效与创造力。有证据指出，创业团队中的成员知识异质性通过促进个人水平的知识共享和创造力，进而提升团队创造力（Hou et al., 2021）。具体而言，异质性的团队成员能够为团队带来不同的观点、思维方式及技能，为创造性问题解决或观点产生提供更加广阔的视角和更丰富的资源，成员之间的知识共享与信息交流也能够促进彼此对问题有关信息的深度加工，有利于团队的创造性产出。另一方面，也有研究得到了相反的结论，如发现在成员背景不同的团队中，某些团队成员使用专业语言和行话时，可能会阻碍沟通，从而不利于知识及信息的交流（Maznevski, 1994）。李树祥等人（2012）研究中发现，团队成员偏好、信仰的多样性负向预测团队创造力，不同的偏好和信仰可能导致团队成员对于事物、问题的看法不同，进而引发团队内的矛盾及冲突，不利于团队的创造性产出。贝尔（Bell）等人（2011）实施的一项元分析结果也显示，性别多样性、种族多样性对于团队创造性绩效存在负向预测作用。

对于"双刃剑"结果的解释，有观点认为，表层多样性和深层多样性对于团队创造力的影响效果不同，表层多样性会负向预测团队创造力，而深层多样性正向预测团队创造力。这是由于人们会倾向于使用人口学信息（如性别、年龄、种族等）进行社会分类，这会降低团队成员间的联系、有效沟通、凝聚力，并可能增加团队内冲突。此种情况下，成员知识、技能、经验多样性的优势无法凸显，故而团队创造力在表层异质性条件下可能表现出下降趋势（Jehn et al., 1999），这一观点也在后续的实证研究中得到支持（Bodla et al., 2018）。

也有研究者认为，团队多样性对于团队创造力的影响过程中存在关键的调节变量。王明旋等人（2019）指出，团队目标互依性能够调节性别多样性和团队创造力的关系，在团队成员共享相同目标的条件下，性别多样性会通过团队激情的中介作用促进团队创造力。一项研究中考察了团队视角多样性对于创造力的影响，发现这一关系受到团队成员观点采择水平的调节。研究采用2（团队视角多样性：同质/异质）×2（观点采择水平：有/无）组间实验设计，异质团队中，成员被分配为艺术经理、财务经理和活动策划经理这三种不同的角色，对每个管理角色的描述突出了解决方案中对各自角色重要的不同方面，并强调团队成员应确保这些方面在最终计划中得到实现，以此激活不同的任务视角；同质团队中，每位成员都收到了相同的目标信息，这一目标信息中同时包含了上述三种角色的目标要求。对于观点采择的操纵是要求团队成员尽力理解其他成员的观点，从他人的角度来看问题。研究结果发现，在观点采择的条件下，异质组比同质组表现出更高的创造力；而在未启动观点采择的条件下，异质组的创造力表现低于同质组。此外，观点采择条件下，团队信息深化在视角多样性与团队创造力的关系间起到中介作用，多样化的任务视角促进了成员们对于任务相关信息的交换、讨论及整合，有利于团队层面创造性的产出（Hoever et al., 2012）。此外，倪旭东等人（2016）在以往团队异质性研究的基础上，进一步提出了异质性的平衡性概念，关注团队中异质性属性的相对分布情况，并发现团队知识异质性的平衡性通过团队信息深化正向预测团队创造力。

三、组织环境

对于促进团队创造力的组织环境因素的考察主要集中在组织支持与领导支持两方面。前者关注企业及机构层面为团队提供的资源、政策和文化环境，后者则关注领导者的管理风格、态度、行为对团队运作的直接影响。

1. 组织支持

组织层面对于创新和团队合作的支持是团队创造力的重要预测因子。李德煌、晋琳琳（2014）以580支科研团队作为样本，发现组织支持感正向预测团队的创新绩效。也有研究发现，组织环境（包括组织对于创新的容忍度、团队运作的政策、学习机制）与任务特征、团队构成、团队领导、成员特征因素共同预测研发团队的创造力（Wang et al., 2008）。张景焕等人（2016）将组织支持归纳为三种形式，工具支持（组织为员工提供方法支持，如为成员创建信息交流的平台）、情感支持（对成员进行情感鼓励、创造和谐的团队氛围）、物质支持（关心员工的生活状况、利益、奖励劳动等），并讨论三类组织支持与团队异质性对团队创造力的共同影响，结果发现，专业异质性团队在工具支持条件下表现出更高的创造力新颖性，而在适宜性维度上，物质支持更有利于团队提升创造性产品的有用性。在一项以中国企业工作团队为研究对象的调查中发现，集体主义取向的人力资源管理会通过提升成员的"增强和谐"倾向进而正向预测团队突破性创造力（Chen et al., 2021）。

整体来看，积极的组织环境因素应当包括组织中分配及程序的公平性

（陈冲 等，2021）、提供发展性的反馈与评估（Joo et al., 2012）、为成员及团队提供自主支持（张辉 等，2016）、人力资源管理系统（Mohammed et al., 2021）、充足的资源（West et al., 1996），以及重视团队合作、沟通、尊重和授权的组织文化（Barczak et al., 2010）等。

2. 领导支持

鉴于既往研究中对于领导风格的不同划分，包括变革型领导、真诚型领导、家长式领导在内的多类领导方式均有助于团队创造力的提升。

变革型领导通过使员工意识到所承担任务的重要性，激发下属的高层次需要，建立互相信任的氛围，促使下属为了实现组织目标牺牲个人利益，并达到超过原来期望的结果（李超平 等，2005）。研究者指出，变革型领导能够塑造有利于创新的团队氛围及团队文化，并能激发团队内的质疑、反省氛围，鼓励员工积极创新、反思，从而促进团队创造力（汤超颖 等，2011）。

罗瑾琏等人（2013）发现，真诚型领导行为对团队创造力有显著的积极影响。具体而言，真诚型领导者以与个人深层价值观和信念相一致的方式行事，能够树立可信性和获得下属的尊重和追随，这种领导方式有助于构建亲密、信任、透明化沟通的团队氛围，鼓励团队成员向领导者及其他成员寻求反馈，从而能够促进成员的个人成长及团队中的交流、共享，进而提升创造力。

此外，也有研究者关注源自本土的家长式领导风格对于团队创造力的影响。家长式领导包括威权领导（强调权威和控制）、仁慈领导（对下属及其家人的全面关怀）、德行领导（领导者具有较高的道德操守与个人品质）三个方面。研究发现仁慈领导及德行领导均对于团队创造力存在正向预测作用，而威权领导对于团队创造力的预测作用不显著（常涛 等，2016）或为负向（耿紫珍 等，2021）。

四、团队过程

在探究团队创造力的深层次影响因素时，我们不得不关注团队过程这一核心领域。团队过程涉及团队协作中的系列因素，如团队的共同目标愿景、协作过程中的冲突、互动中的氛围感知等。对于这一问题的探索，有助于洞察团队创新过程中的潜在风险，理解怎样优化团队互动过程更有利于提升团队的创新绩效。

1. 团队目标取向

团队目标取向（team goal orientation）是一种集体层面的状态，指团队中成员对于团队所追求的共同目标的共享感知（Mehta et al., 2009），通常被划分为三类：团队学习目标取向指团队成员感知到团队具有学习目标、相互支持的机制及挑战性任务时的状态；团队绩效证明目标取向是团队成员感知到高度竞争性，并关注团队内部绩效和任务具体性、明确性时的状态；团队绩效回避目标取向指团队成员感知到团队更多的回避消极结果，较少关注任务完成的状态（Gong et al., 2013; 邓今朝 等, 2012）。

大量研究显示，团队学习目标及绩效证明目标与团队创造力存在正相关，而团队绩效回避目标与团队创造力存在负相关（罗瑾琏 等, 2016）。具体而言，团队学习目标取向的特点是希望实现对于任务的全面、准确的理解，故而这一取向有助于激励成员努力搜索、交换并加工相关信息，从而促进团队中的信息交换、知识共享（周耀烈 等, 2007）；团队绩效证明取向下，员工期望所在团队获得良好的外部评价，这一目标将员工的个人成功与团队的成功紧紧绑定在一起，有助于增加团队中的信息共享；团队绩效回避取向的核心是避免错误及负面评价，这可能降低成员对于"努力完成任务"的关注，也可能导致成员因担忧其他成员的批评、质疑而回避信息分享。茜恩（Shin）等人（2016）通过两项研究，对68个学生小组及108个韩国公司中的工作团队进行考察，发现团队学习目标取向、绩效证明目标取向通过提升团队反思(团队成员对于团队目标、策略和过程的反省)，进一步促进团队的创造力表现。此外，团队目标取向也可能是连接外部环境与团队创造力的关键变量，如团队学习目标取向及绩效证明目标取向分别在变革型领导与交易型领导对团队创造力的影响中发挥中介作用（管建世 等，2016）。

2. 团队冲突

团队冲突指成员间因为真实存在的或感知到的差异而产生关系紧张的过程，通常包括关系冲突与任务冲突两类。其中，关系冲突是关于个人品位、政治偏好、价值观和人际风格等方面的冲突；任务冲突则是资源分配、程序及政策、对事实的判断和解释等方面的冲突。

关于这两类冲突对于团队创造力的影响，当前的普遍性观点认为，关系冲突会损害团队创造力，而任务冲突可能有利于团队创新。其中，关系冲突往往会引发成员的愤怒、沮丧、不信任等负面情绪，长此以往会限制成员认知能力及信息处理能力，降低团队效能并进一步削弱团队创造力（周明建 等，2014），且成员间的紧张关系也不利于信息交换及知识共享，会抑制成员关于问题的深入分析与讨论，不利于创造性观点的形成。相反，任务冲突可能触发更多的团队内信息交换，促进成员重新评估现状、审查当下的任务内容，有利于团队的创造性表现。

然而，对于任务冲突在团队创造过程中的积极作用也存在反对意见。如戴德鲁（2006）认为，过多的任务冲突可能会使得团队对于创造性解决方案难以达成一致，李等人（2018）也发现，任务冲突可能通过引发关系冲突而对团队创造力产生消极影响。还有证据显示，任务冲突与团队创造力之间的关系取决于冲突的程度及冲突出现在项目周期中的时间，并基于对 71 个信息技术项目团队的研究发现，任务冲突与团队创造力呈倒 U 型关系，中等任务冲突条件下团队创造力最高，且在项目早期，任务冲突与团队创造力的关系最为强烈（Farh et al., 2010）。这一倒 U 型关系也在国内实证研究中被验证（涂艳红 等，2019），且研究者发现领导政治技能在团队冲突与团队创造力的关系间发挥调节作用。

3. 心理安全感

团队层面的心理安全感指"员工对自己在团队中所展现的各种行为的人际互动安全程度的知觉"（Edmondson, 1999），如不担心因为自己表达的观点而被团队拒绝或惩罚，这是基于成员间的相互尊重与信任所产生的自信。

团队适应理论认为团队层面的心理安全具有三个重要的功能，这些功能与团队创造力密切相关（Hülsheger et al., 2009）。第一，心理安全有助于计划的制定。心理安全使团队成员能够在计划制定过程中提出独特的想法和观点，而不担心遭到团队的批评或反对，即使这些观点可能与共享团队信念相悖。第二，心理安全能够促进计划的执行。心理安全感能够提升成员对于互相监督的接受程度、促进内隐协调，也能够促进团队后援行为（成员间的作业互助）。第三，心理安全感能够调节计划实施与团队学习间的关系，促进成员通过公开讨论自己的错误、寻求反馈、观点反思来实现最大限度的团队学习。

实证研究中，心理安全感多作为外部因素影响团队创造力的中介变量，如有研究发现，心理安全感正向预测团队创造力，且在谦逊型领导与团队创造力的关系间发挥中介作用（Hu et al., 2018）。汪群、陈敏敏（2017）也发现，团队心理安全感在包容型领导对于团队创新行为的正向影响当中起到中介作用。李等人研究显示，地位冲突负向预测团队心理安全感，进而对团队创造力产生负面影响（Lee et al., 2018）。

第四节 质性研究：打开团队创造力"黑箱"的新视角

传统观念中，创造力常常与孤独、深思熟虑的个体形象相联系，比如科学家和艺术家，他们被描绘成埋头钻研的天才。这样的刻板印象深深植根于大众意识中，导致许多人认为真正的创新源于个人独处时的灵感闪现。然而，近年来的学术研究却挑战了这一传统观念，揭示了创造力的复杂性与社会性。现代研究表明，具有强大创造力的人不仅在专业领域表现卓越，还拥有良好的社交能力和广泛的社会关系网。这样的社交网络不仅为他们的创意提供了展示的平台，还不断注入新的信息和灵感，从而进一步激发他们的创造力。比尔·盖茨、史蒂夫·乔布斯和马克·扎克伯格等著名人物，正是这一现象的典型代表（Sawyer, 2012）。

在群体合作学习中，成员通过分享各自的知识、情感和观点，为创意的产生提供了肥沃的土壤。一个高效的"头脑风暴"会议，能够带来大量的新信息和知识的转移，产生个人难以企及的创意数量。这种群体合作的优势不仅体现在成员间的知识互补，更在于他们互动过程中所产生的化学反应。每个成员都带来了独特的视角，这些视角在交流碰撞中可能会激发出全新的想法。正因为这种互动的力量，近年来研究者开始关注创新背后的互动过程，探索在合作过程中人们如何有效地交流信息，以及社交网络对创新成果的影响。

这种研究方向的转变反映了人们对创造力的理解正在不断扩大。创造力不再被视为单纯的个人特质，而是一种社会性和协作性的现象。在当今这个互联互通的世界中，许多复杂问题难以单凭个人的力量解决。在这种背景下，创造力越来越被看作是集体努力的产物。合作环境为思想的交叉融合提供了条件，不同的观点和专长在此交汇，产生出创新的解决方案。

此外，群体内部的社交互动质量也会显著影响创造性产出。积极的社交动态，如信任、开放的沟通和相互尊重，能够促进思想的自由流动，鼓励成员敢于冒险和尝试新思路，这对创造力的发挥至关重要。相反，如果群体内部存在冲突或沟通不畅，创造力可能会受到压制，群体生成创新想法的能力也会受到限制。

社交网络在支持创造力方面也起着至关重要的作用。那些嵌入于丰富社交网络中的个体，能够接触到更广泛的信息、资源和观点，这些都可以用来推动创造性思维的发展。此外，社交网络还能提供情感支持，帮助个体应对创造过程中常见的不确定性和挑战。社交网络的多样性和丰富性，实际上为创造力的激发提供了广阔的空间。

综上所述，近年来对互动过程和社交网络的关注，凸显了将创造力视为一种协作性过程的重要性。面对日益复杂的挑战，能够与他人有效合作并利用多样化社交网络的能力，将在推动创新方面变得愈加关键。研究者们正深入探讨如何优化这些社交动态，以提升创造力。未来的研究将继续探索如何创建有利于集体创新的环境，从而更好地理解和促进团队创造力的发展。在这方面，质性研究方法，如互动过程分析法、社会网络分析法和认知网络分析法，将为我们打开团队创造力黑箱提供新的视角和深入的理解。

一、互动过程分析法

在一场会议中，人们通常会围绕某个特定的话题展开讨论。然而，并不是所有的互动都会紧密围绕主题进行。在讨论过程中，某些成员可能会花费一定时间相互交流情绪，或者聊一些与主题无关的小话题。这种现象在群体互动中十分常见，并且对整体互动过程产生了深远的影响。Poole（2003）认为，一个学习群体往往会同时进行两种类型的交流：一是社会关系目的的交流，二是任务目的的交流。社会关系目的的交流主要涉及成员之间的情感联系和关系维护，而任务目的的交流则集中于实现群体的工作目标。

为了更为系统地描述小组成员之间的互动过程，许多学者采用了Bales（1950）开发的一套互动过程分析法（Interaction Process Analysis，IPA）。这套方法最初是用于分析面对面的互动行为，通过一系列的标准将互动行为分为四大类：积极的社会情绪、任务－给出、任务－索求以及负面的社会情绪。具体来说，积极的社会情绪包括团结、缓解紧张、同意；任务－给出包括建议、意见、方向；任务－索求包括方向、意见、建议；负面的社会情绪则包括不同意、表现出紧张、表现出敌意。这种分类方式通过对互动行为的细致观察，使研究者能够更为准确地捕捉和分析群体互动的复杂性。

Bales 不仅提出了这套分类体系，还通过大量的观察研究，给出了每个行为类别的建议取值范围。这种方法的优势在于，它不仅为后续的研究者提供了一个标准化的工具，还使得研究者能够直观地将他们的研究结果与 Bales 的观测结果进行比较，从而进一步验证或修正这些行为模式的普遍性和适用性。

随着技术的进步和远程教学的普及，学术界开始探讨面对面交流与在线环境之间的差异。Poole（2003）的研究指出，传统的互动分析方法在新的在线互动环境中可能存在局限性。在线环境与面对面交流相比，缺少了许多非语言的沟通渠道，这可能会影响到互动的质量和效果。因此，学者们开始探讨 IPA 在在线环境下的适用性，并研究在线互动中可能存在的独特行为模式。

Fahy（2006）在其研究中发现，在线互动小组在互动过程中表现出极少的负面社会情绪，而更多的精力被投入到了任务相关的内容中。这一发现与 Bales 的观察结果有一定的差异，表明在线环境可能对互动过程产生了某种独特的影响。Fahy（2006）还指出，这种差异可能部分来源于实验小组中存在"教师"角色，这种领导者角色可能会对群体互动模式产生显著影响。例如，教师的指导和干预可能会减少负面情绪的表达，增加任务相关内容的讨论。

尽管存在这些差异，Fahy（2006）的研究总体上表明，在线互动小组与面对面群体的数据在大多数方面是类似的。这种相似性意味着，尽管互动的媒介发生了变化，群体互动的基本原则依然适用。然而，在线环境中的微妙差异也提示我们，需要对互动过程进行更深入的研究，以便理解在不同媒介和环境下，群体互动可能表现出的不同特征。

综上所述，互动过程分析法为研究群体互动提供了一种结构化的分析工具，不仅在面对面互动中显示出强大的解释力，在在线互动环境中也有广泛的应用前景。随着社会的发展和技术的进步，互动分析方法必将不断演进，以适应新的互动形式和研究需求。未来的研究可以进一步探索在线互动的独特性，以及如何通过调整互动过程分析方法来更好地理解和优化不同环境下的群体互动。

二、社会网络分析法

近年来，创造力与社交能力之间的联系逐渐受到学者们的重视。McKay、Grygiel和Karwowski（2017）提出，创造力不仅仅是个体独立思考和发散思维的产物，它还与一个人如何与他人互动以及在社交网络中扮演的角色有着密切的关系。在虚拟学习社区中，这种关系显得尤为重要。学习者应当积极参与到开放的互动环境中，通过频繁的交流与合作来提升学习效果和互动质量。这种开放的互动不仅能够激发创意，还能为创新提供更广泛的信息来源和支持系统。

Kéri（2011）的研究进一步支持了这一观点。他发现，一个人的创新能力在很大程度上可以通过其主要社交网络的规模来预测，特别是挚友和家人的规模。这意味着，创造力不仅仅依赖于个体的内在素质，还受到其社交圈子规模和质量的影响。社交网络提供了一个平台，使人们能够获取多样化的信息、资源和支持，从而更容易激发创新思维和创造性解决问题的能力。

在研究社交网络对创造力的影响时，社会网络分析法（social network analysis, SNA）是一种非常有效的方法。与传统的研究方法不同，SNA的核心在于将关系作为基本的研究单位，通过对这些关系的深入分析，得出社交网络的整体特征。社交网络分析能够揭示个体在群体中的位置和作用，帮助我们理解他们如何通过互动影响创造力的发展。

社交网络分析主要通过网络密度、网络距离、点中心度和中间中心度四个关键指标来描述网络特征，这些指标可以通过绘制社交网络分析图实现。社交网络分析图允许以视觉化的方式揭示复杂的社会关系结构（见图2-5），帮助我们直观了解团队成员间以何种方式发生联系。

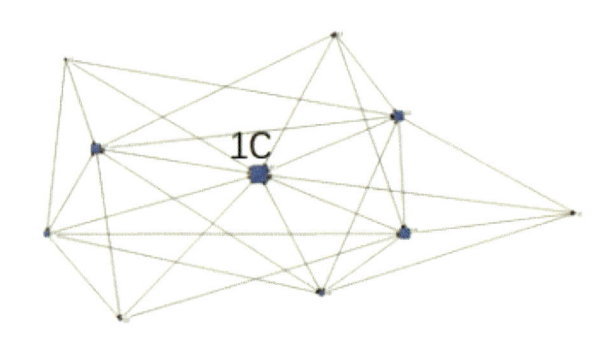

图 2-5　社交网络分析图（其中 1C 代表该组中心成员）

首先，网络密度指的是社交网络中成员之间的紧密联系程度。具体来说，它是成员间实际关系数量与理论上最大可能关系数量的比值。网络密度越高，意味着成员之间的联系越多，信息交换的频率也就越高。这种密切的互动有助于知识和创意的流动，从而促进群体的整体创造力。

其次，网络距离是指网络中任意两点之间的最短路径。通过计算网络距离，我们可以了解社交网络的整体结构，以及成员之间的联系程度。较短的网络距离通常意味着信息在网络中传播的效率更高，从而有利于快速获取和整合不同的观点和创意。

再次，点中心度是衡量个体在网络中连接程度的重要指标。具体来说，点中心度计算的是一个成员与其他成员直接连接的数量，包括其发出的信息（入度）和收到的信息（出度）。在本研究中，点中心度高的成员通常是那些积极参与互动并经常与他人交流的人。这类成员往往是群体中的核心人物，他们的活跃度和互动频率对整个群体的创新能力具有重要影响。

最后，中间中心度衡量的是一个成员在连接其他成员时的重要性。换句话说，如果网络中的其他成员想要建立联系，是否需要经过这个成员。中间中心度越高，表明该成员在社交网络中起到桥梁作用，连接不同的群体或成员。这类成员通常在信息流动和资源共享中扮演关键角色，对群体的创造力有着显著的影响。

综上所述，社会网络分析法通过对网络密度、网络距离、点中心度和中间中心度等指标的分析，能够全面揭示群体成员之间的互动关系及其对创造力的影响。这种方法不仅帮助我们理解个体在社交网络中的位置，还能揭示他们如何通过互动影响群体的创新能力。随着技术的进步和虚拟学习环境的普及，SNA 在教育和创造力研究中的应用前景十分广阔。未来的研究可以进一步探索如何利用社交网络中的不同角色和关系，来提升群体的整体创造力和创新效率。

三、认知网络分析法

认知网络分析法（epistemic network analysis, ENA）是一种对专业能力进行网络化建模的技术，近年来在教育和认知科学领域得到了广泛应用。其核心思想是通过统计多个编码在对话或文本中的共现频率，构建一个反映这些编码之间关系的网络结构。这一方法不仅能够揭示学习者的认知过程，还能够动态地展示他们的思维模式和知识结构。

认知网络分析法在一定程度上与社会网络分析法相似。社会网络分析侧重于揭示个体之间的关系和互动，而认知网络分析法则侧重于理解个体思维中不同概念之间的联系。因此，认知网络分析法能够更加全面、动态地呈现学习者的认知结构。通过这一方法，研究者可以更深入地理解学习者在不同情境下的思维过程，以及他们如何将各种知识和概念整合在一起。

具体而言，认知网络分析法的实施通常包括以下几个步骤。首先，研究者需要对目标数据进行编码，这些数据可以是对话记录、学习日志或其他文本形式的材料。编码的过程通常基于某种理论框架或研究目标，将数据中的内容分类为不同的概念或主题。接下来，研究者会统计每个编码在数据中出现的频率，并计算不同编码之间的共现情况。这一步的目的是通过编码之间的共现频率，构建一个反映它们关系的网络矩阵。

之后，研究者使用认知网络分析法的在线分析平台（如 http://www.epistemicnetwork.org），对这些数据进行进一步的处理和分析。该平台提供了一套完整的工具，帮助研究者生成认知网络平面图，并分析这些图中的模式和结构。Shaffer等人（2016）在该平台的教程中详细介绍了这一过程的原理。

在具体操作中，研究者首先需要根据研究问题选定分析单元，这些单元可以是个体学习者，也可以是学习小组。然后，他们将数据按编码类别进行划分，并生成不同的共现矩阵。为了使得这些矩阵具有可比性，研究者会将多个矩阵叠加在一起，并对累积的矩阵进行归一化处理，使得总长度标定为1。接着，研究者会对该矩阵进行降维处理，通常采用奇异值分解（SVD）方法，得到两个主要的奇异值，分别作为认知网络平面图的横轴（SVD1）和纵轴（SVD2）。

通过这些步骤，研究者最终能够在平面图上直观地展示不同单元的观点网络结构图（见图2-6）。这些图不仅展示了各个编码之间的关系，还可以通过位置和密度等特征揭示学习者的认知特征。例如，在一组学习者中，某些概念可能频繁共现，表明这些概念在学习者的认知结构中占据核心地位。而那些处于网络边缘的概念，可能是学习者还未充分掌握或不太熟悉的内容。

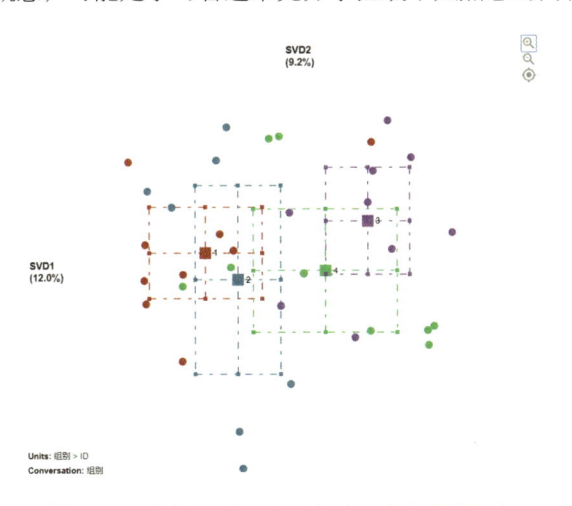

图 2-6　观点网络结构图（以 4 个小组为例）

认知网络分析法的一个重要优势在于其动态性。相比于传统的静态分析方法，ENA能够捕捉到学习者认知结构的变化，帮助研究者理解学习过程中的进展和转变。例如，通过在不同时间点进行认知网络分析，研究者可以看到学习者如何在课程中逐步整合新的知识，或者如何在合作学习中通过与他人的互动来丰富自己的认知网络。

　　总的来说，认知网络分析法为研究者提供了一种强大的工具，能够深入分析和理解学习者的认知结构。通过将复杂的认知过程可视化，ENA 帮助研究者发现隐藏在数据中的模式和趋势，揭示学习者如何构建知识，如何在复杂的学习情境中进行思考。随着教育技术的不断发展，认知网络分析法在教育研究和实践中的应用前景将更加广阔。

第三章
人工智能与心理学

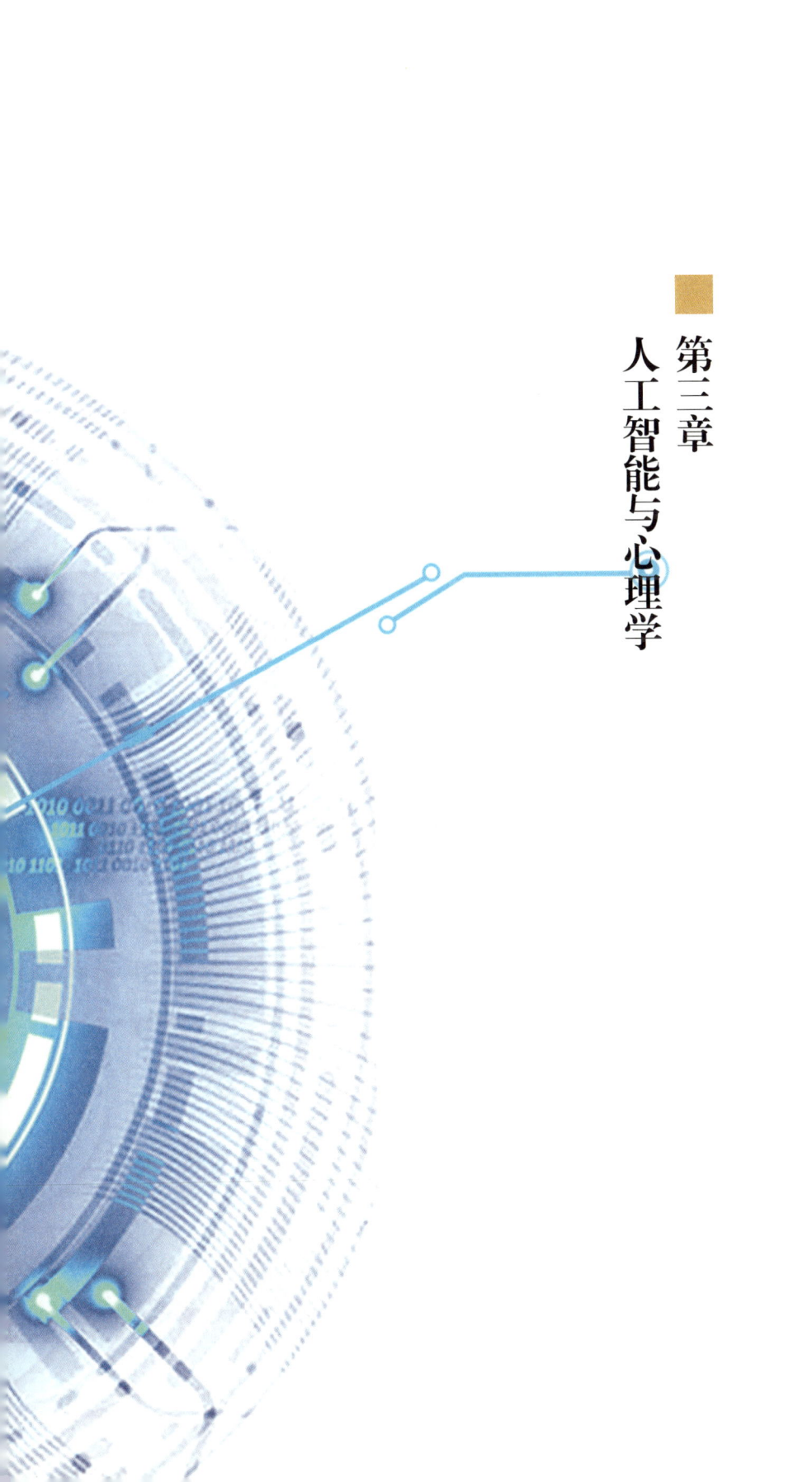

在一个雨后的初秋下午，当我想找一个可以看到窗外风景的咖啡店享受下周六无人打扰的时光，只需要打开地图，就会标记显示离家最近的咖啡店来供我挑选。当我拿着咖啡坐到窗边，打开常用的流媒体，首页就会出现我最近在关注的任何一种休闲活动的信息——似乎我手机里的应用程序比我更了解我自己。

人工智能领域的各种算法，如实时推荐算法、深度学习等帮助我们实现了像读心一样的功能。事实上目前人工智能领域开发的技术或是智能体已然可以做到很多拥有心智的人类才能完成的工作，但这些功能的实现却不能证明机器可以获得相同的心智。虽然大众及各领域的科学家深切地忧虑着人工智能获得自主意识后可能造成的后果，但事实上在我们没有了解完全人类自主意识产生之前，这样的担忧还距离可能的后果过于遥远。可以让人放心的是，人工智能即便在功能上实现了智能——甚至在很多需要高智力的项目中可以赢得人类（如，国际象棋、围棋、战略型游戏等），并通过算法从过往的网络痕迹中推测用户的需求来完成兴趣相关的内容推送，但是人工智能无法产生任何基于心理机制的智能行为。这一理所当然的事实很容易因为人工智能机器的完美表现而被大众忽略，反而过度信任或过度恐惧人工智能。对于当下的人类生活来说，人工智能技术的伦理问题及责任归属问题可能更需要得到关注，它们的解决也可以帮助人们通过更安全的方式利用智能机器，也更能给这一普惠大众的技术一个更广阔平稳的发展空间。

我们很容易对不够了解，但能力出众的事物做出负面的评价，即便它们对我们有帮助。人类对"未知"有着本能的恐惧，这也是为什么我们会努力用一切我们能够理解的思维方式，如逻辑、科学、神秘主义，去解释"未知"的自然现象及更加广阔的物理世界。当我们找不到科学的理由的时候，也会通过神化的方式理解并用语言表达出来。所以当人工智能技术在与智力相关的活动中，表现出超越人类的出色能力时，我们会不自觉地"神化"人工智能，并开始想象如果任由它继续发展下去，最糟糕的后果人类是否可以承受。这种本能的反应是无法消解的，即便我们知道，以目前的知识结构和技术手段来说，人工智能像科幻作品里那样拥有自由意志几乎是不可能的，从现在就开始对此感到忧虑，甚至有些杞人忧天。不可否认的是，这份担忧多早也不为过，因为我们现在确实也面临着人工智能机器使用上的一些非技术性问题，而这些问题如果无法得到解决，很可能它们会成为未来让人类陷入困境的源头。如此，似乎人工智能算法透明化，并让大众更深入地了解人工智能机器及技术实现功能的手段，可以让人类更加信任人工智能，对它们的功能实现做出客观的评价。这也是人工智能领域致力于开发可解释性人工智能（explainable AI）的一个原因。人工智能领域下的机器、技术的智能功能的实现大多都被封装到了"黑箱"中，一方面是因为相关的知识产权需要被保护，另一方面这个"黑箱"中存在着过多的随机性，也就是说在黑箱中存在着难以解读的另一个"黑箱"。可解释性人工智能主要是为了通过构建更透明、更具有可解读性的模型系统，公开模型的调试过程及决策过程等，来让大众监督功能实现的方式，获取大众对机器的信任，从而让人工智能积极地帮助人类，实现它们的价值。

关于人工智能与心理学，本课题组目前主要基于个体/群体认知与社会行为的脑机制与心理机制，围绕"脑-心智-机器"开展研究，采用心理学理论及方法，促进人机增强智能的基础研究与增强智能系统的应用推广。基础研究方面，通过抽象认知/情绪模型为类人智能研发提供理论支持，探索人工智能具有创造力和情感的可能性；通过观测人机互动情境下的神经生理、心理与行为指标，为混合人机增强智能系统有效性提供多元反馈线索。应用推广方面，通过心理测量、社会实验等范式考察人工智能在教育、医疗、军工等现实应用情境下引发的用户认知、情感及行为反应，探索干预的有效路径，从而实现人-机-

环境的最优匹配；通过对人工智能的社会影响进行持续观测、科学记录和综合分析，精准识别人工智能的挑战、冲击和社会演进规律，规避可能的伦理风险。

第一节　人工智能领域的过去与未来

人类对"我是谁"的探索贯穿了整个人类文明历史。随着对自然现象的科学认知和利用，我们更加确定了自身在整个物质世界中的独特性。其中智力与创造力是两个充分体现了人类区别于其他生命体的重要能力。当机器成为人类生产生活里的重要工具的时候，我们自然会用自认最理想的功能去优化它——让他们拥有如同人类般智慧的能力。人类对于机器的最终想象，让人们确认它需要有记忆功能，可以自主运行，并且这样的机器将可以如人类般具有思考和产生新想法的能力。由此诞生了基于图灵理论的电子计算机，它们的出现让过去的想象成为了不远的现实。

因此，在机器发展到电子计算机水平的时候，怎么让机器模拟出人类智力成了一个重要问题，从而也诞生了人工智能这一研究领域。

一、人类智力的研究

人类对自身智力的研究历史并不长远。在18到19世纪，第一次工业革命时，人们发现科学与技术不只是上层社会满足自身对智慧追求的形而上学的产物，而是可以切实地提高生活水平，提高对自然资源利用程度的重要领域。因此，人们不再将它们看作是哲学研究的副产物，而是以发展人类生活边界为目的进行实验和创造。很快人们发现这一工作并不比哲学思考更容易。科学发现与技术创新的能力需要以人类的智力为基础，只有拥有智慧的人才可以在科学与技术发展上做出贡献。因此19世纪后，大众开始以智力水平划分人的层次，智力成为了关于人的重要标签。关于智力的研究——人的哪些能力属于智力、智力从何而来、如何提高智力水平，以及基因与环境对智力的影响等——也成为了心理学、统计学与测量学关注的重点。

1. 智力的定义

在对人工智能的定义做出综合性的阐述之前，我们可以先认识一下智力（intelligence）。智力的研究可以认为是，从英国统计学家高尔顿（Galton）受到他的表兄达尔文的《物种起源》的影响，逐渐对人类的遗传与个体差异的兴趣开始的。从人类的进化、遗传，到个体差异及智力独特的天才们，高尔顿想探究的是人类智力的起源及如何让人类群体更加智能的答案。1869年，发表的著作《遗传的天才》中完成了对智力卓越天才们的个案研究（Galton, 1891）；1883年的《人类才能及其发展的研究》精进了研究方法，并从更加科学的视角初步提出了智力的测量与研究（Galton, 1883）。此时的心理学也正在从心理学实验室的正式建立开始，步入整个学科作为科学研究的第四个年头。高尔顿对智力的兴趣不仅为之后智力的精确测量奠定了基础，而且开拓了心理学的研究方法，通过智力测验将心理测量方法及统计学应用的优势表现出来。1890年，受到高尔顿影响，师从冯特的美国心理学家卡特尔在其发表的《心理测验与测量》中正式提出"心理测量"这一科学术语。测量虽然精确化了概念，但是人们对概念的理解，最终还是需要用语言表达出来，传递给所有人的。然而，复杂的语言表述却永远没有符号表达得精准，其间存在太多可以被无意识错误解读的可能；而且为了更容易传播与理解，对概念的界定总是尽量精简的，因此总需要在众多视角中选择一个更能够阐述它的表达路径。虽然我们总是会用"盲人摸象"来形容不同理论对概念的理解，但是当我们需要跟从未见过"大象"的人解释它的时候，还是会选择我们见过并理解了的视角。因此，我们也只能根据不同的理论视角定义概念。最终还是那些需要理解"大象"的人，自己去多维度地找寻不同视角的表达，将那些概念整合起来，得到自己理解的那只"大象"。

2. 心理学智力理论的演变

智能等同于智力，可以认为是一种获取、应用知识与技术的能力，也代表了知识、智慧与才能。从这一语义阐述可以知道，大众对智力的认识来自两个方面，一方面它由知识、才能、技术等因素构成，另一方面智力也是对知识获取、对技能得运用及可以得到被他人评价为"智慧"的智能产物的过程和能力。心理学家们及其他对智力理论发展产生影响的学者们，最初也是从对智力的因素构成开始解释智力的。

传统的智力理论将智力看作是一元的，认为智力本身就是一个不可拆分的功能体，其中存在多个因素，它们的有机组合、结构化让智力得以体现在人类的思考和行为中。这一思路是从高尔顿对智力的测量而来的，他用个体在这些因素上的差异来解释个体在智力上的差异。为了解读与测量智力，需要拆解它，了解它由什么组成，由此智力的一元论多因素的解释路径自然地产生了。根据这一路径的解释，产生了不同角度的不同理论，如斯皮尔曼的二因素论、瑟斯顿的群因素论、吉尔福特三维结构模型、卡洛尔的智力三层级模型等。这些理论视角对它们之前的理论进行了丰富和整合，在每一个理论提出时都尽力消解其间的分歧，综合共同的观点。1993年卡洛尔综合了前人的理论和研究，认为智力结构上由三个层次，内容上由多个因素组成。其中，最高水平只有一个因素G因素（general），即最初由斯皮尔曼在1904年提出的一般智力，也是智力测验检验的内容；中间层级受到G因素影响，并由7个因素构成，即流体智力、晶体智力、一般记忆容量、一般流畅性、一般视知觉、一般加工速度、一般听知觉；结构中的最低层次则由众多特殊因素构成，它们是那些个体异于常人的天赋。除此之外，智力的因素根据学者的不同视角，还会被分解为抽象智力、具体智力、社会智力；或是根据具体的能力分解为语言理解、语音流畅表达、数字运算、空间认知、联想记忆、知觉速度、一般推理。对创造力的发展做出卓越贡献的美国心理学家吉尔福特（Guilford）区别于其他学者对智力单维度的因素分析，用5种内容、5种操作、6种产品，建立了智力的三维结构模型（SOI），构建了智力表达的刺激—加工—输出这一完整流程。虽然，吉尔福特对智力的解释，依然用的三个维度的多种因素排列组合的方式进行的阐述；但是已经开始用生物神经刺激，到思维认知过程及输出这一路径，从机制上理解智力。

传统智力理论虽然为大众提供了理解智力最简便、最通俗的方式，但是对智力的科学层面的研究却远远不够，它没有解释智力从何而来（生物学线索）、如何而来（形成机制）、到何处去（发展及与文化环境的关系）。传统智力理论缺少对智力本质的结构的解释，主要还是根据经验观察，对智力所包含的因素与内容，进行描述性的阐述和分类。因此，之后的智力理论的建立更加关注智能活动涉及的认知过程和功能系统，并以此来探索智力的本质与机制。

认知心理学受到当时计算机技术发展的影响，经过多年的理论沉淀，形成影响至今的信息加工理论，它对智力的研究深度影响了当代智力理论的发展。信息加工理论从智力形成的源头（即大脑）开始与计算机进行类比，认为大脑本身就可以看作是一个计算机信息加工系统，认知过程就是信息搜寻、获取与加工处理的过程。这种类比抽象了智力的形成机制的生物性，让这一过程可以计算，这种抽象和简化让智力的研究不再是一个完整的黑箱，而像是可以用手触碰的实体模型一样可见、可操作、可模拟。这种抽象式的解释路径不再将智力看作是需要描述样子的一元概念，而是一个过程的结果。此外，即便对于那些没有关注智力发生发展机制的理论说学来说，智力本身也不再被看作是一个实体。随着对心理内容和认知过程研究的深入，智力可以被看作是一个认知能力类别，如多元智力理论认为人类拥有包括语音智能、逻辑-数理智能等8种智能。而且，对智力的理论建构也需要考虑当时的社会文化环境，后者对人的影响反映在对各种心理因素的研究中。对于智力理论，加德纳将智力的界定拓宽到不同情境和文化中，提出人际交往智力等。

对智力的理解从理性的思维过程到个人心理的主观影响，似乎已经将智力的本质与发展都了解透彻了。而20世纪80年代，弗林（Flynn）等人发现智力测验的结果还有逐年增加的趋势，似乎除了个体差异之外，还存在社会文化环境对智力的影响。智力会影响社会交往过程之余，社会过程也会对智力的发展产生影响。在此之前，对于这种受到外部因素影响的方向，就存在不同的解释路径。皮亚杰的发生认识论认为儿童的智力发展虽然受到社会及与其他个体交互的影响，但是这种影响是通过与外界交互时产生的行为逐渐内化，从而影响个体智力成长的，是个体建构的结果。而多伊西（Doise）等发生社会学家则更为看重社会过程对个体成长的影响，认为正是社会性让儿童产生了这种具有建构作用的行为，这种行为是为了与他人更顺利地交互而产生的，因此是个体为了完成社会过程使得智力得以成长起来。

所以，我们对于智力的认知，也是随着对本质的了解及理论的形成，逐步获得的。而且就像关于人类智力的理论已经经历数十年的演变，从简单的因素描述到对结构的深入分析；同样，人工智能的概念，也不存在那个可以获得每个学者认同的一致答案。

3. 人工智能与人类智能在智能上的差异

人工智能研究受到认知科学、生物神经科学、心理学、物理学等诸多学科的综合影响，也会借用相应的专业术语和理论。人工智能领域中，把对问题的同态形式化称为知识表示（knowledge representation）。在哲学、心理学领域，将同一个词普遍翻译为知识表征，指知识在大脑中的呈现。

人工智能对于智能的认识也深受人们对人类智力的理解深度的影响。学者们越认识到社会过程、人的社会性、社会文化这些与环境、与人交互过程有关的因素，在智力发生与发展过程中的重要作用，就越倾向于选择灵活地去建立模型，并发现模拟这种精确且理性的方法的局限性。

不同时期对智力的理解影响着计算机科学领域对智能的期待。当人们通过问题解决思维过程及成果来理解智力的时候，这种期待就会充满着局限的幻想，目标直接指向于超越人类，希望可以制造比人类智力更高、效能更佳，还不会因为负面情绪影响产出的人工的智能产品。对智能的认识也只局限在，如何更准确地模拟问题解决的思维中。认为只要知识这个基础足够扎实，程序模拟出来的思维足够精确地面向问题，就可以用这个更智能的工具，输出更"聪明"的解决方法。早期对于人工智能的定义也可以体现这一点。

但是，很快人工智能就因为机械的模拟过程，以及受到算法限制的结果而受到批判。心理学家们意识到情感、动机等主观因素也会影响智力的发生的时候，计算机程序的智能也因为缺少了人类这些主观的"缺陷"被质疑。尤其是在创造力从智力研究中被单独拎出来，强调它比起智力更加体现了人类的独特性的时候，人工智能的智力似乎也只能体现在以知识、学习与逻辑思维为基础，对可以获得的信息进行分析、计算与模拟这些工作上了。人工智能的创造能力直接用"不是人类"被否定，因为它没有人类的"灵感一现"，没有人类偶尔因为错误而发现的新成果，也没有人类从"无"涌现出"新"的能力。创造力比智力更加复杂，更加神秘。

二、人工智能研究的哲学背景

哲学起源于"爱智慧""认识自我"。最初人们通过神话来表征世界，将每样难以被人类掌控的自然事物与自然现象赋予神格，去祈求它们的庇护，让那些可以摧毁人类生存的灾难远离身边。在无法对自然世界中发生的事情做出合理解释的时候，人类将那些模糊的概念实体化，从人们能想象的最理想的生活角度"创造"神明，并把对自然的恐惧投射到实体上。因此，当人们开始逐渐可以了解自然并学会顺应自然，开垦自己的生活空间的时候，神明逐渐人性化，并因人性的弱点而陨落。人类通过创造神明来了解自身，陨落的神明意味着人类接受了那些自己赋予神明的人性特点，并开始像对待自然那样对待人性。神话中的神明陨落了，但人类的神没有。在早期哲学不知道如何表达那些无法用言语表达的哲学思想与概念的时候，哲学家们用神这样的实体表征尚未能理解的开端与终极。这样的表达并不影响理性的产生，或者说这种将概念形式化的方式一直延续至今。神未尝不是一种符号化、形式化表达的方式。而形式化为数理逻辑的诞生提供了思维上的基础。公元前300多年，亚里士多德在《论哲学》中，第一次将那些展现出人类理性一面的思维方式和原则形式化为逻辑法则的集合，即梳理了推理的三段论系统。他认为推理基于三种命题，大前提（主题命题，major premise）、小前提（谓词命题，minor premise）和结论（中介命题，conclusion）。大前提是一般性命题，陈述了推论的一个主题或普遍真理，小前提陈述了主题相关的具体情况或者条件，结论则是指通过对大前提和小前提进行逻辑推导所得到的结果，比如一个是否判断。这种对理性的最初形式化原则的集合，完整地总结了从初识前提开始，基于条件的对结论的机械性逻辑推导。而这种思想让未来的科学家可以构建基于逻辑推理的机械装置。

从已知信息中，借助信息之间的关系与条件，按合理完备的逻辑推导出新的信息，这样的推理方式便于形式化，同样也是数理和哲学思辨的基础。不论是以意识为认知主导的哲学流派，还是以物理系统来认识世界的唯物主义，都是以这种推理形式为基础，进行的延伸与讨论。当人们形成了以知识为基础信息框架，用理性推导来认知世界的思想后，人类的智能活动就成为了可以以形式化或知识表示的方式来理解的行为决策。已知的信息来自个体/人类的知识，一方面知识来自经验及对经验的归纳总结，另一方面知识来自对从经验中获得的信息的逻辑推导。语言作为知识表达的载体同样可以进行形式化表述。乔姆斯基认为人类的语言产生的根本是为了表达自身的思想，人类的意识本身与语言是相互构建的关系。如果语言可以进行机械化表达，那么基于语言体系表达出来的人类的意识同样可以被看作计算过程。20世纪由维也纳学派发展出来的逻辑实证主义学说认为，个体的知识作为已知信息都可以最终投射到传感器的输入的观察语句上，并用数理逻辑来刻画理论与经验知识的关系，最终通过实际行动来验证理论的有效性和真实性。

对于人工智能来说，知识与行动之间的关系是最为重要的。对于人类来说，智力体现在对知识的理解和应用上；而对于人工智能，智力需要通过构建从知识到行动的可形式化表征的逻辑体系来实现。人工智能深受形式主义的影响，认为知识是可以通过分析和理解物质来获取其信息的，而可以用形式语言和符号系统表达的数理逻辑是了解世界的主要方式。这一思想为人工智能的智力功能实现提供了一个核心方法，即将知识用符号进行表达，实现用计算来生成思维与决策的目的，从而让第三者将这种输入到输出的过程理解为智能。

三、通向未来的人工智能研究

就像本章开头列举的生活片段一样，机器似乎已经从利益最大化的角度解读到了人类最本质的需求，最近、最快、最便宜、最流行等都可以成为智能机器的目标。生产者致力于提升机器的性能，拓宽它们的功能，终究是因为人需要这些被提升到极致的机器，来完成从生活到科研等一切与人相关领域的工作。如此，人工智能机器、产品的涌现，以及对人工智能算法的优化和人工智能领域的蓬勃发展都是人类"需求"路径上必然会发生的事情。而对人工智能领域中技术应用的优化需求是永远存在的，当一个产品通过人工智能实现了最简单的"便捷"这个功能后，依然会继续追求对人类更极致的了解和预测，因为每个制造产品的团队都会坚信他们的竞争对手们不会就此停手。竞争既是为了当下的利益，也是为了人类的"未来"。虽然，人类已经对赖以生存的物理世界有了一定的主动权，可以有效利用大部分的资源，在环境中占领一席之地。然而，就像人类对溯源有着根深蒂固的本能追求一样，人类对未来永远充满着不安全感和恐惧。这样的恐惧为人类提供了发展的动机，也让人类无法停止对物质世界的探索，科学与技术的发展永远被需要。而这样没有尽头的需求并不只是人类的"欲望"，更是人类对关于存在与生存的危机感知的结果。因此，人类对当下生活与生产的"需求""竞争"，以及对"未来"未知的探索，都决定了人类对科学与技术的追求是无法停息的。对人工智能领域的深入开发将是必然的，这不仅关系到我们对生活便捷化与智能化的满足，更与未来对科学与技术的探索密切相关。世界是无垠的，而人类的能力是有限的，我们需要创造出可以拓宽有限能力的机器，来探索无垠的世界。

除了人工智能领域商品应用，心理学家们也在利用人工智能和大数据方法，更广泛、深入地了解人类的情绪与思想，分析人类的认知方式、行为模式、情绪变化，并关注人类的心理健康情况，以此发展关于人类心理的观点与理论。另一方面，人类的心理未尝不是一种可以借鉴类比的方式，基于人类认知模式建立的机器学习算法，如启发式算法，也同样可以成为计算机科学的一种未来。

人类的心理对于机器的发展来说是一个很好的映照人工智能未来的镜子。费曼（Feynman）曾说过："我不能'创造'的，是那些我不理解的事物。"费曼认为，能力是理解事物的真正标志。当人类可以"创造"出智能时，也意味着我们可以自下而上地推导出人类认知功能的机制，也意味着我们可以真正理解我们为何可以产生思维、为何可以发明创造、为何可以与其他生命如此不同。人工智能正是我们了解自身的必要渠道和自然产物。

在通向人类未来的道路上，智慧与创造将人与机器缠绕在一起。只有流动的活水才能永远存在生机，人类社会也是如此。发展是关于未来的永恒的主题，所以拥有未来的人类社会只会是永远在发展行进的社会。科学与技术的并行在这个过程中是不可或缺的，而机器正是实现两者的手段和目标。科学的发展受限于技术的边界，因为科学需要通过现实的观察来检验假设。不论是微观还是宏观，技术都可以通过机器来拓展人类的观察极限。同样，随着观察尺度的扩展，测量与分析也无法离开技术革新下的机器，人类越来越需要一个"外延的大脑"来帮助自身完成对未知的探索。而最佳的外延大脑必然是拥有强大硬件和学习能力的人造的智能主体。如此，才能避开人类有限的知识结构导致的偏见，并将人类有限的运算分析能力延伸到硬件本身的极限。而人工智能一词，既代表着拥有极限智能的机器产品类别，也代表着计算机科学中对这一类智能体的研究子领域。

智能的开端源于人类对环境中外物的充分利用。我们总会把可以使用工具的生物体标记为"聪明的""有智慧的"。人类的历史也可以认为是对工具的运用发展史，每一次对工业发展有价值的机器革新都标志着人类发展的重要进程中新的开端。而每次机器的革新都是为了满足更进一步的生存与生活需求，可以说人类的欲望才是创造的必要条件。最初人类只需要简单的数值运算，来了解身处其中的物理世界，并与他人进行交易、建造生存空间、描述现象。当我们认识到了解物理世界需要一种科学方法的时候，人们开始提出问题并做出假设，而数值运算与可以观察现象的机器成为了验证假设的唯一方式。但当我们可以探索肉眼观察范围以外的世界时，对数值的运算要求拓宽到了极小与极大的范围，它们的尺度远远超出了以往认知的极限，原本人类恐惧的"无限"逼近到眼前，这既是危机也是机遇。由此诞生的微积分也成为了现代科学的基石，人类不仅可以尝试克服对"无限"世界的恐惧，也可以从中开拓出一种新的"征服"世界的方式。科学的表达逐渐抽象化，具象的数值运算已经不足以对以数理逻辑为基础的物理规律进行验证，所以新的"征服"世界的方式应运而生。1945年，冯·诺伊曼提出了一种通用计算机的概念，这种计算机不再局限于执行特定的任务，而是可以通过算法，开发可以实现各种任务的软件程序，以此完成不同目的的任务。这些任务甚至不局限于进行数值运算与数据分析。这种通用计算机可存储数据、进行数值分析、建立抽象的数理模型，甚至可以呈现图形和自然语言。这也是人类创造人工智能体的前身。

1949年第一台完全符合冯·诺伊曼体系的通用计算机EDVAC诞生，它是一台拥有内置程序的二进制计算机。ENIAC作为它的前身，是第一台可编程的通用计算机，已经拥有了此前电子计算机无法达到的计算能力。很快在1950年，第一台商用计算机UNIVAC-I诞生。然而，体型巨大的真空管计算机很快被基于半导体材料的晶体管计算机取代，这种第二代计算机可以通过将逻辑电路塞进更小的空间中，来缩小计算机的体积。20世纪60年代集成电路的发明很快开启了第三代计算机时代。随着集成电路技术革新，现代的拥有强大的多核心微处理器的计算机，可以处理更为复杂的任务，如高分辨率的图像处理、3D建模、深度学习等。由此，基于强大硬件来实现机器学习算法的智能体让实现人工的智能成为可能。

智能是人类自我意识的火种。当我们开始计算，开始将身边的事物符号化的时候，我们也开始问自己"我是谁"。人类的智能是一切的开端，对信息的收集与处理是人类生存所必须掌握的基础能力。当人们对快速与精准地处理复杂计算任务的要求，随着材料与技术的更迭，通过高性能的计算机逐渐得以实现的时候，我们自然地开始期待创造自己的"火种"——从人类智能中创造出人工智能。

人类的创造能力似乎与智力的展现是同时产生的。从对物质世界的观察中抽象出的用以表征具象含义的符号，似乎不是简单的"聪慧"一词就可以概述的。人类如果仅仅会使用工具来维持生存，并不会产生独特于其他生物种族的自我意识。创造出的数字与字母作为最初的符号，才是人类智能的最初体现。人类对它们的使用和复杂化的过程也同样进一步发展着自身的智能，进而让人类可以进行更加丰富的智能活动。至今，我们依然探索不到人类最初对符号与火使用的根源，似乎这些对未来智力发展起着决定性基础作用的创造是凭空出现的，这让智力与创造两者谁先谁后这个问题也变得扑朔迷离。我们可以初步认为创造也是人类智能的一种标志。创造力基于智力产生这一点毋庸置疑。即便如此，创造力具有自己的特殊性，创造思维过程拥有者相比于智力更独特，更具有神秘色彩的特征。

第二节　人工智能技术的实现

人工智能是计算机科学下的一个分支领域，以理解并建造智能实体为目的，研究如何通过与环境的交互来让智能体进行智能活动。我们将自己如何思考、决策、行为的解释应用于机器的构建上，将逻辑与思维符号化、信息化，从而实现机械论对人类智能的解释，通过数理逻辑来将问题解决的过程形式化。人工智能虽然是科学技术领域的研究方向，但模型的构建、算法的开发却是基于哲学思维、认知科学及神经生物科学等多学科理论与实践的。

一、人工智能的定义

计算机的研制与研发思路，影响着当时社会和科学发展的方方面面。计算机科学的发展，也朝着社会与各种学科对它的要求和期望的方向行进。认知心理学的基础——信息加工理论，可以说是心理学受到计算机科学影响的产物。计算机科学也受到认知心理学的启发，期望可以在计算机上，模拟人类的心理过程和认知过程。人工智能就是这种启发下的结果。但是人工智能时代的开启不只是受到心理学的影响，还有当时对生产力的迫切需求、大众对产品创新的需求等，这些都促成了生物神经科学、认知科学、计算机科学、心理学等学科对人工智能研究的探索。

人工智能的定义受到不同理论与研究路径的影响。而且作为一门以技术发展为重点的交叉学科，人工智能的界定也与技术发展方向有关。但对于各不相同的理论来说，依然存在一个共识，即知识是人工智能科学的重要内容。所以，从信息处理的对象角度来说，人工智能是关于知识的科学，即怎样获取、表示、使用知识的科学，它的研究中心是人工制品中的智能行为（Nilsson et al., 1998）。而从知识工程角度出发，也可以将人工智能认为是一个知识信息处理系统。

虽然人类智能也是以知识作为智力的基础来界定的，但是人工智能与人类最为不同的地方在于，它本身就是人工产物。而让人工智能"像人类一样"，是很多计算机科学家对人工智能的终极目标，也是技术发展的方向。所以从类人角度来说，人工智能是研究并开发用于模拟和延伸人类智能的方法、技术及应用系统的一门科学（姜力铭 等，2022）。这一学科研究怎样使计算机来模仿人脑所从事的推理、学习、思考、规划等思维活动，从而解决人类专家才能处理的复杂问题（李德毅，2009）。

从人工智能实现角度，可以认为它是一系列算法、程序或方法，用来实现那些用表征建立关于思维、感知和行动的模型时展现出的约束条件。当人们对于人工智能及其相关算法、建模，以及应用有更丰富的理论和实践的时候，可以综合看待人工智能的本质及可能的未来。人工智能的主要目的是理解智能的本质，并在此基础上通过机器学习、自然语言处理、知识表示和推理、计算机视觉等技术使得机器或程序能够集成并执行智能任务。因此，人工智能的目标是发展出智能体（agent），让机器或程序能够以与人类相类似的方式做出反应（邓士昌 等，2022; Russell et al., 2002）。罗素（Russell）与诺维格（Norvig）（2002）认为人工智能产品可以分为四类，像人一样思考/行动的系统和理性地思考/行动的系统，也就是说人工智能是以模拟人类功能为目标，用形式化、规则化的系统去模拟思维和推理过程的科学。

人工智能也是基于计算机科学的研究领域，其中包括了对技术实现相关的逻辑、概率、数学模型等基础内容的研究，也包括了对如何让机器可以进行感知、推理、学习与行动的研究，以及对人工智能实体（如电子设备、机器人等）构建的研究等一切技术基础、理论与应用的方向。人工智能一词可以看作是一种对实现模拟智能的技术概括，也可以理解为是一种方法，同时也可以代表以模拟智能为目的或通过模拟智能来优化功能的所有类型的智能体。如果以建立智能体为目的进行人工智能研究，可以将人工智能理解为是对从环境中接收感知信息并执行行动的智能体的研究，其中每个智能体都可以是将对环境的感知序列映射到行动的函数（Russell et al., 2002）。总地来说，人工智能是研究智能化的智能体（agent）的领域，后者可以理解为是可以感知环境，进行推理和决策并执行行动的计算机程序或系统。而定义中提到的映射函数，可以是神经网络模型、生成式系统、决策理论系统等用以连接知识与行动的模型和框架。

二、人工智能的研究路径

哲学、生物神经科学、心理学、认知科学的理论发展和实证研究的进行，人工智能对机器模拟的理论思考，对技术和算法的发展前景也有了不一样的认知。对于"人工智能如何更完整地模拟人类思维"这个问题的不同答案，人工智能领域主要产生了三个研究路径（流派），即符号主义、联接主义、行为主义。它们分别从对人类思维的不同类比视角、不同模拟方式和算法，探究人工智能的最佳路径。他们对人工智能的研究与应用各有偏重，为了实现理想的人工智能产品，也会在技术和算法的使用上相互借鉴补充。所以功能越完整、越智能的人工智能产品，用到的技术也更多，是三条路径相关算法与技术的综合结果。

1. 符号主义

符号主义（symbolism）主张人工智能可以基于逻辑推理过程，对人类的思维过程进行模拟，它受到信息加工理论的影响，所以也被称为心理学派（Wei et al., 2000）。计算机科学的发展让认知心理学专家们意识到思维可以用符号表示，这种对思维的符号化表达也可以成为理解人类认知的内部机制的一种方式。信息加工理论对于这种思维过程符号化的认可，也促使了人工智能领域的学者对这一路径进行尝试。英国数学家图灵在1936年提出的抽象计算模型——图灵计算机，就可以看作是符号主义尝试的结果。智能机器实现中最重要的一步——知识表示，最初也是通过符号主义路径，将抽象语义逻辑表示为函数来实现的。

通过计算机来完成智能任务，首先就需要将问题或者任务目标转化为可计算的形式。如果自然语言及编程语言都可以认为是符号表示的，这种转化就是可能的。那么，什么是符号？符号也可以被认为是一种图示，从某一特定图示中演化出来的任意的单一元素，都可以用相应的符号来表示。它可以表征事物的功能，也可以作为事物的基本单元进行信息加工的操作。我们也可以将人类认知和思维的基本单元理解为是符号。认知也是通过符号表征的，认知过程也就可以理解为是对符号的操作过程。所以符号主义也可以简单地总结为"认知即计算"，它是用算法就可以达到智能的最短路径。因为在这条路径上，没有神经网络及思维的黑箱，试图将复杂的过程抽象成直接可以用计算机操作的语言逻辑。这一路径的缺点也很明显：这种抽象也意味着抛弃了复杂涌现出来的不可预测性，也正是这种不确定性让智能更加像是人类智能。另一方面，对于真实思维过程的抽象表示，总是会与真实情况存在差距，当机器遇到设定的抽象规则之外的事件时，就不再智能了。

2. 联接主义

联接主义则可以避免这种问题。这一路径下的人工智能以单元联接网络，对心理与行为现象进行模拟，通常的联接形式是基于神经生物学基础建立的神经网络模型（Aizawa, 1992）。既然人类的智能来源于大脑的神经网络联接，那么用类似于人类神经网络的方式建立的人工神经网络，可以更全面地模拟大脑的整体活动。机器学习及相关的卷积神经网络算法等，就是用类似于大脑神经网络的思路，模拟人类学习的过程。虽然这一路径同样将神经网络抽象化类比表达，来模拟神经元之间的刺激与输出过程，但它模拟了真实的结构，其中的规则变得更加贴近真实的思维过程。联接主义路径对智能的模拟深入生理结构部分，留出了智能机器自主变化的空间。

3. 行为主义

行为主义主要来源于控制论的观点，方法是：在真实世界中，通过对传感器与控制器进行学习与训练，来制作可以在现实中行动的控制系统。相比符号主义的逻辑模拟及联接主义通过大量数据学习的方式，行为主义更倾向于直接制作可以完成控制过程和行动的机器。布鲁克斯（Brooks）在1990年提出了这种无需知识表示和推理的智能行为的观点，认为智能不只体现在基于知识的逻辑推理中，感知、行为本身也是智能体现。行为主义的提出也为实体机器人提供了一条理论路径（Brooks, 1991）。

三、智能体与知识表示

人工智能领域研究的核心内容就是对智能体的构建。智能体自身拥有感知（传感器）与行动（执行器）功能，它从环境中获取信息映射到传感器中，经过智能体内置功能的处理转化为行动作用到环境中去，以此形成智能体与环境的交互。智能体的功能实现效果与环境属性相关，相比于困难环境来说，身处简单环境的智能体可以更好地适应环境，从而高效地从环境中获取信息完成行动。人工智能的智能体的传感器相当于人类的感知系统，而执行器则是运动系统或思维决策系统。对于一些程序类智能体来说，与环境交互的信息可以通过键盘输入到传感器中，然后通过屏幕进行执行反馈回到环境中。理想的智能体性能是让感知与执行的映射函数最优化，从而给智能体赋予期望值最大的理性状态。智能体与环境的交互是否最佳，大多数时候都是很难做出评价的，但在任务开始前我们可以为任务的完成结果设置期望值，从而为智能体的性能评估设立标准。这一评价体系为智能体的构建原则进行了约束。很多智能体的构建都需要对环境进行约束，并设置对性能的期望值，尤其是对于一些复杂的智能体，如自动驾驶系统。自动驾驶系统的环境十分复杂，如果不进行约束，车辆将有无限个方向可以运行。对于此类复杂的智能体来说，对环境的约束越具体，设计将越简单，越容易实现，效率也更高。

需要注意的是，智能体这一概念实际上是将人工智能的研究对象实体化的一种表达方式，是一种指代称谓，而智能体发挥功能的机制在于其内部模型的构建和算法的逻辑上。如果类比为人类，那么对智能体的约束就相当于人类关于任务完成的情境与条件，而感知和执行的映射函数则是该任务完成的逻辑，当我们可以在有限的情境下用正确的方法行动，任务就可以被完成。

智能体需要通过知识表示来建立可以计算处理的知识结构。知识是人类智力的基础，也是人工智能实现的基础。知识表示是构建模型来用智能体可以读取与操作的形式表示信息和知识，其目的是构建人工智能系统可以捕获和搜索的信息库，从而让智能体可以像人类那样利用知识去完成智能活动。就像人类知识库的构建需要根据特征与属性将底层知识提炼总结出来一个共同的类别一样，将对象组织称类别也是知识表示的一个重要内容，逻辑推理则是发生在类别这一层次上的。由此推论，知识表示中的对象与对象也将存在如包含与被包含的关系等。如此可以构建出具有层次结构的知识架构，这一架构将决定了智能体中的函数对象。因此如何根据智能体的智能任务,来构建可以进行感知/执行映射的函数,是知识表示的一个重要问题。

四、人工智能的技术应用

成熟的技术为人工智能提供了更广阔的应用空间,让只存在于科幻小说的场景成为了现实。而且这种实现是随着人工智能的发展慢慢演进,从简单的问题求解机器,到如今可以识别图片进行自主翻译的机器,人工智能的发展起起落落,每几年就会出现唱衰的言论,但它的发展趋势无疑是迅猛的,而且大众的日常中充斥着人工智能产品。人工智能的应用方向,是大众对智能机器的需求和技术可以提供的最大支持之间博弈的结果。大众渴望那些可以让生活变得更加便捷,可以替代重复性劳动的人工智能。而对于人工智能领域的研究路径和算法来说,那些有庞大知识库支持,可以通过实际经验学习的智能任务,以及那些可形式化的逻辑性问题,更可能制造可以商业化的应用产品。

人工智能产品不仅包括独立程序与实体机器人,还包括默默支持着日常生活的数据挖掘技术、模式识别技术等内容。这些依托于传统程序的人工智能技术容易被忽视,但它们的确方便了生活,并且我们已经无法离开这些技术的帮助。例如,在交通疏导和监控方面对车牌号进行识别,社交与购物网站利用数据搜索技术为用户进行智能推荐等。同样,人工智能的潜在应用还包括可以通过大数据挖掘,自主发掘对该领域感兴趣的信息,并进行信息处理工作。另一类则是整合了涉及感知、行动与思维模拟与识别技术的智能机器人。它们加载了具有不同技术的智能程序,感知外部世界,获取信息,通过行为控制系统与外部世界的环境与人类进行交互,如扫地机器人、康复型机器人等。

当前的扫地机器人已经极为日常,而且并不是高价低能的奢侈品。小小的智能全自动扫地机器人,融合了人工智能的视觉感知、语音识别、自主定位与导航、实时监控等技术,在一个简单的日常家务中,实现了人机共融。人工智能的神秘时代已经过去，它的应用渗入日常生活每个角落：社交、购物、音乐等交互网站的推荐匹配，智能语音控制、语音和文字识别翻译、交通智能控制等。即便在人工智能研究的低潮期，用人工智能相关的技术与算法去革新产品，推进大众便捷生活的应用也层出不穷。

1. 模式识别

模式识别是人工智能研究中发展最为迅速，应用范围最广泛的技术领域，它可以利用计算机庞大的数据存储能力和日渐强大的学习算法，对环境及其他客体进行信息提取、处理与解读，其中的环境及被识别的客体一般称为模式（pattern）。它模拟了人脑中视觉感知、记忆存储、记忆提取及识别的过程。模式识别过程可以理解为，对待识别的样本类型的特征进行提炼，然后将待识别样本匹配到相应的类别中去。想要实现模式识别，首先智能程序需要拥有一个包含了样本领域内各种类别的知识库（数据集），并对知识库中不同类别的知识进行特征提取，最后进行模拟样本特征与类别特征之间的逻辑推理，匹配类别（见图3-1）。机器学习相关算法在其中也有所应用，它可以提高特征匹配过程的准确率。

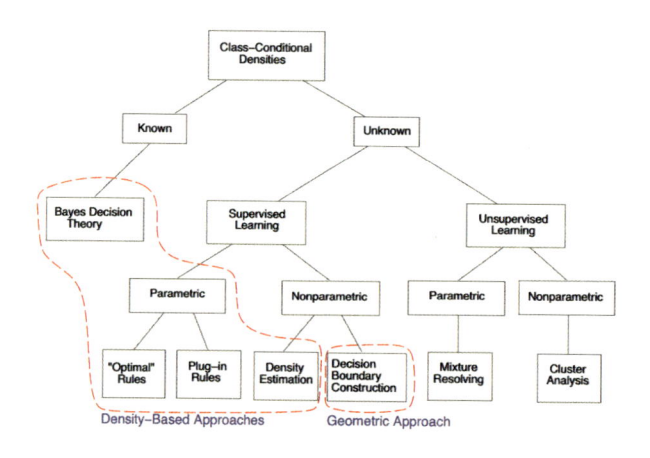

图3-1　多种统计模式识别方法（Jain et al., 2000）

模式识别的对象样本为文字时，即模式识别技术在手写输入、光学字符识别（OCR）上的应用。它可以替代扫描仪，而且让人们可以从图片中直接对文字进行编辑，方便了图片中的文字提取与翻译。模式识别对手写字体的识别，首先经过图像处理，抽取特征并将它们作为代码储存在计算机中。识别过程是将后输入的图像与储存的特征代码进行匹配。而光学字符识别广泛用在计算机上的图片机器翻译，文本转换语音，以及日常打印中，如护照文件、发票、收据等。

文字识别也是图片识别的一种形式，只是文字的特征更容易把握，而人脸、画作等包括了多种特征类型样本的图片需要处理更大量的数据。即便如此，现今的图像识别的技术也已十分成熟，通常应用在人脸识别、指纹识别、图像搜索及其他需要解读图片的专业领域，如车牌识别等。通过图像识别可以有效地检测和识别特定的人脸、商品等客体，为图像的分类标注、图像质量评估、针对图片有目的性的反馈（如，图片搜索）等应用方向提供技术支持。

模式识别技术不只是类比于大脑中的视觉感知与记忆，同样可以用于听觉，训练机器识别语音系统。模式识别在语音对象上的应用，让人工智能获得了听觉与语言输出的能力，使人工智能的应用范围拓展到了语言交互的层面，解放双手和视觉，直接用语音命令就可以完成通常的操作。而且，相比于打字交互、摁键操作来说，语音交流能力让人工智能更加像人类，从心理上提高了对它的智能评价。

2. 数据挖掘与智能控制

人工智能相比于人类智能最为优势的地方，就是它拥有庞大的知识库，为它的智能实现作基础。智能产生于知识，而知识获取是对知识进行信息处理的前提。数据挖掘可以认为是从数据中发现知识的过程，它是知识发现中的重要一环，也是人工智能应用的一个方向。数据挖掘可以通过统计、在线分析和数据处理、信息检索、模式识别、机器学习以及专家系统，来实现显性与隐性知识的搜索与获取。数据挖掘主要应用于需要大量信息搜集与汇总的工作领域中，例如企业的知识管理、市场分析、工程设计、科学探索等。高效的数据挖掘不仅可以提高这些工作的效率，而且获取到的更精确、更全面的信息，可以让这些领域的工作获得质的提高。

而人工智能的加入让挖掘原始数据的过程更加自动化，从中抽取必要的、有意义的模式，将这些模式作为问题解决的基础知识库，为答案的获取提供基础。人工智能技术在数据挖掘领域中的应用，在于对大数据处理后，通过模式的建立与机器学习，更快速地发现相关的重要信息，提高了挖掘的可用性和效率。智能数据挖掘普遍被用于网站内容的精准推送、舆情分析以及目标客户偏好等。

另一个受到人工智能协助的应用领域是智能控制，它可以让原本的控制系统自动化，并根据环境、与人互动的过程，更便捷和适宜地控制相应的功能，如温度调控等。智能控制包括了对信息的处理、反馈和决策，可以解决更加复杂的情境。人工智能技术的加入让控制系统可以用不确定性、非线性模型建模，模拟复杂问题情境，来解决问题并对方案进行决策。智能控制系统如今普遍用于机器人系统、交通监控系统等。

3. 专家系统

专家系统是符号主义研究路径下的重要应用方向，它本身就是一个智能计算机系统。它的建立以大量的专业领域内的知识为基础，依据专家对于这一专业领域的思维推理逻辑及对知识的分析处理方法，模拟领域内专家，像专家一样解答专业问题。1965 年研制、1968 年研发成功的 DENDRAL 系统，就是美国斯坦福大学费根鲍姆（Feigenbaum）对于专家系统应用的第一次尝试。他与化学领域内的专家莱德伯格（Lederberg）合作，利用质谱仪数据的结果可以推导出可能的分子结构这一专业规则，建构了一个可以在短时间内完成分子结构推导的专家系统（Feigenbaum et al., 1970）。

专家系统为了达成对领域内知识与问题的解读和解答，它搭载了可以输入输出的人机交互界面，建立专家级知识库、推理机、解释器，以及关于边缘知识的综合数据库，以及知识获取、分析、处理等。推理机可以认为是对自动定理证明一类智能机器的技术应用，它是一组用来在限定的约束条件下，根据问题信息及知识库内容，用于问题求解的智能部件。知识库、推理机是专家系统最重要的元件。

专家系统（见图3-2）活跃于生产制造及科学实验等领域，为故障诊断、遗传学实验设计、暴雨预报等不同专业领域提供助力。具体地来讲，专家系统可以对医学、交通、器械等用于检测与诊断的工作，提供专家级服务；也可以在商业、军事等领域对相对比较规律的事件发展做出预测；而且专家系统还可以用于监督、修理、教学等日常活动。所以专家系统是一个可以对专业领域内问题求解的人工智能系统类别，它的本质依然是知识求解智能机器，但是它能够完成的任务要更广泛。相比于真正的通用型人工智能来讲，它的求解范围只限定在了规定的专业领域中。所以也可以说，专家系统是领域内的通用人工智能。

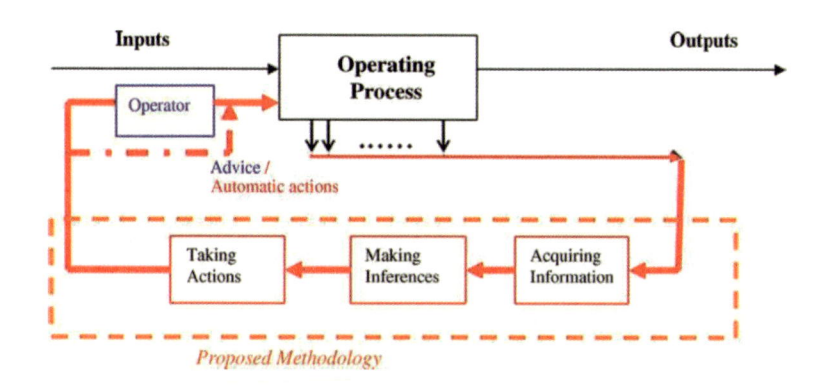

图3-2 举例一种专家系统所提出故障诊断方法的三个步骤（Nan et al., 2008）

4. 机器人

机器人是一种可以进行自主或半自主作业的智能机器。根据它的不同形态，可以分为主要用于生产制造的机械臂机器人、可以用于服务业的可移动式机器人、为了产生情感进行交互活动的人形机器人等，其中的种类还可以继续根据功能划分。机器人这种会与现实世界发生行为互动的实体智能机器，是行为主义路径对人工智能领域探索的结果。行为主义相比于其他两个流派发展得更晚，对于人工智能的研究重心更倾向于与现实世界的行为互动。智能不只体现在对知识的处理和思维逻辑上。布鲁克斯（1991）提出了这种无需知识表示和思维推理的智能，这让原先只需要大脑的人工智能，抛弃了大脑，选择了躯干与肢体，用行为控制，在现实世界为人类提供智能帮助。

人类最初对机器人的需求，是让它们完成那些，对于人类来说十分危险和艰难的事情，例如勘探、救灾、军事等领域的工作；或者具有高度重复性的辅助生产类的工作，如焊接、搬运等。机器人这种带有生产和服务性的自动化设备，它们的功能性取决于搭载的技术与控制系统。一般来说，可以通过机器人的名称来判别它的功能及应用场景。例如，用于电焊自动作业的工业机器人，为电焊机器人或焊接机器人；用于水下作业的机器人，为水下机器人；用于农业生产的是农业机器人；用于服务业，如餐厅、酒店、商场等替代人工服务，来做出应答的机器人为服务机器人；用于医疗领域，帮助病人进行康复训练的是康复型机器人等。而且机器人的外形也是根据功能性与应用领域高度相关，以机械臂与一体样式的机器人为主。

其中工业机器人以机械臂形态为主，可以按照程序输入方式，分为编程输入与示教输入，后者可以是操作者直接手动控制或者输入操作者事先展示过的运动轨迹。在人工智能发展初级阶段，工业机器人就进入了大众视野并投入使用了，可以说是最早一类人工智能。这也是因为人工智能在工业领域的需求是最为紧迫的，也是最容易实现人工智能替代人类智能的场景。这种替代是良性的，让人类可以更多地投入到更为复杂的脑力劳动中，而且也可以避免危险的工业生产造成的伤害。

康复机器人是对人类现今及未来都很重要的机器人类型，也是最成功的一种低价位机器人，它们不仅帮助着身患残疾的群体，也可以帮助那些卧病在床，需要人工帮助的病患群体。而且康复机器人逐渐从为病人提供基础的生活活动，到帮助后期身体的康复训练发展。它们搭载了语音识别、语音合成与输出、传感器、定位与实时监控等技术。康复机器人也是未来人工智能中智能机器人应用创新的重要方向（见图 3-3）。

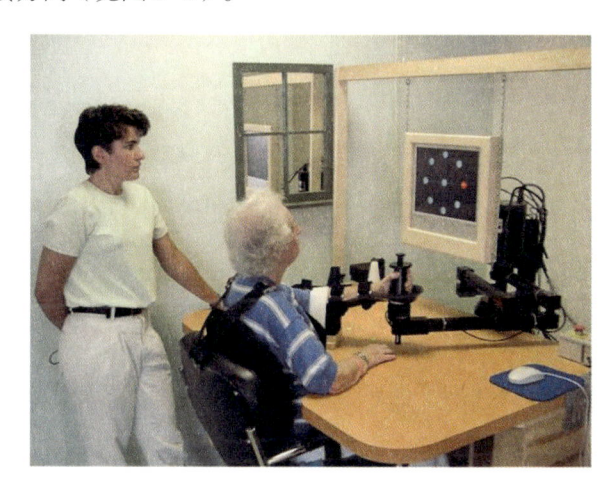

图 3-3　伯克康复医院（Burke Rehabilitation Hospital）临床试验期间的平面肩－肘机器人（Krebs et al., 2007）

如今的机器人虽然种类庞杂，功能多样，但是几乎不会特意制造贴近人形的机器人。除了为了避免恐怖谷效应之外，也是因为目前智能机器人的功能还用不到人类形态。

此外，脑科学与人工智能的交叉融合有助于促进研究范式转变和颠覆性技术创新，智能机器人是人工智能的重要载体，三者有机结合将推动我国科技跨越发展、产业升级、生产力整体跃升。其中脑机接口研究有利于增进人脑智能和人体健康，相关的脑机接口技术包括侵入式、非侵入式以及介入式脑机接口技术，各有优势和不足，需加强创新研究及安全风险防控和伦理约束。

第三节　人工智能与心理学的交互需求

　　心理学的研究结果大部分与人类生活息息相关。虽然生活中我们不会认为自己用到了心理学的那一部分，但事实是几乎所有的内容都来自以往心理学家从内省和经验中获得的心理规律，以及对这些规律的解释。人工智能领域受到心理学影响也是同样的情况。而且很大一部分人工智能技术中借鉴的思想是哲学、认知科学与心理学的交叉，所以心理学对人工智能的影响是毋庸置疑的。心理学作为一门科学，最终的目标同样是预测。但由于心理因素及心理与环境交互的复杂程度，预测很难进行。即便是计算模拟方法也大多用于对社会现象的模拟，而不会直接用于对心理现象的预测。如果我们将预测的目标缩小到个体的情感与情绪的话，我们也可以从人工智能领域找到相关的尝试——情感计算。情感计算可以通过分析机器接收到巨量信息，评估其中附带的情绪状态。事实上，如果对心理现象的预测依然是心理学研究的重要目标的话，我们十分需要人工智能领域研究的帮助，因为搜索与分析庞大的信息量并概率性地输出推导的结论是人工智能所擅长的。这种相互需求的关系其实可以为两个研究领域提供诸多重叠的问题。

一、心理学对人工智能研究的作用

　　从 1879 年冯特（Wundt）在莱比锡大学开设的第一个心理学实验室开始，心理学不再是哲学与神秘学的附属产物，人类开始为自己的情绪、思维的由来做出科学的假设，并通过有条件的测量方式和行为实验来验证假设，并以此推断自己的行为目的及那些心理内容是怎么影响行为决策的。当我们试图用了解自然的方式了解自身的时候，不可避免地会用数理逻辑来表征我们的心理状态及其变化。如果我们想要全面地认识心理就无法找到合适的约束来进行实验探究，而当我们进行实验和测量就无法保证验证的完整性。行为主义心理学专注于研究动物的生物层面的感知（或刺激）和它所引发的相应行动（或反应）的客观度量。而格式塔心理学则以整体性的思维方式，关注人类的感觉、知觉、记忆，以及问题解决相关的认知过程，并将其中涉及的内容以整体性与结构化的方式看待。信息加工理论将大脑看作是信息处理的装置，并将大脑对信息的加工看作是描述人类认知的方法。

不同方法及不同心理学流派对人类认知过程与相关心理状态的研究各有优势，人工智能则是综合了多种对人类认知的解释路径，应用它们的研究成果构建智能体和模型。多层感知器（multilayer perceptron，MLP）就是一种基于信息加工理论构建的人工神经网络模型，也被称为前馈人工神经网络模型，适用于分类和回归任务，如图像分类、自然语言处理、声音识别等。此类的模型是将待识别与分类的对象表征为机器可识别的信息，建立多层次神经元之间的权重连接，来进行信息的传递和反馈。另外，专家系统（expert system）利用符号主义的思想，将知识以符号和规则的形式进行表示，模仿领域专家完成知识的管理、搜索、推理和决策过程。人工智能领域中对心理学研究结果的使用并不拘泥于某条路径，或者说心理学的各种解释路径都可以很好地让我们认识认知过程，而其中一些思想是可以应用于智能体构建的。例如格式塔心理学的整体性思维，就可以帮助构建拥有图像识别与分类的智能体。人工智能的发展很大程度上也基于心理学研究对人类认知的深入理解，而心理学对人工智能的作用是综合的且潜移默化的。因而，心理学的前沿研究对于人工智能领域中智能体的开发和技术的革新也十分重要，人工智能研究中的一些问题也将成为亟待心理学研究进行的问题。

受到在儿童认知发展中观察到的发展原则和机制的启发，由英国普利茅斯大学机器人神经系统研究中心研究人工智能和认知的教授安吉洛·坎吉罗斯（Angelo Cangelosi）、南伊利诺伊大学心理系副教授和电子与计算机工程系兼职教授马修·施莱辛格（Matthew Schlesinger）提出发展型机器人（developmental robotics）（Cangelosi et al., 2015），即由人类婴儿启发的机器人，并出版相关专著（见图3-4），跨越心理学、机器人学、计算机科学和神经医学等众多领域，全面且系统地论述了发展型机器人的理论基础和研究动态。结合儿童发展心理学理论，通过实验详细探讨了内在动机、运动技能和早期语言等机器人行为及认知功能的建模和实现。其基本假设是：机器人利用一套内在的发展原则来调节其身体、大脑和环境之间的实时互动，可以自主地获得越来越复杂的感觉运动和心理能力（一系列行为和认知能力），全书涵盖了内在动机和好奇心；运动发展，检查操作和运动；知觉发展，包括人脸识别和空间感知；社会学习，强调共同关注、合作等现象；语言，从语音学到句法处理；抽象知识，包括数字学习模型和推理策略；并提供了心理学和机器人实验的技术和方法细节。

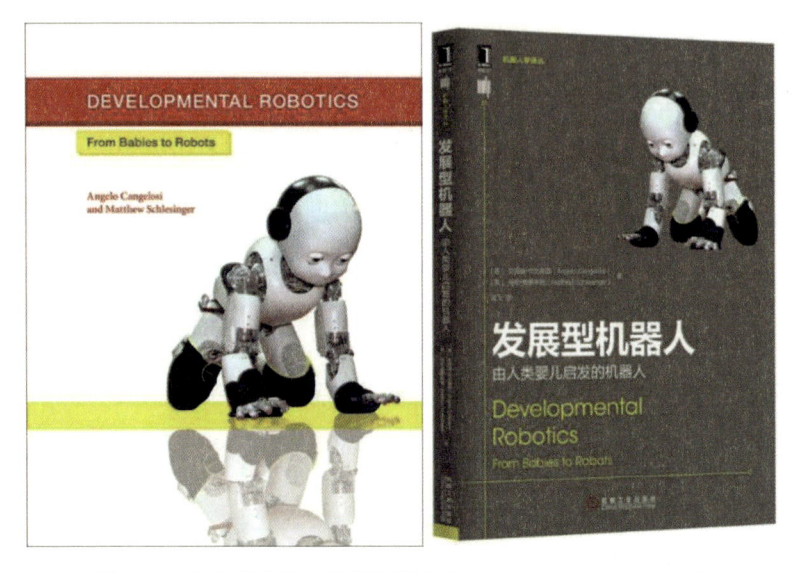

图3-4 由人类婴儿启发的机器人（Cangelosi et al., 2015）

二、情感计算——关注心理的人工智能技术

人工智能的智能体的一个共同的"缺点"是无法让人类感到被共情，从而认为再智能的机器也是无法理解情绪的。而情感和情绪是现代社会问题中的重要因素，因此人工智能领域的研究逐渐偏向于构建从图像、文字与声音中理解人类的情绪的智能体。

人工智能的情感计算（affective computing）赋予了计算机在与人类交互过程中，对情感信息加工处理的能力。心理学对智力理论发展的另一条路径，就是情绪智力理论。心理学将人类加工、处理情绪与情绪信息的能力称为情绪智力（许远理 等，2004）。对于人工智能而言，将情绪也看作是知识、信息之后，对情绪与情感相关的内容进行处理也不是一件困难的事情。毕竟，对于人类来说，对情绪与情感的理解也是刺激与反馈，具有生理学基础，而且人类识别情绪也不是一件容易的事情，这也是为什么情绪智力理论广泛受到心理学家认可的原因。这一应用方向，也为人工智能的"类人"发展提供了新的思路。

人工智能在情感计算上的成功应用，让计算机也拥有识别、加工和处理情绪的能力，它也是机器与人类进行交互活动的必要基础。从结果上来看，人工智能的情感计算可以认为是计算机情绪智力的表现方式。人工智能的情感计算程序，通过传感器获得情绪、情感引起的生物信号，用预设的模型进行识别，来确定这些情绪并做出相应的反应。在二十世纪七八十年代，人工智能的研究因为无法达成"拥有与人类一样的智能"这一目标，而陷入瓶颈。其中一种对于人工智能发展的质疑就是，人工智能无法实现真正的智能就是因为它没有真正的情感（Minsky, 1988）。直到 1997 年皮卡德（Picard）的《情感计算》一书的出现才广泛告知其他学者，人工智能也可以通过获取和识别，得到感知与处理情绪的能力（Picard et al., 1997）。IBM 的"情绪鼠标"（emotion mouse）简

113

单地搭载了情绪获取与识别程序,来通过人们对于鼠标的使用行为感知情绪,然后反馈给计算机,做出调整网站内容一类的事情,让使用者的情绪更容易受到控制。

计算机对情感与情绪的识别过程,首先需要学习人的面部表情、语音语调、文本表述、身体的生理信号等,可以表达人类情绪与情感的信息类型;并从这些信息中,提炼出情感在这些信息类型中的表现方式和特征;最后对样本特征进行匹配,识别出样本信息中人类表达了怎样的情绪与情感。这一过程实际上也是模式识别的应用,所以情感计算可以认为是模式识别在情感识别中的应用。但它比模式识别更难的地方在于,计算机需要学习包括图片、文字、语音等样本特征,并且多出一步情感与它们的特征对照,所以情感计算可以说是模式识别的高级应用,几乎综合了所有模式识别技术的核心内容。而且情感智力在人工智能上的成功体现,也为未来几年人工智能,对其他可以利用情感计算进行创新的应用领域的实践,提供了新的方向。情感计算很有可能成为未来更多人乐于体验人工智能应用的契机。

三、在人机交互中理解人类心理

有关机器人的研究涉及类人机器人(见图3-5)、类宠物机器人、模拟机器人和真实机器人等领域,社交机器人研究涉及社会类别(如性别、种族、内外群体地位)、情绪依恋、物理具身性、心灵感知(mind perception)等主题。心灵感知由代理能力和体验能力两个维度组成,代理能力如自控、道德、记忆、情感识别、计划、沟通和思考等,体验能力如饥饿、恐惧、痛苦、快乐、愤怒、欲望、个性、意识、骄傲、尴尬和快乐等。

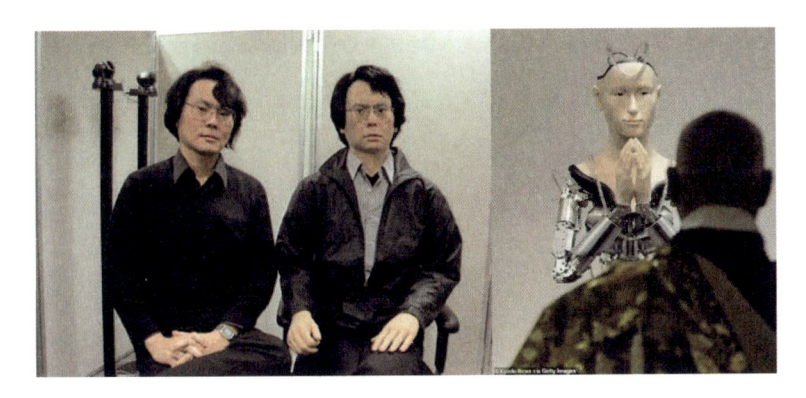

图 3-5　石黑浩的"像自己的机器人"（Lederman, 2014）和
"僧侣机器人 Kannon"（Tanaka, 2019）

　　制造机器人也能让我们了解自己如何思考、感觉和对待机器人，研究表明：在与机器人互动中，人类会附加给机器人感情，例如几乎所有的孩子都把生物学、心理生活、社交能力和道德立场的提高与建立归功于真正的狗，但仍然有多数孩子，把这些自己产生和建立的特征归因于填充玩具狗和机器狗，至少 75% 的孩子认为机器狗可以成为他们的朋友；机器人自身的权利和被侮辱的可能性也不容忽视，研究表明，当孩子们和父母在一起时，他们对机器人表现良好。然而，如果没有成人，孩子们可以聚集和侮辱机器人，如挡住它的路径，叫它的名字，踢它，打它，忽略它对他们停止的礼貌要求，只有当它们变得无聊或父母介入时才停止（Broadbent, 2017）。值得注意的是，机器人既能影响儿童的独立思考与行为，也能引发成人从众行为。沃尔默（Vollmer）等人 2018 年发现在一群机器人中（即在人-机混合群体中机器人为多数派），儿童会受到机器人影响产生从众行为，但成年人则不会；相反，秦昕等人（2022）挑战了这一结论，发现在某些情境中（即在人-机混合群体中机器人为少数派）成年人也会受到机器人影响产生从众行为，说明机器人确实拥有迫使人类遵从明显错误建议的能力（任务见图 3-6 右侧）。沃尔默等人（2018）将 Asch 的经典从众实验中的假被试（即同盟）替换为机器人（即在人-机混合群体中机器人

为多数派），并分别让儿童与成年人参与者与一组机器人同伴一起完成线段长度判断任务（见图 3-6 左侧 A 和 C）。在任务执行中，实验员给参与者提供一条目标线段及三条其他线段，并让机器人同伴和参与者依次在这三条线段中选出与目标线段长度相等的那条（参与者最后给出答案）。参与者共需做出 18 轮线段长度判断，在其中的 12 轮里（即关键测试），机器人组均提供明显错误的答案。随后，根据参与者的回答来判断其是否受到前面报告者的影响。结果表明，儿童产生了从众行为，而成年人则不会从众，因此，政策制定者需要保护儿童免于机器人的潜在滥用，而对成年人则无需有此担忧。秦昕提出，更加普遍的情况是：机器人作为一种新兴技术更多扮演一种辅助角色，在人 - 机交互情境中，机器人往往是少数派。基于此，将实验情境设置成一个在人 - 机混合群体中机器人为少数派的情境，结果发现，在机器人作为少数派的情境中，当机器人提供明显错误的答案时，成年参与者的回答准确率比控制组（即独自作答）的参与者低 12%。说明在机器人作为少数派的群体中，机器人也能引发成年人的从众行为。可解释为"相比于机器人为少数派的情境，当一个人与一群机器人互动时，个体可能对机器人的敏感性更高，这会一定程度上减少从众的压力"。综合两项研究发现，机器人是否能够诱发个体的从众行为，在很大程度上取决于机器人在群体中是多数派还是少数派。

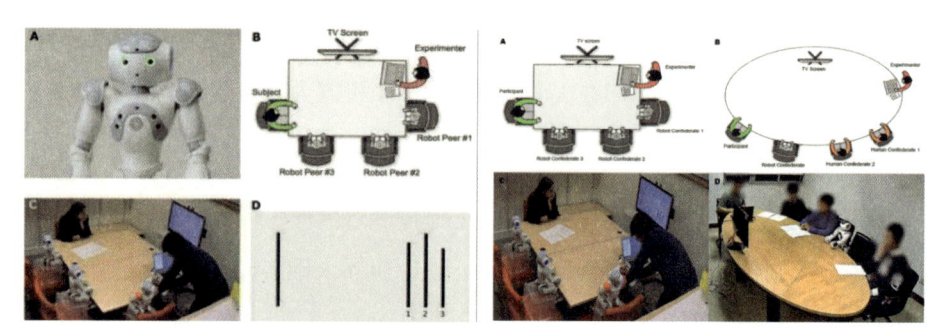

图 3-6　沃尔默和秦昕的从众实验情境（Vollmer et al., 2018; Qin et al., 2022）

第二部分 促进

第四章
人工智能助力创造力

我们在第一部分阐述了创造力的理论与实证研究、创造力的认知神经基础和从个体到团队创造力的转化过程。对于人工智能的领域定义、起源及人工智能与心理学的关系也作了简单的概述。人工智能诞生于计算机科学的发展过程中，本身也是经由认知心理学、生物神经科学等学科综合影响发展建设的科学领域，而人工智能的最初设想和理论路径、技术的发展都是计算机科学家们创造力的产物。就像是其他学科的发展和研究布满个体和团队创造的足迹一样，人工智能这一致力于模拟人类思维的机器也遍布着不同学科领域学者们的创造痕迹。

创造力作为与智力关系密切，但又在另一个方面体现人类独特性的能力，与人工智能存在怎样的关系，十分值得单独讨论。首先，创造力与智力一样，需要将知识作为能力的基石，而且它们都是关乎问题解决的能力。创造力在1950年才作为一个单独的研究命题由吉尔福德提出，而此时智力理论已经发展了近半个世纪，但是创造力却不是智力研究的子课题。虽然智力越高的个体，创造力也越高；但是，创造力高的个体，却不一定拥有更高的智力水平（Gundlach et al., 1979）。可见，创造力是一种比智力更难以获得的认知思维和问题解决能力。智力的精确测量侧面说明智力的组成因素主要与逻辑思维有关，而且智力形成的机制也主要基于大脑神经网络连接。虽然智力可以随着文化环境发展，也可以被干预，但是智力依然是一个相对稳定的心理特征。而创造力却受到了非常多的心理主观因素的影响。尽管创造过程依然是一个认知过程，但由于创造本身的不稳定性和顿悟带来的突发性，其间可以受到个体动机、情绪、社交环境等因素的影响，甚至创造力与个体的人格也显著相关。总体而言，开放的、鼓励创新的环境，以及开放性的个性和更高的内在动机、积极情绪，都可以提高创造力。也是因为可以影响创造潜力和创造过程的因素众多，创造力的研究与评估都十分艰难。对于创造力的评估普遍会综合发散性思维与聚合性思维，这两种思维能力也普遍被认为是受到创造力高度影响的能力。创造力与智力另一个最大的差异，也在于它的不可预测性和主观性，所以很难用如同智力测验一般的题目对创造力进行评估，只能通过对两种思维能力的考察来侧面评估个体的创造力。此外，还可以通过评估创造性成果和相关的影响因素来间接地测量个体的创造力。

从创造力理论与测量方式，就可以知道创造力是一个比智力更为复杂的心理学特征。而心理学传统的研究方法很难对创造的思维过程进行研究，因为除了认知思维过程之外，还有很多"灵光一闪"的时刻，而且这些不可预测的过程又是创造的重点。人工智能领域的大数据分析能力以及计算模拟方法可以帮助心理学的基础研究，去支持更全面的智能测量、对创造性活动的计算模拟。而生成式人工智能及机器发现方向的研究，可以对人类创造性活动过程进行验证。当机器可以完成创造性任务的时候，我们也可以知道这个过程能得以实现，其中的关键功能是什么。人工智能本身作为创造力的产物，在商业化实现和工业生产的应用上同样需要人类的想象，利用可行的智能体去开发可以满足人类需求的智能工具。人工智能本身就是人类在适应多元复杂的世界过程中的创造性产物。

此外，"人工智能创造力比其他任何东西都更能告诉我们自己的创造力是什么"（Adam, 2023）。

第一节　人工智能支持创造力基础研究

人工智能具有诸多技术优势，可以为心理学的创造力的基础研究提供帮助。多核处理器和分布式计算等技术，可以为研究提供高度并行化的计算方法，从而实现对大数据的计算分析。在互联网时代，人类普遍将生活的重心偏向于社交网络。因此社交网络也是研究人类生活中的心理状态，监控大众心理健康的一个重要渠道。这样的互联网环境下存在大量的可用于分析的数据，而人工智能可以为相关的心理学研究提供强大的计算资源和方法。另一方面，智能体作为人工智能领域的重要研究对象，致力于对人类智力进行模拟，从而可以进行推理、分类、决策等与智能相关的认知活动。根据自上而下理论，行为的实现也可以侧面说明更低层次的知识、逻辑的正确性。所以通过研究智能体如何实现智能的过程，同样可以帮助我们定位人类进行智能活动、创造活动中的核心因素。此外，多智能体系统的计算模拟方法也可以帮助我们模拟创造过程中的社会活动，来更全面地探索人类的协同创新过程。因此，人工智能的大数据分析优势、智能体的开发及计算模拟方法，可以为创造力的基础研究提供新的思路和实证依据，为心理学传统研究方法作补充。

一、机器发现

在人工智能初步发展的阶段，计算模拟就吸引了对创造思维过程感兴趣的学者，去用这一方法探究人类创造的奥秘。而那时计算机科学家们正在致力于模拟人类问题解决过程，对于人类的创造过程的模拟还只停留在想象阶段。而大部分心理学家们比起这种"花里胡哨"的研究方法，更倾向于通过实验和测量了解人类的心理。但是，依然有一部分来自不同学科的学者们，出于对科学家们的科学发现过程的好奇，以及对未来科学发展的期盼，试图根据科学家们的实验记录、手稿等一手资料，用计算机模拟定理等发现的过程，以此探究科学发现的奥秘。

1956年纽厄尔（Newell）等学者从认知心理学研究成果中，发现人类的创造性思维过程、问题解决过程都是一步一步进行的，就像是计算机程序的运行一样。那么用计算机程序对这类认知过程进行模拟应该也是可行的，并且如此对思维过程的模拟比起心理学的实验室研究更加精确。

计算模拟是机器发现研究的核心方法。机器发现是结合多学科的理论与研究成果，应用人工智能的技术与科学方法，来揭示科学创造力的发生机制的研究领域。机器发现根据科学家的日记及详细的科学发现过程、实验笔记等，通过计算机程序来模拟其中的思维过程，试图揭示科学创造力的产生机制。科学家真实的实验过程、发现科学理论的过程，以及与过程相关的个人记录，都为机器发现的模拟提供了线索，依此来还原科学发现中思维过程的细节，探究思维策略的选择与事件发生之间的关系。最终，计算模拟再现重要的历史过程，通过程序再次发现这些重要的科学理论。

机器发现最初的形式依然是知识求解机器的模式。1987年，美国学者兰利（Langley），让机器遵循归纳主义方法，去利用波义耳（Boyle）本人当时的19组数据，模拟波义耳定理的发现过程。这19组数据都是保持温度不变，改变气压后的体积变化值。将这些当时的数据输入到程序中后，程序也成功地得出了波义耳定理。因为是机器对科学的再发现，所以将这一研究方向称为机器发现（machine discovery）。这个早期的机器发现研究，利用了机器可以进行大量数据的重复分析的特性，去模拟定理发现的过程。这也导致这种类型的机器发现只有计算过程，而没有最重要的对定理的假设，使得这个程序被批评为是人为进行的再发现，而不是机器主动进行的发现。随后兰利制作的另一个机器STAHL，以当时德国化学家施塔尔（Stahl）知道的现象为一手资料，输入进这个智能程序中，结果机器也同样得出了燃素说（Rose et al., 1986）。在一段时间里，不断地有学者为机器发现的模型路径做出优化建议，罗斯（Rose）和兰利在1988年构建了一个程序REVOLVER来进行理念发现和修改，他们认为可以让机器发现程序，在数据不让人满意的时候改变初始理论，来对模拟过程进行优化。

而机器发现的研究方式也限制了对创造力的研究角度，因为计算模拟的机械性和精确性让机器发现只能研究创造性思维过程中最为理性的方面。而此时的心理学家对创造力的研究，开始偏向于创造力的个体差异，以及过程涉及的情感、动机等主观因素。由于对创造力的复杂机制有了更深入的了解，机器发现对创造力的研究开始被心理学家抛弃了。而且，机器发现研究中的计算机程序模拟真实过程得到的科学发现，也被认为是简单的重复。但随着算法和技术的更新，计算模拟也有了更深入的突破，给创造力的研究带来新的助力。

二、计算模拟

用计算机模拟技术来研究社会、经济、心理学，是从计算机可以形式化问题，利用抽象后的符号模拟人类问题解决就开始考虑进行的。这种尝试与期待一直延续至今，并已经可以对大范围的社会行为、心理现象进行模拟计算，来做出适宜的预测，并观察其间的发生机制。计算机模拟（computational simulation），也可以称为计算机仿真，它利用计算机算法对现象中系统结构、功能、行为、环境的符号化表征，以及计算机的计算、学习和处理的能力，动态地适应性模拟社会行为与心理现象或思维过程。计算模拟的过程是在建立真实的系统模型的基础上，通过模拟计算，来探索这个系统随时间（模拟次数）变化的行为模式和系统特征。

此外，利用计算机模拟方式还可以结合创造力的"系统理论"，将社会文化环境因素及个体与个体、群体与群体之间的知识体系的相互转化加入创造力的研究中（Csikszentmihalyi, 1988; Feldman et al., 1994）。创造力的系统理论认为，创造力的发生是个体、领域（field）、学科（domain）之间交互作用的结果，个体学习领域内的规则，并对这个领域中的内容做出创造性的改变，再由学科决定是否将这一变化融入领域中。例如，在社会文化中，个体在旧文化中更新了的内容，再由专家和大众判断这一新内容能否成为社会文化中的一员。这一过程的逻辑思维并不复杂，是一个学习、改变、筛选、融合的过程。因此，在建构应用于计算机模拟的创造力模型之前，需要深入了解心理学对创造力的研究成果，尤其是对于自主计算机系统的开发。桑德斯（Saunders）（2012）列出了个体动机、社会互动及领域进化，来实现创造力的认知过程。

此外，桑德斯和鲍恩（Bown）（2015）提出计算社会创造力模型（computational social creativity），它是一种以社会交互为中心的关于创造力的计算机模型。计算社会创造力研究路径将创造力理解为一种社会现象，从而理解创造力的本质和过程，是计算社会科学（computational social science，CSS）在创造力研究中的应用。创造力从科学变革的角度看，是在科学团队，不同的科学家之间的交互碰撞中，为新的进展提供助力的。而从个体心理特征的角度看，创造过程中个体也依然受到社会文化环境及其间的社会过程影响。因此，将计算社会科学的范式和模拟方法，应用于创造力研究中是符合创造力理论的。计算社会创造力模型可以直面创造力本身的复杂性，将影响创造力的个体心理特征与影响创造过程的社会性因素，充分纳入模型中，从而可以通过计算机模拟方法更完整地解释创造力的机制。计算社会创造力模型通过基于主体的模型（agent-based models，ABMs）建立，将主体模型看作是一个完整的社会系统，从构成这一系统的智能体（也可以称为主体，agent）角度对社会系统进行描述，将这些描述符号化、模拟社会，并观察具有不同特征的主体在其中发生交互，会涌现出哪些行为。

模型的建构还可以从创造活动涉及的要素出发，建构 4Ps 模型：人/生产者、产品、过程、媒体/环境（person/producer, product, process, press/environment），从创造性产品生成涉及的行为和主体入手，将对创造性包含在内建构模型，试图全面地对创造力进行计算探究（Jordanous, 2016）。其中，人是具有创造力的人或智能体（主体），就像人类个体的自身特征与心理状态会影响个体创造力一样，建立模型和模拟的时候，系统中的智能体的特征也需要被考虑进来。智能体的特征可以类比于诸多可以影响个体创造力的心理因素，如开放性人格、动机等。

过程（process）是指智能体在系统中进行创造，采取的一系列对内与对外行为，这一因素是对创造力的计算模拟中最为关键的一环。为了能够建立过程模型，首先需要知道如何用算法描述创造思维过程或创造行为。对于创造过程的模拟，计算机科学家和心理学家也曾在机器发现研究方向上进行过探索（见图4-1），他们认为可以通过分析科学家们发现创造性结果的一手资料，并基于这些内容进行模拟，去揭示创造包括了哪些思维路径。

图4-1　一个用符号表示智能体（彩色箭头）与问题
（白色圆点）的团队创造性问题解决模拟示例（Zu et al., 2019）

博登（Boden）（2004）在《创造性思维》一书中提到概念空间（conceptual space）的概念。概念空间可以认为是一种结构化的思维方式，这种思维方式通常通过个体周围的社会环境与群体习得，其中包含了一个人能接触到的特定社会群体的文化与规则，例如散文或诗歌的写作方式、绘画或音乐的风格、化学或生物的理论等。每个人的创造都是基于这样的概念空间进行的，如果将概念空间看作是一个虚拟空间，那么个体的创造也可以被看作是在空间中进行探索过程。现实中已经存在的事物可以认为是虚拟空间中已经探索过的部分，而对其余的空间的探索则正是人们创造的目标。基于这个概念空间的范式，将创造力分类为：组合创造力，即用概念空间已探索部分中的两个观点结合起来，创造出新的联想的方式扩宽空间；探索性创造力，即用自由联想探索的方式，在空间中搜寻未探索但存在价值的区域；转化创造力，即从不属于原始空间的领域发现新观点，并以此改变所在的概念空间本身，这种创造力是最高水平的创造力。博登提出的概念空间，更适用于利用算法对创造过程进行模拟的情况，可以作为基于算法对智能体创造过程模拟的路径。4Ps 模型中的产品是指智能体经过模拟的创造过程产出的人工制品。计算模拟中的系统环境，可以认为是 4Ps 模型中的媒体。媒体在个体创造力系统中，是指会影响个体心理、创造过程与创造性成果产出的社会文化环境，而且其中包括了对创造性成果的评价标准。所以对于计算模拟过程而言，环境因素是仅次于创造过程的重要因素，因为它决定着可以评价哪些产品是具有创造性的，依此判断智能体的创造过程是否有效，是否具有创造力。创造力评价对于现实中的个体与团队创造力研究也是最为重要的，之后在第七章关于人工智能创造力的描述中，会更详尽地提到对人工智能创造力的评估，以及与人类创造力评估方法之间的区别与联系。

这两种计算模拟方法模型都包括了对个体特征和社会文化环境的规则建立，4Ps 模型更是通过机器发现的研究结果，尽量模拟现实创造主体、过程、产品输出和评价，对创造力建立模型。

三、生成式人工智能

生成式人工智能（generative artificial intelligence，GenAI）是指使用生成式模型（如生成对抗网络），从随机的噪声输入中，按照环境给出的规则，对文本、图像或其他媒体作品进行生成的人工智能。这种类型的人工智能可以通过训练，来学习数据集的特征，迭代筛选出符合给定规则的新数据，其类型可以是语言（文本、语音）、图像（绘图、视频）等。创造性作品的生成则是生成式人工智能中的一个分支，算法给予了智能体创造的责任，对输入与输出的映射函数进行了新颖性与有用性的约束。人工智能的创造性生成，是通过在潜在的多维空间中使用数值数据进行抽象来实现的，这些可以让机器理解的抽象数据通过数学的形式化表示来表征，达到让机器对它们进行数值操作并进行统计分析的作用。

此类智能体与环境的交互主要通过人类在硬件上为智能体输入自然语言提示词。对于人工智能来说，环境的属性决定了机器的性能，编写有效的提示词来明确智能体的创造性生成任务是十分关键的。而提示词的编写很大程度上是一个试错的过程，党（Dang）等人（2022）通过探索人－人工智能交互式创意型应用程序中提示词的使用情况，发现交互界面的设计（如图4-2）可以在很大程度上提高编写效率。人机协作的效率很大程度上会决定，这类以创造性为目标的生成式人工智能的性能，因为其任务目标需要根据不同人群及场景而改变。人类普遍会将与他们交流的生命体与物体看作是可以产生社交关系的个体，即便后者无法进行语言交流或是还没有自主意识的生成，这种心理是在交互过程中自然而然产生的。当人类将正在交互的生成式人工智能当作社会行动者时，交互过程中产生的情感与情绪就会影响到与智能机器的交互过程，从而影响生成效果与性能。机器行动者与人类行动者的不同属性决定了这种自发产生的心理状态是十分矛盾的，因为社会行动者拥有自己的所有权和自主权，但目前我们还没有任何理由赋予机器此类人类才会获取的权利（Bran et al., 2023）。所以作为创造主体的机器不具有与创造成果匹配的社会价值和地位，人类社会的道德准则也很难对它们进行"保护"，这些演变成为了相关的法律问题，这一点在第八章进行了详细阐述。这同时也影响了我们对创造生成式人工智能的创造力评价。

图 4-2 党（Dang）等人（2022）所设计程序的交互界面

四、智能化测评与大数据的支持

人工智能对于数据挖掘和处理的优势，也产生了智能化心理健康测评这一应用方向（姜力铭 等, 2022）。随着网络与电子设备的普及，人类的社交活动、娱乐、学习、工作等一切事物和生活都是通过电子设备进行的（见图4-3），一个人的网络痕迹甚至可能超越他/她的现实痕迹。

移动数据分析App Annie公司的研究数据显示，2021年中国用户每天平均使用手机3.3个小时。这个数字并不夸张，5小时以上的平均使用时间的群体也比比皆是，2021年互联网数据报告分析了中国45%大学生日均手机使用时间3～6个小时。更不要说学习和工作需要用到的电脑等其他电子设备。因此，个体的心理情况、行为模式等都可以通过网络与电子器械的使用痕迹来了解。而智能化心理测评可以通过分析参与者的社交网站、电子设备、便携式生物信号采集设备等体现习惯、思维与行为的多模态数据，获得个体真实情况，借以预测心理特征，如人格、情绪、动机等。

图 4-3 Midjourney 生成的作品（指令为"创造力，人工智能"）

  人工智能通过支持智能化心理测评的数据发现、挖掘和处理过程，随着机器学习算法的精进与优化，大大提高了智能化测评的准确率(Lecun et al., 2015)。其中，对于社交媒体数据的挖掘与分析，可以用来调查使用人群的心理特质及心理健康情况（叶勇豪 等, 2016; Aung et al., 2019; Eichstaedt et al., 2018）等；而智能电子设备中的短信与电话、娱乐应用的使用、拍照、定位等数据可以通过观察个体的社交、行为习惯与状态，将他们与人格、情绪做匹配（Franklin et al., 2016; Perski et al., 2019）；如果再加上生物学指标，则可以探究大脑与行为、心理三者的交互关系（Settineri, 2019）。大量的数据需要人工智能帮助分析，而且智能化心理健康测评对心理学学科的帮助，不仅在于丰富测评的数据内容和结构，也为心理学提供了一个更合适于这一复杂学科的数据分析方法，即大数据方法。心理学是研究人的行为与心理过程的科学。人的行为于心理既有符合逻辑，可以理性运算推导的部分，也有模糊、不确定，甚至随机的情况，而且正是看似随机的心理活动与行为，让人具有独特的创造性。但是这些个体的随机部分，在横向（存在大量人群的社会中的心理与行为)和纵向(个体在不同时间、不同场景的心理与行为)的大数据下,仍然会呈现出规律性。

除此之外,心理学家将计算机作为数据处理的信息技术引入创造力的研究中,通过对大规模的创新成果的评估,用大数据这一新的方法得到不同城市的创造力指数,为经济开发提供指导。当前,最容易捕捉到的思想流动主要发生在社交网络平台上,通过大数据方法让分析和处理这些有意或无意的思想片段,及其之间的交流成为可能。其中,格雷(Gray)等人(2019)提出"顺流"(forward flow)这一概念来表示社交媒体上的思想流,希望通过量化这种最能直接体现人类心理的内容预测个体的创造性成就。同样通过对大量的社交平台数据(如,标签)的语义分析,可以了解恶意语言创造力对反移民社区的产生和维持起到的作用(de Saint Laurent et al., 2020)。大数据方法由于提供了对大量数据处理的技术优势,也为计算机模拟方法的实现、人工智能创造性产品的生成提供技术支持,因为这些跨学科的研究内容也都涉及大量的数据集的计算处理。

在评分方面,大型语言模型也被应用于对发散性思维任务进行自动评分。在语言领域,大型语言模型(包括 ChatGPT-3.5 和 GPT-4)已经证明了在 AUT 上稳健预测人类评分的能力。在视觉领域,深度卷积网络 ResNet 已可以可靠地以高精度对线条图的原创性进行评分。早期的自动评分方法,如语义距离的分布模型与创造力研究中的新颖性概念有理论联系。展望未来,研究人员应该平衡预测准确性和理论理解(即"可解释性"),以实现开发智能系统来测量和增强人类创造力的目标(Rafner, 2023)。

五、新的问题和新的方向

在上一章中提到了人工智能的技术在人类的生产生活各个地方的应用情况,有的在于对原有产品的革新,如智能扫地机器人、智能控制系统,也有独立创新的产品,如各种类型的机器人,以及一些跟信息采集及输出有关的技术支持,如数据挖掘、专家系统等。人工智能技术的发展不仅在于计算机科学家们对这一领域内容的科学和技术发展做出的努力，更是受到大众对人工智能未来期待的影响。技术的实现总是起源于人们对未来的想象的，这种发展脉络符合进化模型，有需才有求、有求才有得。但是这种本能式的领域发展路线，虽然贴近了人类的自身需求，也利于科学领域的进一步发展（国家项目的投资、企业发展策略的选择），但是这种贴近反而会伴随产生一些问题。而这些人工智能技术与产品应用带来的问题，大多数具有社会性，也会影响人类对创造力评价的标准。这些问题指引着心理学家、社会学家对人与机器关系、社会人群与机器关系的研究方向，而且也为创造力的评价和创造过程的机制提供了新的路径选择。

人工智能对社交与购物网站的智能推荐系统的支持，会引导使用人群的思维习惯和行为模式。虽然对于智能推荐的引导作用的利弊已经开始引起不同领域学者的重视，但是心理学与社会学还缺少一些对于这种被引导的心理与行为模式现象的解释，以及后续影响的分析。商业领域，也就是智能推荐系统为之服务的领域内的专家，基于对系统有效性的评估，以引领时代为目标，对如今的智能系统的缺点做出观望与评价。智能推荐的优势很突出，它可以让用户用最简便的方式、最短的时间、最高效地获取自己想要的信息。但正是这种便捷，和集约的信息展示，将用户的信息获取渠道限制在了人工智能认为该用户感兴趣的地方。这导致原先无规律的信息获取方式被优化后，虽然让大众以目标为导向的信息获取效率提高，但是也限制了信息获取的广度。如果想要更广的信息获取就需要人们自己首先跳出原来的圈子，但是去哪是一个新问题，到了新的圈子之后，信息依然会被局限导致旧的问题没有被解决。有限的信息获取，一方面会影响那些深度网络用户对世界的认知；集中对一类负面信息进行推送，也会导致用户的负面情绪，甚至影响到对现实生活的认识。对于需要以多角度、多领域信息作为基础的创造活动来说，单一化的信息获取渠道也会影响到个体与团队对创造力的实现,甚至会影响到社会进程。

除此之外,还有算法偏见带来的问题。关于算法偏见的相关内容,以及它为人类和人工智能发展带来的问题和威胁,我们在第八章再进行论述。在这里,主要通过可能出现的问题,探索心理学可以为此做出的努力。算法偏见的产生,主要是因为机器学习的过程中,使用的知识与信息本身携带着偏见,而特征提取与识别的过程中没有纠正偏见,导致搭载了相应的机器学习模型的人工智能产品"学坏"了。人工智能中的算法和技术本身是理性的,机器也暂时只会从实际存在的现象和知识中学习。所以虽然被称为了"算法偏见",其实是"算法忽视",忽视了现实中的偏见因素。这些在无意中让机器产生的各种问题,也在提醒计算机科学家和人工智能领域的学者和专家们,能力越大、责任越大;并且需要在追求技术和商业性的同时,也需要与社会学家和心理学家一起,建立可以对人类产生更多积极影响的人工智能产品。

当人们发现人工智能被"教坏"的时候,在反思如何让人工智能更加公正、负责、透明的同时,也在提醒社会学家和心理学家当前的现实,在没有主观偏向的情况下,会导致的不良结果。毕竟人工智能还没有发展出先天的偏向,它只可能学坏。所以除了对算法偏见带来的后续影响的研究之外,也促使心理学家们继续研究,如何对"教坏"了人工智能的人类负面行为偏好的干预。另一方面,人工智能作为一个免费的实验平台,心理学家们也可以通过人工智能的偏见习得,获得偏见产生的相关问题。例如,人类习得的偏见也可以不存在认知偏差的基础。

前面提到的机器发现,致力于根据科学家们完成成果的一手资料,模拟实现创造过程,并验证模拟结果与成果的一致性。而人工智能在通过模拟创造思维过程的时候出现的问题,也可能是人类自身没有意识到的问题。虽然人工智能的失利也可能是由于技术层面无法实现、知识库不够丰富等,但如果可以模拟出正确的结论，也可以侧面说明提供给智能机器的一手资料是创造过程的基础。相当于心理学家可以与人工智能领域专家进行合作，将人工智能看作是实验平台或实验对象，在其中进行思想实验和模拟检验。而且，正如二十世纪五六十年代兴起的认知心理学中的信息加工理论，深受当时人工智能技术与应用发展的影响一样。人工智能领域为了能够用计算的方式模拟现实问题，需要将复杂的思维过程抽象化，将心理过程机械化，这一思路也会反哺心理学理论。

值得注意的是，人工智能创造力可促进人类创造力的基础研究，例如，人工智能的最新发展迫使人们对"创造力的标准定义"进行更新，研究者开始探讨人类创造力的本质及其与人工智能创造力的差异，伦科（Runco）（2023）建议修改创造力的标准定义，提出除了传统定义中的"原创性（originality）和有用性（effectiveness）"标准，还应增加"真实性（authenticity）和意图性（intentionality）"标准以区分人类创造力与人工创造力。格林（Green）、贝蒂（Beaty）、凯奈（Kenett）和考夫曼（Kaufman）（2023）认为除了对"创新属性"的新颖性和有用性进行定义，还应对"创新过程"进行定义，具体来说，创造力是受生成性目标限制的内部注意过程，包括三个标准：注意的内部调控（朝向心理表征而不是外部刺激），注意性操作受到适配目标状态参数的限制，目标状态是生成性的（而非已精确保存于记忆中的）。创造力的过程性定义有利于区分人类创造力与人工智能创造力，并促进二者共同发展。

综合以上，人工智能技术与应用对人类的影响，为心理学研究提供了新的问题和新的方向。除了智能推荐问题对人机交互方向研究的影响之外，算法偏见的后续问题及偏见本身体现出来的人的问题也都为心理学研究提供了新的思考路径。而且人工智能的技术和应用本身就可以被看作是一种思想实验的检验，可以为心理学和认知科学的理论发展提供方向。

第二节 人工智能增强个体创造力

一、社会构建视角

契克森米哈伊（Csikszentmihalyi，2014）认为创造力成果会在个体（individual）、领域（domain）和学界（field）三部分中流转（见图4-4）。个体（individual）必须要吸取前人积累的创新成果，将前人已形成的领域知识、方法、技能（domain）内化于心，在此基础上产生新颖、有价值的成果，并经过学界守门人（field）的选择之后才能进入领域文化中，阿特金森（Atkinson，2023）认为人工智能影响创造性实践的社会结构，可以融入创造性实践的各种方式。因此阿特金森在契克森米哈伊的创造力系统模型中加入了 AI 元素。其中，嵌入式 AIs 在过滤、筛选与守门中发挥了关键作用，生成式 AI 系统则成了为创造性实践提供所需信息的重要平台。他主张考察创造性实践中人工智能支持技术在哪里及如何发挥作用，如何减少人工智能的技术偏见和保持塑造创意过程中灵感来源的多样性，并为产生新观点提供一个优质平台（Atkinson et al., 2023）。

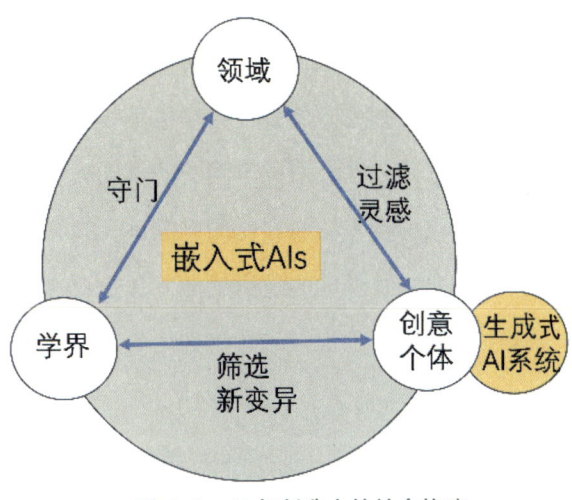

图 4-4 AI 与创造力的社会构建

二、技术支持视角

人工智能的研发最核心的目的就是帮助人类，帮助人类完成生产制造中的重复型和体力型工作，帮助人类完成需要高效计算能力和容错率极低的故障排除工作，帮助人类完成简单的服务交互类工作等。但是在那些需要更高创造力要求的领域中，人工智能又能帮人类完成哪些事情呢？毋庸置疑，创造力依然需要知识和智力作为基础，需要人类从这些已获取的"旧知识"中发展出"新知识"，也需要人类从不同类别的知识中汲取精华，衍生出更新颖的内容。但是只是"新"，依然不能体现创造力，因为无用及没有意义的内容产生不了任何后续的效力。那些创造出的新内容还需要是对人类、对现实世界其他客体有用的、适用的、实用的。虽然在研究早期，创造力被形容得十分神秘，好像是只有那些被灵感选中的人才能拥有这种机会进行创造，像是那些为人类的发展做出卓越贡献的科学家、技术开发人员、艺术家、作家等，只有那些被写到书本上，被大众熟知、成果与作品被所有人称赞的人才值得被评价为具有创造力。心理学对于创造力的研究，的确是从对特殊个体的创造过程角度进行的，心理学家也是因为他们才对创造力产生了独立于智力的兴趣。但是这种研究取向很快就被大众的创造力取代了。创造力并不是特殊人才所独有的，充满想象力的画作、日常哼出的小调、写下的诗句、说出的幽默话语，只要让自己和他人感到了其中的趣味就是创造性的作品。甚至，不同于标准答案的解题方法、对某个理论的不同理解等，也都是具有创造性的。创造既容易也艰难，在没有灵感的刺激下，大脑就像是被堵塞了一样，只能凭借自己的智力去做理性的逻辑思考，总是会想不到新且有用的内容。人工智能，这个被普遍评价为只能做规则内的智力任务的机器，反而可以成为那个灵感和顿悟的起爆器。

灵感（inspiration）起源于神学，可以简单地理解为是无意识状态下的心理产物，它与创造性的联系更紧密。虽然格式塔心理学流派倾向于用顿悟来解释灵感的产生，但是顿悟过程更像是一种思维的跳跃，它产生的观点并不一定是具有创造性的。灵感的产生也离不开顿悟，因为它的来源本身就是具有思维跳跃性的，难以找到形成它的思维脉络，它是一种脑内的自组织现象。而灵感与顿悟的基础依然是对庞大知识库中信息的发散性探索、分类与整合，以及对看似无关的信息的合理联想。在这时，人工智能就可以发挥作用了。庞大的知识库和信息处理能力，让人工智能可以增强人类的创造过程。微软公司在 PowerPoint 软件中增加了一项"设计灵感"（design ideas）功能模块，让用户可以随意插入图片，搭载的人工智能技术可以对这些图片进行识别和分类，根据识别和理解的内容自动生成排版建议、演示文稿。2022 年微软公司还推出了 Microsoft Designer 软件的内测版，作为 365 家族的新成员，它可以让用户以提供提示词或提示语的方式，通过生成式人工智能自动生成可以用于展示的设计类图片。例如可以通过网页版的 Designer，给出提示语"创造一个介绍 AI 相关业务的专业设计"后，页面就可以根据需求生成诸多符合提示语的设计图片。同样，类似的人工智能辅助人类创造的方式，还有利用人工智能的模式识别直接将图片表格生成 EXCEL 表格，大大缩减了创造者在缺乏创造性的工作上的成本与时间；对图片与照片的智能取色，甚至还有根据文字形式的内容描述，自动将素材库中合适的元素模板贴到合适的地方，简化了人们对模式化较强的工作的创造过程。

在节约成本与时间方面，人工智能的作用出类拔萃，通过将建筑设计稿参数化，可以缩减人工绘图团队的绘制时间，得以节省更多的精力用于设计上；而且，将方案从设计阶段推演到制图建模的流程全部用于自动化智能程序，还可以随时对设计的结果进行可行性检验，帮助设计者与设计团队进行评估。除了对创造工作的支持以外，人工智能的机器学习与模式识别技术，还可以用来修复时代久远的数字创造性文化成果，如旧电影、照片等，对人类的创造性产品进行优化和保护。人工智能也可以应用于建筑行业上的创新，可以帮助建筑师的创作过程，尤其是建筑概念和想法的生成方面。程序通过接受生成对抗网络进行机器学习，根据对空间的文本描述，可以自主生成内部和外部建筑的空间图像。

　　以上是人工智能对人类创造力在技术层面上的支持。此外，随着人工智能领域也开始朝创造过程模拟方向迈入，人工智能也可以进行简单的图像、音乐、文本故事的创作，这部分将会在第七章中详细阐述。创造在人工智能面前也不再神秘，这一点除了简化人类的创造过程，为人类创造节约成本与时间之外，很多人工智能学者与商业精英也同时认为这也是人工智能对人类的又一次挑战。虽然人工智能技术，距离让机器拥有如同甚至超越人类智能十分遥远，但是似乎人工智能从出生开始就与人类分列成两个阵营。几乎每次人工智能领域创造出让人感到惊奇、振奋人心的成果，人类就会因为感受到威胁而焦虑。在AlphaGo（阿尔法狗）与人类冠军棋手面对世界人民交战的时候，围棋这一中国古典棋类运动同时受到瞩目，而且打败了人类的人工智能也促进了围棋棋路进一步成长的思考，它不仅是对手也是老师。虽然看似人工智能创造剥夺了人类的又一个独特性行为，实际上也让我们意识到人类创造多么神奇。因为即便是通古博今的智能机器，也依然只能基于被输入的描述进行革新创作，不能做出更富有价值的内容。人类依然具有人类自身的独特性，依然不会被人工智能所取代。所以，这些人工创造制品并不能替代个体创造，但是可以通过用简单的方式直接展示设计结果，来减少返工成本，让创造者可以在短时间内获得更多的发散性的设计结果，简化了人类的发散性探索任务，依然是对人类创造力的一种助力。而且人工智能高效的运算能力也可以减少创造者重复性工作，简化工作内容，节省出更多的时间和精力在创造性内容上，而不是为了将一张图表图片转化为可编辑的表格浪费一个下午的时间。

　　此类可以辅助人类创造的人工智能同时也挑战着人类的创造性动机。当我们发现自己的很多创造性任务可以通过机器自动生成，而人类只需要给出适当的提示词的时候，创造的内在动机就会被抑制。对生成式人工智能的过度依赖会导致内在动机下降，并对自身的创造力失去信心，尤其是在人类发现人工智能的生成作品创造力更高的时候（Grada，2021）。如果人工智能的创造性生成高效且高质量的话，人类创造本身的价值就只存在于人类手工作业上，以及作品情感中，作品的创造性本身容易被错误估计，既不利于社会对创造活动的支持，也不利于正确的创造评价体系的制定。所以面对可以支持人类创造的人工智能应用程序时，需要对使用方式产生一个共识，即生成式人工智能只是帮助人类建立创造性素材库的工具，其输出的内容更应该被作为参考来使用，而不是直接作为成熟的作品。生成式人工智能的生成过程带有一定的随机性，模型构建与算法的编写很难在解释层面透明化，所以人们无法直观地探究人工智能作为创造主体的创造过程。所以在使用此类工具的时候，可以更专注于自身的创作过程，与机器进行具有主次关系的协作交互，来调动自身的内在创作动机，从而实现人机的共同目标。

  人工智能除了可以作为一种实用的工具，为提高人类创造力、发挥创造潜能提供支持外，它也为人类扩展了获取信息的媒体范围。现代社会中，人类可以获取信息、知识的方式分布在社会环境中的各个地方。心理学、认知科学也因此提出了分布式认知这一概念，希望可以将多媒体的信息获取方式纳入人类认知世界、完成认知活动的过程中。人类在进行认知活动时不再只通过脑与身体，与外界环境中的信息交互很多都是通过工作记忆短时汲取的，因此大脑很多时候会成为人类从其他媒体那里获取信息、处理信息的终端，而那些媒体也会成为人类记忆的外部储存硬盘。伴随着人工智能技术的广泛嵌入，媒体项目正日益展现出智能化、便捷化的特点。人类也可以用更小的认知负荷，与媒体协同完成认知工作。在这种背景下，人们也不再满足于单一项目或单一类别的媒体使用，而是呈现出"一心两用"，甚至"一心多用"的特点。这种"三心二意"的媒体使用方式被研究者称为媒体多任务（Media Multitasking，MM），具体指同一段时间里操作两种及以上媒体任务或在多个媒体任务间快速切换的行为，如观看电视的同时浏览网页新闻、撰写工作报告期间回复即时消息等（van der Schuur et al., 2019）。调查发现，人们会在多媒体任务上，用到25%～50%的媒体使用时间，且这一数字还在逐年增加（Voorveld et al., 2013; Segijn et al., 2017）。

当前各个领域对媒体多任务的研究多集中于探究它对人类认知活动的消极影响上，但它同时拥有激发人类的创造力的潜能。目前，研究者已经发现媒体多任务会引发注意力涣散、记忆消退、自我控制能力下降等一系列心理与行为后果，损害多种认知任务表现（Uucapher et al., 2016; Madore et al., 2016; Xu et al., 2016）。但以上结论都是针对需要运用逻辑、推理等认知过程的分析性任务。而相对地，创造性任务存在不同的注意风格偏好，一些不利于完成分析性任务的媒体多任务的缺点反而会成为提升创造力的关键因素。基于此，周详、张婧婧、白博仁、翟宏堃、崔虞馨和祖冲（in press）基于创造力的坚持-灵活双通道理论，设置仿真模拟的媒体多任务实验室情境（见图4-5），考察了媒体多任务对创造力的影响，并在此基础上探究其心理机制和边界条件。

图4-5 媒体多任务程序主界面

为了实现上述研究目标，研究设计了3个递进的实验验证假设——媒体多任务可以提升个体创造力。具体而言，实验1验证媒体多任务对创造力的提升作用，与此同时，通过探针测量初步探讨心智游移的中介作用；实验2通过实验操纵的方法，进一步检验心智游移是否是媒体多任务导致创造力表现差异的心理机制；实验3从情境特质交互视角出发探索可能的边界条件，验证工作记忆容量对媒体多任务影响创造力的调节效应。最终发现了媒体多任务对个体创造力的提升作用，并且发现心智游移是创造力提升的心理机制，即由于媒体多任务让个体产生了更高的心智游移频率，从而使得个体展示出更佳的创造力表现。此外通过实验3，我们还发现心智游移对创造力的影响受到工作记忆容量的调节，呈现出差异化影响的分离效应（见图4-6）。具体表现为，对低工作记忆容量者而言，这种心智游移状态会提升其创造力表现；而对高工作记忆容量者而言，这种心智游移状态会损害其创造力表现。

所以，人们同时在多个媒体上进行任务或者在同一个媒体上同时进行多种任务的时候，在一些情况下，反而可以表现出更高水平的创造能力。研究中所发现的媒体多任务的积极功能，扩展了坚持-灵活交互视角，从而弥补了双通道理论平行视角的缺陷，后续可以基于这样的发现帮助不同特质个体更有效地利用媒体多任务来提高他们的创造力。

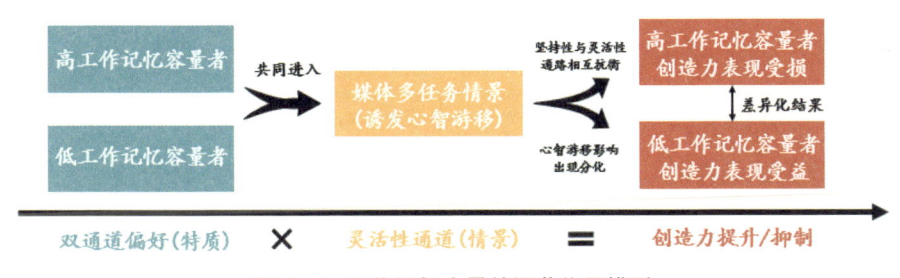

图4-6　工作记忆容量的调节作用模型

因此，人工智能对个体创造力的支持是多元的。一方面，创造性生成式人工智能及其他可以对图像和其他媒体文件做识别、分类处理的人工智能程序，可以十分便捷高效地为人类创造提供帮助，减少了很多的重复性操作。人类的注意力和认知资源是有限的，当我们花费大量时间和精力去做搜索素材、学习软件使用等与创造本身无关的事情时，创造就不是唯一的消耗认知资源的任务目标了。人工智能工具可以很好地解决这个问题，而使用工具的人类需要明确工具的作用和责任范围。人工智能对创造力的支持需要建立在正确的工具使用原则的基础上。正确的态度可以提高社会对此类人工智能的优化的政策支持，从而形成良好的人机创作的生态环境。另一方面，人们可以通过合理地利用人工智能支持下的多媒体技术与实体，提升自身的创造力表现。并且在使用的时候同时注意多媒体任务进行时可能造成的认知损耗，并及时控制不必要的心智游移。

第三节　人工智能提升团队创造力

语言文字中对多人的表述很丰富，如集体、群体、组织、团体、团队等。其中群体是一个没有任何功能的中立表述，是一个与个体相对应的名词，可以认为是拥有同一特征的多个个体组成的共同体；群体的结合只是因为个体间的特征相似，或者会在同一个环境下进行活动和交往。心理学中的社会认同理论认为，人只要聚拢在一起，就会自发地组成群体，它的形成是自然的、不带有任何任务和目的性的。而集体是一种以经济基础、思想基础、政治目的和社会利益组成的团体；对它的界定包含了集体的活动范围，而且一个集体中的个体会在经济、政治、思想文化上有更高的相似性，甚至会带着同样的目标、价值体系行动。而团队的形成具有更高的目的性，它不再以经济、思想、政治等上层建筑相关的信息组织个体,而是以一个与知识或技能有关的任务目标为核心,由任务执行的基层成员和管理人员组成的一个共同体。团队成员需要利用自己的知识和技术协同合作,进行问题解决,并且整个团队都拥有同一个任务目标。所以在所有形式的群体中,只有团队是基于任务实现与问题解决为目标结合而成的,所以团队创造力的重点也在于此。对于智能,会用到群体智慧与集体智慧来表达一种多人共享的智能;但是对于创造力,用团队创造力来表达更为确切,因为创造本身就是一项智能任务,创造作品、探索科学、产生观点等,都是在解决某一领域的问题。而团队进行创造过程时,也相当于是协同作业、完成问题、解决任务的过程。团队创造力除了是成员个体创造力的有机整合之外,还包括了知识管理、知识共享等过程。团队既代表着多人的集合,也是一个拥有知识,可以利用和处理知识,从而进行智能活动的实体。

一、优化知识管理与知识共享

知识管理(knowledge management)是将物质经济转化为知识经济的过程,可以认为是组织适应环境过程中,从组织成员的创造、数据与信息处理方面寻求适应性发展的策略。知识管理普遍被用在企业、组织等高层级群体的组织管理内容中,它对企业的影响是一种自下而上、由内而外的潜移默化的作用。企业或组织可以选择使用知识管理来处理、共享广博的知识、信息库,以此创造新知识,营造出组织范围内的共享和创造文化。知识管理是在组织需要根据生存环境做出适应性变革的时候,需要采取的策略,即通过对新知识的预先积累,组织成员基于新知识去创造,做出可以适应组织环境的行为。在这种策略选择上,知识成为了比物质更为重要的组织财富。在这种理念下,团队创造成为了影响组织生命力的重要因素。进一步来说,身处于企业环境中的团队本身也受到知识管理的影响,良好的知识管理,以及其间的知识共享过程,无疑可以提高团队的创造力。相对地,组织就需要关注于更多新知识的获取,有效的知识共享与协同合作，因为它们都是团队创造行为的基础。所以企业与组织对知识管理的需求，与团队创造力的提高是相互增强的。

为此，那些需要知识管理的企业与组织，选择开放性搜索和更新数据库，并且去记录与共享成功和失败的经验，在成员间与团队间建立知识共享的文化，丰富知识库、鼓励共享知识，从而通过提高团队创造力来扩充企业知识库中的新知识。知识获取与表示作为知识管理的重要组成部分，可以通过人工智能的算法与技术的加持，建立专家系统，简化信息获取与处理过程，集约化知识管理中耗费时间且容易混乱的部分（Liebowitz, 2001）。人工智能技术中的智能体也可以用于检索与整合知识，帮助产生新知识，构建新的知识库；以及用于分析信息，摘取重要的内容共享给更需要这部分内容的团队和成员个体。目前就存在很多可以帮助企业进行知识管理的人工智能系统，其中专家级知识管理系统（KMPRO）就是一个基于 B/S 架构（browser / server，即浏览器/服务器架构）建立（它是一种网络架构模式，可以将系统功能实现的核心部分集中到服务器中，利于简化系统开发、维护和使用，而且可以直接用浏览器运行从而避免安装客户端）的知识管理系统，它可以快速地对企业的知识结构进行分析，功能上还包括对知识数据的分类储存、知识共享与知识应用，从而提高企业管理效率，增值企业知识资产，提高企业核心竞争力。

而且知识管理不只是信息与文档的管理内容，还包括对信息的分析、资源分配与管理、组织行为等内容，需要考虑人员分配、知识共享与文化建设。由此，在企业这个系统十分适合建立 4Ps 模型，从企业的资产实现的角度，模拟探究知识管理与团队创造力之间的关系。这样，一个企业的知识管理体系与团队创造力之间的相生关系本身，就可以通过人工智能进行计算模拟，将企业知识看作是一个概念空间，团队作为智能体的一个集合执行创造任务；不同类型的创造力及团队与概念空间的交互规则,影响着创造任务的执行过程;而其中的环境则是企业环境,如此模拟就可以得到团队创造力对企业的影响,以及企业的知识管理的重要作用。

由于企业中,团队创造力的提高需要坚实的知识库和良好的知识共享文化的支持,企业需要人工智能优化知识管理。并且,通过良好的知识管理反向提高团队创造力,让组织内成员和团队为企业知识的更新、优化提供支持。因此,利用人工智能技术增强知识管理,可以为团队创新奠定基础,也为合理的知识共享提供了服务,简化了冗余的工作,既节约了时间也缩减了成本。

二、智能辅导系统(ITS)

团队是集体执行任务的一种理想结构,它由两个或以上数量的个体组成,成员之间动态地、相互协助地、适应性地为同一个有价值的目标进行交互活动(Salas et al., 1992)。团队是企业中执行目标任务的最小集体,它们的工作效能决定着企业的存亡。上一节阐述了人工智能对知识管理的增加对团队创造力的影响作用,而团队培训与辅导则是对团队能力增强的更直接因素。团队创造力基于成员个体创造力,以及企业知识库和知识共享过程的影响,同样团队协作还需要通过辅导与培训。团队培训包括培养团队任务目标一致性、团队凝聚力、团队成员间和谐关系及团队成员行为的约束意识,从团队创造环境层面上增强团队创造力。良好的团队辅导和培训需要对成员行为的监控和适宜的反馈,来促进团队中成员个体之间的良好互动。

智能辅导系统(Intelligent Tutoring System,ITS)是一种人工智能技术支持的自主智能的辅助教学类系统,它可以自主监控学习者,无需人力干预,并给学习者定制化的即时反馈。对智能辅导系统的场景化改进,可以用于建立帮助学生学习的智能补习系统,帮助教学的智能教学系统、帮助实物场景训练的智能陪练系统等。而结合团队模型、环境,基于智能辅导系统搭建的智能系统,可以支持团队任务的进行，以及团队成员的自适应性培训和干预，即根据学习者的反应状态，适应性地改变教学内容和方法。

对团队培训支持的智能辅导系统中，人工智能可以自动、自主地识别这些反应，然后选择适宜的培训内容。在添加团队特征模型后，智能辅导系统可以用于开发和应用共享心智模型，来辅助团队沟通、协调、训练等（Fletcher et al., 2018）。人工智能通过对团队成员之间交互过程的动态捕捉、实时监控，来指导成员掌握适宜的知识、技能，促进成员之间的积极互动，管理成员的参与情况。智能辅导系统可以识别成员对任务的积极程度，监控成员是否进入了被分配的团队角色，并且自主决定反馈回来的成员情况是否共享给团队或其他成员。相当于，智能辅导系统可以成为团队的自主监督员，而且可以调节团队成员的互动和绩效。

在团队培训这种对成员间互动过程进行干预的场景中，智能辅导系统更能够体现它的优势。在没有真人进行监督的情况下，团队成员会表现得更贴近自身的心理状态，会表现出更真实的行为模式。而且人工智能依凭模式识别、情感计算技术，可以做到对成员情绪与行为更准确的判断。再者，他人在场对成员行为表现的影响，也让学习者的培训体现不出实际的效果。团队创造与个体创造相比，团队成员之间的互动，高效的知识交流与共享，以及对任务目标的专注等更为重要。创造过程已经不是一个人探索新观点的过程了，而是进行交流互动，共同决策，协同合作的过程。智能辅导系统在团队中的实践，优化了团队互动、任务分配与监控等一切与团队交互有关的部分，并且这种监控和反馈是动态、灵敏的。

虽然对团队的实时智能监控可以同步优化团队协作，即时发现问题并做出反应。但是，监控对创造力的影响也是双向的。观众的注意力和即时的反馈可以激发创作者的创造力，它们都代表了对创造过程的价值肯定，从而对创造行为提供了奖励机制，强化了创作者的该行为（Frosini, 2021）。但同时，观众的关注也会对创作者造成压力，过强的自我意识也会消耗认知资源，导致创造过程的不通畅。一些特征的人群在被观察时会表现出不愿冒险的特质，这一状态会抑制新想法的产生（Kwon et al., 2023）。所以当团队个体意识到自己被人工智能监控时，个体的表现会产生差异，这一点也需要进行额外的干预，将监控对个体的影响限制在可以促进创造力的阈值之内。另一方面在通过智能辅助系统对团队项目进行干预时，还需要注意适当地促进团队成员之间的沟通交流。过于方便的工具有时会弱化以往必须的交互行为，但是对于团队创新协作来说，团队成员之间的交互也是团队创造力实现的重要因素。

三、人机组队带来的挑战

人-AI 交互（human-AI interaction）和人机组队（human-machine teaming, HMT）是智能时代工程心理学关注的新型人机关系（许为 等, 2020）。人机融合（human-computer integration/merger）与传统人机交互是人机关系连续体的两端，是通过人和机器两个认知主体，互相依存和合作组成的联合认知系统（joint cognitive systems）。自主化系统（autonomous systems）利于促进人机组队与人机协作。人机协作创新既是我们进一步发展人工智能技术的不竭动力，也是我们最渴望与人工智能一同摘下的智慧之果。

飞速发展的人工智能揭示了人机合作的必要性，但创新领域下的人机合作仍面临诸多阻碍，人工智能展现自恋特征或可解决这一困境。白博仁、周详、张婧婧和崔虞馨（in press）通过两项仿真情境实验（见图 4-7），操纵 AI 高/低自恋并检验其如何影响个体对 AI 的感知创造力、感知情绪能力及人机合作创新意愿。结果发现：① AI 自恋提升个体对 AI 的感知创造力、感知情绪能力与人机合作创新意愿；②个体对 AI 的感知创造力与感知情绪能力两个变量，在 AI 自恋对人机合作创新意愿的影响路径中，起到了平行中介的作用。研究结果为人机内部兼容性理论提供实证支撑，为改善人类对人工智能态度及促进人机合作创新提供理论及实践启示。实验情境如下：

图 4-7　AI 自恋操纵材料

针对人机协作创新领域存在的诸多机遇与挑战，周详、张婧婧、白博仁、刘善柔和李心瑶开展的系列研究表明，人们会因为人工智能的出现产生焦虑情绪，感到自身创造力受限，从而刻意贬低人工智能的创造成果，不利于人机协作的发展；人机相似性的提高也会降低个体对创造力这一人类独特性特征的评价，即会选择降低劣势比较维度重要性这一社会创造策略。面对机遇与挑战，设计良好的人工智能或可提高人机协作下的合作创新效能。例如，人工智能的设计可以提高用户的技术准备度，即在使用前产生积极的心态作准备，来增强用户对人工智能产品的接受度，从而提高人机协作意愿，促进人机协作下的合作创新；还可为人工智能设计特殊的性格特征，如自恋型人格，通过提升用户感知到的人工智能创造力水平及情绪能力，增加人机协作的意愿。

第四节　人工智能推动产业创新

人工智能产业是那些基于人工智能算法与技术来进行相关产品研发与应用的产业；从更大的范围考虑，也包括了算法、技术研发与执行相关的软硬件设备的产业。首先，人工智能自身就是创新的产物，与它相关的技术、应用及软硬件设备构成了人工智能创新产业。人工智能产业链包括基础层、技术层和应用层：基础层提供了数据及算力资源，包括芯片、开发编译环境、数据资源、云计算、大数据支撑平台等关键环节，是支撑产业发展的基座。人工智能的发展过程，就是将这一创新产业扩大的过程，所以人工智能就在推进着产业的创新，扩大了创新产业的发展。2021年的人工智能标准化白皮书上提到，麦肯锡公司的数据表明，人工智能每年能创造3.5万亿至5.8万亿美元的商业价值，使传统行业商业价值提升60%以上；埃森哲公司的数据显示，约半数（49%）的中国人工智能企业，近三年的研发投入超过0.5亿美元。国际数据公司（IDC）预测，到2023年中国人工智能市场规模将达到979亿美元（中国科学报，2022）。并且在2021年英特尔与德勤和深圳人工智能行业协会发布的《中国成长型人工智能企业研究报告》显示，2020年投资总额同比增长73.8%，中国在人工智能领域的投融资金额再次创下新高，达到1748亿元，相比2019年同比增长73.8%（蔡鼎 等，2022）。

除了人工智能这个创新产业本身之外，在人工智能成为一个单独的领域开始，全世界各国的国家级项目都可以看到人工智能的身影，可以通过应用人工智能来优化产品的领域企业也将研发策略倾向于人工智能一侧。从2019年开始，美国针对人工智能的未来发展及其对经济安全战略的重要性，提出了美国人工智能倡议。其中确定了五条关键路线，包括增加对人工智能的研究的资金投入，开放联邦人工智能及数据资源，制定人工智能技术标准，为美国的人工智能研究者与生产者提供多方位支持，并确定了与国际盟友的积极接触政策，这一倡议在2021年被编入《国家人工智能倡议法案》中。人工智能产业的势头依然迅猛，各国政府与各大企业对人工智能及相关产业的情况依然十分看好，这体现出了近几年人工智能对各个领域的产业发展做出了卓越的贡献。

人工智能产品与技术的发展应用，促进了诸多领域的产业革新和产业创新，如工业制造行业、文化创意行业、医疗行业、教育行业等。当前正是一个需要人工智能技术多样性与基础性的时代，而且我们需要人工智能领域的创新方向去推进新型产品应用的开发与应用。这一时期下的人工智能相关企业正在步伐一致地致力于产业创新，并因此为多种创新产业提供人工智能技术的支持。

一、情感计算对产业创新的影响

同时，人工智能技术也在不断更新中。随着心理学、认知科学和神经生物学等学科对智能理论的发展，以及对完成智能任务的思维机制的了解，计算机科学家对人工智能的研究路径，也逐渐向着更远的方向探索。而且，大众和相关领域的科学家也从未真正满意过研发出来的人工智能产品，人们总是在用最苛刻的标准要求这种"非自然"的智能。可能也正是因为这样的智能是人类自己制造出来的，才会用工匠一样的眼光看待它们，认为即便有了一定的成果，也跟想象中的样子完全不同，甚至会因为无法达到"类人"的标准而否定人工智能的智能成果。学者甚至会因为人工智能缺少人类具有的"缺陷"，而认为永远不能制造出真正的人工智能。情绪与情感，这些会影响着人类智力和任务完成效率的主观因素，无疑也是学者们所说的"缺陷"之一。由心理学的情绪智力类比演化而来的人工智能的情感计算，是21世纪左右才开始被人工智能领域重视起来的新的方向。其中，关于情感计算具体的技术细节和内容，我们已在第三章中进行了更详尽的阐述。

情感计算技术与人类交互相关的人工智能技术，为未来的产业发展提供了创新路径，使得那些专注于感知—思维—输出路径的产品，获得了情感感知与识别这一交互的基础。人工智能的产品也可以在单向操作的基础上，对用户的情绪做出适宜的反馈，正向地引导用户，促进用户的积极情绪与行为。情感计算技术一般被应用在那些存在人机交互，并以情感为重心的产品中，如智能语音机器人的交互模块。因为情感计算技术可以让智能机器，从人的表情、语音、文本中提炼识别出情绪与情感。另一个情感计算技术亟待开发的产业创新渠道，是那些需要进行真实情绪识别，来推测用户行为模式的领域。

以情感机器人 Pepper 为例（见图 4-8），其由 SoftBank Robotics 开发，并于 2014 年首次发布。作为全球首个具有情感识别能力的机器人，Pepper 配备有多个传感器和摄像头，可以识别并分析人的面部表情、声音和姿势，从而推断出用户的情感状态。例如，它能够识别微笑、愤怒、悲伤等情感，并以相应的方式做出反应。由于 Pepper 能够通过自然语言处理与用户进行对话，因而其被广泛用于零售、医院、银行等场所，向客户提供贴心周到的服务。

图 4-8　情感机器人"Pepper"（图片源自 SoftBank 官网）

人工智能的情感计算填补了其他产业产品中的人机交互部分，让智能机器看起来更"类人"，机器对人类的共情也可以让人类更愿意使用软件，并试图消除人类对机器的不信任感。更重要的是，情感计算技术带来的产业创新的潜能是巨大的。2021 年 10 月，位于纽约的研究机构——报告与数据（reports and data）在发布的报告中称，情感计算在 2026 年的市场总值将从 2018 年的 213.8 亿美元增长到 2554.3 亿美元，年复合增长率达到 36.3%。这些实际的应用与资金投入，都在继续激励着人工智能科学家们对人工智能领域的创新。

二、人工智能其他技术对其他产业创新的影响

人工智能时代中，技术的发展为文化创意产业的智能化创新提供了新的范式，并拓宽了它们的边界（解学芳，2019）。人工智能技术在文化产业中的应用，降低了部分创意成本，如音乐后期、动画、游戏等内容的制作和完善部分都可以获得人工智能的助力。程序内容生成（PCG）就是一个被应用到游戏开发领域中，具有可以按需大量生成高质量内容能力的程序。尤其是对于那些需要不同形态，但是需要大量且会被消耗掉的低创造物品，如地形、物品、叙述等。受到 PCG 的辅助，游戏产业可以更快速地实现全自动游戏设计这一创新产品的开发。例如以程序生成技术著称的"No Man's Sky"使用 PCG 创建了一个几乎无穷大的宇宙，包含了拥有不同生态系统、动植物种类以及表面地形的无数星球（见图 4-9），为玩家提供了极高的可玩性。如今，已经有很多基于人工智能技术的应用现世。北京冬奥开幕式的舞台特效"黑科技"，就是基于人工智能技术的"人工智能实时视频特效"的高效计算和学习能力，以及模式识别、动态捕捉等技术，让特效可以依据孩子的动作实时生成。此外，人工智能技术还被用于后期制作，将传统的重复性工作自动化，如标记元数据、字幕匹配等。因为有这些可应用的技术存在，娱乐行业的从业者才有更多的时间去创作。

图 4-9　游戏中由 PCG 生成的星球场景（图片源自 nomansky 官网）

人工智能的数据挖掘和处理能力也可以用于消费者偏好调查、热点调查、信息追踪等内容，如利用人工智能贴合用户偏好地在社交媒体投放电影预告片等进行自主营销。而对于部分基于原有文化内容的创意生产，人工智能也可以为从业人员提供内容和技术支持。在其他方面，人工智能自动生成数字艺术、对文稿的智能化标注、内容捕获与聚类等都便捷了从业者的创意过程。这些助力也促进了文化创意内容的精进。人工智能引领着去繁从简的信息集约路线，让文化产业中冗余的部分不再有竞争力。那些原本容易做到的创意逐渐被人工智能取代，变得更加大众。对于那些内容不佳，但胜在创意的文化产业内容，也被拿掉了创新这个遮羞布。人工智能引导着从业者去创造那些无法用这些技术进行的文化创意内容。

而且，人工智能也专注于优化辅助制造的机器及机械产品的技术、程序与算法的开发，引领那些可以利用人工智能去优化自身产品的其他产业走向新的时代。3D 打印机是除了人工智能产业之外，另一项开启制造新革命的产品。人工智能技术也越来越多地被加入到 3D 打印建模程序中，除了人工智能可以助力 3D 打印技术本身之外，还可以帮助 3D 产业加速数字化无人工厂的建立，如材料的自动识别、工艺的自主优化与纠错等。人工智能让 3D 打印的制造产业创新成为可能。

医疗领域利用机器学习和数据处理速度，方便了医学影像设备的数据管理、对知识图谱的构建，以及利用人工智能自动识别、填充、监督、修正、分析文本类数据来建立数字医疗体系。而且人工智能也加速了医疗器械的开发。除此之外，人工智能技术还可以让那些已变为传统产品的智能扫地机器人、智能商场导购系统、智能在线诊断、智能用药管理等，获得"重生"的机会，产业创新也由此而来。想象本身是没有边界的，能够限制想象的只有无法实现的痛苦。在这里，技术的发展就是突破创新的铁锤，它可以打碎我们与未来的边界。

第五节　人智协同多层次赋能创造力

随着人工智能技术的迅猛发展，其身份也在逐渐转变。因此除了上述从工具视角出发分别考察人工智能对个体、团体与群体创造力的助力作用，还可从合作视角出发多层次探讨人工智能对创造力的赋能作用。特别是随着新质生产力这一重大理论标识性概念的提出，进行人智协同创新研究显得尤为重要。因此本节将从新质生产力视角出发，浅析个体及组织层面如何培育人智协同创新素养以提升创新表现。

新质生产力是指创新起主导作用，摆脱传统经济增长方式、生产力发展路径的先进生产力质态，具有高科技、高效能、高质量特征（周文 等，2023）。这一概念的提出为中国高质量发展的总体战略布局和政策取向均提供了重要的科学理论指导。然而就组织层面而言，如何才能切实有效赋能新质生产力的形成与发展，实现组织自身在技术风暴中的升级与迭代，还有待进一步明晰。

人智协同创新素养（human-AI collaborative creativity-literacy）或成为组织赋能新质生产力形成与发展的重要抓手。新质生产力以劳动者、劳动资料、劳动对象及其优化组合的跃升为基本要素。其中，劳动者是塑造新质生产力的第一要素，只有高素养的创新型人才，才能够将科学技术真正转化为新质生产力。然而，我们必须用历史性眼光审视高素养劳动者的具体内涵，廓清究竟何为与新质生产力发展相适应的高素养劳动者，才能够真正助力组织做好迎接新时代的切实准备（王兆轩，2023）。素养是一个丰富、开放、动态的概念，当新兴技术日益大众化并推动人类生存样态、生产关系、生活方式深刻变革时，传统的素养内容其作用或价值必然会日益边缘化，因此客观上需要提出并倡导一种"新质"素养来与之相适应。随着第四次人工智能热潮来临，人智协同（human-AI collaboration）的新质生产模式在多场景中日益涌现。传统行业中，如浪潮数字组织开发的智能煤矿安全监控系统实现了煤矿作业状况从全人工巡检向人智协同监控的跨越，提升了矿山生产的安全系数；新兴产业中，如青萍天一公司开发的AI数字人软件可以为中小组织直播电商提供成本远低于雇佣真人主播的AI直播服务，助力小微店铺也可以轻松实现流量推广。鉴于此，单纯依赖信息素养、数字素养等旧有技术相关素养已不足以武装劳动者在日益复杂多变的工作场景中优质高效完成工作任务。有效培育劳动者人智协同创新素养，将成为实现组织与国家颠覆性创新驱动，全要素生产率提升的关键一环。

因此，下文将从新质生产力视域出发，重点探讨什么是人智协同创新素养、为什么要强调人智协同创新素养、如何培育人智协同创新素养三大关键问题，为组织顺应新质生产力发展浪潮提供理论框架参考。

一、人智协同创新素养的概念内涵

人智协同创新并非横空出世，而是诞生于AI技术的发展迭代以及创新在组织各个生产环节的广泛渗透。一方面，如今的AI技术早已"飞入寻常百姓家"。

不同于早期AI技术仅服务于计算机或工程背景的专业人员，随着ChatGPT（文本生成模型）、Gemini（文生图像模型）、Sora（文生视频模型）等为代表的生成式人工智能大语言模型的井喷式涌现，各个领域从业者纷纷开始学习与使用AI技术，AI在工作与生活中的新玩法已成为人们的热议话题。另一方面，当前组织对于创新的需求已延伸至不同生产环节。在万众创新的新势态下，组织内部的创新行为不应仅局限于计划和决策层面，在广泛而具体的生产环节中实践创新行为更具有"蝴蝶效应"，因此不容忽视。劳动者每一次发挥自身能动性，不囿于旧有模式来完成工作任务的实践都有可能成为提升组织行业竞争力的有效契机。综上，在AI技术普及应用与创新行为广泛需求的背景下，人智协同创新成为人们生活和工作中的新常态。生活中，人们通过语言描述，即可通过AI生成一幅可以与专业画家媲美的画作；工作中，通过简单的一句指令，即可通过AI获得一份完整的营销方案。AI正在不同领域中成为劳动者的有力助手，帮助劳动者不断突破自身创新能力边界。

然而面对如此技术巨变，劳动者之间的差异性却会将人智协同创新导向赋能与去能的相悖之路。一方面，AI会为做好准备的劳动者提供来自算力的高效赋能，从而极大提升其创新竞争力（Hong et al., 2022）；另一方面，部分群体也会因无法适应与把握新质技术而被迫面临更加难以跨越的技术鸿沟（Magni et al., 2023）。通过系统性综述既有研究，我们对影响人智协同创新绩效的个体特质因素进行了归纳总结，并结合KSAVE模型框架，提出人智协同创新素养是指劳动者与AI进行合理有效交互，利用AI完成创新任务所应具备的能力和品质。具体包括人智协同创新知识（knowledge）、技能（skills）、态度（attitude）、伦理（ethics）与价值观（value）五个维度。其中，人智协同创新知识是基础，技能是核心，态度是关键，伦理与价值观则是保障。下面将对五个维度的内涵进行具体说明。

知识维度。人智协同创新知识是指劳动者必须掌握的关于人工智能应用以及协同创新相关的基础理论和实际知识。这包括对人工智能的基本概念、工作原理、应用场景和发展趋势的理解。此外，劳动者还需要了解一些有关协同创新的知识，以便在人智协同创新中充分利用 AI 技术实现高效的人智分工。这些知识是实现人智协同创新的基础条件，允许劳动者在实际工作中充分理解并注意 AI 技术的潜力与局限性。

技能维度。人智协同创新技能是指劳动者在与 AI 进行交互与协同创新过程中所需的技术与操作能力。这些技能包括能否熟练使用 AI 工具与平台完成灵感生成、评价、决策与实现等任务。此外，理解与沟通技能也是不可或缺的，劳动者需要能够与 AI 系统进行有效的信息交换。这些技能是实现人智协同创新的核心要素，熟练掌握这些技能能够帮助劳动者充分利用 AI 技术，高效回应不同创新环节对应的多样化任务需求。

态度维度。人智协同创新态度是指劳动者在与 AI 协同工作过程中所持的心理和情感倾向。积极开放的态度既是开启人智协同创新的起点，同时也是推动人智协同创新的重要动力。其中包括对 AI 技术作为合作者的接受、认可与信赖，以及对变革和挑战的包容心态。这一态度有助于建立劳动者与 AI 技术间良好的协同创新氛围，促使劳动者积极客观地寻求 AI 帮助与评价 AI 产出。

伦理维度。人智协同创新伦理是指在与 AI 协同创新中所应遵守的道德规范和伦理标准。其中包括数据安全、公平公正、透明度与责任意识等多方面内容。劳动者不仅需要注意利用 AI 创新过程中是否可能造成不利社会影响（如伪造照片、散布谣言等），同时也需要承担人智协同创新必要的社会责任感。遵守上述伦理规范是人智协同创新的关键因素，人智协同创新需要在道德与法规的框架下进行以保障其健康发展。

价值观维度。人智协同创新价值观是指在与 AI 协同创新中所倡导和追求的价值取向。创新精神、团队意识、社会责任感等都是重要的人智协同创新价值观内容。劳动者应保持对新事物的敏感性，理解和尊重 AI 在协同创新中的贡献，同时不忘考虑成果产出对社会与环境的影响。这些价值观内容为人智协同创新提供了正确的方向。通过培养上述价值观，人智协同创新才能够真正实现创造效益并推动组织进步。

综上，人智协同创新素养对劳动者在知识、技能、态度、伦理与价值观等方面均提出了不同要求。劳动者不仅能够高效使用 AI 技术完成创新任务，还能在应用过程中做出负责任的决策，并始终保持对技术的正确态度和价值观。只有具备这样的素养，劳动者才能在 AI 浪潮中有效武装自己，在复杂多变的工作环境中真正实现自身的时代价值。

二、人智协同创新素养的赋能价值

人智协同创新素养是国家在发展新阶段对组织及劳动者提出的新需求，对于新质生产力的赋能价值体现在多个层面。

人智协同创新素养是劳动者跻身新质生产力的关键能力。一方面，人智协同创新素养有助于大大提升创新速度。具备高人智协同创新素养的劳动者能够充分利用 AI 提升效率，使创新过程不再囿于单向的序列形式，而是可以转化为高效灵活的分布式协同进行，极大地突破了原有创新步调与效率；另一方面，人智协同创新素养有助于远远拓展创新边界。具备高人智协同创新素养的劳动者能够有效借助 AI 提升智能，使其创新潜力不再受到知识储备或是专业技能的限制，得以最大限度发挥，扩展了创新基数与成果。综上，通过提升人智协同创新素养，劳动者能够更好地利用 AI 技术，提高工作效率，推动创新，从而在新质生产力中占据有利位置，实现个人职业发展的同时，为组织发展和社会经济进步贡献力量。

人智协同创新素养是组织把握新质生产力的重要抓手。第一，通过培养劳动者的人智协同创新素养，组织可以实现管理重心的下移。优秀的管理应该是自下而上的，然而当劳动者问题意识有限、缺乏有效推动时，此种自驱动管理模式则很难实现。人智协同创新素养为自上而下管理的发起提供了有效的新质手段。人智协同创新素养意味着劳动者具备问题意识的敏感度和发现问题的能力，能够结合工作实践的一线经验发现问题，并合理有效地向 AI 寻求技术赋能，从而推动问题的积极解决。如此一来，组织即可从科层式的自上而下管理，真正升级为强大而流动的分布式权力，成为集体智慧系统支持下的组织结构，始终焕发组织活力。第二，更重要的是，通过培育劳动者的人智协同创新素养，组织还可以实现创新实践的规模扩散与辐射效应。计划与决策层面的创新是提升组织竞争力的有效引领，然而真正对组织创新实践与绩效起决定作用的在于每个具体生产环节中广大劳动者对工作任务的创造性执行程度。如前所述，人智协同创新素养的提升能够助力劳动者更好地获得新质技术赋能，通过高效灵活地利用 AI 完成工作任务，创新设想得以快捷简便地落实，因此能够最大程度地发挥基层智慧，扩大组织创新的灵感来源与执行联动。

人智协同创新素养是国家发展新质生产力的有效途径。人是生产力中最活跃、最具决定意义的因素。提升广大劳动者的人智协同创新素养对于国家层面而言，是一件"事半功倍"之事。不同于传统教育在培养高精尖人才时所必须付出的庞大时间与人力成本，人智协同创新素养属于基础性培育，对于受培育者技能水平和培育方式的要求并不高，极大节约了时间和人力成本。但是，这并不意味着培育成果被打了折扣。通过借助 AI 赋能与放大创新基数，广大受培育者也可以产出高水平的创新成果，将新质生产力真正转化为规模化的实际生产力服务于科技、经济发展。综上，培育劳动者人智协同创新素养为国家形成和发展新质生产力提供了大众基础，为国家实现技术驱动的经济增长和社会进步，巩固在国际竞争中的地位，推动国家整体实力的提升提供了重要保障。

三、人智协同创新素养的培育路径

培育人智协同创新素养是一项系统工程，需要组织多措并举，多路并进，才能形成合力，实现组织员工人智协同创新素养的全面提升。具体培育路径见图 4-10。

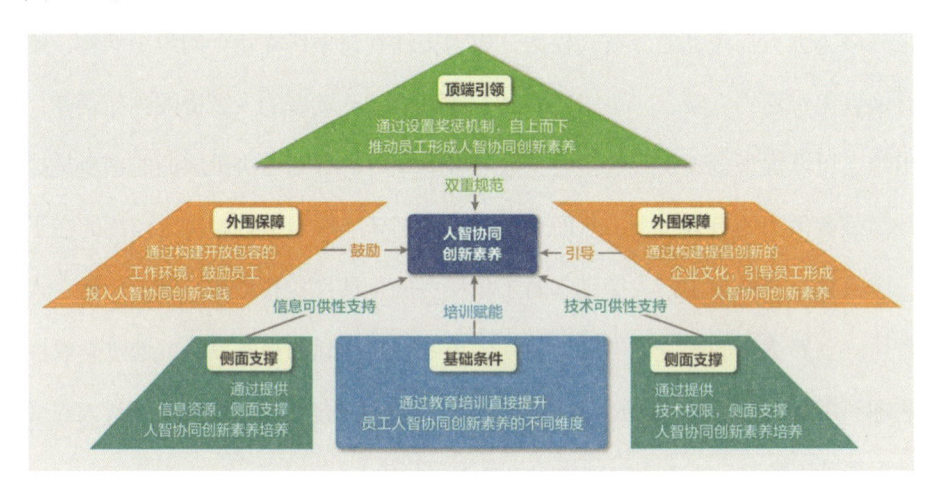

图 4-10　人智协同创新素养培育模式

基础条件方面，开展协同创新素养培训。内容夯实、形式多样的培训活动可以作为培育员工人智协同创新素养的基础工作。这不仅能够直接帮助员工掌握人智协同创新必备知识与技能，同时也可以兼顾塑造人智协同创新所需的态度、伦理与价值观。一方面，组织内部可以定期举办培训课程，通过涵盖 AI 基础知识、AI 互动技能、AI 伦理与价值观等不同方面内容从而实现素养的全面提升；另一方面，组织可以鼓励与支持员工参加外部的专业培训课程、AI 技术与组织创造力领域的研讨会与学术会议，以获取最新的知识与行业动态反哺组织发展。

侧面支撑方面，提供信息与技术支持。与时俱进、覆盖全面的资源与技术支持可以成为培育员工人智协同创新的侧面支撑。这能够通过信息与技术的双重可供性从侧面促进员工主动了解与尝试使用 AI 技术。一方面，组织可以购买并向员工提供最前沿的 AI 技术工具或平台的使用权限。通过提升 AI 技术可及性，旁敲侧击地改善员工对 AI 的态度与价值观，同时提升员工对 AI 技术的兴趣与学习动机；另一方面，组织可以进一步借助 AI 技术建立组织内部的知识和资源共享平台，方便员工获取所需的技术资料和学习资源。通过整合技术与信息支持，可以助推员工积极学习人智协同创新知识，同时支持员工形成正确的人智协同创新心态。

外围保障方面，构建包容性的工作环境。开放包容、积极进取的工作环境与组织价值观可以成为培育员工人智协同创新素养的外围保障。这能够通过工作氛围与组织文化的熏陶与感染作用推动员工投入至人智协同创新实践并自发形成适宜的信念。一方面，组织需要营造安全与透明的工作环境。一个鼓励多样化思维方式、允许员工自由高效分享信息资源的工作环境能够极大增强员工投入到人智协同创新中的信心；另一方面，组织也需要营造与时俱进、创新至上的组织价值观。身处其中的员工会不自觉地受到组织文化的熏陶，在内化相应观念的同时提升人智协同创新实践的自主性与积极性。

顶端引领方面，设置协同创新观念塑造机制。清晰精准、恰当适宜的规范机制可以成为培育人智协同创新素养的顶层引领。这能够借由奖励引导与惩罚警示的双重规范作用自上而下地增强对员工人智协同创新素养的培育。一方面，组织可以通过设置创新奖金、晋升通道等方式提升员工学习 AI 技术相关知识与技能的行为意愿；另一方面，设置奖惩机制允许组织自上而下地塑造员工的伦理与价值观，进而促使员工正确利用 AI 技术实现人智协同创新，回避潜在的风险。

综上，本节从人智协同创新素养的概念内涵、赋能价值、培育路径三方面进行了概述，从合作视角出发探讨了人工智能对创造力的赋能作用。期待未来涌现更多人智协同相关研究以丰富这一颇具前景的研究领域。

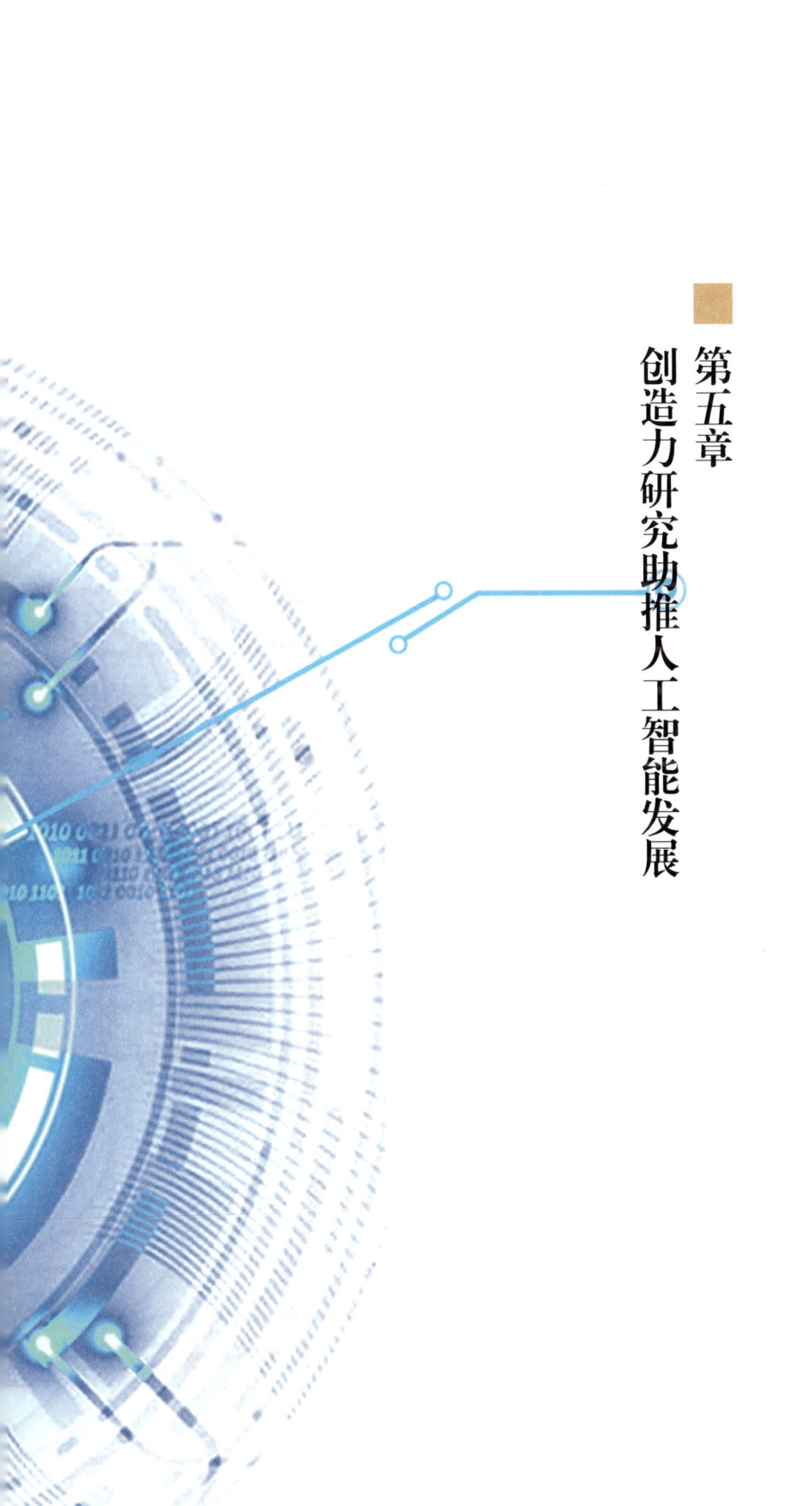

第五章
创造力研究助推人工智能发展

人类所具备的可以进化的生物学特征及认知能力，让我们得以适应复杂多变的自然环境。大脑的智力发展、对工具使用的能力，以及对自身社会属性的开发和人与人之间的合作行为，都为人类适应可以威胁到生存的险峻环境提供支持。这些为了生存而发展起来的能力，源于人们对更适宜的未来的渴求。这样的渴求也让人们不能满足于生存本身，创造出更舒适的环境及生活方式是人类文明发展过程中一直存在的理想目标。正是不满足于生存的"欲望"让人类更加文明，更具有创造性。对生存的需求诞生于对未来的欲望，欲望让创造力变得更加重要，而正是创造让人类社会可以发展出文明。

创造力作为一个研究领域在20世纪中叶才刚刚起步（见图5-1），但是它却支撑起了过往的人类历史。科学的发现及技术的发展都是人类创造的结果。人工智能能得以发展且颇具规模，并已然深入影响了现代生活的研究领域，得益于人类创造力的助推。首先，人类对机器的想象为人工智能的开端提供了可能性。在哲学领域，机械论一直是影响着人类思想的重要理论之一，虽然它过于简化地解释了人类的思维和认知能力，并且无法解释人类的意识。但是，将人类思维和思考过程用机器做类比，为之后对机器功能的开发提供了很多核心思路。人工智能正是让人类思维过程在机器上得以"复现"的重要领域。机器能够模拟人类智能的前提，就是将人类的思考过程用机器语言表达，其中涉及自然语言的处理、认知模型的构建、机器自主学习的实现，以及与这些有关功能的模型和算法的开发。人工智能以人类对机器的想象为前提，将语言逻辑、数理逻辑形式化，从而实现了智能体的构建。在这个过程中，时刻都在体现人类创造力的作用。

图 5-1　Guilford 于 1950 年发表题为"Creativity"的演讲开启创造力研究浪潮

人工智能领域所需的算法模型也都需要创造力研究作为基础，并深受它的启发。二十世纪七八十年代，卡恩曼（Kahneman）与特韦尔斯基（Tversky）总结了人类的判断和决策过程，并发现这个过程受到启发式和偏见的影响。启发式在问题提出、策略制定及解决方案改进中起到关键作用，而这些认知过程都需要创造思维的介入。这一发现为人工智能的启发式算法的提出提供了理论基础，简化问题并按照规则对问题解决方案进行搜索，从而完成目标任务。除了对人工智能实现的助推外，人类对自身创造力的开发及对辅助工具的需求，也为人工智能领域的应用方向提供了思路，并开发了新的商业化的实现路径。

第一节　人类创造力发展了人工智能

智力与创造力交织在一起，在人类智力发展到一定程度的时候，只要存在需求，创造就不会缺席。创造是进化的必然活动，同样只有当人类进行创造，才能体现出人类与其他生物的本质不同。其他生命体可以拥有智力，但创造力的存在意味着自我意识的觉醒，因此，当机器展现了它可以初步对人类智力进行模拟之后，对人类创造力的模拟也进行了探索。而机器对人类创造行为的模拟成果更让人类感到惊异。虽然人类依然没有将理性、不会共情、机械、不随机的评价从对人工智能的刻板印象上剥离，但当我们不被告知作品来源的时候，很多创造性生成式人工智能的艺术产品都可以获得很高的评价。可以说，人工智能领域的发展过程本身就是人类创造力带来的。

一、创造力对类脑智能的启发

创造力研究领域与人工智能领域的发展存在一个有趣的巧合，在图灵提出了图灵试验这一设想的那一年，吉尔福德也在美国心理学年会上提出，可以将创造力视为一个独立的研究领域。有理由说明，人工智能的发展与创造力的发展基本是同步的。

人工智能最初的理想是，制造一个可以与人类相比拟，甚至超越人类的智能机器。这种理想可以追溯到哲学中的机械论思想，如果我们将一切生命客体看作是机械的组合，那么我们就可以用机械的组合创造类似的实体。这种理想最终总会走向道德层面上的辩论，但是这里的前提是人类真的可以有一天制造出真正的人工智能体。在计算机实体还没有制造出来，这种理想主义的研究目标刚刚出现的时候，人们就开始质疑这种理想：我们可以承认计算机可以进行比人类更高效的逻辑运算，但是这种机械式的程序化机器真的就可以看作是有智能的吗？"计算机只能做人类要求去做的事情"这一点是当时的共识，即便是现在，依然有人认为计算机智能任务的成功完成，只能体现出制造出这一机器的人类的智能，不能看作是计算机的智力体现。

当创造力作为一个单独的研究领域被提出的时候，智力成为了更为普遍的能力，对智力的评价也更为宽容。人工智能的科学研究和应用的发展，也向大众证明了计算机的确可以拥有智力，而且可以替代人类完成一定程度的智能任务。尤其是那些可以通过数理逻辑完成的任务，计算机只需要对问题进行合理的表征，建立合适的约束条件，就可以比人类更高效地完成这一类型的智能任务。

那么当人工智能可以拥有智力的时候，它可以拥有创造力吗？这一领域也开始向人类下一个独特性特征发起挑战。

创造力研究领域发展的理论可以用来解释人类创造行为的认知过程，人类的创造力基础，以及个体在神经、认知、情感、人格、团队、社会文化环境等层面上的创造力基础和影响。这些研究都表明了创造力并不是一个依凭理性和逻辑就可以获得的能力，它只是将人类的生物学特征作为基础，个体的心理、情绪、动机、社会交往、身处的环境和文化，都可以影响创造力。即便对于拥有很高创造潜能的个体来说，创造力变现为实际可用的新成果还需要受到即时的心理和环境影响，对它们的可用性评价还需要以当时的文化历史时期为依据。

创造力让人类具有更独特的属性，人工智能在挑战它的发展过程中，也会变得不同。人工智能领域吸收了创造力的研究和理论，致力于让它获得更高层面上的自主性，来确保人工智能不是人类的提线木偶。创造力对人工智能的另一个启发在于，让它保持一定程度的模糊性和不确定性。人工智能的定义中提到过，它对某一问题建模需要遵循一定的约束条件，约束条件是计算模拟中的重中之重。约束条件限定了对数据集处理和训练的规则，如果人工智能想要获得有意义的结果，就需要设定一个可能获得问题解决方案的约束条件。约束条件是人工智能迈向创新的阻碍。因而创造力对模糊性的强调，为人工智能的进一步的功能类脑化提供了方向。

二、人工智能发展中的创造力体现

人工智能发展过程中，存在很多个闪光时刻，体现着人类创造力的重要性。一般认为最早的人工智能是麦卡洛克（McCulloch）与皮特斯（Pitts）在1943年提出的一种人工神经元模型，它结合了符号主义的逻辑思维形式化方式，基于生物神经科学，将神经元当作一种二值化（"开""关"）的阈值逻辑元件进行模拟运算。在这个基础模型中，他们结合了符号主义与联接主义路径，考虑到了人类神经元功能、对命题的形式化，以及图灵的计算理论（McCulloch et al., 1943）。在此之前已经存在很多对人工智能的尝试，如自动定理证明等。早期的电子计算机开启了对自然语言符号化的可能性，科学发现作为一项创造性活动，成为了第一类对创新行为模拟的对象。科学发现过程本身就包括了将文字语言符号化的过程，现象在可以被用语言描述以后，只有被符号化后才可以进行数值运算，其中就涉及数学模型的构建。最初的电子计算机为复杂、抽象的符号化运算和数值运算提供了硬件支持，让我们可以模拟科学家发现科学定理的逻辑及思维过程。

早期的电子计算机初步具备了内置应用程序的功能，让它们可以基于逻辑进行半自动化的数值运算，这本身就是一种智力表现。所以人工智能的历史几乎与计算机科学和计算机实体研发的历史一样长，甚至对人工智能的设想在计算机还未能提上日程就开始了。人类对现代世界的想象源头总能追溯到文明最初的开端，虽然那时的人类无法亲眼看到复杂的机器，但是想象把他们带到了未来世界。可以说，现代科学与技术都可以从过去的想象中找到相似的地方。而在技术得以支持这些想象成为现实的时代，人工智能领域的研究对于"类人"的追求再次把"想象"向后延伸，成为对未来人工智能的"设想"，图灵机器也由此诞生。然而之后的人工智能发展并没有沿着这条设想前进，"类人类的思维"与"类人"并不能画等号，"类人"并不应该是人工智能的终极目标。科学技术的发展最终也是以发展人类自身为目的的。即便我们可以创造出超越人类并拥有感情和自我意识的人工智能，他们也无法帮助人类做更多的事情。帮助人类认识自身、发展自身的科学技术更像是对知识本身的追求。但是如果人类可以创造出这样的机器，说明我们已经更了解意识产生的机制。所以对于人工智能领域的发展来说，过程可能比最终成果更加重要。当我们把目光放在创造更智能、更有创造力的人工智能的过程中时，我们可以看到自身智力的发展轨迹，了解它们"从何而来"（见图 5-2）。人类的心理对于心理学家来说，依然存在黑箱，而让人工智能去完成那些不可预测的、模糊的心理过程并不比揭露黑箱中的心理机制更加容易。但是这些都不会是阻碍人工智能技术与应用发展的壁垒，对心理过程的探究及模型构建过程，更可以将人工智能优化成为对人类的现在与未来生活愈加可用的工具。

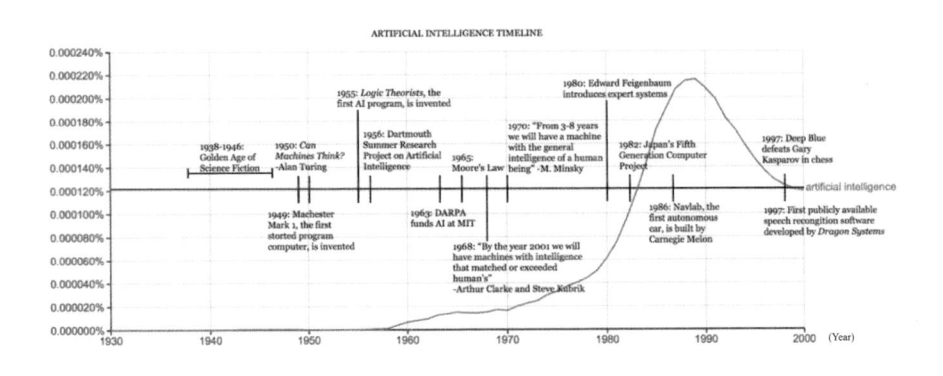

图 5-2　人工智能发展的时间脉络（Anyoha, n.d.）

1. 早期的想象

对于机器人，无生命的机械智人的想象与科学的开端和发展是同步的。1818 年英国作家玛丽·雪莱的著作《弗兰肯斯坦》就在想象类人智能的神秘与可怕之处。1927 年德国科幻默片《大都会》只用黑白的镜头及配乐就描述了一个 2026 年的"未来都市"：在地下的工作机器人与底层工人一起，对地上资本家们进行了一场革命。美国科幻巨匠阿西莫夫（Isasc Asimov）在 1942 年提出的"机器人三定律"依然是现在类人机器人研发的准则。人类对未来的想象既是天马行空的，也存在着逻辑基础。就像很多科学发现也是从人类的直觉出发的那样，所有可以追溯源头的以及按照逻辑对未来进行联想的艺术作品，也都代表了我们对未来科技发展的直觉。人类大脑的结构与功能已然决定了人类的思维发展方向。人类文明的发展脉络甚至可以从婴儿的智力发展中窥见一斑，两者在对知识的探索过程上具有高度的相似性。从感觉和运动阶段到语言、问题解决能力及抽象思维的发展，让人类个体对世界的认知程度加深。同样，人类的文明也是从语言的发展出发，认识抽象的符号，发展自身的思维，最终可以涌现出科学、艺术等领域的创造。当人类开始不满足于简单的工具时，对机械的想象就会以最理想的造物——人类的智能活动表现为模板，并对真正实现时可能面临的危机做出预测。人类的想象与现实的科技发展的关系，就像是婴儿的成长与人类文明发展的关系那样，具有着相似性。然而，当前的时代对科学与技术的探索，已经逐渐突破了人类可以想象到的边界，让人更加惊叹。虽然人类无法创造出从未接触过的知识，但思维就像是"六度分隔理论"那样，总会有一条路径通往从未想象过的未来。

人们对于类人智能机器或生物的想象，总是伴随着对更深奥的科学技术和解放劳动力的期望，以及对一系列因为他们而发生的灾难的恐惧。即便如此，如果技术可以实现，在外力的约束下，真正可以解放人类劳动力的人工智能还是会受到大部分人欢迎的。所以，科学家们在计算机问世后，即刻就开始了人工智能领域方面的研究。科学与技术永远是以相生相长的步调共同发展的。在人类还没有完全掌握这个世界的情况下，发展是无法停止的。计算机技术的开启，满足了人类的想象，为其他学科的科学发展提供了最佳的工具。1842年，洛夫莱斯夫人（Lady Lovelace）已经思考如何让还无法运行程序的计算机变得更加"聪明"（Huskey et al., 1980）。

2. 最初的尝试

在设想有望成为现实的计算机时代，1950年图灵在《计算机器与智能》一书中提出的图灵试验，首先为这一即将实现的设想提供了一个可行的评估方法（Turing, 2009）。他认为可以让测试人提出一个问题让计算机作答，如果不知情的第三者无法判断，回答的主体是人类还是计算机，这样的机器就可以被认为是有智能的。这个设想针对人工智能的"类人"性提出了评估方案。如果人工智能的智能被定义为是能够像人类一样提供解决问题的方法的话，这种评估就是合适的。

随着计算机科学对智能机器的尝试，人工智能的发展似乎已经超出了计算机这门科学的边界。1956年的达特茅斯会议上，不同领域的科学家首次提出了，在自己知识范围和想象内的智能机器的样子，并首次提出了人工智能这一专业术语，确定了人工智能领域的研究范围和目标，自此人工智能成为了一个单独的科学领域。然而达特茅斯会议对人工智能本身的研究没有提出更多突破性的提案和观点，但确定了人工智能的发展需要多学科之间的互动交流。

会议之后的一段时间，人工智能的研究似乎屡屡曝出好消息，学者们像是面对一个刚出生的婴儿那样，对它的每一个微小的成功都深感愉悦，似乎下一秒就是真正人工智能诞生的时刻。这个时期人工智能的研究更加专注于对实际数学、物理类问题的求解，制造知识自动求解机器，如格莱恩特（Gelernter）（1959）建造的几何定理证明机，斯莱格尔（Slagle）（1963）的SAINT程序，博布罗（Bobrow）（1964）的STUDENT程序等。在图灵试验提出的10年间，学者们努力让计算机向"像人一样说话""像人一样解题"的方向发展。甚至在1959年，第一代工业机器人诞生，它的发明家约瑟夫·英格伯格与德沃尔，联手成立了机器人制造公司——万能自动化公司（Unimation），让人工智能不再是科学家的实验作品，而是可以成为盈利的产品，只有这样，智能机器的未来才可能更生动、更贴近生活，可以让所有人看到可能实现的未来。人工智能产品的商业化不仅让当时的设想有望实现，而且也在说明人工智能作为产品的可行性，使这一研究领域获得更多的资金和人才支持。如此，人类创造力的作用在人工智能的发展上再次得到了验证。与智力不同的是，创造的成果对生活水平的提高、生产力的增强及科技的发展有着更切实的影响。人类创造的动机本质是对更高生产力的渴求，当人工智能可以帮助人类进行基础建设并提高生活便捷性的时候，这份成果必然会在商业化中体现出来。人工智能的发展过程很好地证明了创造源于需求，当人们一步步实现对创造需求的满足时，人类的进化脚步也会随之迈进。

早期的智能程序和机器只能进行单一的工作，感知或输出。对人工智能更复杂的功能的期待和需求，也会随着部分功能的实现而浮现出来。这种不能交互、不能感知的机器完全不符合大众对于人工智能的想象：即便他们能完成特定的认知任务，也无法被认为是"类人"的，也就无法被认为是"合格"的人工智能。如何整合感知、认知与思维、输出这几项工作成为之后一段时间人工智能发展的方向。1965年到1972年至今，学者们尝试着制造了多个，具有不同功能的机器人。1965年约翰·霍普金斯大学应用物理实验室研制出了，可以根据环境对自己进行定位的机器人BEAST；美国斯坦福研究所也研发了具有视觉、可以进行抓取行为的机器人SHAKEY（见图5-3）。

图5-3　机器人Shakey（图片源自www.computerhistory.org）

这个阶段的人工智能产品，不再局限于问题求解，开始对现实问题进行表征、符号化，让人工智能具有感觉、拥有行为，并整合成为具有不同功能的机器人。这样的人工智能看起来更加像是人类了。我们对人工智能能力的最初追求一直是以人类为原型的，因为这是目前我们能了解到的最具有智慧的物种。人类的创造总是从模仿出发的，当我们需要机器具有哪些功能（如，飞行、定位等）或哪些特性（如，可复原、持久性、阻力最小化）时，总会用那些现实中存在的最能体现此类功能与属性的物种为原型，去让机器模拟那样的能力。因此，人类对机器智能的最极致的联想就是人类智能。在这个时期，人们尚且认为只有机器完美模拟了人类智力产生的认知机制，才能让机器具备进行智能活动的能力。而就像对人类智力的测量方式那样，通过测量人工智能对智力任务的完成表现，就可以评估机器是否实现了对人类智力的模拟。

3. 面临的挑战

人工智能进行智力相关任务的那些尝试，并不都是成功的。快速成长的智能机器与智能程序让人工智能科学家们对它的未来充满着信心，并开始模拟更复杂的思维过程，进行更贴近现实需要的智能活动，但毫无意外地遭遇了惨败。此时的人工智能的计算力，以及计算机能承载的数据，注定了它能够用到的知识很少。这些成功的智能机器都是不需要提供庞大知识背景，凭借逻辑计算就可以解决的问题，或是一些重复性的行为。但像自主翻译、复杂定理证明这种有固定规则的逻辑计算业已超出了机器的能力限制。这种暂时的失利还不能归结为人工智能科学本身的局限性，只是科学家们可以稍微冷静下过热的激情，慢慢探索更利于机器模拟的算法和技术，并从其他学科之后的研究成果中汲取知识，优化研究路径。硬件无法支持人工智能的开发是一项挑战。此时的科学家们还未能从人类认知过程中获取对机器的建模灵感也是限制了人工智能发展的问题。人们发现机器的智能不能只对人类逻辑思维进行模拟，人类智力的实现不只是进行了逻辑思考，其中还包含着感知、知觉、学习、决策等各种认知能力。因此，人工智能的发展受到了挑战的同时，也让人们开始思考如何找到这一问题解决的突破口，此时人们更加发现认知科学、心理学与神经科学对人工智能领域发展的重要作用。

由于这些限制，人工智能的研究开始陷入第一个小低潮，除了计算力不足和知识库缺失之外，人们开始发觉人工智能对通用型问题解决的无力。经过反思，人们发现之前的成功在于，可以基于特定的问题，建立规则，模拟预设的解答过程。实现这些功能并不能说明人工智能做到了真正模拟了人类的思维与认知过程，它们只是在用静态的程序去模拟特定的问题解决过程。此时的人工智能更偏向于是一个可半自动执行程序的电子计算机，它对于那些将"类人"认定为人工智能发展目标的学者来说，还谈不上是智能机器。虽然在还受限于技术和硬件的时期，图灵试验依然是最受认同的评估方式，因为当时最智能的程序也不能做到模糊计算机与人类的界限。然而"类人"这一命题让人工智能的发展目标过于遥远。似乎如果不能实现这一点就不能被称为是人工智能，不论程序可以解决多么复杂的问题，只要它们的智力水平不能达到幼儿的水平，就不能自诩为智能机器。这种评价方式区别于对人工智能智力功能性高低的评估，虽然被称为是"智力水平"，实际上在人们进行图灵测试时，是对机器的思维、情感反应及生成内容合理性与有趣性的评估。在缺乏对人工智能中"智能"一词的明确定义的情况下，我们很难严格地将智力与情感分隔开，因为我们对智力一词的理解中蕴含了我们对人类拥有情感表达的刻板印象。这一点就像是我们对科学发现的评价一样。由于科学发现同时需要智力与创造力，当我们想要从中单独对某一科学发现的创造性水平进行评估的时候，就很难准确地剥离开科学发现中的创造性部分和智力性部分。事实上，人们对人工智能的智力评估也存在同样的困境。人们对人工智能的智力的评估中也存在着对创造力的评估。最直接的表现就是与机器进行交互时，机器的文本输出本身就是一种创造过程。对于人类而言，语言能力体现着人类的智力水平，但是最初将想要表达的意思提炼成为符号语言的过程必然是需要经过人类创造产生的。所以人工智能在发展的最初阶段就与创造力密不可分。对于人工智能来说，只有当具有一定的输出新数据的能力的时候，人工智能才可能被评价为是智能的。

4. 现在与未来的发展

对人工智能的界定与理解限制了它的发展方向，不够成熟的技术和数据处理水平限制了它的能力。这让随后出现的成功地搭载了专业领域内知识的专家系统，可以进行自然语言有效翻译的智能翻译程序的问世，没有获得比这更简单的智能程序受到的热烈评价。这种热情的降低并不代表对人工智能开发的兴趣降低，而是开始跨出"类人"的限制，首先去实现人工智能可以实现的，让大众生活更加舒适便捷、让工作变得高效的人工智能程序。此时"像人类"一样已经不是目的了，而是在实现理想的人工智能的过程中的驿站。这让2014年第一个通过图灵试验的超级计算机，聊天智能程序"尤金·古斯特曼"（Eugene Goostman）（见图5-4）的问世，更像是一个纪念图灵的仪式，对人工智能研究本身反而没有其他重要的意义。因为学者们发现,即便计算机可以生成足以"以假乱真"的作品和观点，依然不能被看作是智能的。人类对智力和创造力的定义都是以人类为中心的，在这样的定义下，人工智能只要没有涌现出自主意识，只停留在对智能与创造功能的模仿上,就不可能被评价为是实现了人工智能的。但这样的评估体系并不利于人工智能领域的发展。

随后的一段时间，人工智能研究默默地在大众视野之外进行着，虽然其间人们依然受惠于人工智能的发展，但是似乎没有可以再次激励人心的产品出现。直到1997年IBM超级计算机"深蓝"的问世，针对国际象棋这个专业的领域，计算机用打败冠军棋手的方式，再次让人们认识到人工智能可以比人类在智力这个领域更高效。即便它无法像儿童一样说话，自主地回答大人们的问题，它也可以用庞大的数据库和高速的数据处理速度，打败一个专业领域中最"聪明"的成年人。从"深蓝"开始，人工智能不再用"至少要像一个儿童"这句话证明自己的智能，转而开始用打败最成功的成年人的方式告诉大众，机器智能的未来更加长远。2011年同样是IBM的人工智能程序WATSON用自然语言回答问题，在美国智力问答节目中打败了两位人类冠军；2016年AlphaGo在围棋比赛中同样战胜了世界冠军，并用这个数据处理最为复杂的棋类项目，让人工智能再次步入了大众的视野。

图 5-4 模拟13岁男孩的聊天智能程序"尤金·古斯特曼"（BBC, 2014）

而且，人工智能进一步的商业化可以加快实现最初期望的进程，即对人类劳动力的解放。2002年第一个家用机器人诞生，这个吸尘器机器人ROOMBA可以避开障碍，自主设计行进路线，并且在需要充电的时候，自动地驶向充电座。这也说明了对于人工智能的研究不需要限制在"拥有像人类一样的智力"这一评价上，它最重要的能力就是表征现实问题，建立模型，通过模拟感知、行动与思维来执行智能任务。

人类的想象为人类的未来生活提供了最宝贵的素材，而创造力让这些素材成为现实。人工智能的发展以这些以往无法实现的想象为开端，并将它们投入现实中，根据每一时期科技的发展确定不远的未来可以实现的功能。人工智能的功能实现是以约束其环境与行动为基础的，只有对问题进行了合理定义，对任务的完成有了明确的指示时，机器的智能才可能存在。因此，人工智能发展的良好生态，需要对人类的想象进行约束。当需求与能力成功匹配的时候，对智能体模型与算法的开发才可以跟上人工智能发展的短期目标。

第二节　创造力对人工智能算法与应用的增强

创造力的基础研究发现发散性探索、启发式策略等对创造活动的支持，而它们也为人工智能的算法开发提供了基于理论的可行思路。人工智能的创造力实现终归是对人类创造行为的模拟，人类的创造活动中涉及的认知过程及重要因素，都可以为创造性人工智能的模型构建提供支持。如，在自然语言处理领域中，人类的发散性思维帮助实现了人工智能联想性嵌入方法，让机器可以更好地理解和生成文本。人类对自身创造力发展的需求也为人工智能的创造生成领域提供了一个可以进行产品化的研究方向。由于人类创造的需求，Adobe、Microsoft等公司旗下的软件纷纷开发可以辅助人类创造性活动的插件和工具包，这些都需要相关智能体具备创造性生成的能力。

一、创造力模型对算法的支持

我们在第一章第一节对创造力概念阐述中，提到了创造性过程需要经历四个阶段，准备期、酝酿期、明朗期与验证期；根据问题解决模型，可以分为五个阶段：问题的界定、发散性探索、解决方案生成、评价标准的生成，以及最后的选择最优方案和实施。问题解决模型已经被广泛应用在了人工智能任务模型中。人工智能在进行问题解决任务的过程包括：知识库建立与问题逻辑表征，问题和任务涉及的客体内容的特征提取与表征，以及基于特征在知识库中进行搜索和结果输出。计算机科学从问题解决模型中受到的启发在于，如果进行问题解决任务，就需要建立可以搜索的数据集、表征数据特征，并基于评估标准循环式地生成搜索结果，最终得到可以获得的最优解。

对于创造性问题解决来说，最主要差别在于问题界定后，我们需要通过拓展所能获取到的搜索空间，来获取"新观点"；并且需要对这些新观点进行操作，改变我们解决问题的概念空间。其中，除了适用性这一标准外，还需要评估生成的解决方案的新颖性，最后输出创造性问题解决方案。那么计算机如果期望可以处理创造性任务的话，就需要根据人类创造性问题解决模型中独特的成分，来优化算法和模型。其中最需要进行优化的地方在于，如何更"新"。对于人类创造来说，新颖性的提高会伴随不确定性和不可预测性；那么对于计算机来说，它需要通过让算法可以做到自身演变和自主学习，来提高创造模拟过程的"新"。除了算法上的自主性以外，模型对于人类的直觉思维的模拟，也可以进一步让人工智能的过程更具有创造性。这种在算法和模型上对创造力模型的借鉴也是相互影响的，自主性更强的算法可以增强模型，模型表征的结构也会促进算法上的优化。

二、启发式算法

人工智能领域研究与实践中，普遍用类比人类或自然界存在的一些规律和规则，来优化算法和模型，让计算机的智能任务的完成过程和结果更接近于人类。人类可以说是智能的最优模型。通过揭露和理解人类的思维过程，可以为计算机的智能化提供更多可以参考的模型。其实，除了类比人类外，计算机科学也会通过类比大自然中存在的群体智慧模型来发展出集合了自然中本身存在的智能实现形式的算法,如蚁群算法。蚁群算法是 1992 年 Dorigo 提出的一种,借鉴了蚂蚁在寻找食物的过程中发现最优路径的行为模式,来加强计算机对最优路径的探索的概率型算法。这种类比的优势在于让多个智能体分布式计算,并同时搜索问题解决空间,这种可以进行全局搜索的算法类型也被称为启发式算法。这种从问题的整体信息特征上搜索的方式,也受到了认知心理学中启发式模型的影响。

启发式算法(heuristic algorithm),也可以被称为全局优化算法、探索式算法等。其核心在于通过模仿自然界中的问题解决模型,例如蚁群优化(ant colony optimization)、遗传算法(genetic algorithm)等。具体而言,蚁群优化算法(见图 5-5)是一种模仿自然界中蚂蚁觅食行为的启发式算法。蚂蚁通过释放和追踪信息素来寻找最短路径,随着时间的推移,越来越多的蚂蚁会采取正确的路径选择。而蚁群算法利用了这一行为原理,通过虚拟的"蚂蚁"在解决问题的空间中移动,并根据路径上的"信息素"浓度来选择路径,逐步优化解的质量。类似地,遗传算法通过模仿自然进化过程,包括选择、交叉和变异等操作,来逐步优化解。这个过程类似于生物进化中的"优胜劣汰",即通过代际更替不断优化解的质量。遗传算法尤其适用于大规模组合优化问题,它通过模拟生物种群的进化过程,在较大的解空间中找到接近最优解的解决方案。启发式算法的一个显著特征是其利用问题的整体启发信息(特征)来指导搜索过程。这些启发信息可以被认为是某种"直觉"或"经验",这些信息帮助算法在搜索空间中更为有效地寻找答案。此外,启发式算法还通常具有自学习能力。自学习是指算法可以基于部分了解的信息,逐步调整搜索策略以改善未来的搜索过程。这种学习能力意味着启发式算法不仅能够基于当前的搜索状态做出决策,还能够根据过去的搜索历史积累经验,从而不断优化搜索过程。

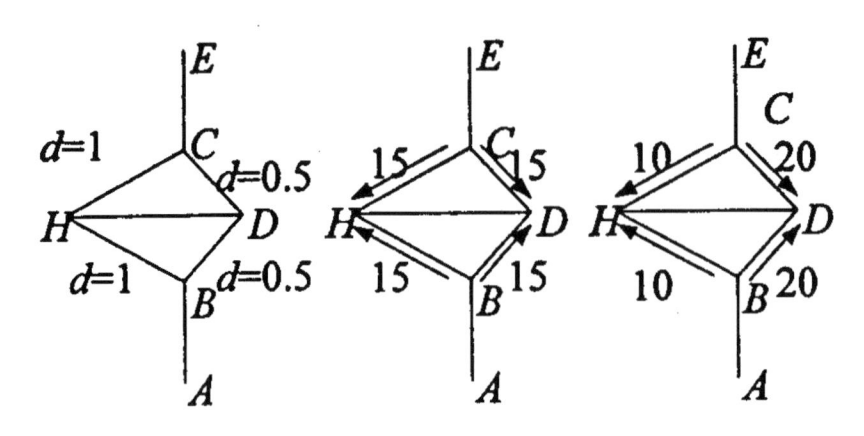

图 5-5　蚁群系统示意图（张纪会 等，1999）

20世纪70年代，特韦尔斯基等人从概率性推测中引出了启发式思维（Kahneman et al., 1972; Tversky et al., 1973），而这种启发式思维存在在人类创造过程的每个步骤中，它是一种人类从自己的知识库中搜索可用内容的方式。创造过程可以理解为是一系列复杂的信息处理过程，而启发式作为人类搜索信息的方式会影响到创造行为的每一个过程中，不论是用哪一种方式理解创造行为，不论将它按照时期划分还是问题解决认知过程划分，都离不开用启发式方法搜索信息。维西（Vessey）与芒福德（Mumford）（2014）也建议可以通过评估启发式思维来从创造行为整体过程上评价个体的创造潜力。因为他们认为如果我们只用创造性过程中某一步骤，如发散性探索必要的发散性思维，作为评估创造力的方式，过于片面。因为不同的创造性问题偏重的过程是存在差异的，如科学类的发现过程，发散性探索并不是最重要的一步，反而问题界定及评估，更利于科学家通过理性的逻辑思维，从过去的定理和知识中获得创造性的发现。但是启发式思维作为信息搜索的重要方法，更能够从创造过程整体上评估一个人的创造潜力。毕竟如果个体无法有效地从过去的知识和经验中，搜索到有价值的信息，创造过程中每一步都会相当地受限，最终阻碍创造性成果的生成。

因此，相比盲目搜索算法这种不依赖于知识库的搜索策略来说，类比于人类启发式思维发明的启发式算法,可以基于过去的经验来做更有效的搜索任务,而且让计算机功能更接近于大脑功能。

三、4P 模型的启发

创造力理论除了对人工智能算法上的启迪之外,创造力的相关模型也为人工智能模拟创造过程的模型建立提供了方向。可以让人工智能做到类人化,让计算机的功能做到类脑化,唯一的途径就是类比人类的创造过程和机制,来实现计算模拟。我们在上一章中用人工智能的 4Ps 模型来举例说明,计算模拟作为一种新的方法,可以通过模拟创造过程来为心理学的相关研究建立平台,来探索人类创造过程的实验室情况。而这一模型应用的前提则是罗兹(Rhodes)提出的 4P 模型(见图 5-6)。创造力 4P 模型对人工智能的启发为模拟过程提供了更多的影响因素,所以高创造力的人工智能创造模型会涉及所有 4P 因素,这种对人类创造更广泛的结构建立,让人工智能的创造更类人。

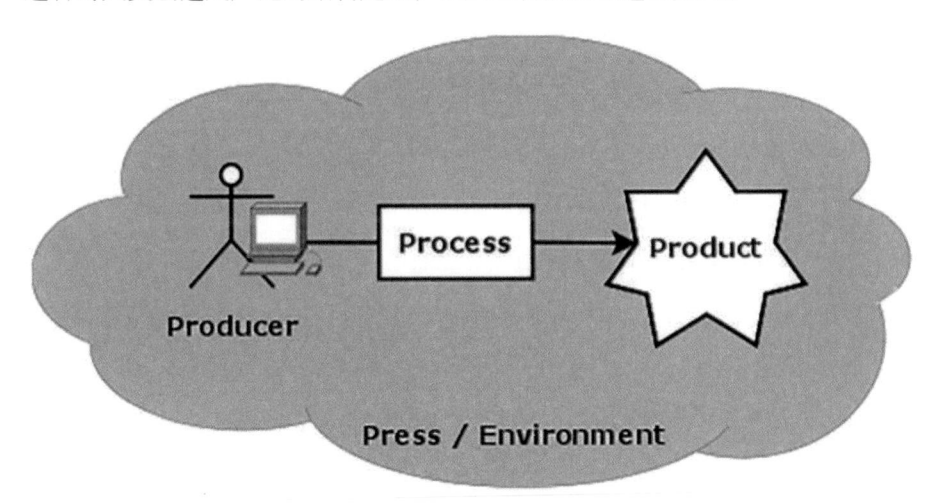

图 5-6 创造力的 4P 关系简化视图(Jordanous, 2016)

计算机最初更多地将创造看作是一个智能任务,新颖性并没有加入计算机评价体系中。可以将与任务、问题相关的内容进行编码和形式化,是可以用计算机模拟进行的智能任务的前提。所以对于早期的计算机编码技术来说,文字与音乐是更容易编码的内容，也同样是人类独有的智能产物。而对于文本与音乐的生成任务本身也更偏重如何生成有意义或和谐的成果。但是，对于文本和音乐来说，生成任务本身就是创造任务。虽然人工智能在对它们早期的模拟探索过程中，主要研究语言分词、文本结构、音符与节奏的规律等规则方面，以此建立拥有合理约束条件的智能程序。

创造力作为一个受到个体特征、认知与环境多重影响的能力，只关注于如何完成认知过程和成果本身是否能被大众评价为具有创造性，是远远不够的。罗兹对创造力模型的补充为我们提供了一个更具有包容性的视角，将那些会影响到创造力的因素都包括了进来，这一点对于计算机对人类创造力的模拟是至关重要的。计算机可以看作一个对创造力研究的模拟平台，模拟的环境越接近现实情况，作为实验平台的计算机也将拥有更高的效度来说明自身的价值。

乔丹厄斯（Jordanous）详细阐述了人工智能是如何受到4P模型的启发来更新模型的。对于心理学来说，创造性的人（person）是指创造主体及人类的特征。这一点对于早期的人工智能模型来说十分没有必要。如果做一个类比的话，计算机可以直接看作是一个大脑，在大脑中建立诸多智能体并为它们赋予不同特征，似乎是没有意义的。但是，实际上计算机系统在进行模拟的过程中，依旧需要让它具备个体的技能（数据集和约束条件）、想象力（数据搜索）、审美（评价模块）。心理学对于创造力受到个体特征影响这一点的诸多研究都说明了，人工智能为多个智能体赋予特征是多么重要的一步。而且，在人工智能系统中的人类依然可以作为模型中的智能体之一，与系统进行交互，为模型设定初始假设。

4P模型中的创造性过程是人工智能所有模型都会存在的部分，它主要包括生成、评估模块。计算机科学家通过引入遗传算法、基因编程、非线性过程等来优化生成模块，让人工智能具有更高的自主性。人类的创造性过程可以总结为四个时期（详见第一章第一节），而计算模拟过程主要包括数据搜索、机器学习、评估，当没有获得标准以上的成果，则继续循环这一过程。计算机缺少的酝酿期和明朗期是让人工智能创造力很难被认可与人类比肩的原因之一，但也为人工智能的继续发展提供了方向。

创造性产品是人工智能最卓有成效体现其创造力的部分。虽然人们对人工智能的创造过程多有微词，但是很多时候都不得不承认计算机生成的作品是可以被评价为具有创造性的。

最后人类创造力模型中对环境因素的一再强调，也让人工智能研究人员们逐渐重视并强调系统身处的环境，如契克森米哈赖（Csikszentmihalyi）（1988）引入的领域这一概念。环境因素主要作为多智能体模型中的一环被引入系统中。不过目前的人工智能系统对环境与文化的考量还远远不够，这也同样提醒了研究人员如何改进系统自主性和模糊性。

四、创造力对人工智能应用的支持

在第四章中，我们阐述了人工智能的应用带动了各个领域的创新产业。它的出现让原本受到传统工业限制的机械制造、医疗等行业，有了更优化的机械设备，更智能和稳定的机器助手。对于文化娱乐产业来说，人工智能高效的数据挖掘和识别能力，也让很多人工难以实现的特效成为可能，让我们可以感受到如魔法一般的视觉体验。技术对生活的影响是潜移默化的，每天都产生的新事物，让人欣喜，也让我们习惯了每时每刻都存在的技术进步；但是，当我们回头看过去的五年、十年，就会发现生活已经有了翻天覆地的改变，这是技术的发展带给我们的礼物。就像我们会将技术对生活的影响看作是理所当然的改变一样，创新、创造力对人工智能的应用也似乎是顺理成章的。人类对创新的追求是一种本能，是为了适应环境、获得进化机会做出的适应性行为（Giaccardi et al., 2008）。人工智能作为创造力的产物之一，也是基于20世纪50年代左右工业和技术发展攀向巅峰的同时，人力的不足开始限制其发展为时代背景，创造出的未来生产的理想制品。而在人工智能的应用发展中，创新依然是动机之一，催促着相关领域的科学家们优化算法、模型和理论，来让人工智能可以完成更广泛的认知任务。所以人类的创造力本身就是人工智能产生与发展的基石。

人工智能作为一种可以让我们的想象得以实现的技术，其技术发展方向源自人类创造力的引领。我们的生存本能告知创造力，我们需要将这种能力运用到哪些方面、哪些领域，来方便我们的生活生产。如对于人工智能机械臂的制造和一步步精进，都是在人类发散性探索如何解放劳动力，实现精确化生产的成果。人类为了适应环境，需要做出适应性的改变，想要改变就需要创新。因此，创造力对创新行为的支持，也增强了技术对生活的应用，为人工智能的应用指明了方向。2009年考夫曼（Kaufman）和比格图（Beghetto）提出并继续经过考夫曼进一步更新的4C模型（见图5-7），认为创造力可以划分为卓越的创造力（big-C）和日常的创造力（little-c）两个取向；根据对知识库的探索可以分为，基于专业知识的专业的创造力（pro-c）和基于经验的微创造力（mini-c）。基于不同目的和不同知识库的创造力也为人工智能的应用提供了不同方向。

格鲁纳（Gruner）和契克森米哈赖（Csikszentmihalyi）（2019）认为专业的创造力和日常的创造力，是两种对人工智能影响更大的创造力类型，也是人工智能的自主性受到挑战的创造力类型。专业的创造力是专业人员根据专业知识和经验进行专业领域创造的能力。专业人员遇到专业性问题的时候，需要通过搜索专业知识库，来解决问题，并需要创造力来获得更有创造性的方案。而日常的创造力是人类在日常生活、工作和学习的场景中，进行创造行为的能力。相比于专业的创造力，日常的创造力更具有领域一般性特征。

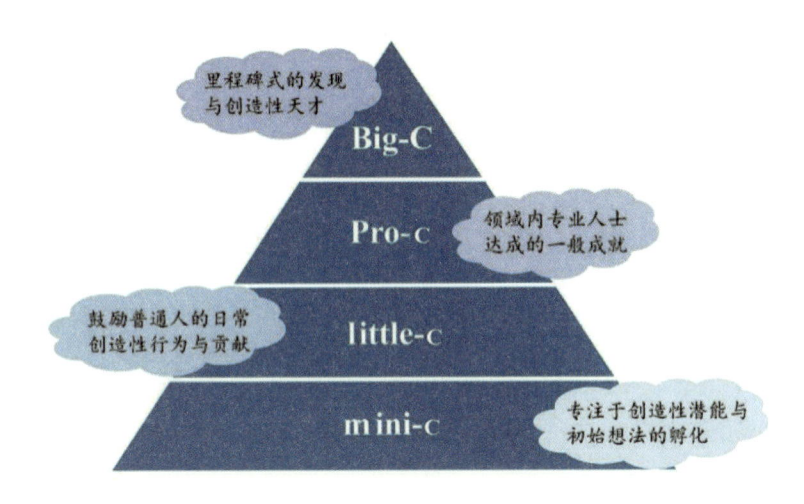

图 5-7 创造力的 4C 模型

人类在担忧人工智能抢走工作岗位的同时，也希望可以获得人工智能的助力，来提高自己工作的效率和创造力。我们在上一章中举例了一部分人工智能对个体和团队创造力支持的途径。而人类对创造力提高的需求也在促使人工智能去研究那些可以促进人类创造力的应用产品。

心理学、认知科学与计算机科学对人类创造力和计算机的创造力研究，也在增强人工智能应用的发展。如果说智能任务是需要理性的思维，创造任务就需要在理性思维的基础上，增加一些模糊性和不确定性。这种模糊性与不确定性也是人类思维的独特之处。就像是真正的随机只能在大自然中获得，真正可以进行不可预测但是又符合逻辑的创造是人工智能的下一个难题。在人工智能的发展初期，除了制造基于数理逻辑的自动定理证明机器之外，最容易进行表征，又可以作为人类问题代表的语言表达与音乐制造，也是初期人工智能的目标任务。语言和音乐两种表达方式，既包含了固定的规则，同时也是可以将文字和音符组合出无数种表达方式的。因此，对于文本和音乐生成两个智能任务来说，本身就是需要将创造性包括进来，毕竟只要可以让计算机生成有意义、有审美价值的文本和音乐，它的作品有很大概率是新的。创造力在人工智能早期对于文本和音乐生成的应用增强，主要还是体现在提供了人类创造过程的线索，来让科学家们可以优化算法和模型。

第三节　创造力研究对人工智能研究方向的启示

20世纪50年代是一个科技飞速发展的时期，尤其在电子计算机技术的推动下，人工智能（AI）开始从一个概念逐渐转变为一个实际可行的领域。在同一时期，创造力作为一个独立的研究领域也逐渐发展起来。这两个领域的兴起并非偶然，而是基于科技进步对人类社会各个方面深远影响的自然产物。

20世纪中叶，随着电子计算机的发明与逐渐普及，人类开始意识到机器不仅能够进行简单的计算，还可能具有更为复杂的能力。计算机硬件的发展提供了前所未有的计算能力，极大地推动了人工智能的研究。1956年在达特茅斯会议上，人工智能作为一个独立领域被正式提出，并迅速成为科学界的重要研究方向之一。这一时期，人们对计算机的潜力抱有巨大的热情，认为它们可能具备"学习"能力，能够模仿甚至超越人类的思维过程。实际上，AI的初期发展阶段，目标即是试图让机器能够模拟人类的推理、学习和解决问题的能力。最早期的AI研究更多集中于规则和逻辑的实现，比如象棋程序和简单的专家系统，这些系统虽然在特定任务上表现出色，但却无法广泛应用于更为复杂的实际问题中。

与此同时，创造力也在这一时期逐渐从心理学的其他领域中独立出来，成为一门专门研究的学科。过去，创造力往往被视为天赋或神秘的灵感，而现代心理学开始尝试通过科学方法对其进行解析。20世纪50年代的创造力研究受到了认知心理学的影响，研究者开始探索创造力的认知过程，试图理解创造性思维如何产生，如何被评估，以及如何被培养。

创造力研究的独立发展促使了相关领域的研究者们对其进行更为系统和科学的研究，逐渐形成了诸如创造力四因素模型（4P模型）和其他理论框架。这些研究不仅在心理学领域产生了深远影响，也为后来的创造性教育、创新管理等实践领域提供了理论基础。

近年来，随着深度学习等技术的突破，创造性生成式人工智能（generative AI）成为人工智能领域的一个重要分支。生成式AI可以根据输入数据生成具有新颖性和创造性的内容，如文本、图像、音乐等。创造性生成式AI的兴起不仅表明了技术进步，也反映了人类对人工智能的更高期待——即希望机器不仅仅是工具，而是能够成为创造性生产的伙伴。然而，创造性生成式AI的发展并非完全依赖于技术的进步，它也得益于对人类创造力的深度理解。多年来，创造力领域的研究揭示了创造性思维的多种形式及其复杂性，为AI研究者提供了灵感和指导。例如，创造力模型和算法的设计通常参考了人类认知模型，利用人类在创造性问题解决中的策略来启发AI系统的设计。创造力研究不仅为人工智能领域的发展提供了理论支持，还为未来的AI研究指明了方向。随着AI技术的进步，人类创造力的研究也开始反过来受到AI的影响。例如，AI生成的作品有时会激发人类创作者的新思路，而AI在数据处理和模式识别方面的能力也为创造力研究提供了新的工具。

总之，创造力与人工智能在20世纪50年代几乎同时成为独立的研究领域，这两个领域的交互和共同发展不仅推动了科学技术的进步，也带来了新的问题和机遇。随着技术的不断进步和人类对创造力理解的深化，未来这两个领域之间的联系将更加紧密，从而带动更具创新性的突破与发展。

一、随机性功能实现的模型开发

创造性人工智能的核心在于模拟人类的创造过程，这需要通过生成模块和判别模块来实现。这两个模块的构建在很大程度上得益于人类创造力研究提供的理论支持。人类的创造力被广泛认为可以用新颖性（novelty）与有用性（usefulness）这两个维度来界定，而这种理解为开发创造性人工智能提供了关键的理论基础。

生成模块（generative module）是创造性人工智能的核心功能之一。这个模块的任务是生成与已有训练集数据特征相似但又不同的新数据，从而在某种程度上模仿人类在创造新想法、新作品时的思维过程。例如，当我们创造一个新的艺术作品或提出一个新的问题解决方案时，我们通常是在已有知识的基础上进行微调和创新。这种生成新内容的过程，正是创造性人工智能需要模拟的部分。

判别模块（discriminative module），则主要用于评估生成的数据是否符合既定的标准，即是否具有新颖性和实用性。判别模块的工作类似于人类在创造过程中进行自我评估和他人评估的步骤。它通过与已有的数据或标准进行比较，来判断生成的内容是否达到了预期的创造性标准。这种模块的设置，是确保生成的内容不仅仅是随机的，而是符合一定的创造性要求。

人类创造力的研究表明，有用性和新颖性是评估创造性的重要标准。这种理解为创造性人工智能的开发指明了方向。具体而言，生成模块需要能够生成具有新颖性的数据，也就是说，这些数据应该与已有的训练集数据不同，能够展现出一定的创新。然而，仅有新颖性是不够的，生成的内容还需要具备有用性。这意味着，生成的内容在某种情境下是有实际应用价值的，或者能够解决某个实际问题。这种双重标准，使得创造性生成的过程更加复杂，也更加接近于人类的创造性思维。

在创造性生成式人工智能成为公众焦点之前，人工智能在图像识别和分类等领域已经取得了显著进展。这些技术通过对数据集进行特征提取，评估待识别或分类的数据是否与训练数据相似。这种相似性评估在很大程度上表征了问题解决方案的有效性和生成产品的可用性。因此，当创造力研究强调有用性的意义时，这种评估方式自然成为生成模块中一个必不可少的过程。

在创造力研究中，随机性（randomness）是实现创造性的重要因素。随机性意味着在生成内容时，需要引入一定的不可预测性，以避免生成的内容过于接近已有的模板或范例。因此，在人工智能模型中，随机性功能的实现成为一个关键的发展方向。

实现随机性功能的一个有效方式是通过引入噪声（noise）或扰动（perturbation），从而使得生成的内容在细节上有所不同。这种随机性能够确保生成的内容在保持基本框架的同时，展现出新的特征，从而提高其新颖性。然而，随机性的引入也需要控制在一定范围内，避免生成的内容变得无序或完全无意义。例如，在生成图像的过程中，随机性可以通过引入不同的颜色组合、形状变化或构图方式来实现。这些变化虽然是随机的，但在判别模块的评估下，可以筛选出那些既具有创新性又符合实际应用需求的作品。同样，在生成文本时，随机性可以通过词汇选择、句法结构等方面的变化来实现，从而产生新的、有创意的文本内容。

随着深度学习和生成对抗网络（GANs）的发展，创造性生成模型在随机性实现方面取得了重大进展。生成对抗网络通过让生成器与判别器相互竞争，能够在生成新颖内容的同时，确保其有用性。生成器尝试生成与真实数据相似的新数据，而判别器则负责区分这些数据是否是真实的。这种竞争关系有助于提升生成内容的质量，并通过引入适当的随机性，避免生成内容的单一性和重复性。此外，变分自编码器（variational autoencoders, VAEs）也是实现随机性生成的一种有效模型。VAEs通过在编码过程中引入随机噪声，使得解码出的数据具有一定的多样性。这种随机性的引入，使得生成的数据能够在保持一定合理性的同时，展现出不同于训练数据的新特征。

创造力的理论与实证研究为人工智能的当前以及未来的发展提供了重要启示。通过理解人类创造力的运作机制，人工智能研究者可以设计出更加复杂和多样的生成模型，从而模拟人类的创造性思维过程。具体来说，创造力研究中关于新颖性、有用性以及随机性的讨论，为人工智能模型的开发提供了理论支持，使得这些模型能够生成具有创造性的新内容。

二、人格特质的纳入

在创造力研究的早期阶段，研究者们通常将注意力集中在智力和创造力上具有显著突出表现的个体。这样的研究对象通常是拥有特殊才能的群体，通过对这些群体的研究，研究者试图定义智力和创造力的本质特征。最初的创造力研究和智力研究一样，倾向于将焦点放在那些能够产生重大创新的人群上。在这些研究中，发现了一些共性的人格特质，这些特质似乎与高水平的创造力密切相关，例如开放性和冒险性（Furnham et al., 2008）。开放性人格特质显著的个体往往具有较强的自我意识和自我表达能力，这使得他们能够更好地发散思维，探索不同的可能性，而这种发散性思维是他们能够展现更高创造力的重要因素之一（Feist et al., 1998）。

人格特质是人类最本质的特征之一，往往难以通过时间或社会化过程发生根本性的改变。而人格特质在很大程度上影响了个体的思维方式、情感表达和行为倾向，从而直接或间接地影响了他们的创造性表现。随着创造力研究的深入，研究对象的选择不再局限于那些能够产生巨大创新的个体，而是逐渐扩展到普通人群，通过人格、动机、思维等多维度的考察来理解具备哪些特点的人可能表现出更高的创造力。

如今，创造力被普遍认为不仅仅局限于少数具备天赋的个体，而是一种广泛存在于人类个体中的能力，类似于智力。虽然不同个体之间在创造力表现上存在差异，但每个人都可以在某些领域完成一定的创造性任务。科学创造力虽然罕见且极为珍贵，但在日常生活中，我们每个人都在进行各种形式的创造活动，如涂鸦、哼唱、写作、烹饪等，这些活动都有可能生成新颖且有价值的成果。

随着人工智能技术的快速发展，利用生成对抗网络（GAN）等模型构建的生成式人工智能已经能够在一定程度上完成创造性生成任务。这类人工智能被认为能够在辅助人类创新方面发挥重要作用。然而，由于个体之间的特征存在差异，辅助创新的人工智能在与人类的交互过程中需要考虑到这些差异可能带来的影响。具体来说，个体的不同人格特质可能会在与生成式人工智能的互动中产生不同的反应和效果。这就要求我们在开发和应用创造性人工智能时，必须对人类与人工智能交互过程中的变化进行深入的评估与干预。

由于人格特质的多样性，不同个体在面对同一人工智能系统时可能会表现出不同的接受度和使用效果。例如，开放性人格较高的个体可能更倾向于接受和使用人工智能提供的创新建议，而谨慎性较强的个体则可能对人工智能的建议持保留态度。这种差异使得开发个性化的人工智能系统成为可能，通过分析用户的人格特质，调整系统的交互方式和反馈机制，以更好地满足不同用户的需求。

未来的研究可以进一步探讨不同人格特质在与生成式人工智能交互中的具体表现，深入理解这些差异如何影响创造性结果的产生。此外，针对特定人格特质群体，开发更具针对性的人工智能系统，以提高其在创造力辅助方面的有效性。例如，对于那些具有较高开放性和发散思维的个体，人工智能系统可以更加注重提供灵感和创意的扩展；而对于谨慎性较强的个体，则可以强调结构化的建议和可操作性的指导。

综上，随着创造力研究的深入和人工智能技术的发展，人格特质的纳入为创造性生成式人工智能的发展提供了新的视角。通过理解和利用不同人格特质在创造力表现中的作用,未来的人工智能系统将能够更好地与人类协作,发挥辅助创新的潜力,并为个性化的创造力发展提供有力支持。

三、人机协作方向的发展

人机协作是近年来逐渐兴起并备受关注的研究领域,它不仅在创造力研究中占据重要地位,同时也涉及工效学(ergonomics)等相关学科。随着技术的进步,创造性辅助工具和创造性生成人工智能在许多行业中的应用越来越广泛,如何设计和优化这些人工智能系统以最大化人机协作的效果,已经成为一个持续的研究问题。这一领域的研究不仅涉及如何提高人类与机器的协作效率,还涉及如何通过设计策略来提升人工智能系统的创造性辅助功能,使得人类与人工智能之间的互动更具成效。

在团队创造力的研究中,个体之间的交互过程直接影响到整个团队的创造力水平。研究表明,有效的知识共享、促进创造力表现的沟通方式、领导力的发挥以及团队氛围的构建,都是能够提升团队整体创造力的关键因素。这些研究成果也为人机协作中的优化设计提供了理论基础。在人机协作中,个体对机器的态度、对机器中所包含知识的有效利用以及用户界面的设计,均与团队创造研究中所讨论的要素存在相似性。例如,用户界面的设计就如同团队中的沟通方式一样,其设计决定了人类如何利用机器完成任务。

在人与机器的互动中,用户界面(user interface, UI)是双方交流的核心媒介。设计良好的用户界面能够大幅提高用户的操作效率,让人类更加直观地理解机器的功能和限制,从而更好地协同完成任务。尤其在创造性任务中,用户界面的设计可以直接影响人类对提示词的输入以及对结果的判断。在实际应用中,如果用户界面过于复杂或不直观,将会增加用户的认知负担,进而降低人机协作的效果。因此,创造性辅助工具的用户界面设计不仅要考虑用户的操作习惯和思维方式,还要结合创造力研究中的理论,确保其能够有效引导用户进行创造性思维活动。

除了用户界面的优化设计外，人机协作的另一个重要方面是如何通过系统设计来增强知识共享的效率。在团队创造力的研究中，知识共享被视为激发创新思维的重要途径。在人机协作中，这一观点同样适用。人工智能系统可以通过收集、整理和提供相关知识资源来辅助用户进行创新。然而，知识的有效共享并不仅仅依赖于系统的知识储备，还取决于系统如何将这些知识呈现给用户。如果系统能够根据用户的具体需求动态调整知识的呈现方式，便能够更好地促进人类与机器之间的协作。例如，在设计一个用于帮助设计师进行创意构思的人工智能系统时，该系统不仅需要储备丰富的设计案例和参考资料，还需要能够智能地推荐与当前创意任务相关的内容，以提高设计师的工作效率。

在团队中，信任和态度是决定团队成员间合作质量的重要因素。这一点在人机协作中同样适用。人类用户对人工智能系统的态度，包括对其可靠性、有效性和易用性的评价，直接影响到用户愿意在多大程度上依赖和信任该系统。因此，如何通过系统设计来增强用户对人工智能的信任感，也是人机协作中的关键问题之一。例如，增强系统的透明性，通过解释模型的工作原理和决策过程，可以让用户更好地理解并信任系统的输出结果。此外，通过引入反馈机制，让系统能够根据用户的反应进行调整，也有助于增强用户对系统的信任。

在未来的发展中，人机协作的研究将继续朝着更为智能化和个性化的方向迈进。一方面，随着人工智能技术的不断进步，人机协作的潜力也将不断扩大。未来的人工智能系统不仅需要能够处理复杂的任务，还需要具备适应不同用户需求的能力，能够根据用户的个性化需求调整协作方式。另一方面，在团队创造力研究中的一些新发现，如团队动态、冲突管理等，也将为人机协作提供新的研究视角和优化策略。

人机协作是一个涉及多个学科的交叉领域，它不仅要求在技术层面上不断创新，还需要在用户体验、知识共享以及信任构建等方面进行系统性的设计与优化。通过将团队创造力研究中的成果与人机协作的实际需求相结合，未来的人工智能系统将能够更好地支持人类的创造性工作，推动创新成果的不断涌现。

四、判别模块的优化

判别模块的优化在创造性生成人工智能的开发中起着至关重要的作用。创造力的评估方法不仅为人类创造力的研究提供了坚实的理论基础，也为优化人工智能判别模块提供了宝贵的借鉴。

当前，人类创造力的评估通常采用发散型思维测量任务（如自动用途任务，AUT）、聚合型思维测量任务（如远程联想任务）以及通过对创造性人格的研究来衡量创造潜力。这些评估方法反映了人类创造力的多维度特征，例如新颖性、独创性，以及个体在不同情境下的适应能力。除了这些心理学测试外，直接评估创意作品也被广泛应用。例如，托兰斯创造性思维测试（Torrance tests of creative thinking, TTCT），通过一系列绘画、故事创作等任务，来评估个体的创造性思维和表现。这些方法通常通过对作品的原创性、多样性和流畅性等指标进行评分，反映个体在创造性方面的表现。通过研究发现，发散型思维、聚合型思维、原创能力、想象力以及人格特质和内在动机，均与个体创造力有着显著的正相关关系。

在创造性生成式人工智能的构建中，生成模块负责产生新颖的内容，而判别模块则起到"审核者"的作用，负责评估生成内容的质量和创新性。具体来说，判别模块需要对生成内容的多样性、原创性、流畅性等特征进行检测和评分。这些特征正是人类在创造力测量时使用的标准，因此可以有效地借鉴到人工智能领域中。例如，在生成图像、音乐或文本的人工智能模型中，判别模块通过评估生成内容是否与训练数据集具有足够的差异性，同时又不脱离人类可接受的范围，从而决定生成内容的"创意水平"。这意味着，判别模块不仅需要考虑生成内容的新颖性，还需要确保生成内容在特定语境下是合理且有用的。

目前，人工智能模型中的判别模块往往被视为一种静态评估工具，即在生成内容后通过固定标准进行评估。这种方法虽然在一定程度上可以保证生成内容的质量，但也存在显著的局限性。由于生成式人工智能的创造性表现在很大程度上依赖于训练数据和模型参数，如果评估标准过于僵化，可能会限制模型生成更加创新和多样化的内容。因此，判别模块的优化方向之一是从静态评估转向动态优化。具体而言，判别模块可以作为神经网络中的一层，通过持续的参数调整和模型迭代，不断优化生成内容的创意水平。这种动态优化的策略不仅可以使生成模型更具适应性，还能使生成的内容更符合人类对创意的期望。

相比于人类，人工智能在创造力方面具有一定的独特性。首先，人工智能并不存在人格、情感等内在特质的限制，因此在进行创意生成时更少受到情感或道德约束。这意味着，人工智能的创造力可以在没有人类干预的情况下，超越人类的传统思维模式，产生全新的，甚至是超乎想象的创意。其次，由于人工智能可以在短时间内处理和生成大量数据，具备强大的学习能力，这使得其在创造力的开发和应用上拥有巨大的潜力。通过不断迭代和优化，人工智能有可能在不久的将来成为真正意义上的"创意机器"，在艺术、设计、科技等领域发挥重要作用。

在未来的研究中，如何进一步优化判别模块将是创造性生成人工智能发展需要解决的关键问题之一。研究者可以探索更多元的评估标准和方法，例如引入更多的情境感知机制，使得判别模块能够根据不同的应用场景动态调整评估标准。此外，还可以考虑将人类用户的反馈引入模型的训练过程中，通过人机互动的方式，不断调整和优化生成内容的创意水平。另一个值得关注的研究方向是如何利用生成对抗网络（GANs）等新兴技术，进一步增强判别模块的智能化和自动化水平。通过更加智能的判别机制，生成模型将能够更精确地识别出有潜力的创意，从而进一步推动人工智能创造力的发展。

综上，判别模块的优化是创造性生成人工智能发展的一个重要方向。通过借鉴人类创造力的评估方法，并结合动态优化和智能化技术，未来的生成模型将能够在更大程度上发挥人工智能的创意潜力。这不仅为人类社会带来更多创新成果，也为人工智能的持续发展提供了新的可能性。

第三部分 融合

第六章
计算创造力的相关研究

计算机科学的开端可以追溯到19世纪初,巴比奇(Babbage)的分析机的设计已然包括了现代计算机的诸多核心功能,如存储、运算单元、程序控制等。而现代计算机的理论和设计雏形来自图灵机,图灵机描述了一种理想化的计算机,它详细阐述了可编程的计算机的计算过程和工作原理。20世纪40年代,冯·诺伊曼体系结构开启了现代计算机时代,其设计核心是将程序和数据存储在同一个存储器中,并使用存储器中的地址进行访问。这种拥有内置程序,并可以通过中央处理单元(CPU)执行程序中指令的机器,成为了目前人手必备的工作与生活工具。

在人们优化计算机设计理念的时候,人们也会将心理学从神秘学、哲学领域中分离出来,并开始用科学方法对心理学研究进行约束。计算机作为一种新的计算工具自然也成为科学进行数据分析的备选设备。随着计算机科学的发展,当人们发现机器可以实现简单的数理逻辑推导,并可以模拟人类科学发现过程的时候(至少在行为上可以实现模拟,其机制被简化为机器语言可以识别的形式),对人类其他心理过程的模拟也提上日程。心理学家们开始期待计算机可以帮助他们完善对心理过程、心理机制的解释。心理学研究依赖于对变量间关系的统计学测量以及对行为结果的分析,相关的心理机制只能通过统计学方法进行假设检验,来侧面完成弱因果关系的探究。计算机科学对行为结果的模拟是切实的,虽然其中的机制存在未能解释的部分,但是如果行为上可以实现认知功能,那么行为依凭的逻辑与因素就是研究的关键对象。所以我们可以通过探究这些重要环节来补充对人类认知机制的了解,由此提出了计算心理学这一研究方向。此外,计算认知与社会计算研究领域的出现,也为计算心理的开端奠定了基础,并提供了经过验证的方法论。但是,由于学科间过大的差异,以及现代心理学理论对于科学性的要求,这一方向更多地融入于认知科学领域中。而人工智能领域基于认知科学和心理学的研究,倾向于更精确地处理人类的自然语言，并优化智能任务的执行结果。其中，以创造生成为核心功能的智能体的研究被定义为计算创造力，我们在本章简述了计算机科学与认知、心理学、社会学等学科的交叉方向，并介绍了计算创造力实现所需要的相关模型和算法。

第一节　计算创造力与其开端

计算创造力是计算模拟在模拟创造过程上的表现。实际上，创造过程的模拟并不是计算机科学家们考虑的首选，这时的技术更多地用于智能问题解决机器。而在计算创造力被提出之前，首先提出的是用计算机模拟人的心理状态和活动，而产生了计算心理学这一交叉方向。而计算创造力主要是指对创造性生成人工智能的研究，是近年人工智能领域的新方向。这一方向在生成对抗网络模型的提出及神经网络模型的优化后，得到了更大的发展空间。本节我们介绍计算机科学与心理学的交叉方向，说明计算创造力研究的前期发展。同时，我们在这里简单说明创造性生成人工智能所必需的模型和算法的基本原理。

一、计算心理学

一部分心理学家在人工智能展现出一定智能的时候，开始思考人工智能可以为心理学的理论发展提供什么帮助。毕竟人工智能致力于模拟人类，总有一天计算机可以模拟人的感知、语音、记忆，不只是对结果的输出，还有它们产生的过程。但是，就像拒绝将人的心理机制机械化解释一样，大部分心理学家也对这种未来抱有疑虑（Boden，2004）。但也有部分学者从批判性的角度，发出"人工智能有没有可能成为一个新的理论心理学的方向？"这样的疑问（Longuet-Higgins，1981）。孙（Sun）在2008年发表的著作中也为计算心理学（computational psychology）提供了研究内容和范围。计算心理学是一门研究计算认知建模的交叉学科，研究通过发展基于具体的计算机制、结构与过程的详尽的过程理解，来探索认知以及认知功能的本质。孙对计算心理学的界定偏向于认知科学领域，相当于是通过用计算模拟认知过程，并对模拟过程进行解读，来探索认知及其功能的本质。

总体来说，计算心理学是心理学与计算机科学的一个交叉学科。对于心理学家来说，期望可以通过计算机对思维过程的模拟，来揭露人类心理思维的秘密；对于计算机科学家来说，期望可以类比人类心理与思维过程，来提高计算机进行智能和创造任务的效率。所以说，计算心理学的研究目标有两个方面，一个是通过有效的计算模拟来反推人类的思维过程，一个是通过类比人类思维来让计算机执行智能任务。这两个目标的实现需要同时考虑，人类如何判断、思维和审美，以及计算机如何有效地完成人类才能进行的智能任务。20 世纪 80 年代，朗吉特 - 希金斯（Longuet-Higgins）（1979, 1981）从人类对音乐的感知和审美角度，思考如果让计算机拥有这种能力的话，需要哪些内容。首先需要明确人类如何感知、欣赏与再现音乐。音乐中的一些特征，如节奏、旋律等，可以给人类提供关于音乐的线索，来判断这段音乐演奏是否合拍，有没有错音等；而且人类对音乐的审美也与音乐的结构有关。他总结了音乐合理的结构，总结出了那些可以让人们对音乐做出积极评价的一些规律、规则。这种将音乐的合理性规则化的分析方式就是计算主义的，他虽然没有继续创造可以生成音乐的程序，但是他分析了可以生成音乐的可编程的规则。并且，这些规律体现出了人类理解音乐的方式，人们需要对这些规则进行瞬时的感知，大脑处理了这些规则，来让人们感受到音乐的美好。

虽然说计算心理学揭露的人类思维是描述性质的，依旧没有触及本质，但是这些内容已经足够计算机去建立生成系统和评价模型。而且这种自下而上理解思维过程的角度，也为心理学研究提供了思路。人类永远基于自己对外界的感知去思考、创造，所以这些规律性的内容，虽然还不能揭示认知过程的细节，但是它们都是认知的素材。那些音符组合而形成的音乐结构的规律，都是可以让人们感受到音乐和谐特征的标准，虽然没有从神经机制上解释为什么我们会觉得它们和谐，但是朗吉特-希金斯找到了这样可以进行计算编码的规则，也为揭露音乐欣赏的神经机制研究提供了研究内容。

对于那些认为计算心理学可以作为一个研究路径的计算机科学家来说，只要是可以表述为一组定律的理论或模型系统，都可以用计算机程序来模拟（Putnam, 2018）。那么如果计算机通过模拟可以生成问题的答案，是不是至少可以侧面说明，这一模拟过程也是人类问题解决的过程。人类的心理和思维过程也许只是比计算机模拟的过程自由度大了一些，人类只是不一定会按照最合理的方向做出决策。当然，相对地人类也会因为这些"失误"获得新的灵感。这种思路似乎可行，而且对于一些数理问题解决或定理证明问题，计算机都可以模拟得很好。但是当问题涉及需要自主性的时候（例如文本生成），即便我们可以确定生成有意义文本的一系列规则，生成的内容也很容易被识破是人工智能的产物。人类的思维中总会存在一些规则之外的内容，无法概括出可以计算表征的规律。计算心理学似乎只能作为理论路径而存在，研究成果虽然可以为之后的心理学研究和人工智能发展提供支持，但是缺少一些只有这一理论路径才能进行的研究内容。

计算心理学受到认知计算主义的影响，认为心理可以进行表征，通过表征可以将心理过程可计算化，用计算机程序进行模拟。所以心理可以通过计算模拟来研究，同样计算也可以通过模拟心理来变得更智能。毕竟人类是智能的代表，那些类比人类的心理和思维过程来执行认知任务的计算机，必定是最"聪明的"。但是，这种表征是不完整的，而这些"不完整"的部分正是人类的独特性所在，如果真的期望可以将这些不确定的、难以预测的心理过程进行表征的话，就需要进一步优化算法和模型。当这些部分的优化得以在人工智能上实现的时候，计算心理学中的一部分成为了认知科学的研究内容，一部分被人工智能领域吸收了，而之后的计算创造力则是另一片待开垦的交叉领域。

二、计算创造力

计算创造力（computational creativity）首先被计算机科学领域的学者们使用，指一切利用人工智能进行创造的研究路径和技术，以及应用方向。人工智能创造力类比于人类创造力，计算创造力的创造主体为机器，这一点打破了以往"创造力是人类独有的能力"的观点。随着范式、算法和创造性行为的开发，逐渐发展为计算机科学下的另一个研究领域，同时也是与心理学、认知科学等学科存在交互的交叉领域。

计算创造力尚未存在一个统一的定义。对于计算机科学的研究者来说，计算创造力是以计算机系统为主体的一系列理论、科学与计算工程，而这些计算机系统是作为创造主体存在的，以进行创造为职责通过算法实现，产出可以评估为具有创造性成果的系统，包括成果生成和问题解决两类任务。科尔顿（Colton）与威金斯（Wiggins）（2012）强调计算机系统对于创造责任的承担，以及对于创造力评估上机器与人类的公平性，认为计算创造力是那些展示出可以让无偏见的观察者评价为具有创造性行为的，关于计算系统的哲学、科学和技术工程。其中，赋予计算机系统的创造性责任可以理解为：开发和/或使用美学手段来评估人工智能艺术品价值、发明产生新材料的新方法、推导构建创造性成果的输出。为了保证公平地对机器生成的创造性产品进行有意义的评估，我们不期望机器可以通过图灵测试实现机器类人，而是评估计算机系统能否用新的、不可预见的方式进行创造（即机器的创造性行为），以及创造性成果的影响。

而在国际计算创造力会议中，学者们认为计算创造力强调了创造力的职能性，并试图总结出哪些行为可以被人类观察者统一称为具有创造性（Cardoso et al., 2009）。与上述观点相似的还有桑德斯（Saunders）（2012）对计算创造力的界定，他将计算创造力看作是研究创造力的一种综合方法，涉及对创造力本质的洞察、支持人类创造力的工具提供，以及对于能够承担人类创造力任务的自主机器的开发。因此，综合多种说法，机器本身对于实现创造性行为的责任、对创造性成果的生成工具，以及对于创造力在人工智能和计算机模拟中的本质界定，是大部分计算创造力研究中对于计算创造力这一新兴领域的统一看法。目前，人工智能领域中的计算创造力研究致力于对创造性作品生成的模型、算法进行优化，通过与目标数据类型匹配的计算方法来实现机器的创造活动。对于人工智能来说，约束条件是智能体智能实现的基础，对环境与问题的界定也决定了机器的性能表现的最大范围。因此，对于计算创造力这一人工智能研究方向来说，平衡约束条件与随机性是优化模型与算法的原则之一。所以它也是计算创造力中很重要的一个问题。另一个对于心理学家来说值得提出的问题则是，从创造性生成式人工智能那里是否能获得一些关于创造过程的启示。事实上，计算创造力领域没有开发新的模型及算法，这一领域沿用了用于解决图像识别、分类、检测等问题的算法。那么生成式人工智能的输出中的"新"从何而来？对这个问题的深入解析是否可以反过来了解人类为何可以产生新颖的成果？总体来说，计算创造力本质是人工智能领域的一个分支，包括了对创造性生成智能体优化路径的理论思考，以及对相关模型和算法的开发。

对于心理学来说，计算创造力也可以看作是计算心理学的延伸，计算模型的模拟需要理论的支持，需要先对创造力理论进行深入的了解，对创造力模型有一定的认识，以此为前提来模拟创造过程。而计算创造力也可以说是计算认知模型在创造力模拟上的体现。计算认知模型（computational cognitive modeling）是基于对认知过程的理解，建立表征、机制和过程的计算模型，来探索认知的本质以及认知功能的模型。计算模型通过算法来呈现模拟过程的细节，可以将计算模型看作对现象的理论捕捉，而且基于计算模型的计算模拟方法提供了其他方法无法比拟的灵活性和对认知过程的表达能力，它提供了基于人工智能算法的建模技术和方法论，并且这些都已经过计算机科学研究的应用，而现在也可以支持认知理论的实践应用（Pew et al., 1998）。计算创造力跟其他的计算模拟方向一样，是基于过程的理论。所以模拟方法的应用主要是为了回答那些人如何创造有关的问题，如创造的心理机制、过程、创造力的知识框架以什么形式展现出来。

在这一节中，仅将计算创造力作为一个研究方向进行探讨，不涉及计算模拟创造的应用情况及对人工创造产品的评价。虽然计算创造力首先是由计算机科学提出，为了表达人工智能对创造行为进行模拟这一研究方向，但是人工智能的计算模拟也可以作为一种研究方法为心理学研究服务。而且，人工智能算法支持的大数据分析方法，也已然成为被心理学用来做实证研究的新方法。

所以，从心理学的角度出发，计算创造力则可以认为是以计算机及相关的信息科学技术和工具作为方法载体，以创造力为主题进行研究的多学科交叉的研究领域。作为交叉领域，计算创造力也包括了可以用于机器创造的认知科学的理论和范式，在这一方面也需要心理学的研究支持。其中，利用计算机模拟方法可以更系统地研究创造力，在这些研究中计算创造力也被认为是通过计算对创造力的建模、模拟或复制（Jordanous, 2016）。因此，计算创造力存在于与机器和人的创造力和创造性行为有关的所有科学相交的研究领域中，涵盖了用于实现创造性活动的计算机系统的理论、科学与技术工程，以及依靠人工智能或其他新的信息技术处理大数据的心理学的新方法，和以此产生的新的理论、范式和方法。它是基于新技术，被寄予无限可能性地去研究和实践创造力的学科领域，同样也可以通过对计算创造力这一领域的探索，探究人与机器之间的关系。

第二节　计算创造力的方法与工具

计算创造力作为人工智能与创造力的交叉领域，其中用到的理论框架、模型和算法依然是人工智能研究中的内容，与执行智能任务的人工智能相比，在框架选择、模型建立和算法使用上，更偏重让人工智能可以进行"创造"。所以，在此之前可以先明确一下这些名词如何理解。算法是指一系列解决问题的清晰指令。而模型则是一个相对抽象的概念，在机器学习领域中，特指通过算法对数据训练后得到的中间模块（经过训练后在使用的时候，新的数据可以经过这一中间模块来输出数据结果），而在人工智能领域中模型可以理解为是对任务和执行过程的表征。

计算模拟中，创造过程的模拟是通过算法表达，通过人工智能相关技术实现的。所以我们需要对那些，在创造力模拟过程中会用到的算法与技术，在实现内容和功能上做一个简单的介绍。对它们的初步了解可以方便我们进行更深入的学习，或是去更深入地明白计算机学者们是如何进行程序编写的。只有我们知道了计算机可以做到什么，如何对任务进行抽象化表达，我们才可能进一步了解，通过计算模拟方法，我们可以研究创造力的哪些部分。

一、与生成式人工智能有关的模型与框架

任何一种构建创造性生成智能体的过程，都需要对创造目标、问题进行形式化表达，并进行问题求解过程的模拟。尽管算法也是一种语言，但它是可进行逻辑计算的语言，当我们想要创造文本、音乐或是图像的时候，就需要将这些自然语言与非自然语言进行特征提炼，形式化为算法语言，进而在生成式模型中进行搜索、识别、操作与输出。而将这些不可计算的语言形式化的过程就是知识表示，也即心理学中的知识表征。知识是经过加工的信息。人工智能关

心的知识是那些围绕着客体产生的事实知识，如对客体的分类、特征、科学事实、客观事实等；与问题相关的客体的行为，以及与行为存在因果关系的知识，即规则知识；与问题求解的步骤和技能相关的控制知识；以及元知识，它是关于客体知识的知识，包括怎样使用、解释、验证规则的知识。知识表示则是用机器表示以上知识的可行且有效的一般办法，同时考虑知识的存储和使用，它的实现是通过对客体及相关的各类知识同态符号化，将它们表示成机器可以处理的数据结构进行的。以符号主义中的谓词逻辑的知识表示为例，谓词、主语、宾语，以及主谓宾之间的逻辑关系，这些都是需要进行知识表示的客体与规则，在这里我们将谓语看作函数，以 x 和 y 分别表示主语与宾语，如此我们就可以得到以谓语作为逻辑规则，描述了主语与宾语关系的函数。知识表示是人工智能智能体构建的基础，因为只有将客体目标转化为可计算的形式，模拟才可能成立。这里面的一个很重要的问题是如何让转化前的客体知识与转化后的符号表达保持可以统一替换的状态。

在第四章的人工智能支持创造力基础研究一节，我们介绍了两个进行生成式模型创造过程的模型，它们的共同点就是都是基于智能体，进行表示、模拟与输出的。智能体是对人工智能方法实现的中心，它可以简单地理解为是具有智能的实体，它拥有感知、行为、规则，会与其他智能体进行交互，也会受到环境影响并影响环境。多智能体系统（muti-agent system，MAS）是分布式人工智能（distributed artificial intelligence，DAI）研究的一个前沿领域，它是多个可计算的智能体的集合，每个智能体都是一个真实的物理实体或者是经过抽象表示的虚拟实体，这些系统中的智能体可以作用于自身和环境，并可以与其他智能体进行交互。多智能体系统的研究重点在于如何协调系统中多个智能体的行为，来让他们协同工作。区别于基于知识的人工智能路径，基于多智能体的人工智能模型从智能体行为入手，自下至上地建立模型，相比于前者的优势在于可以更好地基于一个复杂系统进行模拟,其中的智能体行为可以基于复杂系统进行适应性的改变,从中涌现出新的内容。

　　生成式模型中的创造过程,本质上依然是一个问题解决过程。那么就需要确定创造的路径,并建立模型,再基于对智能体及客体知识的形式化,进行创造性生成任务。其中科内利（Corneli）等人（2015）用来生成诗歌的创作过程的模型基于 FloWr 框架搭建（见图 6-1）。FloWr 是查恩利（Charnley）等人（2014）开发的用于实现创造性的系统,它以过程作为脚本进行模拟,以流程图的形式进行可视化操作。FloWr 框架可以自动优化、改写、生成新颖的流程图,在创造行为完成步骤上进行创新。这一类的计算认知模拟框架的搭建可以从不同的角度,在策划层面让计算机实现自主行动,从而将程序员通过算法构筑的行为再分析并做出适应性的改变,来让计算机可以获得创造的思维基础,初步实现自主思考。也就是说,计算认知模型试图让程序创造程序,并从某种程度移交创造性责任。FloWr 框架通过重组,不同创造过程需要用到的单个行动的代码模块（process nodes）,来完成自主生成流程图这个目标。这里的模块组即为创造的客体单位,就像是普通的文本生成模拟过程一样,这个框架也需要一个包含了多个代码模块的存储库,例如"从社交网站上下载短文"模块、"执行情绪分析"模块等,这些单一模块经过组合并在执行过程中被调用（Charnley et al., 2014）。所以 FloWr 框架本身就是一个对创造流程图任务的生成式模型,基于该框架通过采用机器自主提供的创造流程,可以继续进行其他创造任务的模拟,作为创造过程,模拟得到的结果也会比按照程序员编写的流程进行更具有创造性。即便在成果的评价上没有差异,创造过程也体现出了机器的创造力,这一点也是人工智能创造力评价的特殊之处,具体的内容我们在第七章第三节中进行阐述。

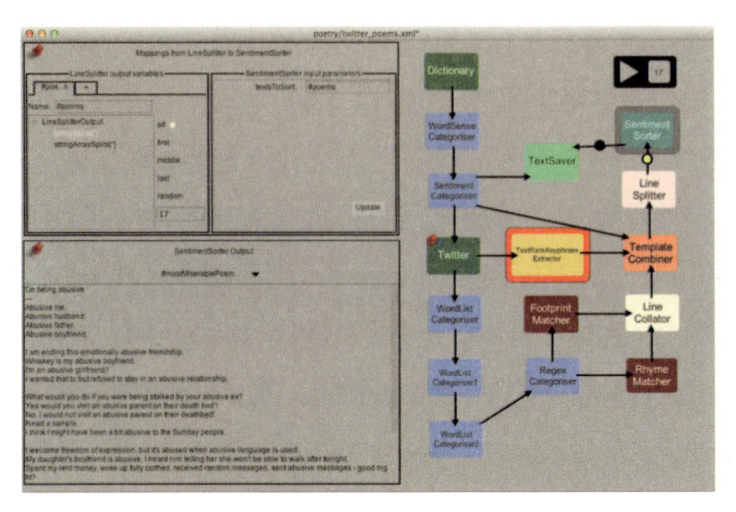

图 6-1　FloWr 流程图的图形用户界面（Charnley et al., 2014）

　　而另一类人工智能领域为了实现创造而做出的技术上的创新，其成果就是基因编程。基因编程也称为遗传编程，是一种类比于进化过程，可以自主生成或选择程序编写模块，并基于进化算法来实现的技术。进化算法类比于自然进化的搜索过程进行随机搜索，模拟了群体学习过程，其中群体中每个个体提供了问题搜索空间中的一点。进化算法通过随机选择、变异和重组来改变路径，让群体进化到更佳的搜索空间区域；在路径改变的时候进行了信息遗传，即选择出适应性良好的个体，进行复制，用重组算子将父辈信息整合并遗传给复制体，变异则是在群体中引入新变种。如此，以进化算法为技术手段进行的基因编程，可以告诉计算机用户的要求，如何去做这件事是通过进化算法中的遗传进化与基因选择进行的。

　　在计算创造力的创造性生成中，需要完成的算法被简化了，因为模拟需要的模型已经搭建完成，我们需要做的事情就是根据想要创造的客体形式，选择合适的模型框架即可。但这些已有的框架总会不如人意，无法解决当前的创造任务，那么就需要我们根据理论建立这样的模型。另一类针对机器的创造模拟的计算模型，是类比于生物进化和基因的生物启发计算方向，包括进化计算、基因编程、蚁群算法等。它们会被应用于各种艺术、音乐和设计的创造模拟程序中。

1. 机器学习与深度学习

机器学习（machine learning）是于1959年被开发使用的，目的是解决算法开发成本过高的问题。通过机器学习，计算机可以在不被明确告知其内部的算法要做什么的情况下，让它们自行发现内部的算法。这一方法的主旨是让计算机自动学习和改进，以便从数据中提取抽象的模式和知识，以此改善计算机执行任务的性能。它是人工智能领域下的子领域，其中包括多种实现上述目标的方法。机器学习方法的开发以人工智能的实现为目标，由于对人类智力的模拟需要大量运算，因此创造了这种优化成本的方法。总体来说，机器学习分为三大类别：监督学习、无监督学习、半监督学习。监督学习（supervised learning）通过学习标记的训练集的数据来建立输入与输出之间的映射关系，目的是对新的未标记数据进行预测或分类，如支持向量机（support vector machine，SVM）、决策树（decision trees）等。无监督学习（unsupervised learning）与监督学习不同的是，机器直接从未标记的数据中学习其模式和结构，目的是发现数据中内部的共性关系，如聚类相似性样本或对数据进行降维处理。无监督学习的其中一个核心应用就是为统计学中的密度估计领域研究，找到概率密度函数。其相关的算法包括K-均值聚类（K-means clustering）、高斯混合模型（Gaussian mixture model，GMM）等。半监督学习（semi-supervised learning）利用了有限的标记数据和大量未标记数据来对模型进行训练，其中主动学习（active learning）是一个重要路径，即通过选择最具有信息量的样本来做标记，如此可以最大程度地提高模型性能。

强化学习（reinforcement learning）作为机器学习的另一种范式，在该方法强化学习作为机器学习的另一种范式，在该方法下，智能体通过与环境互动来学习最佳行动策略，来积累尽可能多的奖励信号，它模拟了人类对可以获得更多奖励的行为的偏好。在强化学习中，环境通常表示为马尔可夫决策过程

（Markov decision process，MDP），问题则可以定义为：在MDP中寻找一个策略，寻找一个可以使智能体在选择中能够获得最多奖励的行为动作。

深度学习（deep learning）则是机器学习中的一部分，"深度"表示该方法是建立在多层网络上的，因此多用卷积神经网络等多层神经网络构建。它可以让智能体从最原始的输入中，逐步逐层提取出更高级别的特征，从而优化对数据集模式与结构的学习。其中提取的特征由下层至上层会愈加具体，例如在图像处理中，下层可以用来识别图像边缘，上层则可以识别具体的图像内容类别，如数字、字母或面孔。深度学习可以让智能体更加"自动化"地学习数据集特征，它可以自动地从最原始的数据中学习细节特征，而无需人工手动干预特征工程的构建。因此，深度学习的通用性更强，具有良好的泛化能力，可以适应新数据并进行准确的预测。但是深度学习模型通常很难进行解释，因为其中包含了大量参数和复杂的非线性关系。深度学习可以用于自然语言处理、语音识别上。

2. 神经元网络模型

神经元网络（neural networks，NN）是机器学习和深度学习的一种基础的计算模型。神经元作为支持大脑功能的基础元素，具有收集、处理和分发电信号的功能。神经元网络实现了脑区之间的功能链接，从而让人类可以进行感知、判断、思考、决策。当我们想要对人类智力进行模拟的时候，模拟神经网络的链接及并行分布处理电信号能力就成为了首选方法。如果人类的认知能力可以从大脑的神经网络的链接中涌现出来，那么当我们构建神经元网络模型，模拟神经元之间的信息传递规律的时候，人工智能的实现很值得期待。

最初只是对单个神经元的模拟，只进行了简单的阈值处理，即当输入的线性组合超过一定阈值时，就会被"激发"，也就是信息会被传递出去。而神经元网络则是以节点和链接作为基本元素，神经元被简化为节点，链接则像是大脑中的突触一样建立了神经元之间的信息传递的桥梁。其中，每个神经元的输出由非线性函数计算该神经元的输入之和,链接的节点和边各有权重,后者代表着链接时信号的强弱。神经元网络中的每个神经元也同样各有阈值,只有当所有输入按照非线性函数聚合的总值超过该阈值的时候,信号才会被发出,即"神经元被激发"。

前馈神经网络(feedforward neural networks,FNN)是最简单的一种线性神经元网络。它由单层神经元组成,即所有神经元都在同一层上。输入通过一系列加权直接进行前馈输出。这种类型神经网络的训练方式基于最小二乘法构建:通过对权重的调节,来让计算出的输出与给定目标值之间的均方误差最小化,以此对模型进行优化。而卷积神经网络(convolutional neural networks,CNN)则是多层神经网络,包括输入层、输出层和隐藏层,其中隐藏层分为卷积层、池化层、全连接层等。卷积层是卷积神经网络的核心,它通过在输入数据(如,图像)上滑动一个卷积核(滤波器或过滤矩阵)来进行卷积操作,从而生成特征图。卷积核通常是一个小的二维矩阵,各包括一组可学习的权重参数,这些参数决定了卷积核如何与输入数据进行卷积计算。其作用是通过卷积计算来从输入数据中提出特定的特征,如图像的纹理、边缘、形状等。通过对不同的卷积核进行学习,卷积神经网络可以自动地学习如何提取不同抽象程度的数据特征,以便用于对图像的识别与分类。其中,卷积操作的目标是生成特征图(feature map),其中的每个像素都对应着卷积核在输入数据上滑动中每个位置的卷积操作结果,特征图中的值则代表输入数据中的某一特征在不同位置的强度或响应程度。卷积神经网络一般用于图像分类、目标检测等类型的任务上,如人脸识别、自动驾驶等应用。

3. 生成对抗网络

生成对抗网络(generative adversarial networks,GAN)是一种机器学习框架的类型。在 GAN 中有两个神经网络智能体,分别是生成器(generator)和判别器(discriminator),两者存在竞争关系,其中一个智能体的收益是另一个智能体的损失。当我们给定一个训练集，GAN的目标是学习生成与训练集具有相似统计数据分布的新数据，即新的生成数据符合训练集中数据的规则，即新的数据只有当与训练集中数据规律相似到可以"欺骗"判别器的时候才能作为结果输出出来。其中，生成器的任务是接收随机噪声或输入向量，将它们转换为合成的数据样本（如图像、文本）。生成器的输入不包含训练集的内容或特定的知识、信息，它主要是为了向模型框架输入随机的内容，并最终通过辨别器的功能输出训练后的与训练集相似的成果。而辨别器会对生成器生成的内容与训练集的内容做区分。

GAN框架的生成器会将输入的随机噪声向量合成为待判断的数据样本，如图像。这一合成过程实际上是将随机噪声向量映射到与训练集相似的数据样本上。从生成器中用如此方式生成的图像，会通过判别器的反馈对图像的生成进行改进。判别器的输入可以是从生成器中合成的数据样本，也可以是来自真实数据的真实样本。其间，判别器会判断输入样本是真实数据的概率。判别器本身具有间接训练的功能，它会通过筛选与训练集相似的图像来优化生成器，与此同时，还会提高自身的性能，让这种判断更加准确。GAN框架可以实现无监督学习，监督学习、半监督学习和强化学习也同样适用。GAN在训练过程中，会利用反向传播算法来更新生成器和判别器的参数，来减少判别器的分类错误概率，降低损失。

GAN模型框架普遍用于智能体的创造性生成任务，包括艺术作品、小说等。环境中人类可以通过可交互的硬件对此类智能体提供输入的信息，如风格、主题等，然后经过GAN框架的训练，输出相应的作品。此外，GAN作为一种通用型框架，可以根据不同优化方向提出其他体改框架。如基于GAN框架，鲍（Bao）等人（2017）开发了CVAE-GAN框架，优化了损失函数方法，采用不对称损失函数来训练模型，使其更加稳定。并使用成对特征匹配来保持生成图像的结构，提高了生成图像的精细程度，用以训练更优质的人类识别模型。

二、算法的整体概述

以一个简单的文本生成模拟过程为例,对于基于人工智能的文本生成过程,首先需要根据想要生成的文本样式,预先建立模板库并选择文本的基础框架;随后,在预设模板库中检索并填写框架对应的文本,得到文章主体;最后从标题库中匹配得到文章标题,跟正文一起拼接生成文本。所以计算机的文本创造过程中,包括对文本特征的符号化、模板库的建立、数据检索与匹配。而对于人工智能写作来说,它首先需要建立语料库,并且明确语法、叙事手法、抒情手法都有明确的逻辑性,来作为模拟数据的基础。在数据逻辑化的基础上,将写作规律、语言和表达形式化。然后,通过算法编写,建立问题解决策略模型,通过算法逻辑对问题解决提供相应的指令。所以,在模拟语言类创造过程中,对知识库中信息的搜集、语言及表达方式的逻辑,以及形式化、问题解决相关的算法描述,是其中的关键因素。

算法相当于文章的语言,它构成了一篇文章的内容、结构和逻辑。人工智能的研究成果从单纯的设想、小型的智能计算工具,到单独具有感知或输出功能的智能机器,再到综合了感知、思维和行动的智能机器人,用了半个多世纪的时间。其间,人工智能的核心——算法,也在演变进化。算法(algorithm)是用于计算、数据处理的一系列清晰的指令,是计算机在计算时用到的方法,也是问题解决策略的完整表述。不同的问题也需要不同的算法来支持不同的问题解决策略。

对人工智能的理解及其理论发展,也决定了算法的演变方向。符号主义路径将智能任务转化为对符号的系列操作,符号主义的算法基于知识库和知识图谱,通过启发式搜索的思路,建立推理框架,来建立专家系统。专家系统中包含了大量的,关于某一专业领域专家水平的知识集合,用这些知识来解决专业问题的智能程序系统。最能体现联接主义特征的算法是神经网络算法(neural network algorithm），它类比于人类的大脑神经网络，将信息分布存储在网络上，应用逻辑规则对信息进行动态推理。基于这种算法可以建立人工神经网络系统（artificial neural networks, ANN）来完成模式识别等应用任务。行为主义路径不再把智能实现限制在思维过程中，而是结合逻辑规则、神经系统的工作模式与控制理论，研制行为控制系统。这一20世纪末开端的人工智能全新流派更倾向于制作可以与现实交互的实体机器人，例如布鲁克斯（Brooks）（1991）的六足行走机器人（见图6-2）。

图 6-2　1989 年 Brooks 设计的机器人 Genghis

算法的发展既基于对人工智能的理解来进行，也会受到对人工智能如何获得智能这一问题回答方式的影响。塞缪尔（Samuel）（1959）首次提出，机器学习可以在不进行明确的设置的情况下，让计算机拥有自主学习的能力。这一设想开拓出了人工智能中一个独立的研究方向。也就是说，机器可以通过自主学习变得更加智能。之后，米切尔（Mitchell）（1999）提出了一个更数学化、更具有操作性的定义，即机器学习是指程序可以习得完成某一任务的经验，以及对任务完成程度进行测量的指标。如果程序可以在这一指标下完成任务，则可以进一步提高习得的经验。关于机器学习方向的算法通常分为两类，监督学习与无监督学习。通俗地说，前者会不断告知程序哪些操作是正确的，而后者进行更自主的学习和行动。由于人工智能对自动化和自主过程的需求，算法也逐渐从监督学习到无监督学习方向发展。

而理论以及算法的演变,并没有抛弃了原先积累起来的内容,而是在之前的基础上进行叠加和改进。联结主义与符号主义方法的结合,可以更深入地理解深度学习的机制,在考虑到神经网络的复杂性的同时,尽量将问题抽象化,来进行大量数据信息的学习,构建更自主的专家系统。其中可以实现人工神经网络系统的一种监督式学习算法是 BP（back progagation）算法,又称为反向传播算法,它由非线性变化单元组成,理论上可以无限趋近于任意函数,是实现神经网络训练的核心算法。

1. 反向传播算法

反向传播算法（即 BP 算法）是深度学习中用于训练神经网络的核心算法之一。它通过更新神经网络权重和误差,来让智能体可以适应给定的任务。首先算法通过前向传播,将输入数据从输入层经过多层神经网络的各个隐藏层,传递到输出层,计算得到模型的预测输出。接下来将计算传输过程中的损失,这一步是通过计算模型的预测输出与实际目标之间的误差来进行的。这里的误差通常用损失函数（loss function）来度量,如均方误差（mean squared error）等。随后进行反向传播误差的计算,即基于链式法则（chain rule）,计算从输出层开始,逐层向反方向传播的误差梯度,进而更新每一层的参数（权重和误差）。最终通过梯度下降法,如随机梯度下降（stochastic gradient descent, SGD）,或其他优化算法来更新多层神经网络的参数,目标是减小损失函数的值。反向传播算法通过对参数的更新,来使预测输出逐渐逼近实际目标,即减小模型误差。

2. 遗传算法

遗传算法（genetic algorithm, GA）通过对自然进化过程的模拟,来优化寻找与复杂问题近似解的过程和结果。如何对智能体进行优化,让它们可以更准确高效地完成生成或问题解决任务,是人工智能领域中的模型和算法开发的最主要的目标。自然及人类本身是最佳的模仿对象。因为自然本质的规律就是寻找最优解,所以我们判断优化算法的最优方式就是对自然规律的模仿。遗传算法就是对自然选择、进化规律的模仿，通过模拟基因的遗传、突变和选择，从问题空间中搜索最佳解决方案。遗传算法首先会随机创建一个由多个个体组成的初始种群，也可以称为候选问题解决方案群，其中的每个个体都是一个问题解决方案。以计算对种群中的每个个体的适应度，即解决方案的优劣程度作为评估方法，用优化问题的目标函数的值表征。根据个体的适应度，通过多种策略来选择一部分适应度较高的个体作为父代，并从父代中选择两个个体，将它们的基因进行交配（即重新组合或突变），来产生新的个体群。遗传算法中的进化本质是一个迭代过程，每次迭代中的群体称为一代。通过基因操作生成的新一代也将用于算法的下一次迭代过程。算法通过对上述过程的重复执行，在一定迭代次数后找到最优解决方案。

遗传算法是通过它的全局搜索能力，在搜索空间中寻找最优解的优化算法，所以它在求解复杂、高维及非线性优化问题上优势突出，因此多用于参数优化、人工智能等复杂任务。

第三节 认知计算与社会计算取向

计算创造力是关于人工智能创造的方法、模型和理论路径。目前为止，人工智能技术与应用的发展，已经达到在我们能想象到的程度中的最大值，并且模拟创造，输出文本、故事、音乐、绘画等作品的质量越来越高，甚至让人类再次感到了被威胁。而计算创造力的基础是机器对人类认知的模拟计算，也就是认知计算主义提出的理论方向。

当我们追溯人工智能与人机交互的发展路径的时候可以发现，人机交互研究发展到高峰的时期的时候，人工智能的发展总是在低谷时期；而当人机交互研究又一次开始走向低谷时期的时候，人工智能发展反而开始呈上升趋势。这样的现象我们可以从两个角度来理解，人工智能研究身处低谷的情况，促进了人机交互研究的发展，也就是说此时的人工智能研究产生的问题适合于人机交互领域的研究；另一个角度，人机交互研究有所突破之后，人工智能又会开启一个新的高峰时代，可以理解为人机交互的研究成果可以促进人工智能的研究发展。这两种理解都缺少数据佐证，只凭借着发展趋势的规律，是无法准确地得出任何结论的。但是我们也可以通过观察人工智能与人因科学发展过程，形成一个直观的经验，当人工智能发展到一定程度的时候，总会引发用户群体的焦虑。这些焦虑有源自对人工智能会淘汰人类工作者的担心，也有对人工智能产生自我意识后，会对人类进行反击的担心。还有一些相对现实的问题，比如容易沉迷在身边的智能机器里，智能机器使用过多导致的问题，以及算法偏见和智能推广对个体心理和行为的影响等。而对于人机交互领域来说，这些都是重要的研究主题，对这些问题的思考，又可以发明新的、更符合人类操作的、更加可以积极引导用户的智能机器。所以人工智能对个体、社会的影响是巨大的，而且这种影响将会延续，即便解决了过去的问题，将来也会有新问题的存在，这些都促进了社会计算这一领域的诞生。

一、认知计算

认知计算来源于计算认知主义。在计算机科学和人工智能科学发展的早期，各个学科的科学家都陷入一种极端矛盾的思维中，一方面热切期望计算机这种现代魔法可以完成一切人类可以做到的事情，这种期望怀抱着一种对人类本质探究的好奇心，也是对于当时工业发展过快，人力资源消耗巨大的思考结果。而另一方面，对当时计算机技术有着深度了解的科学家，也对当时薄弱的技术和人类的复杂性感到绝望，似乎人工智能的前路一片白茫茫，明明前方的光亮笼罩着周围的一切领域，但是就是发现不了到达光明尽头的道路。所以当时对于计算心理学、机器发现等一切通过计算、计算模拟及智能程序，模拟、研究人类心理与行为的研究，都怀着两种极端的心情去探索那片空白。最后的结果就是，对理论的探索和研究的兴趣高涨，但成果上依然保持在对模型构建的基础上，还没能达到应用层面。而现在虽然达到了应用层面，我们可以基于那些前人探索出来的框架，搭建创造模拟程序，生成那些可以帮助工作的作品，但是这种应用依然没有碰触到人类认知的本质。这些计算模拟程序虽然不能体现人类认知的本质，但是依然保留着自己的价值，所以前人的探索，虽然在当时看来是刻舟求剑的行为，努力很可能无法带来任何结果，但是当前的应用进展也说明了它们的价值。这一点，对于那些继续通过机器模拟人类认知、创造过程的研究来说也是同样的——它们的价值总有一天会得以实现。

计算认知主义是在第一台计算机问世之前就提出的理论路径，它是在人类对计算的追求从直觉步入逻辑分析的成果。计算认知主义的核心，概念－计算范式也是之后那些对概念进行计算模拟模型和生成式模型构建的理论基础，它主张将认知看作计算，认为心理过程可以通过计算表达，所以它也是之后出现的认知科学与人工智能科学的理论基础。

心理与计算之间的关系，在计算认知主义的理论发展中也一直没有定论，它包括了很多核心问题，如心理如何被计算语言表征，如何通过计算将心理过程逻辑化等。最早的在机器上进行抽象计算的机器，是1936年图灵提出的一种抽象的计算模型——图灵机。它以一种最简单的方式在机器上模拟人类进行纸笔数学运算的过程。它由两部分组成，一个提供数据输入与输出的纸带，以及一个编写了如何处理从纸带上读取到的数据程序的控制器；后者可以根据内部预设的状态查找一系列程序，按照选择的程序对数据进行处理，并输出到纸带上（Turing, 1936）。图灵机可以说是第一个模拟人类思维的机器，也证明了只要机器足够复杂，学者们足够了解人类思维过程，就可以让认知过程可计算化，如此，机器就可以被赋予认知能力，让通用人工智能成为可能。

但是人类认知的复杂程度，并不能用富有逻辑的数学运算来完全概括。运算过程的客体本身就是可计算的符号，思维逻辑过程甚至可以用可计算的数学语言来表示，所以图灵机是对数学计算过程的模拟，而不是对认知的可计算化模型。因此图灵机的物理实现是计算机，而不是可以模拟人类认知的人工智能。不过，这一点不是让我们直接否定"机器模拟认知"这一说法的证据。因为，数学运算本身也是将思维可计算化的方式，数字本身也是将人类对数的概念符号化的表达。认知科学家、计算机科学家、心理学家们都可以从这些内容中获取关于认知对象如何被符号化、认知过程如何被逻辑计算化的线索。除了图灵机这一思想模型延伸了计算认知主义的想法，纽厄尔与西蒙（2007）也提出了物理符号系统假说（physical symbol system hypothesis，PSSH），它也是认知科学发展的第一个理论体系。假说认为智能依赖于知识，而所有知识都可以用符号及符号的有机组合来表示。为了做出对科学的精准表达，各种研究方向的学者根据自己所研究的物理理论与公式计算，发明了众多可以描述逻辑表达的符号：如理论物理学家狄拉克（Dirac）发明的狄拉克符号，可以说是最简洁和完美的物理学符号体系之一。西蒙与纽厄尔借鉴了这种将语言逻辑表达为符号逻辑的方式，认为如果我们想要在机器上实现智能行为，物理符号系统及其计算就是充分且必要的。

这种将所有知识和关于知识的逻辑都用物理符号表达过于理想化。虽然认知科学、经济学等如今也在用数学和物理符号和表达方式，将理论精确化，实现便于理解的目的，但是心理学中有太多不确定的内容，人类的心理的机械性理论路径已经被抛弃了，对人类心理本质和机制的了解还是需要从大量样本中，经过统计学分析，得到一个具有概率的事实规律。

量子认知学（quantum cognition）也尝试过，将认知用物理学逻辑进行解释，用数学形式进行表达。量子认知是用量子范式，在量子概率论的框架内，用数学方式描述认知（大脑对信息处理）的本质与过程，其间考虑到了信息的上下文环境及概率推理。量子认知的优势在于，充分理解了人类心理的不确定性和不可预测性，物理学基于对微观粒子计算的不确定性，建立的数学模型，可以为同样具有不确定性特点的心理学作为方法支持。除此之外量子纠缠的理论与计算也很适合解释人的信念与行为之间的交互关系，而且这种交互也可能体现在人与环境、人与他人、观念与观念之间。如此，可以用这一研究理论解释和计算人类的决策模型（Yearsley et al., 2016）。量子理论为决策模型的构建提供了一种概率框架，并用于解决那些对于经典概率论来说，矛盾的或是非理性的行为。

自此直到20世纪80年代左右，随着计算机科学和人工智能技术新时代的来临，计算认知主义再次受到西方认知科学和心智哲学领域学者的讨论，认为认知作为信息加工过程，可以用组成认知的元素及认知机制中的计算和操作来解释。所以当前的认知计算，探究的是认知过程中的表征和计算的类型、机制和方式（郦全民，2004）。而这时计算认知主义又一次受到了心理学具身认知理论兴起的冲击。具身认知（embodied cognition）强调了身体在认知过程中发挥的关键作用，而认知是通过身体的体验及活动方式而形成的。认知心理学的具身认知路径，强调了认知世界过程中身体的作用，认为身体活动/感知运动的内化对思维和认知过程的影响（皮亚杰和维果茨基）。可以从三个角度来理解"认知是具身的"，身体的物理属性决定了认知的方式和过程，身体提供了认知内容，认知是具身的而身体则嵌入（embedded）环境中（叶浩生，2010）。简单来说，具身认知路径认为，身体是能够认知、认知什么、如何认知的基础，而身体的情况完全受到环境的影响。随着具身认知的提出，认知科学也发起了一场新的认知理论转变，提出了"4E+S"理论，4E是指具身认知、嵌入式认知（embedded cognition）、生成认知（enacted cognition）和延展认知（extended cognition），S指情境认知（situated cognition）（李建会 等，2014）。其中，具身认知强调身体的作用，嵌入式认知强调了环境对身体的作用，生成认知强调了身体与环境之间交互的作用，延展认知强调了对心理过程的解读可以从身体延展到环境，而情境认知强调了特定情境对认知的影响。

这一理论路径的产生在20世纪80年代以后，与着重计算的理论路径相比晚了半个世纪。这是一个有点奇怪的现象，毕竟人的认知来源于大脑这一点早已明确，但相关学者并没有打算从认知与身体的关系入手，研究认知的本质；而是跳过身体与大脑，直接从思维过程入手，这可能是因为思维过程是可操作的。而我们对具身认知路径的实证研究还需要更有创造性的实验范式。不管怎样，在计算机的技术真正可以发展到可以实现知识符号化，认知过程可计算化之前，认知科学的研究从认知计算路径转向到了更加偏重认知生态性的观点。

随着人工智能应用时代的到来，人们对认知计算的关注重心从理论探索转移到了应用层面。虽然计算认知主义本身就引导了计算机科学朝向人工智能领域发展，督促计算机学者制造可以模拟人类认知过程的智能机器，而这一理论思想已经完全融入人工智能的发展中。所以如今的所有类比于人类认知的计算模拟机器或程序，以及在算法编写、模型构建中用到了人类认知模型的机器和程序，都可以说是认知计算范畴的。而且当前提到认知计算，也被认为是一种计算模式，包括了对信息的分析与处理，对自然语言和非结构化数据的处理，以及机器学习在计算中的应用。非结构化数据是指那些没有预定数据模型，不能直接用于计算分析的文件、文档、图片、视频与音频数据。所以，认知计算可以用来识别和处理语言、图像、视频这一类数据。基于此，认知计算的应用包括：自然语言处理，如机器翻译、语言生成；认知计算识图，如人脸识别、目标检测等。

认知计算在当前应用环境下已经不只是一种认知科学的理论取向，而是认知与人工智能应用的交会处，基于两者产生的产品覆盖了日常能接触到的所有领域，引领了产业智能化。

二、社会计算

社会计算（social computing）概念由舒勒（Schuler）在1994年首先提出，

他认为社会计算是任意一种计算应用，社交在其中扮演着人与人之间社会关系的中介角色或焦点。社会计算概念的提出是为了探索计算正在从哪些方面影响我们的日常生活。它包括了科学的部分——搭载了计算能力的设备对社会关系建立、构成与交互的影响；以及技术部分——通过计算及与计算有关的方法对社会相关现象与内容的研究，以及对社会计算科学部分的数据分析。也就是说，社会计算的对象主要是那些受到了网络及计算机、手机等可以进行社交的电子设备影响的社交关系、活动、交互过程与行为；数据也主要来自于这些计算应用。而社会学也把基于大数据、计算模拟等研究和数据分析方法的社会学研究，划分到了社会计算中，并称之为计算社会科学（computational social science）（Lazer et al.,2009）。相比于传统方式进行研究等社会学来说，社会计算专注于计算应用对社会关系的影响，也就是舒勒提出社会计算时关心的那个问题。

社会计算的提出及社会学家对它的重视，都说明了计算机的问世，以及随后一系列与计算有关的应用、科学、技术等，对人类社会生活的影响。人是社会动物，人的一切，除了那些来自基因和生物性的先天因素以外，都与社会有关，都是通过社会习得的，都是为了适应社会做出的适应性变化。甚至一些相对稳定的个体心理特征也与身处的社会文化环境有关，如智力、创造力等（Earley et al., 2003）。社会作为一个复杂系统，在计算应用（如计算机、手机、网络、蓝牙等）加入社会系统中的时候，其中的个体、群体就会为此产生适应性改变，对这些改变的研究就是社会计算的主题。

其中应用人工智能计算方法，对社会学领域内容研究的社会计算研究包括了社会网络分析和计算社会科学。社会网络分析（social network analysis，SNA）是20世纪70年代以后较为盛行的新的社会学研究方法，主要用于分析社会网络的关系、结构及属性。它打破了之前社会学对"关系"的质性研究取向，试图用定量的方式精确地研究社会中人与人、人与群体、群体与群体的关系。"关系"是社会学中非常重要的主题，社会结构就是建立在关系之上的，所以社会网络分析中得到的关于关系的数据及其分析结果，也可以用来揭示社会结构。社会网络分析并不是独属于社会学的研究方法，基于世界及世界中的客体所具有的网络性，让社会网络分析方法不仅应用于社会学领域，还可应用于语言学、生物神经科学、心理学等领域，成为具有普遍性的研究方法。而社会网络分析可以被划分到社会计算领域中，是因为它的分析技术是基于计算机技术的。除此之外，社会学将其他会用到计算机、人工智能等技术的研究方法整合到计算社会科学这一研究方向中。也就是说，计算社会科学包含了在社会科学中采用计算机计算方法的各种研究取向，并以用建模、模拟等方法分析社会现象为目标。从更大的角度看，计算社会科学也是一门综合了社会学、计算机科学、环境科学及工程学的交叉学科。

另一方面社会计算领域的诞生，也标志着计算机及相关产品与技术对人类社会的影响，已经成为了一种社会现象。而其中各种类型的计算应用对社会、社会中个体的影响不容忽视。符合社会计算界定的计算应用包括了对社交进行支持的设备，如计算机、手机、平板；软件，如电子邮箱、微信等；网站，如各类微博、博客、论坛等；以及支持社交的娱乐设备，如弹幕网站等。社交计算并没有将所有的电子设备与软件、程序、网站包括到研究内容中，因为这一方向感兴趣的都是那些，可以通过计算应用或基于应用，获得个体与他人产生社会关系的那些数据，通过分析这些数据可以得到社会关系、结构与特征。然而从计算应用上获得的数据量，已经庞大到无法用传统数据分析方法进行处理了，因此社会计算也将社会学引入了大数据时代。这时，社会学与心理学在研究方法的选择上再次相会了。

应用大数据方法进行的心理学研究采集数据的范围，不仅限于那些存在社交关系的计算应用。除了社交网站上的数据之外，还会采集消费数据、生物电子信号类数据、教育相关数据等，来研究个体的心理与行为（Wang et al., 2016; Andreu-Perez et al., 2015; Picciano, 2012）。其中的社会关系则是个体特征的一个方面，而且社会结构作为个体身处环境被加入研究中去考虑。

不论是作为科学研究的社会计算，还是作为技术支持的社会计算，本质上都在讨论人工智能对社会的影响，而在 2019 年，斯坦福大学建立了一个全新的学院，来专注于研究人工智能对人类及社会的影响，即以人为本的人工智能学院（human-centered AI，HAI）。当一个研究方向足以建立起学院的时候，就说明了这个问题多么地亟待解决。它的背景是人工智能研究对于人工智能职责的讨论，以及公平、责任与透明协议（fairness, accountability, and transparency，FAT），后者主旨在于讨论人工智能如何避免对人类造成负面影响。学院的建立对于科学研究本身是一件振奋人心的事情，但是当它的研究主旨与其他早已存在多年的研究方向重叠的时候，就做不到让所有人愉快了。在本章起始处提到的人机交互研究（human-computer interaction，HCI），就是一个研究人类与机器关系的学科，由于它的出现早于人工智能应用的兴盛，所以虽然使用的是计算机，但实际上已然将人工智能包括在内，体现出人工智能对社会的巨大影响，该影响也远远不止体现在个体身上。

当前，计算机支持下的超级链接（hyperconnectivity）正以全新方式和空前规模将人类的思维彼此连接起来，形成"超级心智"（superminds），本课题组周详在探讨协同创新中集体智慧生成过程、进化趋势与社会心理机制基础上，提出应整合跨学科视角、借助多重研究范式考察人机协同混合增强智能取向下合作创新过程各因素的交互作用机制，逐步探索"人 - 机 - 网络多重混合系统下的集体智慧"，以超越单纯运用个体智力、人工智能和一般网络社群的有限贡献，从而促进人类创造性地解决生存与发展问题（周详，2020）。

第四节　计算认知科学与计算创造力

认知科学与认知神经科学都是致力于探索人类如何认识和理解世界的学科领域。根据研究内容或取向的不同，可以分为认知心理学、认知人类学、认知社会学、行为经济学、语言学和人工智能等学科，而这些都可以被统称为认知科学（Sun, 2023）。因此，所有以探究人类心智与智能为核心内容的学科与领域，都可以放在认知科学这一综合体系下。当我们试图采用计算方法与模型研究人类认知过程时，就进入了认知科学屋檐下名叫计算认知科学的房间中。随着计算科学的发展，科学家们试图用可计算的符号，抽象地表征人类通过经验与思维获取的知识。这种对人类认知过程的计算认知主义式的理解，为在实体（计算机程序或机器人）上实现认知计算技术提供了可行的理论与学科基础，而计算认知科学则为此提供了实证方法与计算模型。

计算认知科学作为认知科学的一个子领域，可以看作是结合了各个实证学科、哲学与语言学中大量实验数据、发现、现象以及信息的一个综合性学科。根据计算认知主义的观点，认知计算这一通过计算来实现对人类认知的模拟的技术取向被提出，而实现认知计算需要计算认知科学提供方法与模型。计算认知科学家们从各个认知科学的子领域下搜索人类认知有关的现象发现与实证研究的数据、信息，将它们提炼成可以进行抽象计算的理论模型、计算认知架构以及数学表达。而这些精炼得到的理论、框架与计算模型，又可以反过来为各个认知科学下的子领域的实证研究提供新的灵感。这种计算科学与实证的认知科学之间的共生关系，也可以延伸到计算创造力上。计算创造力从计算模型出发来模拟人类创造的过程或结果，这一研究方向一方面致力于开发出可以媲美人类创造的人工智能创造成果，另一方面致力于更完整地模拟人类创造的过程，获得可以实现创造能力的计算模型。从结果上来说，如果人工智能可以实现自主创造，那么科学家就可以从中获得创造过程的奥秘，为探索人类创造的黑箱提供线索。

一、计算认知科学

计算认知科学通过描述了表征、机制以及过程的广义上的计算模型，来探索人类认知的本质、过程以及各种认知功能，如思维、动机、情感、感知等（Craver et al., 2006）。这些模型代替了人类的大脑，成为人工智能认知活动的来源。计算模型诞生出人工智能的认知功能，并为开发出人工智能与世界交互的程序提供认知模块。广义上来讲，计算模型包括了基于算法的计算模型、数学模型以及语言概念模型（理论框架），它们在描述不同的人类认知功能或解释不同认知活动时，各有各自的作用。理论框架捕捉了人类认知的现象并为此提供功能性解释，而数学模型通过抽象的数学语言来为计算模型提供实现基础，计算模型则在数学模型的基础上更具体地描述了认知过程，所以计算模型也可以被称为过程模型。大脑是人类认知的神经生物基础，但我们依然无法完全地解释认知的本质，对认知功能在大脑中的实现过程也无法清晰地阐述出来。但是对于时刻在进行认知的人类来说，观察自己及其他人的认知现象是日常都在做的事情。计算认知科学就是在利用这些经验，以及其他认知科学家们进行的实证研究得到的发现与数据，来对人类认知的本质，以及认知活动的发生进行功能性解释。计算模型作为一种过程模型，可以通过人类在进行认知活动时产生的一系列生理反应（如眼动），来对认知过程进行测量，从而让认知计算的实现具有更高的外部效度。但是，这种测量很难做到全面，所以从认知现象本身出发，回避开依然身处黑箱的认知过程与机制，通过构建合理的约束方程建立可以产生同样"现象"的计算认知模型，是十分必要的。所以计算模型的建立是通向全面与准确理解人类认知过程的重要途径。计算模型的另一个局限性在于它对认知的解释是定性的,而不是定量的。通过数学、算法对认知进行抽象化表达基于能够观察到的认知现象与发现,由此进行的建模无法做到定量测量的严谨性。但是通过补充人类认知过程中的生理与行为指标与严格的统计学分析,可以为认知模型中认知机制与过程的细节构建提供实证基础,以此保证计算模型的准确性与逻辑性。

计算模型方法是认知科学研究的主流方法之一。80年代兴起的神经网络模型,取代了复杂的符号处理,通过结合大规模的并行数值计算,进一步为计算模拟方法带来了显著变革。90年代后期出现了结合神经网络模型与符号模型的混合模型(Sun et al., 1994),可以更严格地处理广泛的认知现象。符号模型(symbolic model)来源于符号主义观点,以"认知主要依赖于符号处理"这一思想为理论基础。认知可以被看作是一种逻辑推理过程,这一过程需要通过操纵符号来实现其中的计算与决策。之后,符号主义也为20世纪中期的人工智能领域研究提供了合适的理论框架。早期的认知科学发展的主要动力是解决人类面临的现实问题以及开发可以高效地解决问题的机器。纽厄尔和西蒙于1976年提出的物理符号系统假说为符号模型的建立提供了更加具体的指导,阐明了符号系统方法的原则。它认为人类基于认知功能实现的智能行为,依赖于符号处理与操纵的能力,而且只要一个系统有能力生成和操纵符号结构,就说明它足够表现出智能行为。基于这种假说提出的符号系统方法有两个核心必须得到体现,一个是需要让系统具备在基于待解决问题构建的状态空间中进行搜索的功能,一个是需要构建多种符号表示形式以实现对知识的符号化表示。基于知识提出的待解决问题,可以通过符号化表示,构建问题的状态空间,并在其中搜索问题解决方法,而对于符号的操纵是基于某种逻辑规则的。因此,符号模型非常适合于理解和模拟问题求解过程和完成逻辑推理任务的认知过程。

随后成为计算模拟方法的主流的连接主义模型(神经网络模型)弥补了符

号模型的缺点，通过对生物神经系统工作原理的模拟，构建大量且简单的处理单元（模拟神经元的节点），利用节点之间的连接来实现分布式表示和储存，以及大规模的并行处理与计算，让智能系统更灵活稳健。在连接主义模型中，信息或概念不再像是符号模型的符号表示那样离散，而是被分布式地表示在多个处理单元（神经元）中。分布式表示是一种信息编码方式，在这种表示方式下，信息由多个神经元的集体激活状态来协同编码，避免了信息冗余，而且可以用较少的神经元高效表达更多信息，并通过神经元组合的同时激活状态来捕捉信息或概念之间的相似性。通过神经网络中数值权重的调节来实现的学习能力，是连接主义模型区别于符号模型的另一个特点。这种学习能力让认知科学家可以用计算模拟方法更灵活地研究认知现象，甚至模拟人类的认知功能。目前，连接主义模型已被应用于研究记忆（O'Reilly et al., 2000）、模式识别（LeCun et al., 2015）、儿童认知发展与学习过程（Elman, 1993）等认知问题中。为了适应人类认知过程的复杂性，一些计算认知科学研究采取了两种模型的混合模型。

动力系统方法（dynamic systems approach）则支持认知科学家们随时间动态地研究认知系统，这种方法支持模型通过微分方程来描述系统随时间连续变化的过程。这些方程指定了系统状态是如何随时间变化的，描述了它们可能的变化轨迹及变化的原因。这种模型对理解和模拟具有时间依赖性的认知现象具有更强的效度优势。而且这种对时间敏感的研究方法，更可以将人类认知现象放置在贴合现实社会文化环境的复杂系统中，从身、心、环境三者之间的关系入手，理解和模拟其他综合性因素对人类智能行为的影响。

此外，200多年来哲学家和数学家也一直在尝试使用概率论来描述人类的认知。贝叶斯概率推断是一种基于贝叶斯定理提出的统计推断方法，它通过结合新观察到的证据与先验知识，来对某一事件发生概率的估计进行更新，从而进行推理和决策。贝叶斯认知模型（Bayesian models of cognition）是根据贝叶斯推断构建的计算认知模型,用以解释和模拟人类认知现象,如感知、注意力、记忆、语言、推理和决策等。物理世界中的信息是稀疏、嘈杂的,但人类大脑可以根据感知到的这些繁杂的信息,提炼出抽象、丰富且有意义的知识结构,并根据经验与知识改造物理世界与社会文化环境。人类大脑如何实现的这一过程也是计算认知科学十分感兴趣的课题。贝叶斯推断为此提供了一种通用的方法,从原理上来解释这个归纳过程。人类根据过往经验与习得的知识进行认知活动,前者提供了可被认知的内容和规则,所以当人们面对不确定信息时,就需要基于这些先验知识通过贝叶斯推断来更新对世界的认识,从而获取和创造新的经验与知识。

计算认知科学的研究除了可以让认知科学家们更深入地理解人类认知现象,也可以通过模拟人类认知功能,自下而上地构建认知系统和认知架构,来与现实中的个体进行互动,将理解得到的规则用于优化个体发展和学习的过程中。例如智能辅导系统可以用于理解和模拟人类思维与学习的机制,并将学习过程看作是认知规则的形成与应用。早期的辅导系统(tutoring systems)基于ACT-R 认知架构开发而成(Koedinger et al., 1997),这一系统构建的基础是对实现数学和编程领域能力所必需的任务单元的分析,这些单元可以认为是系统的生成规则。辅导系统可以通过对获得数学和编程能力的认知过程的分析,提炼出认知规则,反向诊断使用辅导系统的学生是否已经掌握这些规则,从而对学生的数学和编程能力进行辅导。

二、创造力的计算认知模型

创造力的计算认知模型可以认为是,认知科学的计算模拟方法在创造力领域中的实践产物。计算模拟方法为理解认知现象和模拟人类认知过程提供了坚实的方法论,以及多种可以被各个子领域研究使用的模拟和计算工具。人类的创造过程不依赖于单一的认知能力,创意产品是多种认知活动综合的结果。因此,基于该方法开发能够实现广泛认知功能的通用认知架构和模型，可以避免研究只片面地着重于其中的某一个认知活动中，忽略了人类认知这一系统的复杂性。认知架构中可能包括诸多认知功能，如感知、记忆、决策、问题解决、学习、元认知、动机、情感、语音与交流等。当然，构建通用认知架构的同时，还需要警惕过度泛化的问题，因此需要结合真实的现实经验与研究数据构建约束良好的认知模型，更灵活与稳健地探索人类创造力与创造过程。通过计算认知科学领域研究创造力的另一个优势在于这一科学领域的多元视角。人类的创造不只是单纯的智能活动，人与身边的其他群体、社会、文化以及物理环境之间的信息与情感交互，也会影响到个体的创造活动。因此通过整合计算社会模型和计算认知模型，可以构建多视角、多层次的认知框架，在考虑到认知系统的复杂性的同时，还可以兼顾人所在的社会文化环境系统的复杂性。

创造力是一种产生新颖的、有用的，让人感到惊奇的产品或想法的能力。创造本身又是一种体现出人类创造力的智能活动，它基于个体的智力以及其他认知功能，又受到个体的情绪、情感、动机等其他心理因素的影响，而且创造者所处的社会文化环境以及社会规则也会影响创造过程。由于创造力的复杂性，对个体以及团队创造力的评估一直是需求点和难点。目前可以通过对个体的人格的测量评估个体的创造潜能，或从发散性思维和远程联想能力侧面测量个体或团队的创造力，以及直接从对成果的创造性评价来反向推断个体或团队的创造力。难以开发可以准确测量创造力的原因，一方面在于创造性评估本身带有主观性，另一方面在于创造活动中让人感到"啊哈"的部分依然是一个黑箱。因此对创造力的科学研究，虽然依旧需要像研究其他认知功能那样进行，但也存在特殊性。通过计算模拟方法来构建计算认知模型，可以弥补实验室研究以及其他定量与质性研究的片面性，更准确地理解和模拟人类的创造过程。

在人工智能的研究中，强人工智能研究关注于让模型理解并具备人类的认知功能，弱人工智能研究则更强调在计算机系统中再现不同程度的智能行为。类比于这种通过计算机方法探究人类智力相关过程与行为的研究，计算认知科学家们在创造力领域中的研究也可以根据不同层次的目标分为计算创造力的"强""弱"观点。强计算创造力研究需要模型真正地理解人类创造活动中的认知状态并实现创造的自动化，而弱计算创造力研究则需要通过算法模拟人类创造活动，做到自由探索与合理约束（Al-Rifaie et al., 2015）。但与针对智力的研究不同的是，人类的创造行为中包含了内隐认知过程，它不依赖于显性的意识控制，所以即便是人类自身也难以通过实验和自我观察进行深入的理解。这也是部分人群即便认可人工智能创造出的艺术作品新颖，但依然不承认人工智能具备创造力的原因之一。人类的生物神经机制将让人感到最惊奇的部分封存了起来，诞生了独属于人类的特殊能力。而人工智能通过随机的方式进行的粗糙模仿，让创造变成了掷骰子的过程，缺少了自我意识。因此计算创造力系统基本实现了艺术作品或科学发现的创新，也会因为人工智能自身机制的非自主性，导致人类在其创造力评估上的偏见——认为这些创新都只是在对人类创造的随机组合与有用性筛查的结果而已。为此，一些计算创造力系统开发者通过不揭露和解释创造过程，来保持创造系统的神秘感，避免人类对它的偏见导致的对系统创造性评估的偏差。

计算认知模型的开发人员基于不同目的、视角和任务类型，基于不同认知架构开发了多种创造力的计算认知模型。显性-内隐交互理论模型（explicit-implicit interaction theory）参考了心理学中对创造过程的双过程理论的解释，基于号角认知架构（clarion cognitive architecture）构建的一个用以模拟创造性问题解决过程的计算认知系统（Hélie et al., 2013）。沃拉斯（Wallas）于1926年提出了问题解决的四个阶段：准备、孵化、洞察与验证。准备阶段个体会基于逻辑与推理多方向搜索问题解决方案。如果问题定义不明确或太过复杂导致问题没有在这个初始阶段得到解决，个体将会进入方案寻找的孵化期。在此时期，问题解决者不会将注意力集中在问题本身上，但却会显著增强最终找到解决方案的可能性。第三阶段的洞察即"啊哈"（顿悟）阶段，问题解决方案会"自发"地进入个体的大脑中，显露在意识层面。最终的验证阶段用于确定洞察得到的方案的正确性，这一阶段与准备阶段一样充分涉及个体的逻辑与推理有关的认知过程。随着后续创造力研究愈发凸显，孵化与洞察阶段更加吸引相关研究者的注意，他们发现创造过程中除了严谨的逻辑推理这种显性认知过程外，不被觉察的内隐认知过程也在其中扮演着重要角色。显性-内隐交互理论试图通过整合显性与内隐两种认知过程，来完善沃拉斯提出的孵化与洞察阶段，更清晰地理解个体是如何进行创造性问题解决任务的。基于该理论提出的计算认知模型假定存在两种知识，即显性知识与隐性知识，它们被储存在两个独立的模块中。其中显性知识更容易获取和表达，通常被认为由被严谨地约束着的符号组成，并需要供给大量的注意力资源；隐性知识相对难以获取、难以用语言表达，是遵循着软约束的亚符号，并且不需要太多注意力资源。因此相应地，显性认知过程执行基于规则的逻辑推理任务，并需要基于强约束做出精确地处理；隐性认知过程则基于软约束完成与"关联"有关的处理。显性与隐性知识彼此重叠，可以认为是相互之间重新编码的结果，其不同之处体现在表示形式和处理方式上。而大多数任务同时涉及显性与隐性过程，它们之间的差异也将使得输出结果存在相似与矛盾，从而产生协同的效果，而这种协同作用正是创造性问题解决的重要组成部分。基于该理论提出的模型通过号角认知架构中非行动中心子系统（non-action-centered subsystem）实现，这种子系统主要处理知识、记忆与推理相关的认知过程，而不参与直接的行动与执行过程，它包含了显性子系统与内隐子系统两个核心部分。在模型实现过程中，任务在两个模块中同时处理，并将它们的输出进行整合，随后基于反应的分布情况随机选择响应，最终通过分布的模式（最大值）来估计主体对所选反应的信心程度（内部置信水平）。如果该水平高于预先定义的阈值，则输出所选响应，否则将两个模块的该响应结果作为新的输入进行下一次迭代处理。通过泛化该计算认知模型中显性与内隐两个独立且存在处理差异的模块，可以模拟研究个体面对悖论（需要进行分化与整合两种相反的处理）时的心理状态与创意输出之间的关系，并发现它们之间这种非单调的关系与以往研究之间的差异（Calic et al., 2019）。因此基于某种通用的认知架构建立与任务相关的计算认知模型进行模拟，可以补充由于无法对认知过程进行量化评估而导致的理论解释的缺陷（见图6-3）。

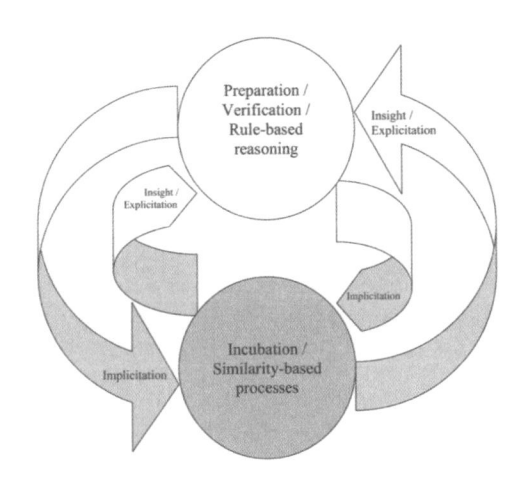

图6-3　显性－内隐交互理论的信息流（Calic et al., 2019）

另一个构建创造力的计算认知模型的路径是去关注人类面对创造力测量任务的反应及评估方式，如创造力-认知系统（CreaCogs）。创造力依赖于发散性思维以及聚合性思维，因此创造力评估可以通过多用途测试（alternative uses task，AUT）和远距离联想测试（remote associates test，RAT）进行。CreaCogs中存在三个层次的知识：概念层次位于中间层，指代认知系统中的概念表征或知识结构，可以进行概念的组合、分解与类比的处理；锚定于特种空间中的层次是较低层次，反映了与感知和特征识别相关的知识表示，如颜色、形状等可以用来锚定事物或概念的感知特征；问题模板位于最高层次，是个体解决复杂问题时使用的高级策略和框架，包括了解决不同类型问题时的一些典型模式、经验和知识框架，它们用来快速识别问题结构，通过调用模板进行解决方案的制定。根据具体的创造力测量任务的不同，基于 CreaCogs 开发了可以用来模拟解决远距离联想任务的 comRAT-C 认知系统和针对多用途测试的 OROC 系统。这些计算认知系统实现的核心是通过语义网络中的传播激活模拟人类完成创造力测量任务的过程。语义网络是由节点和边组成的图结构，其中的节点代表概念或特征，边则代表这些概念之间的关联或关系。当一个概念被激活后，这种激活状态会通过网络向其他通过边相连的概念传播，概念之间的关联强度决定了传播的范围与强度，即距离较近且关联强的概念会被优先激活。所以在 comRAT-C 系统进行模拟试验时，对提示词的激活会通过边被传播到相连的多个节点上，每一个被激活传播到的节点代表了一个解答方案。当同一个节点通过不同边的传播被激活时，说明产生了洞察，这与显性-内隐交互理论模型中提到的协同作用达到洞察阈值相似。

第七章
人工智能的创造力

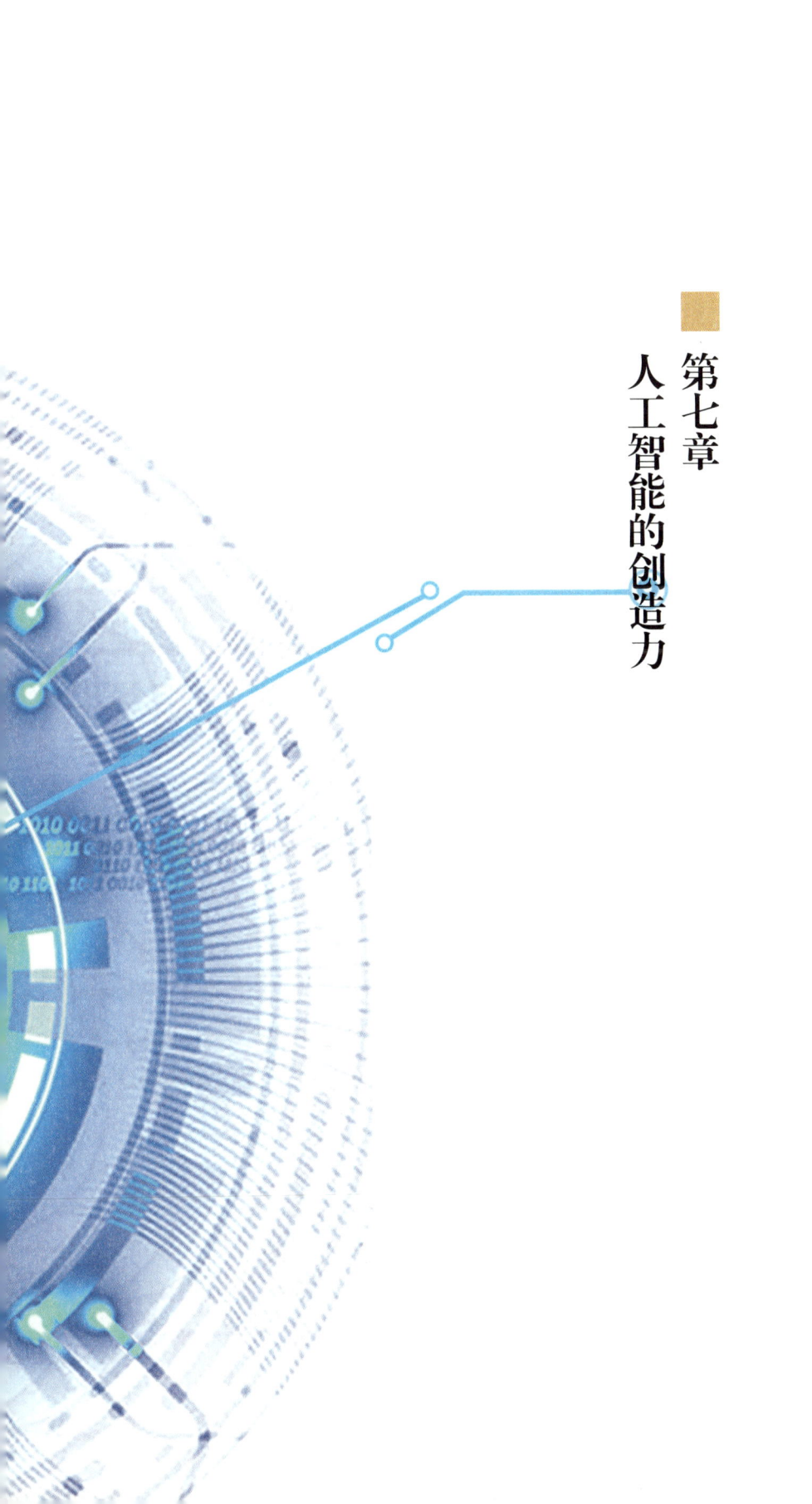

人工智能除了模拟人类的智能活动，近年的人工智能研究在生成型人工智能上的进展也十分显著。由此也引发了新一轮对于人工智能研究的关注和误解。从1997年超级计算机"深蓝"打败国际象棋世界冠军卡斯帕罗夫开始，大众就对人工智能的未来产生了期待，也对人工智能最终可以达到的能力感到担忧。2016年阿尔法狗（AlphaGo）的出现再次让人感到人类自身的智力受到了挑战，人工智能已经可以完成很多计算型工作的同时，也可以进行决策，并可以通过机器学习获得比人类更强大的知识体系和分析能力。在确定了人工智能能力可以进一步帮助人类实现诸多，由于技术未能实现而被迫搁置的研究的同时，也开始为自己的工作岗位可能会被比自己能力强且成本低的智能机器取代而担忧。而近两年生成型人工智能的发展又向人类发出了更进一步的挑战。拉弗纳（Rafner）与罗杰（Roger）（2023）指出，最先进的生成式人工智能目前已可以在创造力测试中与人类相媲美，并能增强知识工作者的创造力，基于心理科学原理丰富生成式人工智能应用可能会彻底改变我们对创造力的理解，并导致人类-AI混合智能的协同增效。研究人员使用生成模型开发了许多人类-AI共同创造系统（co-creative systems），可支持舞蹈、音乐、诗歌、游戏、时尚和素描等多种创意活动中的观点产生、选择和实现，新兴的共同创造领域可能包含跨学科和对人类价值的欣赏的最佳组合，以此来引领人类通往技能提升的未来。人工智能辅助人类创造并不意味着大规模的去技能化和失业，反而为人们发展出了更有意义的、更鼓舞人心的职业选择。

在最初的两章中，我们已经充分阐述了关于人类创造力的基本内容。人类创造力可以认为是比智力更能体现人类独特性的能力。创造力是诸多关于认知的能力的复合体，它基于智力而产生，并受到个体或团队知识结构的限制。而创造本身也同样包括了记忆、信息搜索、分析、推理、决策等认知过程。其中最为关键的"顿悟"，对于我们来说依然不可知。这种尚未探明的认知能力也正是人类区别于机器的地方。人类的不确定性、随机性，以及一些对于机器来说十分劣势的特质，让人类可以创造出新颖、独特，能让人类社会进步的事物，其中包括了艺术、科学、哲学等一切构成了人类文明的领域。人工智能的创造无疑挑战了这一点，即便它只在功能上可以"骗"过人类。人工智能的创造力是基于大数据学习与筛选得到的。即便是存在创造模块的生成式人工智能，也只能通过贝叶斯惊喜等制造随机性的方式来完成看似"新颖"的创造性作品。然而功能上的相似已经足够让人类警惕：也许某一天，在拍卖场拍出高价的作品会被发现是机器完成的，等到那时候，人类的审美将在不知不觉中被机器操控。但是，除了艺术作品需要创造力之外，科学发现、技术的革新等都需要创造力才能完成。这些可能都需要人工智能的协助，创造也并不限于艺术品。我们需要人工智能拥有"创造力"。这一前提是，我们需要通过了解人工智能领域是如何让智能体在与环境交互的过程中实现创造性生成的，来客观地认识和评价人工智能的创造。人工智能的创造力是如何帮助人类实现突破的也同样是值得深思的问题。

人工智能的创造性产品的生成任务相对比较成熟，然而人们依然对生成的产品的创造性产生质疑，并且认为成果即便是具有创造性的，也是计算机系统实现者（如工程师等）的创造力，而不是机器本身的。为了证明机器创造性的研究者们，除了从对于机器创造力的评估的公平性入手之外（Colton et al., 2012），也在诸多尝试中保证任务选择、算法、范式等因素的确可以实现创造性行为。首先是确定具有创造性维度的人工制品并找到合适的方法通过人工智能生成，如绘画、音乐、诗歌写作、故事写作及烹饪食谱。而创造性行为的实现过程在不同生成任务中也各有不同，瓦尔什尼（Varshney）等人（2019）建构的计算机系统是按照人类创造力的各个阶段运行的，包括发现问题、获取知识、收集相关信息、孵化、产生想法、组合想法、选择最佳想法及想法输出，而这些过程的实现也不是顺序的，存在回溯和跳跃。艾尔-利法耶（Al-Rifaie）等（2017）则采用两种群体智能算法，一种引导群体的注意力、一种负责执行跟踪机制，来控制虚拟的蜂群主体生成"蜂群草图"，通过循环这一过程完成图画的绘制。为了达到不同的目的、实践不同的计算创造力理论，有的研究选择采用半自动计算机系统来将人的因素加入进来，提高不可预测性，从而增强成果的创造性（见图7-1）；一些则选择完全回避掉人为的因素，来提高计算机系统自身在任务中的影响力，确保最终成果的创造性不再与人类直接相关，并尝试实现计算机系统自身的不可预测性，产生让观察者惊讶的效果，使得创造性成果更具有影响力（Karampiperis et al., 2014）。

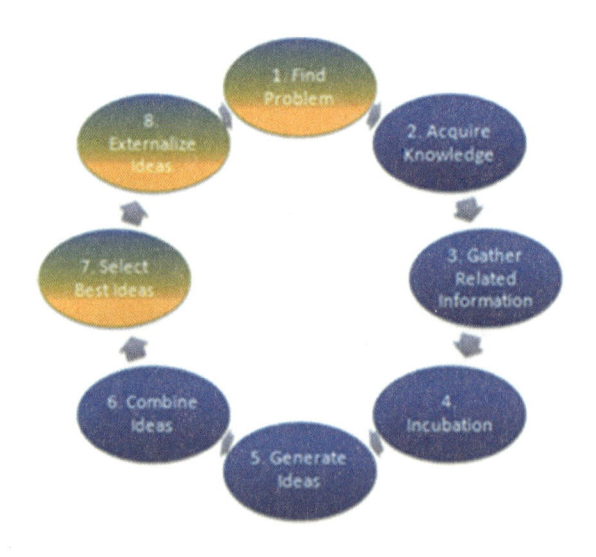

图 7-1　索耶（Sawyer）提出的创造力的人类认知过程（蓝金混合部分存在人机交互设计）
（Varshney et al., 2019; Sawyer, 2012）

第一节　人工智能创造力的界定

人类创造力与人工智能创造力，从字面上看，似乎只存在创造主体上的差别，而且心理学家们对创造力也只用了"新颖的"与"适宜的"，只要主体能够产生出被如此评价的观点、作品、问题解决方法，大众就认为该主体具有创造力。人工智能创造的理论框架和模型逐渐完善，通过对概念空间、多智能体模型的建构，以及算法与技术的成熟，已经可以通过计算模拟方法让计算机自主创造出文本、音乐、图像等。只需要人类作为甲方提供给计算机一个创造的主题假设，计算机即可自主生成行为步骤，或者利用基因编程自行进化出规则。

那种只能按人类要求去做的计算机，随着模型和算法的更新换代，已经逐渐不再是智能机器的主流。至少在思维上，计算机可以保持逻辑上的自主性。虽然它们不能"任性"地说"我要做出超越大师的音乐作品"，但它们可以学习那些大师作品的曲风，创造出自己的音乐。人类即便以这一创造了音乐作品的人工智能的"父亲"自居，也已经不能通过自己构建的模型和程序，来预测人工智能可以创造出什么样的作品来了。至少在算法和模拟过程上，计算机的自主性完全可以被认可。

如果人类可以对自己创造的独特性被剥夺毫不介意，那么完全可以认可当前人工智能的创造力。因为现在它们制作的各类艺术作品总是会被高度评价，会让看到的人惊叹于人工智能的创造性。这样人工智能的创造力就不需要特地提出来进行阐述了，因为它们不会因为机器这个身份而受到特殊对待。我们总是会对不属于自身群体的人抱有疑虑而不是赞叹，尤其是它们的能力可以威胁到我们的时候。不过有理由相信，如果阿马比尔及其他对创造力进行了界定的科学家们考虑到了人工智能的情况，也不会特意地在对创造力的定义中加上"人类"这个限定词，这是一种眼光长远的包容。但是，我们现在又为什么对于人工智能可以创造这一点"别别扭扭"——即便认可了作品的创造性，也不会由此认可人工智能的创造力。这可能是因为在很多人的心中，创造力以及创造行为依然是人类才能拥有和进行的。

人类从自己可以创造的优越感上建立的自尊自信，要比智力强烈得多。我们对于其他生物群体的智力十分宽容，当可爱的小狗在我们说"一加一"的时候，叫了两声，就会被评价为聪明，我们就会想要看更多它带来的智力上的精彩表现，即便这些都只是巧合或者训练的结果。在智力的评价上，我们对机器也同样包容，而且寄予厚望，因为我们知道即将会出现一个只以电力为生的高智商工具。这些都说明，也许在我们的内心深入，不管是动物还是机器，不论他们的智力有多高，都不会威胁到人类，虽然高智力的人工智能也依然会威胁到人类的职业选择。那么对于人工智能来说，为什么智力与创造力的评价水平与标准差异那么大呢，我们可以稍微回顾一下人工智能创造的历史。

1950年，图灵提出了著名的图灵试验，让人工智能从想象变成人们心中可以实现的近未来。同年，心理学家吉尔福德在美国心理学年会上发表了著名演讲，开启了创造力研究的历史。科学的理论与研究成果可以为技术的发展提供基础，更加完善和高效的技术也在支持着科学，去触碰更高的领域。但是最初的人工智能最高的目标，也只是在人类面前尽量掩藏自己的机器身份，还没有"取代"人类的野心。此时的人工智能还在等待创造力研究的深入，让这一野心成为可能。在计算机实体还没有问世之前，"认知即计算"的理论路径就已经产生了，认知计算主义对认知心理学的信息加工理论的产生，以及机器的发展从计算机到人工智能的转变功不可没。虽然我们不再用这个学术词语来称呼与它的理论思考相似的观点，但它的影响是毋庸置疑的。

在1950年之前，创造力中的智慧色彩是作为智力的一部分而存在的，创造力中的神秘性则像是"魔法"一样只会被神秘主义者关注。但是，当大众完全认可了人类的一切思考、认知、创造、心理等都来自大脑，而不是灵魂的时候，即便是创造过程中的灵感涌现和顿悟，也被心理学接收。出于对创造力这一部分的特殊性的关注，心理学家们选择将关于它的研究独立起来，专注地去摸索创造力本质和形成机制的黑箱。由于我们尚未完全揭示创造力的形成机制，我们只能用发散性思维来解释灵感的涌现，用大脑中的默认网络来解释顿悟的发生，用计算方法来模拟创造过程几乎是一个不可能的任务。但是如果我们从可以产生创造性成果的角度去界定创造力的话，不能模拟创造过程又不再是一个重要的缺陷了。

人类对人工智能创造评价的矛盾，也在这一点上显现出来。所以说，在人类心中，创造过程是定义创造力的重点。但是由于人类自身就是一个自然的"创造机器"，而关于我们自己创造的奥秘都没有被揭露，根本无法从人类创造过程的角度阐述创造力，反而对于人类来说可以制造创造性成果才是人类创造力的体现。所以说，人工智能的创造力如果真的想要获得人类的统一性评价（同时评价产品的创造性及认可人工智能的创造能力），就需要从创造过程角度对人工智能的创造力进行界定。人工智能创造力需要从一个新的路径入手，去定义计算机拥有怎样的能力的时候，人类可以评价它们是具有人工智能创造力的。这一路径可以与人类创造力区分开，让人类创造力及定义专属于人类，让人工智能的创造可以得到另一个专业术语来进行描述。

那么我们需要先了解人类和人工智能是如何模拟创造过程的。对于人类来说，创造力的基础是旧的知识及可以完成认知的智力，因为新的知识只能从旧的知识中产生，如此我们需要先对"新"做出细分。知识如果按照领域划分，那么从同一个领域的旧知识中诞生的是"革新"的新知识，从其他领域中借鉴旧知识产生的不同领域的新知识是"创新"的新知识，但是他们都是创造性的体现。这种划分方式在科学领域、艺术领域这些存在着卓越的创造力（big-C）和专业的创造力（pro-c）的领域似乎略显牵强，但是当我们将视野放大到人类历史存在的范围广度的时候，就会发现一切都是有迹可循的。而且，这种创造似乎植根在我们的生物学因素中，否则又如何解释不同领域在没有交流的时期，为何产生了同样的创新思想呢？对于旧知识的获取与挖掘，人工智

239

能比人类具有天然的优越性,虽然它的"天然"来自人类对计算机硬件的精进。不管怎样,人工智能对创造过程的模拟依然会从数据库的建立开始,然后通过模式识别和数据挖掘来进行发散性探索,再根据人类这个甲方指定的要求,匹配拼贴探索得到的素材,经过预设的评价模块和机器学习,优化结果,最终输出创造性产品。人工智能与人类创造过程相似的地方在于探索阶段,而其他的内容都被大脑瞬间完成。目前探索脑神经机制的方法与技术还不能为我们解答它的工作原理。因此,人工智能的创造过程,更像是一个多出了评价体系的问题解决系统。问题解决过程是基于逻辑的,而人工智能能够模拟的问题解决需要具有可计算的特点,因而本质上需要符合数学与物理符号逻辑。这导致发散性探索得到的可用来开发新知识的旧的内容,只能按照程序员编写的脚本进行,人工智能就像是模型一样去摆出程序员要求的姿势。这一点也是众多科学家和大众对人工智能创造缺乏信心的原因。而人工智能领域的科学家们提出的解决方式是,先去让人工智能创造新的脚本,这让人工智能对于创造行为的模拟又有了一些新的进展。

人工智能领域主要从两个方向进行脚本的创造,对流程/步骤/模块的创造,以及类比于人类进化过程的基因编程,我们在第六章第二节中已经有所阐释。我们介绍了一种基于模块库,将不同模块组合成新的流程图的模拟框架FloWr。两种方式的人工智能技术创新,都在试图让计算机跳出"按部就班"的模拟形式,通过更"自然"的方式进行模拟。除了脚本需要更新,完成脚本的智能体也需要建立,因而当前主流的人工智能计算模拟大多都是基于多智能体模型进行的。

随着程序可以进行自我创造、自我进化,人工智能的创造过程愈发自主,模拟的输出结果也更加具有创造性。总结一下人工智能目前的优势,它具有傲人的数据库,以及目标数据的检索、挖掘、处理的能力,它还具有深度学习的能力，以及自我进化和创造的能力，由此可见，人工智能的创造过程和结果都已经有了部分让人满意的成果。鉴于人工智能创造力的本质在于它的创造过程，所以我们需要将自主创造加入原本的创造力定义中。由于这种对自主性的需要，人工智能创造可以区分于人工智能的智能，形成独特的领域。这一研究领域被称为是计算创造力，而人工智能的创造力可以理解为人工智能可以自主地生成新颖的且适宜的产品的能力。总体来说，人工智能的创造主要体现在对创造过程的模拟上，以及创造性产品的生成上。计算创造力这一分支领域主要关注的就是对两者的优化研究，以此构建更可以被人类评价为创造性的成果产出的智能体。人工智能的发展过程及评价方式兼顾了智力与创造力。对于一个可以在图灵测试中被认为拥有智能的机器来说，它不仅智力活动与人相似，同时还可以进行主动对话并做出超越算法的行为。人工智能的创造力可以认为是基于智力涌现出的带有随机特征的行为能力，所以拥有较高水平的创造力的人工智能需要具备可以平衡随机性与误差最小这两个特征。

因为在原本的创造力定义中，由于我们没有考虑到可能存在其他创造主体的情况，并没有加入创造过程的限制，因此，人工智能是否具有创造力需要重新进行考虑。毕竟，用创造力的主体只能是人类，而拒绝了人工智能领域的努力是不必要的。人工智能创造力不应该被直接否定。而且，"计算机只能做编写程序的人要求去做的事情"，这一观点经过人工智能近20年的努力，将要成为过去了。

第二节　人工智能创造力的涌现

人类对计算的追求是对智慧追求的一个方面，是一种本能的、进化式的。如果不能用能力让群体和环境变得更好，自然就会将停滞不前的群体淘汰掉。

所以人类为了生存而发展智力，为了不让族群的发展停滞而发展创造力。人工智能对智能的模拟跟对创造的模拟不同步，前者更容易以计算的形式进行，而后者需要一些人类创造，来让机器可以更加自主地行动。

　　大部分人工智能对人类创造活动的模拟在于音乐、文本、绘图等方面。早期的人工智能生成程序主要是对生成规则的探索，如音乐生成最基础的方面在于需要先确定音乐内部的结构、规律，以及优美音乐生成的规则。这不仅是人工智能构建模型生成音乐的基础，也是人类音乐创造中的重要部分，只不过人类会无意识地利用这些未知的规则。在 1650 年，基尔舍（Kircher）在他的具有奇幻色彩的音乐著作《音乐宇宙》一书中，探索了旋律元素在作品中出现的概率。而机器走向人工智能路线后，伊利亚克组曲成为了第一首计算机生成的音乐，他们用符号编码表示音乐的音高、音色、强弱与节奏，用逻辑计算来阐述它们之间的关系。因为，音乐的规则可以像数学一样有逻辑，所以只要找到这样的规律，如果对音乐审美的要求不高的话，简单的音乐生成并不难。而在 1984 年，张伯伦（William Chamberlain）编写了计算机程序 Racter 来生成独特的文本（Rowe et al., 1993）。它就像是人类诗人一样，当"灵感"到了，会有几句既饱有深意又让人眼前一亮的句子出现，而下一句就会像还不会说话的婴儿随意指出来的文字一样，没有任何意义。这种差距与矛盾，让人们只能承认计算机创造出来的语句可以是新颖的，但是缺乏对计算机真的能进行创造的信任感，因为其他不新颖的语句甚至都不是有效的。随着生成式算法与模型的成熟化，人工智能程序不再追求更高程度的自由度，而是希望可以更稳定地生成有意义的内容，创造性在有用性的基础上建立。因此，人们对已然存在的大师的风格模拟，以及对照片或文本转译为图像的程序开发更为欢迎。科普（Cope）等人开发的 EMI（experiments in musical intelligence）是比较早期进行的风格上的尝试，他们试图让机器生成的音乐产生类似莫扎特、巴赫这种古典音乐大师们的风格,以及一些更现代的音乐风格。

如今,人工智能的创造性行为主要通过两类任务表现出来,即创造性产品的生成任务和问题解决任务。生成任务可以分为两种类型的创造性行为表现,一种是提供给计算机系统高质量的产品素材,根据这些成品案例,通过算法实现生成其他新的创造性产品;另一种是根据认知科学理论,通过算法实现创造性成果的生成。

一、文本生成

由于文字本身就是一种符号表示,将文字形式化相比于图片、音频与视频更容易,所以人工智能创造中文本生成、故事生成等是研究最多的创造方向。而且,自然语言符号化本身就是人工智能领域的一个研究问题。最早的文本生成人工智能可以追溯到20世纪80年代,因为人类的思维除了解答数学类问题之外,都是需要基于自然语言进行表达的,而在开始进行认知计算研究的时候,对自然语言的可计算化表示是一个很重要的问题。因此,计算机编程对自然语言的处理及其他文本处理问题,都是人工智能发展初期就很活跃的研究领域。针对当时的语言基础对模型开发的限制,曼(Mann)1983年开发了一个新的文本生成系统Penman,试图解决这样的基础技术问题,来开拓文本生成模型的问题空间,让它可以拓展到不同知识领域中。其中的核心技术包括知识表示、生成合理的语法、文本阅读模型的建构,以及对文章结构与功能的建模。最初的文本生成也在此基础上利用了随机性,去试图"创造"。与同时期的计算机程序Racter不同的是,Penman以让计算机可以处理自然语言为主要目标,来研究计算文本生成,得到的成果有意义但缺乏创造性。这种"创造"只能在无序与严谨中选择其一,无序意味着不稳定的创造,严谨意味着单一机械的词汇语法的合理堆砌。

之后,文本生成的发展在生成对抗网络(generative adversarial networks,

GANs）模型的提出后，有了更进一步的发展。该模型可以利用框架中的生成模块与判别模块本身及其相互博弈地学习，通过深度学习技术，提高文本生成程序的质量。但这种方法难以保持长文本的结构准确度，因此提出了相应的改进建议，如新框架 LeakGAN，通过加入一个附加管理器模块来根据当前生成的词语特征，为生成模型加入潜在的向量，来作为特征标量与文本结构的中介信息，从而让这一顺序生成的下一个词语特征符合当前的文本结构，提升长文本的生成成功率（Guo et al., 2018）。

在优化此类研究的过程中，文本生成程序的应用可以让大众看到这一方向的前景，也可以通过揭露问题，来明确后续的技术提高和研究方向。1996 年牛津出版社开发，2014 年美联社（AP）与科技公司"自动化透视"（automated insights）开发的 WordSmith 工具，成为目前使用情况最好的人工智能文本生成程序。它是一个自动写作软件，可以用来生成新闻稿、财务报表等，但是它生成出来的文字没有感情、结构简单，很容易与人类编写的文本区分开（Scott, 2001）。此外，孙茂松等人（2001）也一直致力于人工智能对汉语文本生成方面的研究。他的团队实验室开发的智能机器"九歌"作诗机，现在不仅可作五言、七言绝句，还可作律诗。与英语相比，中文文本生成的难点在于由于词与词之间缺少空格，所以需要多加一道汉语自动分词的工序。

为了解决这一问题，需要对于文本生成模型的算法、技术与模型构建的理论框架进行研究。首先朱（Zhu）等人（2018）建立了一个开放领域（open-domain）的文本生成模型研究的基准平台，该平台除了可以实现大部分文本生成模型之外，还包括了一组可以评估生成的文本多样性、质量及一致性的指标。其中，评估模块的合理建构可以优化机器学习过程，而且对于文本生成的模型来说，评估相比于其他艺术领域的生成程序来说，更加重要而且可以更准确。因而对于文本生成的评估指标和自动评估模块的建构，也是其中一项重要的研究方向。

区别于过往，通过计算候选句中标记与参考句标记的相似性，来评估文本的方式，如BLEU（Papineni et al., 2002），BERTSCORE自动评估系统的建立，应用了上下文嵌入来计算句中标记的相似性，而不是采用之前的精准匹配，可以让系统的容错率更高（Zhang et al., 2019）。

近期的文本生成模型的构建除了优化一般性的文本生成之外，更在意如何生成有意义且让人可以惊叹于人工智能创造性的大段文本，如故事生成和剧本生成。这种生成的难度不仅在于需要让整句中词与词之间的联结有意义，还要让语句具有上下文的联系，需要在保证创意的同时增加文本内部的逻辑性。故事的生成，可以更加体现人工智能的创造力。早期的故事生成的重心在于机器如何生成故事，而后贝利（Bailey）（1999）将重心放在了生成的故事与读者之间的交流上，试图用这种方法来提高故事的可读性。也就是说，故事生成相比于普通的文本生成，更加需要建立故事性，需要提前假定文本的主题，并且需要建立上下文场景，来让文本前后逻辑连贯。2018年，范（Fan）、刘易斯（Lewis）与多芬（Dauphin）基于人类故事写作的故事集，构建了一个分层次的故事生成模型，根据预先假设生成的一段文本，采用一种新的门控多尺度的自我主义机制（gated multi-scale self-attention mechanism）模拟上下文，通过机器学习改进该文本，提高生成的故事与假设相关性。最后通过人类评估的方式，也确定了这种多层次模型结果更好。随着更进一步的优化，目前最为先进的文本生成算法，如GPT-3，由于更高的自由度，反而难以控制生成的内容与输入的主题之间的逻辑，为此钟（Chung）等人在2022年引入了基于GPT-3的模型TaleBrush，来增强指导机器故事假设（输入）与机器之间的交互，将抽象的故事梗概可视化，通过人机协作的方式提高生成的故事的创造性和可读性。

文本生成程序设计的重点在于需要将词语、语法、文本结构进行编码，并需要模拟上下文，联系词语与前后结构的关系，来保持文本意义及结构的一致性，并且在机器学习过程中加入评估系统，来保持文本的可读性。故事生成更是需要生成的文本拥有一个统一的主题，所以需要进行主题的预先假定，并且需要将它放入学习过程中的评估系统里。此外，为了故事的创造性，还需要机器可以生成高水平的故事情节等。从自然语言的形式化处理，到当前的人工智能故事生成，关于文本处理的框架和模型建构研究还需要进一步的优化。不像是有明确规则的音乐生成，文本生成对有用性的要求很高，而且我们也更容易从文本中读到语气、情绪等与人类特有的自我意识相关的内容。所以，虽然几乎所有的交互式人工智能都拥有文本的输入与输出的功能，但真正进行创造性文本生成人工智能的构建时，平衡可以生成新颖内容的算法随机性与让输出的文本更贴近数据库特征的有用性，就成为了一大难点。所以，文本生成人工智能的发展从对新颖的追求开始，却最终更倾向于创造平衡了新颖与可读性的人工智能。

二、音乐生成

计算创造力在音乐生成方向上的应用成果也很丰富，主要内容就是基于合适的理论框架，建立可以凸显创造自主性的模型，利用机器学习分析、整理和处理音乐类数据，来开发制造可以处理、生成及演奏音乐的智能程序，也称为算法作曲或音乐元创造。

其实早在 1650 年，基尔舍在他的《音乐宇宙》（*Musurgia Universalis*）这本具有奇幻色彩的音乐著作中就探索了旋律元素在作品中出现的概率。音乐编写似乎是有规律的，那么如果掌握了这种规律，是否没有万里挑一的天赋也可以创作出大师级的作品呢？对这个问题的思考和探索的兴趣一直持续到计算的兴起，以及可以支持计算的计算机的问世。1959 年，希勒（Hiller）与艾萨克森（Isaacson）第一次用伊利亚克（Illiac）计算机尝试了音乐生成，编写了《伊利亚克组曲》（*The Illiac Suite*），并在 1956 年第一次演奏，它也是世界上第一首由计算机生成的音乐（Hiller et al., 1993）。他们用符号编码表示音乐的音高、音色、强弱与节奏，用逻辑计算来阐述它们之间的关系。80 年代，科普等人开发了 EMI，试图让机器生成的音乐产生类似于莫扎特、巴赫这种古典音乐大师们的风格（Cope, 1989; Core, 1999），以及一些更加现代的音乐。

图 7-2　数字音乐中心（C4DM）团队通过数字信号处理、机器学习等技术识别与创造音乐机器学习等技术识别与创造音乐（Centre for Digital Music, n.d.）

2019 年，斯特姆（Sturm）等人将机器学习应用到音乐建模和生成的研究中，提出了生成音乐的模型框架、训练方法和数据集（对于不同的音乐数据集采用了不同机器学习方法）；从而基于该系统生成音乐（从作曲到表演），并使用序列可能性（sequence likelihoods）/听力的定性测量来评估这个模型生成系统的性能，并且最终用这些生成的人工智能音乐举办了世界上第一个人工智能音乐演唱会。李（Li）与牛（Niu）在 2022 年，基于和弦特征的生成对抗网络模型，用 GRU 网络提取和弦特征，来学习和弦的风格，并试图产生更具有愉悦度与连贯性的音乐作品。

还有一些研究通过人工智能音乐生成程序，来检验理论框架或模型是否可以进行自主创造，或是开发机器学习方法、评估模型等。布里奥特（Briot）、哈迪尔斯（Hadieres）与帕赫特（Pachet）（2017）明确了深度学习技术应用到音乐生成程序中的时候需要确定的5个维度：①音乐生成的内容是什么以及谁来演奏，②程序中音乐的特征用什么来表征和编码以及作品的格式，③音乐生成程序的模型框架是什么，④对模型特性的要求是什么，⑤用什么方法建模和控制生成系统。加迪兹（Cádiz）等人（2021）用一个自动编码网络训练出来的可生成基于音频的音乐和弦的模型TimbreNet，以及一个通过生成性对抗网络训练可得到简短音乐片段的模型StyleGAN Pianorolls，来探索目前的生成模型的创造力。同样，对于计算机如何通过机器学习和模型来展现出它的创造性，另一方面，音乐生成程序还可以用来检测所使用的生成模型创造过程的创造力。对生成成果的创造性评估，是判断人工智能创造力大小的最直观的方式。而生成成果的过程，一般涉及生成模型中的诸多结构性模块，而这些模块中的算法以及模块功能决定了生成模型的创造过程。对人工智能的创造过程的评估，更能体现人工智能作为创造主体的能动性。因此一些音乐生成程序也为人工智能创造过程的评估提供依据（Chang et al., 2021）。

三、图像生成

AARON在1973年被开发完成，是一种早期的艺术生成程序，它可以基于规则用算法生成抽象的艺术作品。科恩（Cohen）作为一名计算机科学家，同时也是一位艺术家，参与了程序开发。他的最初构想是认为图像的创作本质是线条、颜色与结构的创意性组合，而只要在算法中明确组合的规则，如线条的长度、角度、色彩和位置，就可以获得画面（Cohen, 2016）。这样生成的画面简单，色彩只是铺在线条与结构之间，而这种抽象的作品确实是具有创造性且具有审美价值的。而且AARON非常创造性地使用了机械臂进行实际绘画创作

（见图 7-3），虽然它只有简单的线条和色彩表达，但是这种非数字化的创作及对早期机器人的使用，让这一人工智能既体现了当时计算机科学的发展优势，又体现了机器可能表达出的艺术性。而这让人们发现图像本身也只是多种因素的创意性组合，所以也产生了 Fractint 这种用计算机程序将数学规则与图像结合，来体现分形数学艺术性的程序。

图 7-3　AARON 的早期绘画（1974 年）（Cohen, 2016）

随着电子计算机硬件和程序的开发，数字艺术开始出现在大众视野中。创意图像的生成式人工智能开始利用图像的数字化和数字创作，来完成更加具有创造性的工作。20 世纪 90 年，西姆斯（Karl Sims）的数字生命模拟艺术十分具有开创性，这种将生命与数字艺术结合的思维方式直到现在依然具有活力，并且它为当下的 3D 影像创作奠定了基础。西姆斯（1994）利用遗传算法在模拟三维物理世界中，创建了一个可进行移动并做出适当行为的虚拟生物的创造性系统。其中的 Galápagos 模拟了生物的进化过程，并通过程序生成了可移动的虚拟生物，将生物学、艺术及计算机科学融合在这一作品中，是非常重要的对早期虚拟生物体生成的一次尝试。虚拟生物体通过一系列参数控制生成，身体的形状、肢体数量、大小和运动方式等，经过基因的交叉、变异和选择，生物体的迭代进化以能够更好地在虚拟环境中进行移动和生成为目标，自发地改变了形态以适应虚拟环境。它也开创了早期的可视化模型，被用来模拟观察生物体的进化过程。

生成对抗网络模型的提出让机器拥有了自发学习风格并生成复杂图像的能力。谷歌（Google）开发的 DeepDream（DD）利用卷积神经网络模型，创造性地对图像进行编辑，生成类似于梦境的艺术作品。多层神经网络让程序可以对图像进行复杂的编辑（Al-Khazraji et al., 2023）。DeepDream 可以将一个现有的图片（如，照片）经过梯度上升来最大化特定层次的特征映射，将特征强化放大。被增强的特征让图像在视觉上看起来充满了梦幻感，让人感到输出的图像是一种抽象的艺术作品。除此之外，Prisma、DeepArt.io 也是通过神经网络将照片转化为不同艺术风格图像的应用程序。图像生成式人工智能从简单抽象的艺术创作开始，像是进行科学发现那样，找到规律、模拟规则。当下的人工智能程序已然可以输出非常复杂的图像作品，这些程序中还结合了自然语言处理、增强现实技术等其他领域的前沿科技。在这样的技术支持下，对于复杂但具有独立风格的艺术作品生成也不会是遥远的未来。Midjourney、ChatGPT、DALL-E、Stable Diffusion、文心一格等生成式人工智能可以通过在远距离概念之间建立联系、产生想法来支持发散性思维，依托文本到图像的算法根据人类的文本提示生成新的绘画和产品设计（Eapen et al., 2023）（见图 7-4，图 7-5，图 7-6）。

图 7-4 Midjourney 的"幻影"绘画（大象和蝴蝶）（Eapen et al., 2023）

图 7-5 Stable Diffusion 设计的类似蜻蜓、乌龟、老虎和老鹰的飞行汽车（Eapen et al., 2023）

图 7-6　Stable Diffusion 的产品设计（椅子和手工巧克力糖果）（Eapen et al., 2023）

四、其他领域

以上这一系列人工智能创造的框架和模型，还可以应用到各种可以编码并需要创造力的领域中，如产品、商业模式、社会结构及科学研究。厨师沃森（Chef Watson）就是一个利用相关数据集和机器学习、数据挖掘技术，来构建的一个可以用来生成烹饪食谱和菜单的计算创造力系统，并用同感评估技术来对结果进行评估（Eapen et al., 2023）。对于人工智能来说，创造既艰难也容易。如何生成有价值的创造性成果需要经历几十年的技术与理论更迭，但是当我们找到了一些框架和模型的时候，就可以更换相应任务的数据集和训练模型，来将原本完善后的人工智能框架应用到各种领域。例如古德温（Goodwin）等人（2017）利用"厨师沃森"框架来对香水设计进行创新。除此之外，人工智能还可以从某种角度做到"共感"，通过训练数据集将文本转化为图片（Ramesh et al., 2021）。

综合以上，让我们对人工智能创造程序和模型的发展，做一个简单的总结。当前的人工智能创造程序还处于基础研究阶段，被用于检验机器学习等，可以发展人工智能研究的基础技术的可用性情况。如果他们可以让创造更有效，那么也可以提高现在已经被投入应用，更加具有商业价值的智能机器的工作效率和智能的情况。另一方面，这些可以生成文本、音乐、设计方法等人工智能程序也可以告诉大众目前的人工智能进展情况，用可以惊艳大众的创造性成果，来告知我们的未来生活可能发生的变化，提供一种想象的方向。

第三节　人工智能创造力的评估

人工智能创造力是一种自主地生成新颖且适宜的产品的能力。通过以上对音乐、文本、图像等生成式人工智能发展的简述，我们不难发现其背后的共通性特征。人工智能创造源自对规则的总结和模仿。与人类创造主体不同的是，人工智能自身的生成过程就带有一定的随机性，这种随机性在一定程度上打破了既定规则的束缚。在仅依赖数据类型匹配规则进行约束时，即便没有明确指示创造性，只要生成的内容能够被有效解读，它们便自然而然地呈现出新颖性，满足了创造力的基本门槛。这也为"人工智能具有创造力"这一议题的可成立性提供了基础。诚然，有观点认为当我们试图将风格、情感表达、自我意识的表现作为作品创造性的评价标准时，人工智能作为机器，从根源上将被这些标准从创造主体中排除在外。然而，人工智能参与创造的众多实践案例，以及 *Science* 等权威学术期刊对于"AI gets creative"的深入探讨与阐释（见图7-7），均揭示了人工智能创造力的广阔前景及这一主题的潜在合法性。由此，当前更多研究者的关注点并非否认人工智能存在创造力，而是积极探索人工智能创造力的评估方法与提升路径。

图 7-7 "AI gets creative" 入选 Science 2022 年度十大科学突破[①]

无论是人类创造力还是人工智能创造力，"创造力的评估"都是其中的核心内容。尽管人工智能技术以高度自动化水平著称，其创造力评价体系却并不完善，由于创造本身就蕴含了随机性、主观性等因素，很难找到像智力测验那样的标准化测量手段，来对人工智能的创造力进行清晰的评判。特别是通过人们的主观感知来评价人工智能创造力时，不同个体可能对于人工智能创造力持有差异化的定义，或对于人工智能持有特定的刻板印象，这将直接导致评价结果出现较大偏差。综合既往人工智能创造力评价的相关研究，对人工智能创造力进行评估，一方面可以借鉴人类创造力评估的丰富经验与成熟方法，将人类为创造者视角下的创造力评价相关理论基础与实证结果，在人工智能创造力领域进行合理改进与运用；另一方面还需要根据计算机科学与认知科学对计算机自主性的理解，来从理论上解释我们如何评价计算机模型或者模拟过程中的创造性、自主性。

---

① 2022 breakthrough of the year. [EB/OL]. (2022-12-15) [2023-04-05]. https://www.science.org/content/article/breakthrough-2022.

一、类比于人类创造力的评估

创造是一个复杂的认知过程，它不仅根植于个体的独特特质与潜能之中，也受到当时社会文化环境的深刻塑造，相应地，对于创造力的评价也并非存在于真空中，而是嵌入更为广阔的社会与心理框架内。尤其是艺术创造领域，对艺术作品的创造性评价与审美评价一样，深受评价者及评价环境的影响。正如本书第一章第一节所述，心理学对人类创造力的界定与评估可归纳为四个角度：创造性的人、创造性产品、创造性过程、创造性环境，也即创造力的 4P 模型。落实到具体量化评估方法上，可包含对个体创造性人格、内在动机等变量的测量，对发散性思维和聚合性思维等变量的测量，对于已取得的创造性成就的考核或专家对产品的评估，以及对于环境中支持、抑制创造力的相关因素的测量。即对人类创造力的评估涉及个体创造潜力、思维方式、产品输出、周围环境四个方面。

将人类创造力中的 4P 模型迁移至人工智能创造力领域中，可以类比人类创造力来思考如何对人工智能创造力进行测量，即评估人工智能进行创造的潜力、过程模拟、产出及环境。首先，人工智能的创造潜能可以理解为能够让创造模型更具自主性、能够影响产品创造性的基础技术，包括算法、编程思路、影响数据库与计算力的软硬件等。正如具有自主性、开放性、高内部动机、自信等特征的人会被视作更具创造性潜力，先进的机器学习算法及支撑算法运行的高性能平台、大规模数据库与不断进化的软硬件系统，也能成为驱动人工智能向更高创造力水平迈进的基础动力，即"人工智能的创造潜能"。

从人工智能创造力的过程取向出发，人工智能在建立模型、编写脚本时就会加入评估体系来进行筛选与学习，促进人工智能的自我学习与优化，因此，评估机制本身就是促进人工智能创造力提升的重要因素。因此，对于人工智能创造过程的评估，除了评估与创造过程有关的模型、框架本身是否可以让人工智能更加具有自主性之外,还应关注系统内部的评估方式是否有效、恰当,是否能引导系统的持续优化。卡诺瓦林尼(Carnovalini)、哈利(Harley)与霍默(Homer)(2021)提出了元评估程序,这是一种进行内部评估的模块,用于支持评估模块与创造性系统两者的增量开发(incremental development)。该程序可以理解为人工智能的"自我反思"机制,是通过比较系统平均输出的评估结果与同一系统的最佳结果,来查看评估程序是否能从统计学结果上区分两者,从而帮助人工智能更好地学习与进步。

产品取向关注人工智能具体的创造性产出(包括但不限于有形的产品及抽象观点等),具有更高的规范性及可操作性,因此被更广泛地应用于人工智能创造力测量及评价研究中。毕竟潜力与过程都隐藏在程序内部,无法直观地做出评价,而产品取向提供了一种相对客观的视角。其关注点不在于人工智能是否具有真正意义上的"自由意志",以及其是否表现出与人类相似的创造性过程,而仅是通过对于输出产品创造力的评估,而逆向推演人工智能的创造力。即便是通过最简单的方式,只要得到了符合新颖性特征的结果,也完全值得对人工智能的创造力进行肯定。但是由谁对产品进行评估,评估标准是什么,依然不存在定论。瓦尔什尼等人(2013)通过贝叶斯惊喜(Bayesian surprise),一种"惊喜"的贝叶斯表达,对生成的烹饪食谱进行创造性维度的评价。这种方法认为新颖性来自于观察者世界观的变化,所以可以用新的产品的后概率分布与已存在产品的先概率分布的变化量,来界定新的产品的创造性大小。此外,卡拉姆派珀瑞斯(Karampiperis)等人(2014)通过故事生成任务来提出评估机器生成产品的计算度量公式,来评估人类对创造性的感知,研究中将新颖性定义为故事文本中的主导词之间的平均语义距离,故事的新颖性则是平均语义距离与整体语义距离之间的绝对差值。综合来看,对机器生成产品的创造力评估与生成任务最终的成果性质相关,所以评估使用的计算公式不同,但是都在强调成果与一般性成品之间的变化值。除上述客观计算标准外,也有众多研究者关注人们对于人工智能产出的主观评价,考察行业专家或普通群众对于人工智能生成内容的感知创造力,以及其影响因素。

关于环境取向,在既往人类创造力的研究中,一方面,环境是创新行为发生的重要场域,环境中的支持性或抑制性因素显著影响创新的过程与结果,如对于工作者,领导的自主性支持、丰富的资源供给、创新性的工作氛围均有利于员工创新绩效的提升;另一方面,环境也深刻地塑造着创造力的评价准则,特别是对于艺术作品等评价主观性较强的产品类型。这是由于评估标准体现了人们对于"什么具有价值"的判断,而社会文化环境决定了人们对世界中客体的价值认知,例如东西方文化中可能对于创造力产品的有用性及新颖性存在不同侧重。

人工智能创造力的环境取向也同样包含上述方面。首先,支持性的系统环境通常包括对技术研发的投资、先进的科研设施、便捷的技术获取途径以及开放性的数据共享平台等,而使用者对于人工智能创造的接纳、社会对人工智能应用的态度、相关领域科学家对于人工智能创造的兴趣与研究,也在很大程度上作用于人工智能的创造性输出,如使用者的使用反馈、科学研究的前沿成果等将会助力人工智能系统的迭代与改进,用户的信任与满意度也能够进一步促进技术的推广和普及,影响人工智能创造的发展速度及发展方向,这些内容共同构筑起人工智能创造力的生成环境。其次,在人工智能创造力的评价准则上,社会文化环境同样发挥关键作用。与传统创造力评价不同的是,人工智能创造力往往涉及更加复杂多元的因素,如技术实现的难度、创新性、实用性、伦理道德影响等。社会文化环境通过对这些因素的权重分配和价值取向的引导,直接或间接地影响着人工智能创造力的评价标准。例如,某些社会文化中可能更加注重人工智能技术的实用性和社会价值,而另一些则可能更加强调其技术创新性和对未来科技发展的推动作用。因此,在构建人工智能创造力的评价体系时,需要充分考虑社会文化环境的多样性和复杂性,采用灵活多样的评价标准和方法,以全面、客观、公正地评估人工智能的创造力水平。同时,还需要加强跨学科、跨文化的交流与合作,共同推动人工智能创造力评价体系的完善和发展,以更好地适应和引领未来科技发展的趋势。

二、人工智能被评价为具有创造力的条件

在生成模型中,机器学习技术的实现依赖于评估模块,这些模块用于确保生成的内容与预定的假设或目标模板尽可能接近。评估计算机生成内容的模型本身,以及评估模拟过程中的创造力,已成为人工智能领域亟需解决的理论问题。如何有效评价人工智能的创造力,以及如何通过计算模拟表达创造,这些问题的解答决定了人工智能创造力的理论框架、模型和算法的设计。与传统人工智能任务的实现不同,评价标准和方法在人工智能创造力的领域中扮演着基础性角色。换言之,诸如语音识别、图像识别等智能任务中,评价标准及方法关注的是问题的表征和技术、算法的更新,而在创造性相关活动中,评价对于理解人工智能创造力的含义及其实现至关重要。为了通过计算模拟准确地表现出人工智能的创造能力,学者们提出了多种理论方向和框架模型。

1990年,博登在《创造性思维》(*The Creative Mind*)中以认知科学与计算机科学的视角,通过人类创作的实例和过程,以及人工智能领域中的计算模型,来揭露人类创造力的本质,并以此探讨如何评价计算机的创造力。她认为人类创造力中的"直觉"成分最为神秘,难以解释这个没有详细逻辑脉络的、从无到有的思维跳跃,而它也最为体现出人类创造的独特性。人们对计算机创造力持保留意见也是因为计算机做不到直觉思维,无法从看似没有任何关联的内容中突然地产生新的想法或作品。顿悟来源于直觉,但直觉体现在创造行为的整个过程中。博登坚信,通过人工智能思想,能够理解人类如何从直觉当中想到

新想法。即我们可以利用计算思想，用科学术语理解"直觉"如何工作。即便大众不认可计算机能够具有如人类一般的创造力，也可以通过结果和过程揭露计算机可以做具有创造性的事情，可以产生不同类型的创意。

博登以计算机模拟创造过程，并尽量使这一过程类比于人类创造力，提出了计算机可执行且适用于人类创造行为的三个创造力类别，分别为组合型（combinational）、探索型（exploratory）、转换型（transformational），并概述了计算机可以在多大程度上匹配这三种类型的创造力。她同时提出了概念空间（conceptual space）来表示和组织知识、想法、概念间的关系，让这三种创造方式可以通过在计算模拟过程中组合内容、探索新空间、改变空间风格来生成新的概念空间，从而完成创造任务。组合型创造力即是对熟悉的观点进行新颖的组合；探索性创造力通过对结构化的概念空间进行细致的探索来产生新的想法；转换型创造力则是对原有的概念空间中的维度进行改变、增加或移除，即通过改变已被接受的概念空间来得到创新观点。例如凯库勒（Kekule）对苯分子结构的探索过程中，原子与原子之间的联接规则就是这个探索任务的约束条件，而凯库勒对于苯分子的新的设想就是探索出来的一个新的概念空间，在这个概念空间中，在约束条件的限制下，可以得到一种对苯分子结构的创造性理论，并以此作为假设来进行实验验证。

由于创造力代表着"不受限"，部分学者认为计算机程序中蕴含的规则与限制与其创造力无关。否则，这种受到算法规则约束的程序即便生成了可以被人类评价为有创造性的成果，其自身创造力也难以体现。然而，约束条件本身就构建出了一片人工智能可以实现的领域。没有了约束的模型可能陷入无序与混沌，虽然可以生成新的产物，但是它们很可能是没有意义的。由此，约束条件在人工智能的创造力模型中扮演着双重角色：一方面，它们限定了可行解的边界，确保了在有限资源下算法的有效运行与结果的收敛性；另一方面，这些约束作为创意探索的框架，激发了在既定规则内寻求突破与创新的动机。因此，恰当的约束设计在当下并不是创造力的枷锁，反而可能是激发计算机创造力的重要催化剂。此外，在人工智能的创造中，"新"与"实用"需要相互博弈，得到两者相对评价都更高的创造性成果。因此，移除所有约束未必能激发计算机的创造力，相反可能会引起困惑。而且计算机的创造力也不只是没有了约束条件就可以获得的。在约束条件下，模型中智能体做出的随机的选择也可以提供自由的生成系统。通过选择转化新的概念空间，新的概念空间又将进一步为处理任务提供新的视角与途径，促进创造力的发展。

博登认为计算机可以帮助我们理解人类创造力，可以做那些看起来具有创造性的事情，也可以对生成的内容是否具有创造力做出评价，但是计算机本身的创造性仍是存疑的。前三者肯定了人工智能在创造行为、评价和成果上的创造性表现，但最后一点否定了它作为创造主体本身的创造性，这也涉及更加形而上学的主体性问题。当我们将创造力与人性联系起来的时候，在当前被普遍认可的哲学和道德层面上来说，计算机作为非人类实体永远不可能被认为是具有创造力的。而如果我们对创造力的评估只涉及行为、评价和成果，人工智能的创造力又是可以被评价的，它完全可能拥有以上三个层面上的创造力。因此，如果创造力本身的定义与评价标准是以人类为前提界定的，那么"人工智能能否具有创造力"就是一个伪命题，完全不值得讨论；而如果我们使用在第七章第一节中对于人工智能创造力的界定，那么就可以从计算机算法、模型建构本身、模拟过程、评价体系以及成果的创造性上出发，评估人工智能的创造力。即如果符合一个合适的标准，就可以说人工智能具备了一定的创造力。在这种框架下，主体性可能不应成为评价人工智能创造力的必要条件。

三、人工智能生成内容的适用性与新颖性评估

人工智能创造生成想法、作品的适用性或价值，受到模型中设定的约束条件的影响，也会受到机器学习过程中评价模块的限制，当我们找到一个合适于创造主题的评价方式或生成规则的时候，成果就可以获得一定程度的价值和适用性。例如，文本生成人工智能程序中，需要通过约束语句内部结构和文本结构的完整，以及每次生成的语句与上下文存在有意义的联系，来保证生成的文本有意义，并符合输入给人工智能程序的预先假设（如什么类型的故事）。这些约束不仅体现在生成系统的程序编写中，还需要体现在人工智能机器学习的评价模块当中，从而使生成的文本在经过有价值的学习、反馈、优化后，能够生成适用性更高的内容。

这种对生成规则的约束，的确会让计算机变得"机械"，降低人们对计算机的创造力评价。事实上，不管是人类创造还是人工智能创造，适用性与新颖性都很难兼得，这也是创造力的重要之处——我们需要在规则内创新。这一点在人工智能创造过程中尤其重要。在人类创造性活动中，我们会自然而然地融合对新颖性及适用性的考量；但在人工智能的创造性流程中，实现新颖性与适用性的往往是两个相对独立的处理模块。同时，新颖性的获得又需要基于约束条件为基础进行算法编辑，即适用性会作为一种约束条件加入模型中，牵制人工智能的新概念空间的生成，从而限制人工智能的新颖性评估。然而，值得注意的是，对于人工智能而言，适用性评估相较于新颖性评估结果更为基础且关键，这是因为计算机在缺少有效约束条件限制生成和筛选机制的情况下极易陷入无意义的产出循环，这些生成内容即便再"与众不同"，若无法解决实际问题或满足预设需求，也难以被视为真正的创造，这种没有价值的新颖也无法增加人工智能新颖性的评价。鉴于此，在评估人工智能的创造力时，我们应首先聚焦于适用性。只有当计算机生成的成果能够切实解

决既定问题，或符合人们对程序的合理预期时，我们才有理由进一步探讨其新颖性。换言之，适用性是新颖性评估的前提与基石，只有在确认成果具备实用价值的基础上，人工智能所展现出的"新"才能被真正认可，其创造力也才有了存在的土壤。这样的评估顺序，不仅符合逻辑，也确保了人工智能创造力评价的全面性与准确性。

尽管在人工智能创造力评估当中，适应性评估是新颖性评估的重要前提，但如果仅将焦点局限于人工智能产出的适用性，其所执行的任务便也逐渐褪去了创新的色彩，转而成为纯粹的智能任务。在这样的情境下，只要我们提供给程序符合目标任务逻辑的规则和甄别策略适用性的手段，人工智能便能提供令人满意的答案，在某些领域（如早期的定理证明程序）中，其效率及最终表现甚至能够超越人类，但这样的表现并不能充分展现其创造力。因此，对于人工智能创造过程本身来说，只专注于生成适用性的结果并不足够。

计算机算法编程中加入约束条件有助于生成符合规律、有价值的产出，但问题在于，人类是否能够穷尽所有规律？显然，人类的创造性过程本身是一个不断探索新规律的旅程，这一过程充满不确定性，而一些新规律的获取甚至需要人类的错误尝试。相比之下，计算机在执行此类程序时更加艰难，例如基因编程、遗传算法等技术，尽管其为计算机提供了一定程度的自主生成能力，但这些方法目前仍不成熟，过高的随机性往往导致结果失去意义。因此，计算机在模拟人类通过失误发现新想法的过程中仍显得力不从心，它们更多地依赖于规律性的方式来改造概念空间。为了实现人工智能生成"新"成果的目标，我们需要构建能够进化的算法、赋予程序更高的自主性，并设计能够灵活操作概念空间的框架与模型。这一切的运作，都必须在严格的适用性规则和筛选机制下进行，以确保最终成果的价值。然而，这样的"有规律"生成系统，其新颖性仍然受到数据训练原则及概念空间限制的制约。因此，在推动人工智能创造力发展的道路上，既要尊重并利用这些规律，又要不断探索突破这些限制的新方法，以激发人工智能真正的创造力潜能（Basalla et al., 2022）。

综合上述观点，适用性与新颖性在人工智能创造力的语境中，构成了一对难以两全的矛盾体。在当前技术实现的框架内，为了实现效能最大化，我们不得不在这两个核心特征之间寻求微妙的平衡与取舍。值得注意的是，在艺术领域中，适用性往往与新颖性紧密交织，例如我们对于美术作品的欣赏，审美体验本身就蕴含了对作品深层意义的探索与解读。

四、心理学视角下人工智能创造力评价研究

正如上文所述，对于人工智能创造力，当前尚未形成客观化、标准化、自动化的评价程序，然而，基于主观评价的人工智能创造力评估已积累了大量研究经验。心理学视角的引入为探索人工智能创造力的主观评价提供了重要的理论基础与方法论指导，在此类研究中，心理学研究者往往沿用了上文所提到的，类比于人类创造力评估中的产品取向评价思路。具体而言，这种评价方式将人类和人工智能生成的产出置于相同的评价框架之下，从而实现了对两者创造力评价的比较和分析，帮助研究者理解个体对人工智能产出的创造性感知、情感和行为反应，以及对此造成影响的可能因素。

在此类研究中，计算机作为社会行动者（computers are social actors, CASA）范式是重要的理论基础，其核心观点是人们会将计算机等媒介视作社会中的人，并对其做出相应的社会性反应。随后，这一范式被进一步归入媒体等同理论中，理论强调"媒体等同于现实生活"，认为人与电视、计算机及新媒体的互动本质上是社会性的、自然的（Reeves et al., 1996）。该范式通过系列实验验证了将人际及群际相关规范迁移至人机领域的可行性，为人机关系的研究贡献了重要的理论基础，为考察人与计算机、虚拟助理、人工智能、社交机

器人等媒介技术交互中的认知、情绪、态度及行为提供了可操作性手段。基于计算机作为社会行动者的观点，人们可以将人工智能视作互动对象，换句话说，人工智能也能够被当作"人"一样看待。因此，在面对人工智能创造时，也可能将其视作是与人类平等的个体，对其产出的创造力形成主观感知与评判。此外，人们也可能受到人工智能所蕴含的社会线索的影响（例如具有女性声音的人工智能可能更易被知觉为女性）并将礼貌原则、"自我"与"他者"的概念以及性别相关的刻板印象等社会规范应用于人工智能。

1. 人工智能创造者身份的操纵范式

既往研究者在探讨人们对人工智能观点、作品的评价时，通常不会要求参与者孤立地评价人工智能产出，而是要以人类产出作为参照点，比较人们对于人类及人工智能产出的评价差异，由此，其中所涉及的核心变量为创造者人-机身份。相关研究被进一步划分为两种取向：其一关注真实的创造者人机身份如何影响评价者的知觉、态度及行为，其二则通过指导语操纵被试所感知到的创造者身份，即关注"创造者身份信息"而非真实创造者的作用。通过比较对于人类及人工智能创造者的产出评价，以判断人们是否对于人工智能的创造性成果表现出天然的偏见。

对于真实创造者人机身份的操纵往往与图灵测试联系在一起，其目的是探索人工智能是否能够生成人类水平的创造性产出。计算机科学领域的研究者多采用该方法以探索人工智能内容生成能力的有效性。如陈（Chen）等人（2023）研究中就采纳了两个创意数据集，分别包含了由人工智能 DALL-R 及新手设计师依据相同的文字提示（五角星形的绿色时钟）生成的对应创造性图像，对图像进行图灵测试、计算测试集专家评估，结果发现，人工智能生成图像的表现接近人类新手设计师。丹尼尔（Daniele）等人（2021）也基于图灵测试探索了人们对于人类及人工智能作品的区分程度，提出人们可能更多地依赖内在的直觉判断机制，而非仅仅是静态的视觉特征分析。这一方法具有较高的生态效度，能够反映参与者对于不同作者画作的真实反应，然而，它也更类似于一种观察方法，并未通过研究者的直接干预来改变或控制参与者对于"创造者身份"的感知，即引发个体评价差异的核心因素可能并非参与者感知到的作者身份，而是作品中体现的客观特征（如绘画笔触、行文风格、音符细节等）。

为了更准确地抽离出"感知创造者身份"的作用，心理学研究中更多地采用控制度较高的方式，即直接通过指导语操纵作品创造者身份来降低无关变量干扰。关于真实作者与操纵作者是否一致的问题，有研究中保持了二者的一致性，如霍顿（Horton）等人（2023）使用了艺术家所创造的低知名度画作为人类组，同时通过人工智能技术生成另一组与人类画作风格相同的作品作为机器组，通过为每幅绘画添加作者标签来进行操纵。也有研究者采用相同的实验评定材料，仅通过更改指导语（画家 vs 人工智能）来操纵作者身份，以排除画作内容本身对于作品评价的可能影响（Magni et al., 2023），而更清晰地探查人工智能创造者身份会引发怎样的评价偏向，例如，采用被试间实验设计，对于相同的绘画作品，一组标注为人工智能创作，一组标注为人类创作，如此，两组中的材料完全一致，能够有效排除竞争性假设。

2. 对于人工智能创造物的评价偏见

随着生成性人工智能技术的日益普及，已有大量研究开始关注人们对于人-机创造性产物的评价差异。实证研究多聚焦于艺术创造力领域，且其中部分结论趋于一致，发现人们在对计算机、人工智能生成的艺术作品进行评价时存在显著的消极偏向，体现在产品质量、审美价值及创造力等多个评价维度中。

莫法特（Moffat）及凯利（Kelly）（2006）率先注意到人们对于人-机作品评价的差异，在该研究中，参与者需要判断所听到的音乐作品是人类创作还是计算机生成的，并对其进行评分，结果发现，参与者对于计算机生成的音乐表现出了更一致性的负面评价偏见，且相比于非专业人士，音乐家的偏见更加强烈，对于计算机生成的音乐给出了更低的评分。张伯伦（Chamberlain）等人（2018）要求参与者对观看的图像进行作者分类（判断作者是人类还是计算机）及评价，对于作者分类与评价的顺序进行平衡，一半参与者先进行分类而另一半先进行评价，结果发现，参与者对那些被他们判断为计算机生成的作品产生更低的审美评价，而图像的真实生成者对于审美评价的影响并不显著。

上述研究中并未提供作者身份线索，而在直接操纵参与者感知的创造者身份的研究中，也得到了相似的结论。柯克（Kirk）等人（2009）向参与者展示了两组图像，分别被标记为来自艺术画廊或由研究者在 Photoshop 中生成，结果发现，那些被标记为 Photoshop 生成的图片被认为具有更低的美学价值，即使它们在视觉上与那些被标记为来自艺术画廊的图片并无显著差异。另一项证据同样显示，参与者对被告知为人工智能创作的绘画作品给出了更低的喜爱程度、美感、新颖性和意义评分（Liu et al., 2022）。在一项焦点小组研究中，参与者被要求围绕下述问题展开讨论：（a）如何定义艺术，（b）人工智能是否可以创造艺术，（c）所观看的作品（实验组与对照组分别标注为人工智能或画家绘制）是否是艺术。结果显示，相比于人工智能作品，观看人类作品的小组成员会将创造力视作理解艺术概念的关键因素，即该词语在对艺术的定义中被更高频提及（Hong, 2018）。也有研究者在作品评价这一行为指标之外，新增了皮电活动（EDA）和心率（HR）这两项电生理指标来考察参与者对于不同作者的绘画的反应。参与者将依次观看两幅分别标注为人工智能及人类作者的画作，并完成相关变量的测量。混合方差分析结果显示，作者身份线索（人工智能 vs 人类）与画作呈现顺序（先人类后 AI vs 先 AI 后人类）对审美价值评分和 EDA 水平存在显著交互作用，对于审美价值评分，AI 作品在人类作品之后呈现时，其审美价值得分显著低于在其人类作品之前呈现时的得分；而 EDA 激活水平则均是在参与者看到第二幅画时显著提升，提示参与者可能对两幅画作进行了内隐比较（Chiarella et al., 2022）。

为了解释人类评分者对于人工智能创造力的负面评价偏向，研究者提出了多种可能观点，其一为"努力启发式"假说，该观点提出人们会将价值赋予其感知到的努力水平，即生产者在创造过程中所付出的体力劳动、技能与聪明才智，当他们认为创造者投入了更多的努力时，可能会对其产品予以更积极的评价（Buell et al., 2011），鉴于人工智能在创作过程中付出的努力显著低于人类，其产出也会被赋予更低的创造性价值，例如，昌伯伦等人的研究显示，当向参与者展示计算机生成艺术作品的具体过程时，对于艺术作品的评价偏见降低了，这可能是由于参与者对于计算机的"创造性努力"有了更为直观的感知。其二为感知威胁观点，依据这一观点，人工智能可能被视作人类的外群体。当人工智能展现出诸如情感表达、创造力等传统意义上被认为是人类特有的能力时，可能对人类群体的独特性与优越性造成冲击。这种威胁感知可能会引发人们对于人工智能的负面偏见，使得评分者对人工智能的评价更为苛刻。也有观点从作品的交流功能出发，解释了人们对于人工智能、计算机等非人创造者的负面态度，认为对于人类创作的作品而言，即便面对那些看似难以理解或混乱的美术作品，观众也能凭借对作者背景、经历及性格的理解，来评判作品的价值，甚至在与作者的交流或社群讨论中，共同赋予作品新的意义与生命。然而，这一情感丰富、意义构建的过程，在人工智能的创作与评估中却难以复现。人工智能的创作受限于其算法与数据，缺乏人类创作者所具备的情感、经验与主观性，因此其作品往往难以触动人心，引发共鸣。同时，由于缺乏直接的沟通与解释能力，人工智能的创作成果难以通过传统的艺术评价途径——即作品本身与观众之间的互动——来全面展现其创造力与价值。

3. 影响对人工智能创造力评价的关键因素

纵观生成式人工智能的发展历史，其应用范围已从谱曲、绘画、写作等艺术领域扩展至药物开发、专利发明、算法编写等科学领域，为艺术创作与科技创新开辟了新的可能性，而不同的领域下，人们对于人工智能的创造性产出可能存在差异化的看法。尽管艺术创作领域（包括视觉艺术、听觉艺术等）中，多数结果揭示了人们对于人工智能产出的负面评价偏向，但也存在一些不一致的研究结果。如麦格尼（Magni）等人（2023）检验了创造者的人工智能身份信息对于绘画作品、海报设计及商业观点的创造性评价的影响，发现仅在绘画作品中出现了对于人工智能的显著消极评价偏向，而在后两者中，人-机作者组差异均不显著。也有研究考察了人们对于将任务外包给机器人的态度，发现当工作要求被定义为需要认知能力（如思考、分析推理、解决问题）而非情感技能（如情绪评估、情感处理）时，人们更愿意接受将任务外包给机器人。建议采纳领域研究中也发现，社交任务中的参与者更加偏爱人类提出的建议；但在分析任务中，参与者对人工智能提出的建议表现出更高的遵从率。上述证据均提示，人们对于 AI 产出的评价可能也存在领域差异，例如，当人工智能应用于人类所擅长的领域（如需要情感表达的情境）时，人们对其会表现出明显的消极评价偏向。

本课题组崔虞馨考察了不同创造力领域（科学 vs 艺术）中创造者身份信息（人工智能 vs 人类）对于创造力评价的影响。具体而言，在艺术领域，分别采用了诗歌、绘画、音乐片段作为创造力评价材料，以考察在言语艺术、视觉艺术、表演艺术子领域中，人们对于人工智能产出的评价偏向，研究结果发现，在艺术领域人们对于被标注为人工智能产出的作品给予了更低的创造性评价，存在负面评价偏向；然而，在科学领域，这一偏向发生了逆转，对于技术发明观点及成果，人们会对人工智能的创造性产出给予更高的评价。这一现象可能通过人们对创造者的社会认知与创造力领域内隐理论间的匹配性来解释。首先，人们对于不同领域中的创造力持有差异化的构念，这可能导致其对于各领域创造者产生不同期望。如艺术领域中，人们可能认为想象力、情绪敏感等特征是胜任艺术创造活动的创造者所具备的关键特征，而科学领域中，知识广博、专业素质与功底等特征可能才是科学创造性人才应当具备的核心特质。另一方面，基于刻板印象内容模型（stereotype content model，SCM），确立人际及群际知觉存在两个普适性维度：热情（warmth）与能力（competence），在这一框架下，基于人们过去的 AI 使用经验及大众媒体对于人工智能的通常性描绘，人们会对人工智能形成"擅长计算而不懂感知"的启发式思维，即机器人或人工智能往往被视作具有高能力-低热情的典型群体。这种刻板印象将与人们对于不同领域创造力的内隐理论共同作用于创造力评价，当创造者所具备的属性与该领域核心内隐观相匹配时，该匹配情境可能引发评价者的更高期待及更高的创造性评估。具体而言，在面对人工智能创造者时，人们对其的刻板印象可能被激活，从而形成对该创造者的低热情-高能力社会认知，而这将进一步影响人们对其特定领域创造力的判断。在以艺术价值、美学价值及情感表达为基础的艺术创造力领域中，人们倾向于认为具有低热情属性的人工智能难以具备表达与传递情感的能力，从而难以生成高创造性的作品。而在科学领域中，与能力感知相关的精密性、严谨性与高效性对于科学创造性产出具有更重要的意义，故而人们会对符合这些特征的人工智能所输出的科学发明观点或成果产生更高评价。

此外，也有研究发现存在其他因素影响人们对于人工智能产出物的评价。例如，洪（Hong）等人（2021）发现无论是真实作者身份、还是实验操纵的作者身份都未影响参与者对于绘画作品艺术价值的评价，相比之下，参与者对于 AI 的固有信念才是作品评价的显著预测因素。在这项研究中，参与者需要评价对于三个陈述的赞同程度，（a）我认为人工智能可以自己发挥创造力，（b）我相信人工智能可以自己创造新事物，（c）人工智能开发的产品应作为创造性作品受到尊重。得分越高，表示对于人工智能创造力的接纳水平越高。结果发现，持有"人工智能无法创作艺术"观念的参与者对人工智能的绘画作品给出了更低评价。

人工智能自身的特征属性也是影响人们对其作品创造性评判的关键因素，其中，人工智能的拟人化是研究者关注的重要变量。拟人化其意指"将人类特征、动机、意向或心理状态赋予非人对象"，是人类理解世界、与世界互动的方式。日常生活中的拟人化现象十分普遍，诸如品牌、动物、机器、产品等均可能成为拟人化的对象。对于人工智能而言，拟人化的操作性定义尚未统一，如有研究将拟人化划分为外表拟人化及行为拟人化，前者通过赋予人工智能类人外貌特征（如身体部位、面部特征）来实现，而后者则是通过操纵人工智能展现出一些人类惯常的行为（如思考时的口头禅）实现。

陶（Tao）等人（2023）考察了人工智能的外观拟人化水平以及创作自主性对于其画作创造力评价的影响（见图7-8），采用2（拟人化：高/低）×2（创作自主性：高/低）实验设计，四组参与者分别阅读了4篇描述了不同特征人工智能的短文，以高拟人化-高自主性组为例，文章中强调人工智能具有人型外观，并且能够独立绘制绘画作品，并附上具有典型人类外观特征的人工智能贴图。在完成短文阅读后，参与者完成对于绘画作品的评分。研究结果显示，只有人工智能同时具备高拟人性及高自主程度时，参与者才会对其生成内容给予更高的创造性、审美评分。另一项研究则发现，机器人厨师的外观拟人性通过感知温暖和感知能力的中介作用正向预测人们对其菜品质量的预判，参与者认为拥有与人类似的手臂和手的厨师机器人更加温暖、有能力，且其做出的菜品可能具有更高质量。

图 7-8 Tao 等人研究中的高拟人性（图左）-低拟人性（图右）人工智能图例

本课题组近期完成的一项研究参考既往营销学研究中对于拟人化的分类方式，基于刻板印象内容模型，将拟人化划分为能力及热情两类方向，探讨了人工智能的不同类型拟人化如何影响人们对其产出的创造性评价（见图 7-8）。研究结果显示，拟人化类型与创造力领域存在"匹配效应"，在艺术创造力领域，热情拟人化显著提升了个体对于 AI 绘画作品的创造性评分。而科学创造力领域，能力拟人化提升了个体对于 AI 技术发明观点的创造性评分，再次验证了刻板印象模型的能力-热情维度在人工智能创造力评价中的关键作用。这一结果的可能解释是，热情拟人化引导人们将人工智能与真诚、友好、富有激情等属性联系在一起，提升了人们对于人工智能创造者的热情感知，这也反映了个体对于人工智能具有更深层次的情感联系与社会互动的期待，因此，在面对热情拟人化的人工智能时，人们可能会认为其特征与艺术创造力的内隐观间存在更高的匹配，从而对其艺术作品赋予更高的创造性评价（见图 7-9）。而另一方面，能力拟人化侧重于提升人们对人工智能的技术能力和逻辑思维的感知，这一印象可能使人们更加相信，人工智能可以在有赖于精确的计算、逻辑推理及技术知识的科学创造力任务中大展身手，从而对其科学产出给予更高创造力评分。

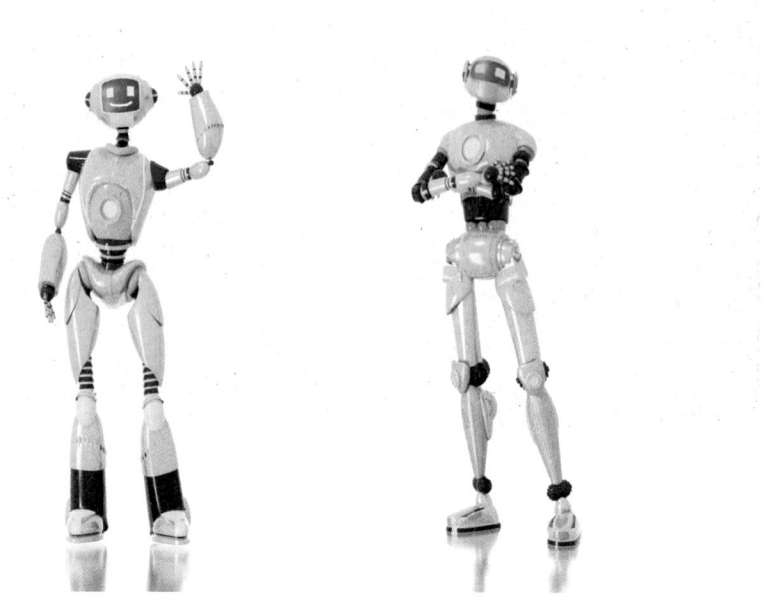

图 7-9　本课题组研究中的热情拟人化（图左）及能力拟人化（图右）人工智能图例

综上所述，基于主观评价方法的众多研究证据显示，生成式人工智能的创造力评价显著受到应用领域、评价者特征、人工智能自身属性等多重因素的影响。这些发现不仅揭示了人们会如何、因何、何时对人工智能产出表现出评价偏向，也为如何塑造人工智能形象，以促进其创新产出的接受度与推广性提供了具有操作性的策略指向，对于降低评价偏见、提升评价公正性及促进生成式人工智能技术的有效应用具有一定启发。

第四部分 反思

第八章
人工智能对创造力的潜在阻碍

正如第四章中讨论的那样，人工智能技术在教育、工作、生活等多个领域的应用日益深入，为个体和团队层面的创造力发展带来了显著的助益，不仅为个体创新提供了丰富的资源和强大的技术支持，也在团队合作创新的范围和深度上实现了巨大的扩展。例如，日常创造活动中，生成式人工智能等技术可以通过在短时间内生成大量方案简化人类创造过程，节约时间与成本；工作场景下，人工智能驱动的协作工具能够有效优化团队中的知识管理与知识共享，提高团队整体的工作效率和创造力；在教育环境中，也有研究者提出，采用基于人工智能技术的自动评分系统为学生的创造性活动提供即时反馈，可能有效提升其任务表现，帮助学生发展创新技能（Acar, 2023）。

然而，尽管人工智能技术的应用产生了广泛的积极效应，它也可能引发巨大的风险及挑战。研究人员、艺术家和其他人正在评估快速发展的人工智能技术能力与缺点，人们看到了一个令人印象深刻的工具，可以提供新的方法创造，但该工具也好似一个有缺陷的新人，可能会误导用户，甚至诋毁创造的过程（Adam, 2023）。算法中承袭的偏见、歧视及其自身的局限性可能妨碍创造力发展所需的公平与包容性环境；对算法的过于依赖可能降低个体主动性探索、创新的积极性；算法能力的不断强化可能引发人们的威胁感知；此外，鉴于人工智能决策过程的不透明性、算法的不确定性等因素，人机协作中也可能产生信任危机，这不仅会影响人们对于人工智能建议的接受度，也会影响人机间的协作有效性及最终的创新成果。

从上述问题出发，本章中将从三方面讨论人工智能对创造力的潜在阻碍路径，其一，关注人工智能技术应用过程中可能引发的伦理风险；其二，关注人工智能技术的存在本身可能引发的威胁性感知；其三，关注人机协同这一情境下的人机信任危机问题。通过探讨这些阻碍因素的界定、成因及其对创造力的影响机制，本章旨在为更全面地理解人工智能技术与创造力的关系，在人工智能时代下提升创造力提供理论支持。

第一节 人工智能技术的伦理风险

人工智能技术的伦理风险通常指人工智能的开发、部署和使用所引发的与伦理道德相关的问题与风险。它所涉及的风险类型十分广泛，对此，既往研究中采取了不同的分类方式对伦理问题进行梳理与讨论，如认为人工智能的伦理问题源于人工智能的脆弱性（如错误算法、黑箱问题等）及人类脆弱性（如工作替代、技术滥用等），或是依据其产生影响的范围划分为个人、社会及环境层面的伦理问题（Huang et al., 2022）。本节中，我们聚焦于三个与创造力密切相关的人工智能伦理风险因素，即人工智能算法偏见、算法推荐机制下的信息茧房、人工智能技术削弱人类自主性，并讨论其对于创造力发展的可能消极影响。

一、人工智能算法偏见

随着科学技术的发展，人工智能算法已广泛渗透于教育、医疗、企业管理、电子商务、新闻推送等多类应用场景中，如对教育过程及结果进行量化评估、提供辅助诊断及治疗建议、协助管理者进行决策、为用户推送符合喜好的商品及新闻等。然而，在享受人工智能算法所带来的便利性的同时，算法中潜在的歧视与偏见问题也逐渐引起研究者和公众的担忧（谭维智，2019）。

1. **算法偏见：概念与来源**

据路透社 2018 年报道，亚马逊所开发的人工智能简历筛选算法表现出对女性应聘者的偏见。这一算法使用公司近 10 年所收到的简历及公司的回应数据作为训练集，然而，由于数据集存在偏误，算法也表现出了"性别歧视"，对所有出现"女性"一词或带有女性相关特征的简历都给予了较低的排名。无独有偶，2021 年 9 月，一位"脸书"（Facebook）用户在观看一段以黑人为主角的视频后，收到的相关视频推荐却是"是否继续观看有关灵长类动物的视频"，表明分算法在推荐内容时存在明显错误。此前，类似问题也曾在谷歌识图软件中发生，软件将黑人错误标记为"大猩猩"（如图 8-1 所示）、将深肤色人种手持温度计的照片识别为持枪。除此以外，在谷歌搜索引擎中搜索黑人的名字也被发现更易弹出暗示具有犯罪史的广告（惠志斌，2017）。

图 8-1 2015 年谷歌图像识别算法将杰基·阿尔金的黑人朋友识别为"大猩猩"[①]

上述现象均指向一个关键问题：尽管多数人认为人工智能算法不会受到感情的影响，具有超强的运算能力，能够输出最有利好和准确的观点或决策，但实际上人工智能并不会如预期一般实现完全的价值中立。它们可能会承袭甚至放大人类的固有偏见，而这些潜在的偏见与歧视也是人工智能应用中的重要风险因素。

算法偏见（algorithmic bias）指的是人工智能算法在收集、分类、生成和解释数据时产生的对某些群体或属性的不公平偏向（汪怀君 等，2020），这种偏

[①] 图源：http://china.cnr.cn/xwclj/20210912/t20210912_525599174.shtml。

见可能进一步引发性别歧视、年龄歧视、种族歧视、消费歧视、就业歧视、弱势群体歧视等歧视行为（孟令宇，2022）。根据既往研究中对于算法偏见的成因分析（张涛，2020），引发算法偏见的因素主要可归为下述三类：

其一，数据集存在偏误或代表性不足。对于以大规模数据为基础进行学习与优化的人工智能算法而言，数据的充足性、全面性与真实性是决定算法有效性的重要前提。尽管深度学习要求学习模型中所使用的数据能够代表应用模型中的数据，但实际数据收集过程中往往存在某些群体权重过低的现象。数据的不完整性可能导致算法对于这类群体的学习不足，从而无法进行准确识别和决策。例如前文提到的例子，谷歌将黑人错误地识别为大猩猩，就是因为算法中未对深肤色人群进行充分训练。如果数据中本身就已经存在社会偏见，人工智能算法可能会进一步加重这些固有偏见。例如，美国警察在决定搜查、拘留对象和巡视的街区时，可能会存在种族歧视倾向，将黑人作为重点关注对象，因此，既往关于搜查、拘留、巡视的数据已经是偏见累积的结果。如果将这些数据进一步输入人工智能算法中，可能会导致种族偏见提升，引发不公平的社会后果（Lum et al., 2016）。亚马逊的人工智能简历筛选算法在训练过程中也产生了同样的问题，因亚马逊现有男性员工居多而错误地将性别因素归为简历赋分的决定性因素当中，过滤了大量女性求职者。

其二，算法自身存在问题。与普通算法相比，人工智能算法运行过程更为复杂，充满不确定性因素，这一"黑箱"属性使得其输出的结果缺乏可解释性。用户只能获知算法运行的结果，却难以理解其运算过程及原理。即使算法中出现问题，用户也可能无法及时探知，甚至完全未察觉。这也导致算法产生的偏见更具隐蔽性，不易被发现与监督。此外，当前阶段的算法通常依靠建立相关关系来进行运算，无法排除偶然相关性，也存在无法确定因果关系的问题。例如，人类可以轻易判断出"冰淇淋销量"和"溺水人数"之间并不存在真实的因果关系，两者可能都受到第三变量"气温"的影响而产生共变。然而，算法却难以对此做出正确的判定，更有可能基于虚假相关构建预测指标或是表现出因果倒置，导致做出完全错误的决策，引发算法偏见及歧视（杨成越 等，2018）。

其三，研发者存在偏见。算法是人类设计的产物，不可避免地嵌入了研发者的价值取向，研发者基于主观意愿及固有偏见来调整算法，对算法有效性的判断取决于其是否能够输出符合自身预期的结果，这可能破坏了技术自身的公平性。例如，如果一位种族歧视者或性别歧视者开发了一款评估个体能力的算法，那么该算法投入运行后很可能得到白人强于黑人、男性强于女性的结果。此外，算法设计者对于利益的追求也可能导致算法偏见，例如电商平台的大数据"杀熟"策略（对于用户黏性较高的人群反而推送的商品标价更高），这是平台为自身创造经济利益的手段，是研发者驱动算法偏见的直观体现（刘朝，2022）。

2. 算法偏见阻碍创造力

在组织背景下，人工智能算法已逐渐应用于招聘、绩效评估、裁员等决策过程，但证据显示，算法中所隐含的偏见可能破坏公平性，降低员工的公平感知与心理安全感。例如，当招聘过程完全由算法操纵而没有人类干预时，人工智能算法甚至可能基于既有数据得出男性比女性更优秀、健康人比残疾人更优秀的结论，而忽略输入数据背后的历史因素，从而极大地损害工作环境中的公平性（田野，2018），这将进一步引发员工对于工作场所中算法的信任危机。

事实上，即使算法的介入尚未造成实质性破坏，个体感知到的公平性也可能降低。研究显示，员工倾向于认为人工智能算法仅能够将可量化的指标纳入决策标准中，而对于一些未被记录的内容或非量化指标进行简化处理，如精神面貌及团结性等（Newman et al., 2020），因此，员工会感知到算法决策结果存在更大偏见。有研究者进行了一项随机分组实验，要求参与者阅读一则招聘广告，广告中提示他们的面试视频将由人类或人工智能算法进行评估。研究结果显示，当参与者意识到他们将在面试中面对人工智能算法评审时，表现出了更低的求职意愿（Mirowska, 2020）。人工智能算法背后的决策系统具有复杂性和不确定性，员工难以获知其决策基础，且算法对于人类在面试中的非语言行为可能缺乏理解，这均有可能降低员工对智能决策结果的信赖水平及公平性感知。裴嘉良等人研究也发现，在组织人力资源决策情境下，相比于面对上级主管决策，员工在面对人工智能算法决策时体验到了更低的信息透明度与程序公平感知（裴嘉良 等，2021）。

在教育场景中，算法偏见也可能对教师绩效及学生成绩的评估产生影响。莎拉（Sarah）是一名五年级老师，她的教学表现受到学生家长、学生本人和管理人员的一致称赞，然而，2009年美国华盛顿特区政府利用一套自动化算法程序对教师业绩进行评价时，将莎拉同其他得分不佳的205位教师一起解雇了，这一做法也引发了当地对教育系统的普遍质疑。这一事件并非个例，算法中的"黑箱"机制及采集数据中的隐藏偏误使得其输出结果格外"扑朔迷离"，有时甚至连程序设计者也无法澄清。在对教学成果及学生学业进行评估时，标准并不是单一的、刻板的。如对于教师而言，其价值不仅在于传授知识，也包括对于学生的道德、品格的塑造（张学军 等，2020），但这些指标难以被算法所捕获。而对于学生来说，反映教育有效性的方面也十分广泛，学生的品德、创造力培养均应被视作重要的教育目标，但其同样难以在人工智能评估系统中被观察与评价。

着眼于更微观的方面，即便是在对某项单一任务表现的评分中，人工智能评分者也可能存在难以忽视的偏见。以作文人工智能评估系统为例，国外已研发成功并投入使用的自动评分系统包括PEG（project essay grade）、IEA（intelligent essay assesor）等，国内也已存在智能在线评分系统（鲁艳辉 等，2010）、批改网（闫志明 等，2017）等（见图8-2）智能测评工具。有研究者对作文评分系统的有效性进行讨论，指出尽管机器在语法、词汇和技巧的检测方面比人类更加准确、迅速，但对写作的高级表现形式，如创造力、独特的论据、分析与综合能力等的评判有效性不足，由此，人工智能算法的评价标准无法全面、深刻地反映学生写作的真实水平（袁莉 等，2021）。换言之，一篇极富想象力与创造力的作文也可能被算法打为低分文章。这些由于算法自身局限性所导致的偏见将会削弱教师及学生在教学及学习当中的公平性感知。

图 8-2　可自动批改作文的智能测评工具（图片源自 www.pigai.org）

无论是组织、教育，或是其他涉及创造性活动的场景，公平感及其所激发的心理安全感都是促进创造力的重要条件（林新奇 等，2018; Han et al., 2019）。公平性感知包括分配公平（对投入或贡献与所得结果是否匹配的感知）、程序公平（对自身能够参与决策及规则制定的程度的知觉）、人际公平（在多大程度上得到了与执行程序及决定结果有关的当权者的尊重）等方面。对于个体而言，感知到的公平评价标准与安全的氛围能够使其坚定"努力就会有合理回报"这一信念，从而更加专注于自身的工作与任务，不再担心自己的成果是否会受到不公平的评判。公平感会激发个体更高水平的积极情感与内部动机（李鹏 等，2017），促使个体维持更高的工作、教学、学习兴趣，从而能够不断拓展知识、技能与经验，寻求创新的观点及解决方案。相反，当存在算法偏见时，工作者可能产生更低水平的分配公平、程序公平及人际公平感知，无法确信自己在工作中的努力是否会获得公平的回报，也不确定自身是否会得到决策执行者（算法）的公平对待，这种不确定性及不安全感可能会对个体的创造性表现产生负面影响。此外，由于对评价的内部标准缺乏了解、无法明确改进的方向，个体可能会产生消极情绪及工作倦怠，对于工作、学习任务表现出更低水平的内部动机，从而不利于创新观点的产生。

综合上述观点，维护与促进人工智能应用场景下的公平性，是保障个体及团队创造力的重要条件。应当从提升输入数据无偏性、提升算法可解释性、法律法规层面约束算法设计者、定期监督算法运行过程等方面入手，从源头提升算法决策的透明性及公平性，并通过设置有效的沟通反馈渠道强化被评价个体的公平性感知，构建公平、有吸引力的工作或学习环境。

二、算法推荐机制下的信息茧房

个性化推荐技术在视频网站、电商平台中被广泛应用，能够根据用户的浏览、播放记录为其提供度身定制的内容推荐，以满足他们的兴趣与需求，极大地降低了用户获取有效信息的成本。然而，这一便捷性背后潜藏的问题是个性化推荐算法所带来的信息同质化后果。

1. 信息茧房的形成

美国哈佛大学教授凯斯·桑斯坦在他的著作《信息乌托邦：众人如何生产知识》中引入了"信息茧房"（information cocoons）这一概念，用以描述互联网用户在庞大的网络信息海洋中，依照个人偏好选择与自身兴趣相关的信息，并对其他内容视而不见甚至拒绝接受，从而逐渐形成封闭蚕茧的过程。桑斯坦认为，"信息茧房"指的是人们通过筛选信息来构建个性化信息环境，这一过程可以类比成为自己量身定制一份个人日报。这一效应的存在导致人们趋向于关注与自己观点相合的意见或与自己看法一致的群体，听取符合自身观点的声音，最终形成所谓的"回音室效应"（echo chambers）。在这一信息传播模式下，个人用户接受信息的方式变得封闭循环，而在不断的循环过程中受到正反馈激励，这可能限制用户多样性思考和理解世界的能力，导致用户误将"私域"（某一特定社群）内的观点和事物等同于"公域"（整个社会）的观点和事物，进而在面对圈外的观点和事物时，可能感到困惑、迷茫，或者在认知上趋向于极端和在表达上趋向于极化。在信息茧房的形成过程中，社交网络结构、信息过滤算法、个体认知偏向等因素发挥关键作用。

人工智能技术的进步无疑加剧了"信息茧房"现象，算法通过搜集用户点击行为、浏览痕迹等智能设备使用信息及年龄、性别等人口学信息，为用户绘制更为精确的画像，从而向个体推荐个性化的内容。举例而言，当用户小 A 点击或观看某一类视频时，系统会自动假定他对于此类内容感兴趣，并据此向他推送更多相似主题与内容，同时过滤掉与这一主题无关或相背离的视频，该过程将进一步强化小 A 对于这一特定主题视频的偏好。经过反复的循环迭代，系统能够基于小 A 的兴趣与需求推送更加精准的内容，但这一基于用户使用数据而构建的"过滤器"也将导致更多的多样性内容无法进入小 A 的视野当中。这样看来，尽管互联网本身是开放的，但越来越多像小 A 一样的用户却已身处由高度同质化信息所构成的茧房中，趋于精确的推荐算法竖起一道隔离屏障，阻碍了多元化观点的呈现（汝绪华，2018），这一现象被称为"过滤气泡"（郭小安，2018）。成千上万的用户在人工智能推荐算法所加深的信息茧房当中不断获取与自身观点相符的信息来进行自我确认，他们缺乏与多元化思想进行碰撞的途径，"只看到自己想看到的，只能看到设计者让他们看到的"，而在这一过程中，个体的固有偏见或错误观点可能被再度强化。

2. 信息茧房阻碍创造力

个性化推荐算法所收集的个人兴趣数据及所建立的用户画像可能存在不完整性。严丝合缝的"过滤气泡"不仅排除了用户不感兴趣的内容，也把用户潜在感兴趣的主题及可能需要的信息拒之门外。推送内容的同质性和片面性将造成用户视野收窄、思维受限、知识多样性降低（匡文波，2021）。对此，杨斌、王伟赟在讨论图书馆个性化推荐服务时指出，精准的推荐服务可能造成读者对于多元信息获取的不足,并导致非密切相关性知识资源的流失(杨斌 等,2017)。

所接收观点及知识的同质化会对创造力产生消极影响。阿马比尔的创造力组成成分理论(the componential model of creativity)中强调了创造力的三个要素:领域相关技能/知识、创造力相关过程与内部动机。实证结果也强调了个体的知识水平(王莉 等,2011)、知识转移(Cavusgil et al., 2003)、知识整合(Aranda et al., 2002)能力对于创造力的重要预测作用。具体而言,广泛的知识储备是创造力的重要资源,有利于创造者在不同知识要素中建立新颖的联系,对多领域知识观点进行结合与重构(Amabile, 2011)。如果个体仅能接收到片面性、高同质性的信息,可能面临"巧妇难为无米之炊"的窘境。而对于创造性过程而言,算法偏见所引发的知识单一性、视野收窄,不仅使个体缺乏产生创造力的必要资源,也会削弱个体在不同要素间灵活转换、积极整合的能力。个体长期加工单一知识,更有可能缺乏发散性思维及对新型知识的适应性,在创造过程中陷入固着。此外,处于信息茧房中的个体长期受到相似观点与信息的固化影响,可能对打破现状、冲破常规等创新与探索活动表现出更低的内部动机,不利于创新观点的生成及创新行动的实施。

为规避及应对信息茧房对创造力的损害,需从算法和使用者两个角度共同制定"破茧"策略,以打破信息筛选机制对用户认知的局限性。一方面,在算法优化上,学者们提出了一些创新的策略,如设计更加动态和多样化的推荐算法,这些算法不仅要依赖于用户的历史行为数据,还应考虑到信息的广度和新颖性(彭兰,2020)。通过引入一定程度的随机性或人为干预,算法可以主动推送一些用户不常接触但具有潜在价值的信息。这种策略意在促使用户从已有的认知框架中跳脱出来,拓宽思维边界,从而有助于激发创新思维。例如利用"信息意外性"作为一种策略,提供那些超出用户期望的信息,从而打破惯性思维。通过这种方式,用户可以在接触新观点、新领域和不同文化的过程中,培养批判性思维能力，打破信息茧房的限制。此外，算法设计还可以通过周期性地调整推荐模型的参数，确保信息来源和内容的多样化。这种设计不仅有助于防止用户沉浸在信息回音室中，也有助于用户在不同类型的信息之间建立联系，进一步提升创造力。

从使用者的角度来看，培养开放的心态和提高信息素养是应对信息茧房的关键。用户应具备自主选择信息的能力，能够主动探索和筛选信息资源，而不仅仅依赖于算法的推荐。这意味着教育工作者和社会组织需要加强对个体批判性思维的培训，使他们能够识别信息偏见、质疑既有认知框架，并勇于尝试新的思维方式。在日常实践中，使用者也可以开拓多样化的信息获取渠道，避免单一来源的信息输入。此外，主动参与讨论和辩论，接触不同背景和观点的人群，也有助于打破信息茧房带来的局限性。这些实践不仅提高了个体的信息素养，还能激发多元化的思维，从而更好地发挥创造力。

三、人工智能技术削弱人类自主性

自主性指个体在行动和思考方面的自由度及自主权。事实上，上述信息茧房现象中隐含的另一风险是，个性化推荐算法带来的精确信息投放在某种程度上剥夺了个体接触其他选择的机会，使得个体处于信息弱势。信息多样性是主体进行自主决策的必要前提，而个性化推荐所推送的局限性、片面性信息也使算法设计初衷中强调的"用户自主选择"沦为虚假自主。

除了信息获取阶段，人们在数据分析、决策制定、计划执行等众多阶段都离不开人工智能技术的辅助。从搜索引擎到教育评估、市场运营、金融投资，乃至社会管理，具备高度运算能力的人工智能系统能够通过分析大量数据在短时间内做出准确率较高的预测，越来越多地代替人类做出决策。然而，这种高度自动化的决策过程可能削弱了个体的自主性。最简单的例子是，随着自动驾驶技术的普及，驾驶者将逐渐失去对车辆的直接控制权，包括对车辆的行驶路线和速度的决策。久而久之,当个体面临需要脱离自动驾驶系统进行独立决策的情境时,其可能也已失去了承担决策的能力与信心。

运算过程的不透明性可能使部分使用者盲目相信运算结果,在需要决策的情境下不再自主思考、分析,而是等待算法给出"最优决策",主动将自主权让渡给人工智能。有研究显示,人们对于自动化的权威性存在积极偏见,当面对人工智能所提出的建议时,更可能降低对这一建议的信息寻求与验证行为(Bahner et al., 2008)。此类对"算法"背后的形式逻辑与形式合理性的推崇和偏好,会使人们丧失对实质的、价值上的合理的追求,从而沦为算法的附庸,形成路径依赖,主观能动性降低、思维僵化(沈苑 等,2021)。而对这一切,身处其中的个体可能难以察觉。

自主性的降低是创造力的重要阻碍因素。巴伦（Barron）等研究者（1981）将"高自主性"及"独立判断"作为创造性人才的核心特征之一。自主性倾向较强的个体会倾向于主动寻找自我决定及选择的机会,他们的行动源于个人目标而非外部限制,这种内部驱力使他们更有可能将活动价值内化到自我认同当中,从而表现出更高的激情与工作动机,展现出更高水平的创造力（Liu et al., 2011）。此外,独立判断能力也是创造性人才的关键特征之一,具有独立判断能力的个体在创造过程中更加关注自己的内在信念,不易受到外部因素的影响与干扰。当面对外部对创新观点的质疑与否定时,他们更有可能坚定信念完成创造性过程,产出高水平创造性成果（Wang et al., 2016）。相比之下,自主决策能力较低的个体在创造性过程中更多地依赖权威者及多数人的建议,容易表现出从众反应,他们更关注自身的观点是否与既有规范、多数人的意见相匹配,担心自己与主流观点相悖,因此更难产生具有独特性的观点、方案或产品。由此,人工智能技术对于人类自主性的削弱可能导致个体缺乏投身创造性活动的内在动力,阻碍创造性产出。

解决这一问题的核心观点在于,应当发挥人类在决策中的关键作用,强调人工智能技术是人类能力的延伸而非替代。对此，可能应对策略包括提高信息透明度、增强算法决策中的人类参与及监督、培养个体自主性及责任感、帮助公众形成对人工智能的正确认知与态度等。

伦理和法律学者将不得不考虑共同创造在知识产权、人类使命感和环境影响方面的利弊并提出对策。物理学家兼企业家斯蒂芬·塞勒（Stephen Thaler）希望将他的机器命名为 DABUS，因为它是基于数学分形的应急信标和食品容器专利申请的发明者（见图 8-3）。塞勒认为自己作为人工智能的所有者也将默认拥有其专利。南非专利局对此表示同意，并于 2021 年向 DABUS 颁发了专利，指出它是"由人工智能自主生成的"，但包括美国在内的其他专利授予机构拒绝了，理由是它们需要人类发明家。与此同时，科学和教育从业者担心，研究人员和学生可能会故意隐瞒人工智能的创造性作用，许多科学期刊随后发布了警告，警告作者勿用大型语言模型（LLM）帮助撰写论文。例如，《美国科学院院刊》和《自然》现在要求作者在研究论文致谢或"材料和方法"部分声明人工智能语言模型的帮助，但《科学》杂志禁止任何人工智能生成的内容，包括数字和图表（Adam, 2023）。

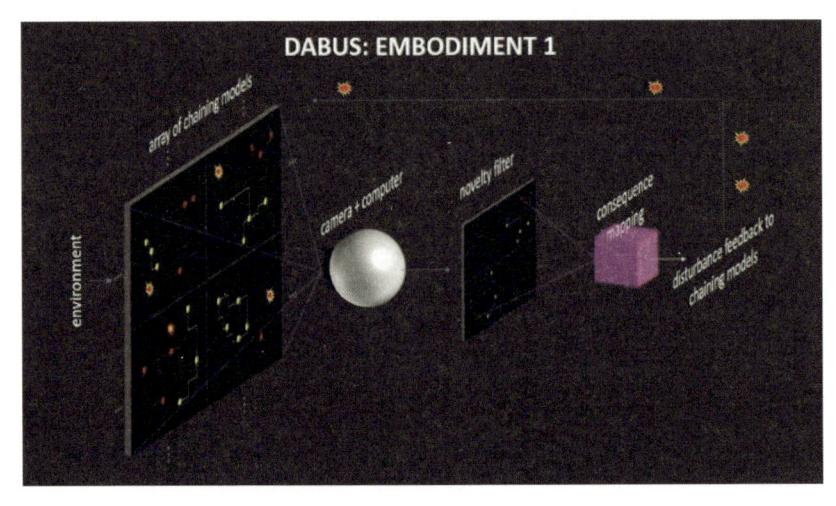

图 8-3 统一感知自主引导设备（DABUS）的工作原理（图片源自 WIPO 杂志）

第二节 人工智能技术引发的威胁

本章第一节中，我们探讨了人工智能在应用过程中的伦理风险会如何影响人类创造力表现，这些问题与人工智能的具体应用情境及操作形式密不可分，直接影响人工智能技术的使用者及利益相关者。然而，人工智能的存在本身也可能对人类社会产生更广泛的影响。本节聚焦人工智能所引发的现实威胁及人类独特性威胁，讨论这两类威胁的表现形式及其对创造力的潜在影响。

一、对人工智能的社会认知

媒体等同理论指出，人们倾向将计算机、电视等媒介视为社会中的个体，并根据它们的社会化线索（如输出的文本、语音、语言风格等）与其互动，这就构成了计算机作为社会行动者（computers are social actors, CASA）范式（NASS et al., 1994）。根据这一观点，社会认知作为影响人际交往及群际交往的重要因素，同样适用于解释对人工智能的认知、态度及行为反应。与此同时，社会认知也可能作为人工智能引发现实性与人类独特性威胁的重要路径。

1. 刻板印象内容模型与心智知觉理论

在解释对于人工智能等非人代理的社会认知时，刻板印象内容模型（stereotype content model，SCM）和心智知觉理论（mind perception theory）发挥着关键作用。刻板印象内容模型确立了人际和群际知觉中的两个普适性维度：热情与能力（Fiske et al., 2002）。热情感知用于判断他人对自己的帮助或伤害意图，包括友好、真诚、可信、道德等内容；能力感知则有助于判断他人是否具备实施帮助或伤害的条件，包括智力、技能、效率等内容。这一模型自提出以来已在全球多国家和地区得到验证，显示其具有良好的文化普适性（管健，2009）。对此，也有研究者采用不同的名称，如亲和性、能动性等来对社会认知的基本维度进行表述，但其维度内涵与热情及能力大致相同。

心智知觉理论是社会认知中的另一重要理论，其回答了一个关键问题：怎样判断事物是否有心智？理论中提出了判定心智的两个关键维度，能动性（agency）与感受性（experience），前者反映制定计划、实施行动的能力，后者反映体验、感受的能力（Waytz, 2010）。基于对4 000余名参与者的调查，研究发现人们倾向于认为上帝、机器人具有高能动性和低感受性；胎儿具有高感受性及低能动性；成年人同时拥有高能动-高感受性（Gray et al., 2007）。

值得一提的是，在研究者对心智知觉理论的阐释中，心智知觉理论与刻板印象内容模型存在相似性，能动性实际上可以对应为能力知觉，而感受性则可以对应为热情知觉。后续实证研究中也提示，两个理论存在互通性，可以反映人们对于非人代理的社会认知。

2. 人工智能社会认知的影响因素

在大众的朴素认知中，与人类相比，人工智能往往与高能力-低热情联系在一起，实证研究中也发现了相似结果。在道德两难的情境下，人们对人工智能决策者的感知热情明显低于对人类决策者的感知热情，而在感知能力方面，人类与人工智能之间的差异不明显（Zhang et al., 2022）。也有观点认为，感受性（而非能动性）是人类特有的特征。这些研究结果表明，热情可能被认为是区分人类和人工智能的一个重要因素。

此外，人工智能的外观、自主性，及其与人类的关系等社会化线索，均可能影响人们对其热情和能力的感知。有研究者考察了人工智能的性别设定（男vs女）以及其与人类的关系类型（朋友vs仆人）如何影响参与者对人工智能的社会认知，结果发现关系类型显著影响人们对人工智能的热情感知。具体而言，当人机处于朋友关系时，人们对人工智能的热情感知更高，且对人工智能的拟人化水平感知在其中发挥完全中介作用（Kim et al., 2019）。也有研究发现，技术系统的技术自主水平显著提升了参与者对其能力和能动性的感知，但对温暖和感受性的感知无显著影响（Frischknecht, 2021）。

二、人工智能引发现实威胁

现实威胁是人工智能可能引发的关键威胁之一，其影响层面远远超出了技术本身。这种威胁不仅涉及人工智能对人类安全性的潜在危险，如自动化决策系统可能引起的安全事故或数据泄露，而且还包括对人类社会地位和权力结构的深远影响。例如，人工智能技术的发展可能导致职业结构的改变、劳动力市场的动荡，甚至可能重塑人类的工作和生活方式。这些现实威胁的存在可能对创造力的提升产生消极影响。

1. 现实威胁的定义

谢里夫（Sherif）（1956）在现实群体冲突理论（realistic group conflict theory）中首次考察了群际威胁因素对群体的关系的影响，他选择了11至12岁的男孩作为研究对象，采用夏令营活动形式的实验范式，开展了一系列关于群际关系的研究。研究发现当两个群体处于争夺有限资源的竞争中，一个群体的成功目标可能危及另一个群体的利益时，会导致两个群体之间产生负面的群体态度。后续现实威胁的概念内涵被进一步延伸，研究者提出任何威胁到群体及群体成员现实利益的因素，都可以归纳为现实威胁，如政治权力、社会地位、经济利益及人身安全等，这种威胁更强调群体成员的主观感受，换句话说，只要成员意识到一个群体对自身所在群体构成现实威胁，不论这一威胁是否存在，都会导致其对外群体产生消极态度与情感反应（张婍 等, 2009）。

整合群际威胁理论（integrated threat theory, ITT）中对现实威胁的行为后效进行了深入考察，认为包括现实威胁、象征威胁等在内的群际威胁可能通过引发群体焦虑、恐惧、愤怒等情绪进而对群际行为与外群体态度产生影响。这一理论也在移民态度、民族冲突、国际关系、社会文化与偏见等领域表现出良好的解释效力（Stephan et al., 2008）。而关于现实威胁的前因，除了资源侵占、危害安全等客观现状外，对于外群体的社会认知也是影响现实威胁感知的重要变量，有研究发现，在预测对外群体的现实威胁时，感知热情和能力之间存在交互作用。当外群体被感知为温暖时，感知能力与现实威胁呈负相关，而当外群体被感知为缺乏温暖时，感知能力与现实威胁呈正相关，即兼具高温暖（善意意图）- 高能力（具备实现意图的能力）特征的群体会被知觉为具有更低的现实威胁（Awale et al., 2019）。

2. 人工智能可能引发的现实威胁

随着深度学习技术的发展，人工智能在各种复杂工作中已开始展现出超越人类的能力。以法律行业为例，赛门铁克公司开发的 Clearwell 智能处理系统，能够高效处理法律文档的保管、归档与分析工作。它的效率远超法律助理，能够在两天内对 57 万份文件进行处理并生成分析图像。当前，越来越多的法律机构已采用 Clearwell 来承担文档整理工作。Clearwell 只是众多人工智能技术中的代表之一，随着技术的不断演进，更多高效、精确的人工智能产品将进入各个行业，为用户提供前所未有的服务。同时，随着制造成本的降低，高精度灵活的人工智能逐渐普及，这意味着未来许多工作场所可能会迎来"机器换人"的现象。

人工智能对人类资源及就业市场的侵占可能会引发现实威胁感（Yogeeswaran et al., 2016），并进一步导致不良的心理及行为反应。布鲁厄姆（Brougham）等人（2018）提出了 STARA 的概念，用以指代智能技术（smart technology）、人工智能（artificial intelligence）、机器人（robotics）和算法（algorithms）的合集。他们指出，当员工感觉到 STARA 将取代自己的工作或改变未来行业发展方向时，会表现出更低的组织忠诚度与职业满意度，同时产生更高的离职意愿、愤世嫉俗与抑郁情绪。在一项针对中国酒店员工的调查研究中发现，员工对人工智能取代自身工作的担忧将提升其职业倦怠水平（Kong et al., 2021）。另一项研究以 100 家人工智能企业中的 500 名员工作为研究对象，发现人工智能技术的应用显著预测员工的消极情绪（朱晓妹 等, 2020），对于技术变革引起的工作变化及"技术性失业"的担忧可能加剧员工的威胁感、紧张感与不安全感（郭凯明，2019）。当员工意识到他们可能被人工智能取代时，这种担忧感甚至比被其他人类员工所取代时更为强烈，因为"机器换人"这一行为通常是基于时代发展的需求，这也意味着该趋势是大范围的、难以逆转的，可能对于员工的未来经济状态造成无法挽回的冲击。

此外，人工智能技术的发展带来了人类隐私及人身安全的诸多挑战，这些问题已成为当今社会关注的焦点。随着人工智能的普及与应用范围的扩大，它不仅通过智能设备和应用程序不断渗透到人们的日常生活中，还涉及金融、医疗、交通等多个领域，逐渐掌握了海量的用户数据。在这种背景下，用户的个人隐私通过各种途径被采集和存储，而这些数据往往包含了极为敏感的个人信息，如地理位置、消费习惯、健康记录等。这些被采集的个人信息可能面临多种潜在的风险，首先是数据泄露的问题。由于许多公司和机构缺乏足够的安全防护措施，一旦发生数据泄露事件，用户的隐私信息就可能被不法分子非法获取并传播，造成严重的后果。例如，网络攻击者可以通过非法手段窃取存储在云端或服务器中的个人数据，这些数据随后可能被用来实施诈骗、敲诈，甚至身份盗窃等。其次，人工智能算法本身的滥用也可能导致用户隐私安全的威胁。某些企业或组织可能会滥用人工智能技术进行大规模的监控和数据分析，未经用户同意而收集和使用其个人信息，从而侵犯了个人隐私权。这种情况尤其在涉及面部识别技术、语音助手和智能摄像头等设备时更为严重，因为这些设备可能会持续不断地收集用户的个人数据，而用户却往往不知情或无法有效控制数据的使用。

对人工智能的社会认知也是影响现实威胁的重要因素。尽管人际及群际关系研究中，被知觉为温暖和有能力的外部群体往往能引发个体的积极情感及行为反应，但在人机研究中发现，与人工智能社会认知中能力/能动性维度相关的特征（如自主性和能力）水平越高，人们感知到的现实威胁就越强烈。有研究者将参与者进行分组,并要求他们观看一段机器人执行任务的视频,自主人工智能组中,视频里的机器人会无视人类命令进行自主的活动;而非自主人工智能组视频中机器人只能服从人类命令来执行相应任务。结果发现,与观看非自主性机器人视频的参与者相比,观看自主机器人视频的参与者感受到更高的现实威胁,对机器人自身及机器人相关研究表现出更强烈的负面态度(Zlotowski et al., 2017)。人工智能的热情/感受性特征也可能加剧人们对人工智能的威胁感知与消极态度。当人们对人工智能进行评估时,也会将对方会如何影响自己的地位纳入评判标准中,如果人工智能在能力、热情维度上表现出更高水准,可能会削弱人类的优越性与控制感,使人类产生被替代的担忧,从而体会到现实威胁。这也与后文将提到的人类独特性威胁密切相关。

3. 现实威胁与创造力

现实威胁对于创造力的影响可能通过多路径实现。首先,当感知到自身的经济状况、资源、职业、地位、安全等受到人工智能威胁时,人们通常会经历消极情绪,如焦虑、恐惧和不安全感(Chela-Alvarez et al., 2022),这可能占据创造力任务所需认知资源,使个体将有限资源投入焦虑状态而非创造性认知过程中,抑制思维灵活性。焦虑等消极情绪也会降低个体风险偏好,更追求保守及维持现状,减少对新方法的尝试以规避风险,这也不利于个体创造力的发挥(蒿慧杰, 2020)。

其次,基于威胁僵化理论(threat-rigidity thesis)的观点,威胁感知及压力情境可能导致人们的思维更加僵化、谨慎、封闭,在信息的搜寻及使用过程中更加小心翼翼,在感知信息时更多地基于"内部假设"而非开放性的心态(Steigleder et al., 1980)。而创造性过程通常以认知灵活性及远距离联想为基础,故而,威胁所引发的僵化反应可能限制新颖观点的产生(王陵峰 等, 2011),导致个体创造力下降。此外,理论指出长期处于威胁状态下的个体或组织则可能形成习惯性的反应模式,这可能会在未来限制他们的灵活性及适应性(Staw et al., 1981)。

创新自我效能感可能是现实威胁感知阻碍创造力的重要路径。当个体担忧人工智能超越人类技能、替代人类工作、冲击人类地位时，会对自身的价值感产生质疑，这可能进一步降低个体对自己是否有能力提出创新想法且进行创造性行为的评价，表现出更低的创造性自我效能感，从而对创造力成果产生消极影响。有学者在一项研究中对 210 名中国事业单位员工展开调查，发现团队中的地位威胁负向预测员工的创造力表现，当团队成员感知到对自身地位存续、声望、影响力的威胁时，会产生更低的自我价值、感到尊严受损（Marr et al., 2014），这会进而降低其创造性自我效能及创造力表现（马璐 等, 2021）。

然而，现实威胁并不必然导致创造力的削弱，也可能为人们提供重新自我审视、持续发展和提高创造力的机会。基于各机构的统计，创造力是人工智能时代下的核心技能，具有较高创造性要求的岗位相比于无需复杂技能的岗位更不易被人工智能所替代，且人工智能发展本身催生大量新型技术岗位，因此，个体需要不断学习、发展创新能力，以克服威胁带来的挑战，提升个体竞争力。当个体将现实威胁视为挑战而非障碍时，可能会激发更强烈的自我提升动机，探索新的学习和发展途径，寻求新的解决方案，这将有利于创造力的提升。因此，如何规避现实威胁对创造力的阻碍效应，促使人们将现实威胁转化为创造性动力，仍需要结合个体性格、地位、经验、教育背景及社会支持等多因素进行讨论。

三、人工智能引发人类独特性威胁

2016 至 2017 年间，谷歌旗下 Deepmind 公司所开发的围棋人工智能"阿尔法狗"横空出世，接连击败世界排名顶尖的围棋高手李世石和柯洁，引起了巨大反响（见图 8-4）。

在"人机大战"中，人工智能所展现出的强大的学习、分析及逻辑判断能力令人叹为观止，但同时也引发了社会公众与学术界的广泛担忧，以"机器是否有可能拥有与人类一样的智能""人类是否会被机器取代"等质疑为代表的"人工智能威胁论"再次被推向舆论的风口浪尖（黄欣荣，2018），"人类独特性威胁"也愈发引起研究者重视。

图 8-4　柯洁与"阿尔法狗"对战现场[①]

1. 人类独特性威胁的定义

在讨论人类独特性威胁前，我们需要明确什么是独特性威胁。在社会生活当中，"我们"与"他们"之间的区分构成了不同群体的边界，故而群体的独特性是群体存在的基础。社会认同、自我分类等理论认为，人们会努力将自身所属群体与其他群体相区分，这种区分是为了建立一种独特的、积极的认同（Jetten et al., 2004）。而独特性威胁则是指在内外群体社会比较中，由于两群体间差异降低、相似度过高而对内群体独特性造成的威胁（黄殷，寇彧，2013），其与分类威胁、价值威胁、原型威胁同属于社会认同威胁。当内群体成员感知到自己所在群体与外群体的边界变得模糊、在重要特质上差异不再显著，或是群体特有的传统、文化及特质正逐渐消失时，他们所感知到的群体独特性就会受到威胁，这可能激发群体成员重建独特性的意愿（Macdorman et al., 2015），表现出防御态度或行为，如将更多资源分配给内群体而非外群体，对

---

① 图源：https://www.chinanews.com.cn/ty/2017-05-25/8233979.shtml。

内群体进行更积极的评价等。以往群体独特性的相关研究多聚焦于原住民与移民群体、男性与女性群体（Figueiredo et al., 2021; Shepherd et al., 2018）。近期，群体的范畴被进一步延伸，有研究者发现，人工智能的存在也可能引发人类群体的独特性威胁。在人工智能相关研究中，也有研究者使用身份威胁（identity threat）等概念来描述人工智能对于人类群体独特性及价值观的冲击。

2. 人工智能可能引发的人类独特性威胁

近年来，"拟人化"正成为人工智能研究中的热点话题。人工智能的拟人化指的是"将人类特征赋予智能代理"，不仅包括面部特征、声音、行为风格等外显属性，也涵盖能力、意识等深层属性，而智能代理趋近于人的发展趋势，正是引发人类独特性威胁的重要因素。

独特性威胁假说提出，类人机器人之所以会引发人类不安，是由于其对人类的独特性构成了威胁，换句话讲，当机器人与人类在外观上过于相似时，会模糊人与机器之间的界限，从而使人们产生威胁感。费拉里（Ferrari）等研究人员（2016）向参与者展示了三种机器人的照片，这些机器人的外观拟人化程度各不相同，由低到高可划分为机械机器人（与人类不相似）、两足类人机器人（与人类身形相似）及人形机器人（完美复制人体）。研究结果表明，观看人形机器人照片的参与者表现出更高的人类独特性威胁感知，并将这类机器人视为更具破坏性的实体。后续研究进一步发现，机器人外观拟人化程度通过社会认知影响独特性威胁感知，具体而言，相比于类人机器人，参与者将与人类外观更相近的人类机器人知觉为具有更高的能动性，并进而对其产生更高独特性威胁（Müller et al., 2021）。独特性威胁假说也被用于解释"恐怖谷效应"（见图 8-5），学者认为对类人机器人产生的消极情绪反应来自对人类独特性威胁的觉察，同时，研究发现对机器人感知怪异感的提升与感知温暖的降低与人机间相似性呈正相关（Macdorman et al., 2015）。

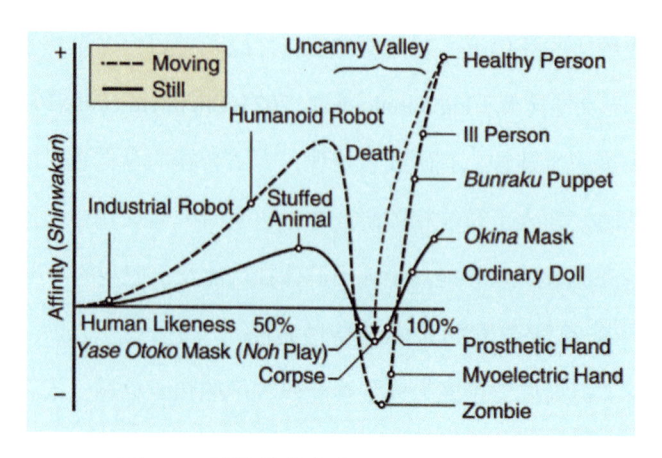

图 8-5　恐怖谷效应（Mori et al., 2012）

　　这一假说也在其他属性上得到验证。研究显示当人工智能脱离人类命令独立执行任务时，人们会对其产生更高水平的独特性威胁感，认为人工智能技术的进步正威胁人类的独特性、挑战人类的本质（Awale et al., 2019）。有研究者同时对机器人的外观及能力进行操纵，发现面对具有高外观拟人性且具备人类相近的能力（如网球、举重、象棋及问题解决能力）的机器人，参与者感受到人类独特性受到更大威胁（Kim et al., 2019）。

　　此外，人机比较也会影响个体对于人类独特性的感知。一项研究采用经典的人机围棋对局——韩国棋手李世石对战"阿尔法狗"的比赛结果来启动人机比较情境，向参与者呈现关于对弈结果的新闻报道，发现当强调李世石败给"阿尔法狗"意味着"人工智能战胜了人类"时，参与者感受到其人类理性、精细化等方面的独特性受到威胁，并会采用社会创造力策略来应对这一威胁，将比较焦点转向其他优势维度，如情感反应等（Cha et al., 2020）。当前，人们普遍持有的观点是，心灵与情感是只有人类才能具有的特征。这也是人们在意识到人工智能在推理、计算、记忆等多项认知能力中均超越人类时，选择采取转换比较维度策略的根本前提。这意味着他们不再与人工智能比谁更"聪明"，而是比较谁更"温暖"。然而，伴随着领域前沿技术的蓬勃发展，对人工智能的情感模拟可能取得新的突破，届时，人类群体的优势性或独特性将面临更大的挑战，人工智能所引发的对人类独特性的威胁也会长期、普遍地存在于人类社会当中。

3. 人类独特性威胁与创造力

人类独特性威胁对于创造力的影响与人工智能所威胁的维度存在紧密关联。具体而言，当人工智能威胁到人类理性、计算、记忆能力时，人们会通过在其他替代性维度中进行人机比较来补偿其在威胁维度（理性）上的独特性损失，从而恢复对群体独特性的感知、维系对于人类群体的积极认同。具体措施包括认为替代性维度对于人类的重要性更高，人类在替代性维度中比机器更强等。而创造性可能作为替代性维度，帮助人们应对独特性威胁。换言之，此时创造力是提升个体身份认同的要素，对于个体的重要性更加凸显，这可能对创造力表现产生积极影响。这一假设成立的前提是，创造力被视为人类独有的特性，是区分人与机的关键因素。

然而，当人工智能在与人类关系更密切的维度，如创造性活动（如绘画、写作）、情感反应（共情、情绪表达）上表现出更高能力时，可能会激发更多消极后果。这一情境下，个体可能会经历更多认知冲突，对自身价值产生怀疑，产生更高水平的不确定性感知。处于高度不确定性感知下的个体会产生强烈的降低不确定的欲望，这是出于人类获得控制感和确定感的基本心理需要，而创造力可能与这一需要相违背。一方面，创造力意味着个体需要打破现有观念或框架，产生一些新颖的想法，这一概念本身就包含了"不确定性"的成分；另一方面，创新过程中也具有较高的模糊性及不可预测性，并存在一定的失败风险。由此，出于降低不确定性的强烈需求，个体可能对新的、不同寻常的观点表现出更低的容忍度，表现出更少的创造性意愿及创造性产出。此外，当创造力无法成为人类与机器之间的鲜明界限时，人们会重新审视创造力对于自身的重要性，甚至可能陷入"破罐子破摔"的观念中，不再积极寻求创造力的提升。对此，需要对个体进行正确引导，帮助人们重塑人类独特性感知，并鼓励个体通过人机合作的形式增强自身创造性，强调人工智能技术的根本目的是增强人类智能，而非取代人类，以此应对独特性威胁对人类创造力的潜在阻碍。

第三节 人机协作中的信任危机

"目前机器人行业的发展与 30 年前的电脑行业极为相似。今天在汽车装配线上忙碌的一线机器人，正是当年大型计算机的翻版。现在，我看着多种技术发展的趋势开始汇聚为一股推动机器人技术前进的洪流，我完全能够想象，机器人将成为我们日常生活的一部分"。

比尔·盖茨在 2007 年的这段开幕式上的发言，不仅描绘了对于人工智能技术发展的美好愿景，也提出了一个关键"预言"——人工智能可能成为未来社会中的重要的社会成员（Daugherty et al., 2018），而"人机共存"也将成为人工智能时代的新常态。在这一趋势之下，信任问题已成为一个难以回避的问题。

一、人机协作中的信任问题

人工智能在速度、精确度等方面已能够达到人类难以企及的高度，而人类在即兴创作、敏捷反应、社会交往等方面具有显著优势。当人机相结合时，不仅能够拓展人类的探索和认知能力、提升整体工作效率，也有助于实现既往人类独立作业时难以达到的目标（李冀红 等，2021）。然而，人与机器的协同却并不一定能取得理想的成果，甚至可能出现创造性产出下降的现象。信任水平作为互动过程中的关键变量，可能对于人机协作有效性及最终的产出产生重要影响。

1. 人机信任的界定

人机协同，顾名思义，指人类与机器共同参与任务，相互配合、取长补短，以实现任务目标。而想要实现有效的人机协同，信任是其中的关键性因素（高在峰 等，2021）。何江新、张萍萍将人机信任关系定义为，发生在人与人工智能双方之间，并且以双方是否互信为标准而确立起来的精神上的关系（何江

新 等，2020）。格里克森（Glikson）（2020）进一步汇总了既往研究中对于人工智能认知信任的测量，包括用户是否愿意接受人工智能所给出信息、提出的建议，并据此采取行动，以及他们是否认为该人工智能是有用的、有能力的或有帮助的。

基于机器人作为社会行动者的观点，人们会将人际交往中的社会规则应用于与机器的交往中，并可能产生相应的情感态度及行为意愿（申琦 等，2021），故而，在人机互动当中也会观察到与人人互动中相似的信任动态（de Visser et al., 2016），并可能出现过度信任或信任不足等问题，前者反映对于人工智能的信任水平超过其客观可信水平，忽视潜在风险或问题；后者则强调在人机关系中存在担忧与怀疑。有研究者认为，人们对于智能代理的信任过程可能遵循与人际信任不同的通路（Hoff et al., 2015），在信任的建立、违背及修复阶段，人类对机器的信任水平可能受到人工智能自身特征的影响。

2. 人机信任的影响因素

哪些因素会影响人机信任？既往研究中归纳了人工智能的实体性、透明性、可靠性等因素在人机信任发展中的重要作用（何江新 等，2020）。

实体性（tangibility）指人工智能是否具有真实的、有形的外观。具有实体外观的人工智能相比于虚拟外观机器人更容易受到合作者的青睐。班布里奇（Bainbrige）比较了对于两类机器人（实体机器人/机器人的2D图像）的信任水平，发现参与者对于实体机器人的信任程度更高，表现出更高的依从性。相比于未存在真实外观的虚拟程序或算法，人们会对有实体的人工智能表现出更高水平的信任（高鹏 等，2008）。

透明性（transparency）反映出用户对于人工智能技术操作规则、内部逻辑的理解程度（贡喆 等，2017）。与常规技术相比，人工智能技术，特别是涉及深度学习的部分，更可能与公平、问责、透明度及可解释性联系在一起（Ferrario et al., 2020）。茜恩（Shin）等人（2021）在研究中发现，人机互动中算法的公平性、可解释性、透明性能够预测人机信任水平。当人机协作过程中个体不理解人工智能做出特定决策的原因、其背后的解释时，可能会表现出信任水平的下降。

可靠性（reliability）指随着时间推移，人工智能是否能够有一致性的表现与预期行为。换言之，它反映了人工智能输出结果的可重复性。也有研究者认为可靠性反映人们对人工智能在工作过程当中是否会出现失误的感知。研究显示，对于人工智能的表现及成功/失败的感知是人机信任的重要预测因素，人工智能表现出更高的成功率、输出结果与任务要求更加匹配时，与其交互的人类会表现出更高的信任水平与接受度（Bitkina et al., 2020）。高风险情境下，当机器人犯错后，参与者将会对机器人的建议失去信任（Robinette et al., 2017）。

此外，感受到来自人工智能的现实威胁及独特性威胁也可能引发互动中的信任下降。研究显示，当群体遭受到源自外群体的独特性威胁或现实威胁时，群体成员会表现出防御行为，如表现出对于外群体的不信任及贬损。一项研究以183名美国大学生为研究对象，发现当黑人学生感知到更强的现实威胁与象征性威胁时，对于外群体的信任水平会降低（Riek et al., 2006）。也有研究指出，当存在独特性威胁时，成员的群体认同水平会正向预测内群体偏好，并引发外群体不信任及贬损（Voci, 2006）。由此，研究者也应当关注人工智能的自主性水平及外观拟人性是否可能影响人机互动中的信任水平，如过高的外观拟人可能引发"恐怖谷"效应。

二、人机信任对创造力绩效的影响

大量证据支持团队作业中信任对于创造力的促进作用。高鹏等人（2008）以来自中国科学院的163名科研团队成员作为研究对象，发现科研团队内的信任水平显著正向预测团队创造力。杨志蓉等人（2010）的研究中同样指出，对于临时团队而言，团队中建立的快速信任是团队创造力提升的重要条件。从情感方面来看，团队间信任体现为对于其他成员的关心和对整个团队的信心，有利于建构积极的团队情感氛围、提升成员的积极情绪,也有助于成员获得心理安全感。信任就像是团队中的黏合剂,能够提升团队凝聚力,降低创造性过程中的冲突、误解与相互推诿,使成员将主要精力用于当前任务中,而非耗费在其他无意义的争端中。安全的心理氛围也使得成员不担心提出观点后得到其他成员的忽视或负面反馈,能够更加积极地参与团队讨论,有利于创造性观点的产出(贡喆 等,2017)。认知层面,成员对团队内他人的专业知识和可靠性的信赖感越强,越倾向于进行信息及知识共享,丰富团队层面的知识、视角多样性,提升信息深度加工的质量与效率,有助于提升最终方案的新颖性及实用性。

随着人工智能自主化程度的提升,它们将不再仅作为辅助工具,更有可能与人类共同决策、形成人机团队,成为人类的"同事"与"合作伙伴"。在团队创造性任务中,人工智能将作为一个工作者加入创造性观点的生成、选择决策、实施过程,如与人类成员一起针对某一特定问题形成初始观点,对团队中人类成员的观点进行评估、再加工等。当人们将人工智能视作一个合作者而非工具时,上述所提到的人际信任对团队创造力的影响可能同样适用于阐释人机信任对团队创新产出的影响。在此情境下,一方面,人机信任不足会导致人机团队中交流受限,人类成员不愿将观点交予人工智能评价或"审判",或是漠视人工智能提供的信息及初始观点,无法利用人工智能广泛的知识储备这一优势,致使难以获得团队层面创造性绩效的提升。另一方面,人机协作中的过度信任也可能抑制团队创新绩效,如本章第一节第三部分所述,对于人工智能的过分依赖可能降低团队中人类成员的自主性,降低其批判性思维及探索新观点、新方法的动力。无条件地接受机器提供的信息可能导致人们忽视人工智能的错误或局限性,从而错过改进创新的机会。

在此基础上,建立适宜的人机信任关系对于人机有效合作及创造性产出至关重要。从人工智能角度出发,可通过以下手段改进人机关系:①注重提升人工智能的透明度及可解释性:人工智能系统有必要为其做出的决策及建议提供清晰、逻辑性强的解释，这不仅能够帮助用户理解并信任机器决策，也能够在某种程度上提供监控机制，确保人工智能决策是在预定参数及指导原则下形成。②重视人工智能的自我学习与完善：通过监督学习等方法，人工智能能够根据反馈持续改进，以适应不断变化的环境和需求，从而减少错误，提高准确性。③完善隐私及安全保护制度：为赢得信任，人工智能应当具备可靠的隐私和安全保护功能，以减轻互动对象的隐私与安全顾虑。

从人类视角出发，可通过事前培训等手段实现以下目标：①加强对于人工智能的了解：确保人类成员充分了解人工智能的能力及局限性，以便充分利用其技能，同时避免因误解或错误期望引发的消极后果。②保持开放态度与批判性思维：在对人工智能系统的建议持开放态度的同时，应当避免盲目信任，对建议或决策进行必要的评估与验证，以确保其合理性、可行性。③适时提供反馈：人机协作中人类成员应当积极向人工智能系统提供正面或负面反馈，从而帮助人工智能系统进行调试与改进，为团队创新提供更好的支持。例如，生成设计（generative design，GD）的出现为人类专家和人工智能系统之间的共同创造引入了一种新的范式，但采用和信任人工智能仍然存在诸多阻碍，毛耀丽和拉弗纳（Rafner）等研究者（2023）基于混合智能的技术接受度模型（hybrid intelligence technology acceptance model，HI-TAM），通过以"可编程公共语言"告知 AI 设计目标、将 AI 训练"融入专家任务工作流"以及"混合智能叙事"等方法帮助人类专家训练他们的 GD 助手，进而提升其采用人机共创工具的信任度与心理安全感。

第四节　人工智能挑战创造力的破局之策：以文化创意产业为例

本章的前三节分别从创造力相关的人工智能伦理风险、人工智能技术本身可能引发的威胁性感知，以及人机协同创新情境下人机信任危机这三个方面探讨了人工智能对于创造力的潜在威胁，帮助我们更加有效、全面地识别了人工智能时代创造力可能面临的诸多挑战。在此基础上，本节以文化创意产业为例，探讨了应对这一新兴挑战的破局之策。具体而言，本节将围绕创造力前沿理论展开，首先对比生成式人工智能与人类创造性的不同特征，其次在此基础上提炼出人类创作的独特优势点，并最终形成文化创意企业重塑人类创意竞争优势的实践指南。这不仅有助于化解人类创作者的困境，同时也可以为其他受到人工智能技术威胁的行业及个体提供启发。

文化创意产业是以创造力为核心的新兴产业，涵盖了广播影视、传媒、广告、设计、文旅、数字技术及文化创新等多个领域。作为国家战略性新兴八大产业的重要组成部分，近年来文化创意产业已成为推动中国经济转型和技术创新的重要力量。习近平总书记在中国共产党第十九次全国代表大会上指出："要激发全民族文化创新创造活力，建设社会主义文化强国"。在政策利好与全民消费文化意识提升的双重作用下，文化创意产业正蓬勃发展并吸纳越来越多的资金与劳动力流入。然而生成式人工智能的出现为文化创意产业带来了巨大冲击。作为一种具有创造性的自动化技术，生成式 AI 相较于人类创作者在效率与产能上表现出了巨大优势，大有取代人类创作者占据文化创意产业之势。然而这种取代不仅会严重破坏未来人才与资金投入该行业的信心与动力，同时也将破坏文化创意产业的长远可持续发展。因此，如何突出人类创意的竞争优势以避免被生成式 AI 取代，正成为当前文化创意产业亟须解决的问题。

然而遗憾的是，当前创造力的定义仍较为模糊，这种模糊性助长了生成式 AI 对人类创意从业者的资源竞争。具体而言，如果缺乏明确的引导，大众往往仅会以一种模糊笼统的主观感受来理解与欣赏作品的创造性。这给予了生成式 AI 可乘之机——其生成内容的确具有一定程度的新颖性，足以在短时间内迷惑大众使其误认为人类创作是可替代的。然而仅关注新颖性显然并不足以概括人类创造性的丰富内涵。这也提示我们只有通过分离与细化出不同的创造性要素，才有助于真正理解生成式 AI 在哪些维度模仿了人类的创造性，以及如何才能基于尚未被模仿的创造性维度打开人类创意的竞争突破口。

一、生成式 AI 与人类的创作特征对比

依据学术界普遍公认的创造力 4P 理论，完整的创造性中包含着创作主体（person）、创作过程（process）、创作产出（product）、创作环境（press）四方面要素（Runco, 2023）。其中，创作产出作为消费者直接获取的商品，其在影响消费者体验当中起着至关重要的作用。而创作主体、过程与环境特征尽管不会直接传递给消费者，但是相关要素特征在塑造创意消费体验时同样起着不可忽视的作用。因此，下文将从四要素角度出发，分别对比生成式 AI 与人类在不同要素上的差异，以为后文寻找人类创作者的独特竞争优势提供启发。

从创作者主体来看，人类与生成式 AI 的不同身份即是两者间最显著的差异。二者各自的创作者特征可以被简单直观地概括为人类是灵活的生物，而生成式 AI 则是刻板的机器。这种身份线索会通过消费者的刻板印象作用于消费者对于创作作品的创造性感知。简单来说，依据人们对创造力的普遍信念，只有人类产出的内容才具有创造性，而没有生命的生成式 AI 产出的内容不具有创造性。已有大量研究发现，无论是欣赏诗歌、音乐还是绘画作品，个体都会表现出对人类创作作品的偏好以及对生成式 AI 作品的排斥。甚至即使当他们实际上并不能准确区分作品是由人类还是生成式 AI 创作时，其仍会依据标定的作者身份线索展现出对人类与生成式 AI 的两极分化式评价。

从创造性实现的过程来看，人类与生成式 AI 依赖着不同的创造机制，这也表现出不同的创造性特征。人类创造性是首先需要在自身创作动机驱使下，经由发散思维与聚合思维酝酿得出初始的创意想法，在对其进行创造性与可行性

评估后再落实为实际产出。这意味着人类的创作过程不仅需要克服多种不稳定因素，同时在执行各个步骤过程中也需要耗费大量的时间。然而对生成式 AI 而言，其创造性来源于复杂算法。AI 模型会先借助深度学习算法从数据中习得各种模式与特征，例如图像生成 AI 会学习颜色、纹理、形状等特征。在此基础上，AI 模型会借助生成对抗网络，以提升自身的创作能力以至于最终能够生成较高质量的创意内容。这种建立在海量数据基础上、过程自动化的创意实现途径意味着生成式 AI 创作过程不仅产出更为稳定，其产出速度也更高。

从创作产品特征来看，人类与生成式 AI 的区分可以被简单概括为手工细作与自动化量产的区别。尽管人类在追求产品创造性时更加重视对新颖性的追求，然而在这过程中，人类往往也会不自觉地排除掉大量新颖但是不可行、不适宜的方案。因此人类创作者的最终作品往往会更加适宜，更贴切地回应创作需求。并且，人类的注意机制允许其能够关注到作品中的每个细节，这也使人类创作者的作品往往拥有更高完成度。而生成式 AI 由于其知识储备丰富、自动化等特征，其往往能够批量产出大量不重复的结果。例如游戏开发商 Hello Games 在其游戏《无人深空》(*No Mans' Sky*) 中利用生成式 AI 生成了数十亿个独特的星球和生态系统，这显然远远超出了人类的能力范畴。然而这种批量化的代价即其产出结果的精细程度往往相对较低，同时对创作需求的贴合程度也有待商榷。

从创作环境来看，人类与生成式 AI 之间同样存在显著差异（见表 8-1）。鉴于当前创造力产品的服务对象都是人类，因此消费环境普遍对作为内群体的人类创作者更加包容，而对人类外群体的生成式 AI 十分苛刻，甚至有意贬低（van Bezouw et al., 2021）。这表现为相较于生成式 AI 的作品，由人类创作的作品更容易被消费市场认可与接受，也被赋予了更高的价值。并且，行业政策与法律规范也更多聚焦人类创作者的创作权益。而生成式 AI 的作品是否能够享有创作相关的权益仍存在较大争论。

表 8-1 生成式 AI 与人类创造性特征对比

类目	生成式 AI	人类
创作主体	无生命的算法 刻板、机械的	有生命的创作者 灵活、自主的
创作过程	深度学习、生成对抗网络 高效率且稳定	发散思维、聚合思维 周期更长且更不稳定
创作产品	产量高、粗糙 适宜性待议	产量低、精致 适宜性有保证
创作环境	消费者评价更严苛 缺乏相关政策与规范	消费者评价更包容 受政策与法规保护

综上所述，尽管生成式 AI 当前在模仿人类创作者的创造性上取得了不错的表现，然而现阶段二者之间在不同维度上仍存在着较大差异，这也提示人类创作者将差异转化为自身竞争优势。因此，下文将重点说明人类创作者相较于生成式 AI 具有哪些优势。

二、人类创意的竞争优势解析

为应对生成式 AI 的强大挑战并实现文化创意产业的长远发展，识别与巩固人类创意的独特竞争优势对文化创意企业与从业者而言尤为重要。经过上文从创造力不同要素角度对比人类创作者与生成式 AI 特征差异后，我们发现其中暗示着人类创作者的竞争优势。可将其提炼概括为三大方面，包括创造性更全面、作品价值更高、消费体验更丰富三大方面，接下来对这三点进行具体说明。

首先，人类创作者的作品相较于生成式 AI 在多个创造性子维度上表现更好。尽管常见的创造性评价中往往仅关注作品的新颖性，然而实际上作品当中的真实性（authentic）、个人烙印（consistency）也会影响个体对作品的创造性感知，而且人类创作者在这些维度上往往能够更具优势（Kharkhurin, 2014）。就真实性而言，由于普通消费者几乎不太了解生成式 AI 的运行原理，这也就意味着对他们而言生成式 AI 的自动化创作过程更近似于一个黑箱。而这种不透明性会致使消费者难以感知或想象其作品从无到有的过程，并因此质疑生成式 AI 是否具有创作的真实性。然而人类创作者则不存在这方面困扰，由于人类消费者自身也同样经历过创造行为，因此人类创作者的创作过程往往更容易被消费者理解。而正是这种过程的透明性可以促使消费者更加认可人类作品的真实性与原创性。就个人烙印而言，人类创作者的作品会受自身性格、过往经验、风格偏好等影响表现出一定的一致性。尽管这种个人烙印可能会折损部分新颖程度，然而其却能够回应消费者的预期并使其在欣赏作品时感知到连贯性。相反，生成式 AI 的创作尽管可以切换大量不同风格，然而这种混乱的创作会导致消费者认为其作品缺乏深度，并降低对其作品的创造性评价。

其次，人类创作者的作品相较于生成式 AI 更具价值。一方面，这种价值优势源自人类创作者有形的创作劳动。这不仅仅是因为马克思主义经济学曾指出一件商品的价值应当由生产它所需的社会必要劳动时间决定。同时，消费者一直以来的"努力启发式"估价手段也促使消费者认为作品的优秀程度与价值同作品创作者付出了多少努力成正比（Magni et al., 2023）。因此尽管当前文化创意生产过程中，人类创作者付出的时间与精力相较于生成式 AI "一键批量产出"的工作模式看似是一种低效率的体现，然而这种付出可以唤起消费者的共情，并使消费者更加认可人类作品的价值。另一方面，这种价值优势也源自人类创作者的精细性（refinement），包括对细节的关注与深层次的情感表达。由于人类的创作行为往往由自身的创作动机所驱使，因此其在创作过程中会不断地对作品进行细微调整和改进，以确保每一个细节都符合他们的审美标准和创意构想。然而相较之下，生成式 AI 则缺乏这样的创作动机，其仅仅是机械化地回应用户的需求，因此不会对输出产物做多余的加工。因此，完成度更高的人类作品同样值得更高的价值。

最后，人类创作者的作品往往能够赋予消费者更加丰富生动的消费体验。

人类创作者的创作往往具有明确的目的性，或是源于表达情绪的需要，或是源于自我实现的动机。并且在人类创作者的创作过程中往往伴随着丰富的情绪波动，例如面对困难的挫败或是灵光闪现的喜悦。而生成式 AI 的生成行为仅仅是为了回应使用者给出的命令，在这个过程当中作为一种智能机器的生成式 AI 并不存在如实现灵感、抒发情绪等主观意图，也不会存在任何的情绪波动。尽管人类创作者的创作看似更不稳定，但是正是这种不稳定因素使得最终创作产物的内涵更加丰富精彩。实际上，解读创作者的出发点，领悟与共鸣其创作意图与创作过程恰恰也是消费者欣赏与享受创意作品，形成消费体验的重要组成部分。但显然，消费者仅能够与人类创作者共鸣并从其作品中收获喜悦、敬畏等积极情绪。生成式 AI 的作品是算法自动化运行的输出结果，其中并不存在任何主观性的成分，这也导致消费者更倾向于评价生成式 AI 的作品缺乏"灵魂"，浏览过后只会给人带来空虚感。因此，融入了人类创作者动机与情绪的作品更能够给予消费者与之共鸣的感受，这也为其带来了更加丰富生动的消费体验。

综上所述，现阶段人类创作者相较于生成式 AI 在文化创意领域仍具备创造性更全面、作品价值更高以及消费体验更丰富三大优势。下文将围绕这三大优势内容，为文化创意企业在智能时代下立足发展提供建议。

三、人类创意的竞争优势实践

文化创意企业与从业者可以在当前生产实践中充分发挥上述人类创意优势特征，从而应对生成式 AI 潜在的替代威胁，维护与巩固人类创作的优势地位与应有权益。

首先，可以借助不同平台与不同方式向消费者公开创作过程，提升消费者对作品是如何诞生的感知透明性。这种透明性既包括向消费者明确介绍创作者相关信息，也包含公开创作过程及其间创作者内心感受。这种公开的创作过程存在诸多好处。第一，这种透明性可以直观地向消费者展现创作者的人类身份，引导消费者认可创作过程的真实性并打消疑虑；第二，这种公开的创作过程还有助于帮助消费者与创作者在创作意图与情感上达成共鸣，丰富其消费体验；第三，通过展现创作者从灵感提出到最终实现的全过程可以暗示消费者作品背后的付出，从而提升消费者的获得感。以 Windows 系统自带的电脑桌面壁纸图片为例（见图 8-6），通过公开该图片自创意提出、道具制作、场景布置直至最终拍摄完成的全过程，一张原本看似由电脑绘制、平平无奇的壁纸瞬间拥有了多层次含义，消费者不仅会认可并赞赏该作品的真实创造性，同时在了解到设计人员的灵感与付出后也会更愿意欣赏该作品并产生更加丰富的情感呼应。这启示个人或企业也可以通过视频直播方式向消费者展现实时的创作过程，或是通过附赠小卡片等方式向消费者讲述产品创作背后的故事。这将有助于提升消费者对于创作作品的深度理解，在认可其创造性的同时提升对该产品的认可度与好感度。

图 8-6　微软公司壁纸图片拍摄过程公开影像资料

其次，应当强调对企业或是个人专属的独特风格的培养与展示。这种独特风格不仅可以通过作品体现，通过向消费者介绍创作者的日常生活习惯、个人独特经历等具有区分性的故事也可以达到同样的效果。一个鲜明的个人风格不仅有助于提升作品的一致性迎合消费者预期，同时也能够借助消费者对该风格的认同作用提升消费者的忠诚度。例如美国创作型歌手 Billie Eilish 和团队共同拍摄了一部纪录片 *Billie Eilish: The World's a Little Blurry*，该纪录片中不仅展示了自己独特的个人故事，同时也鲜明地点出了其作品的独特流派风格与内容主题。这种展现可以帮助消费者更深刻地理解与认识到其作品与其他创作者间的区分性，极大程度吸引了消费者对其个人及作品的关注。通过借鉴这一做法，未来企业与个人也可以通过为产品添加具有标识性的独特元素建立区分性，展现个人经验如何影响自身创作风格等方式向消费者传递自身专属的独特风格，从而建立强烈的品牌认同与坚实的消费者基础。

最后，还需要关注作品当中的精细度与情感表达。这不仅要求创作者为作品添加更多的细节并保证其精致性，同时也要求创作者通过作品向消费者传递人类间共通的情绪体验。一方面，作品细节的丰富性与完成度可以提升消费者对于作品的价值评价，增加消费者的获得感；另一方面，作品当中的情感线索可以提升消费者的参与感与临场体验，增加消费者对于作品的理解与共鸣。例如皮克斯公司制作的动画电影《寻梦环游记》借用对墨西哥文化的细腻刻画向观众展现出了家人之间的亲密情感联结。一方面，创作团队在实际场景绘制与动画制作过程中使用了大量精力用于细致还原动画场景中出现的纹饰、光影等细节符合真实情况；另一方面，创作团队通过描绘刻画电影角色的细腻情感，间接地将创作者自身思考家庭意义时的情感体验传递给了观众。因此，未来个人与企业应当制订适宜强度的产出指标允许创作者有更充裕的时间完成细节刻画，建立轻松明快的工作氛围鼓励创作者思考情绪表达，将更多热情投注到创作过程中以提升作品的完成度与生动性。

第九章
人工智能创造力的问题与挑战

2018年10月25日，一幅名为"埃德蒙·贝拉米画像"（*Edmond de Belamy*）（如图9-1所示）的画作在佳士得拍卖会上拍出了43.25万美元（约300万人民币）的高价，这一价格甚至超过了同场拍卖会中的多幅毕加索画作。画中的男子穿着白色的衬衫和黑色的礼服，与背景融为一体，整幅画作的笔触显得格外"朦胧"。然而，最引人注目的是右下角的署名部分，并非人名，而是一行数学公式。

图9-1 《埃德蒙·贝拉米画像》[①]

当了解到这幅绘画的作者信息后，画中的谜团才终于被揭开。事实上，这幅肖像画并非由人类画家所创作，而是由人工智能算法绘制成的，作品右下角署名正是绘制这幅画的"生成对抗网络"（generative adversarial networks,

---

[①] 图源：https://en.wikipedia.org/wiki/Edmond_de_Belamy。

GAN）所使用的函数。据创作团队 Obvious 成员介绍，他们将 15 000 幅 14 至 20 世纪间绘制的肖像画输入系统数据库，帮助人工智能进行学习。经过生成器（不断生成新的肖像图以求"欺骗"鉴别器）与鉴别器（找出人类绘制与机器绘制图像的差异，判断图像是否为真实的肖像）的持续"斗争"，人工智能最终绘制出足以以假乱真的肖像画。

此次拍卖是人工智能作品首次公开拍卖，也标志着人工智能以创作者的身份进入大众视野当中。除绘画之外，人工智能已在文学、音乐等众多领域表现出"创造力"。清华大学团队研发出可以写诗的人工智能"九歌"，这一人工智能系统运用超过 30 万首古人诗作进行训练，在输入主题词后，能够自动生成集句诗、绝句、藏头诗、词等不同体裁的诗歌。华为公司利用 Mate20 pro 中的人工智能，续写了奥地利作曲家舒伯特未完成的《第八交响曲》，并在伦敦的音乐会上进行了公演。2022 年年末，由人工智能实验室 OpenAI 所发布的大型语言模型 ChatGPT 引发国内外热议，这一程序不仅能够依据聊天上下文与人类进行对话互动，甚至能够实现新闻生成、语言翻译、创意写作等众多功能。毋庸置疑的是，人工智能正逐渐向艺术及其他涉及自主创造的行业进军，其成果及"作品"也展现出更高的市场潜力。

而在这一趋势之下，越来越多的争议也随之浮现。人工智能生成物能否被视为"作品"？人工智能生成物的权利归属是谁？人工智能"创造力"的发展会对现有法律制度乃至人类社会造成怎样的冲击？这些问题也将是迈向"人机共生"时代过程中不容忽视的议题，需要深入讨论并探索解决途径。

第一节 人工智能生成物的法律问题

在当今时代，人工智能技术在文学、艺术等多个领域展示了其惊人的能力。人工智能所生成的产品不仅吸引了大众的广泛关注，也在各种传播渠道中迅速流行，成为不可忽视的文化现象。这些生成物在美学和技术上的成就标志着人工智能作为一种创造性力量的崛起。然而，随着生成性人工智能的日益普及，也出现了一系列新的法律挑战和纠纷，如其引发的著作权归属问题及侵权认定问题等。这些问题不仅触及了版权法、知识产权法的核心，也可能关系到更广泛的法律和伦理领域，如人工智能的主体性地位、责任认定等。本节将主要从这些问题出发，探讨人工智能生成物对现有法律体系的考验。

一、人工智能生成物对现有法律制度的冲击

传统的知识产权法律体系主要围绕人类创作者建立，但随着人工智能作为非人类实体的创作能力的崛起，现行法律体系中对于这种新型创作主体尚缺乏明确规定，这也引发了一系列复杂的法律问题。特别是当人工智能参与，甚至独立创作时，其生成物版权归属问题变得尤为棘手。这不仅涉及如何界定和保护人工智能生成物的原创性和独特性，还包括在创作过程中可能涉及的侵权行为。

1. "菲林诉百度案"与"腾讯诉盈讯案"

2019年，"菲林诉百度案"的宣判结果激起业界广泛关注与讨论。案情记载，2018年9月9日，菲林事务所通过人工智能"威科先行"法律信息库生成了关于影视娱乐行业司法数据的可视化结果，并在此基础上整理创作了《影视娱乐行业司法大数据分析报告》发布于其微信公众号当中。同年9月10日，百度网讯公司在未经菲林律所许可的前提下，在其经营的百家号平台上发布了这一文章，并对报告的引言、署名等内容进行了删除。由此，菲林起诉百度网讯科技有限公司，主张百度侵犯其署名权、保护作品完整权及信息网络传播权。而被告方百度公司则认为分析报告是计算机软件智能生成的，不具有独创性，不属于著作权法的保护范围。这一案件的争议焦点在于，由人工智能生成的内容是否可构成"作品"，如果属于作品，其归属权属于人工智能本身还是其他相关主体（郭剑平，2020）。

对于这一案件，法院认为根据我国现行法律规定，文字作品应由自然人创作完成，尽管计算机软件智能生成的"作品"在内容、形态，甚至表达方式上日趋接近自然人，但仍无法满足"自然人创作"这一著作权法上作品的必要条件。在报告的生成过程中，软件开发与软件使用这两个环节存在自然人作为主体参与，但这份分析报告并非传递开发者或用户思想、感情的独创性表达，故而也不应当认定其为开发者或用户创作完成。综上，这一分析报告并不能构成著作权法意义上的作品，威科先行库本身、软件开发者、使用者也均不应成为这一报告的作者[①]。

"菲林诉百度案"是人民法院首次对涉计算机软件智能生成内容的著作权保护问题进行回应。然而，在时过不久的"腾讯诉盈讯案"中，法院却对人工智能生成物是否属于作品做出了截然相反的裁决。在这起案件中，腾讯主持创作人员使用腾讯公司自主研发的智能写作辅助系统Dreamwriter，撰写了一篇财经报道文章，并于文末注明"本文由腾讯机器人Dreamwriter自动撰写"，随后在腾讯证券网站上发布。盈讯公司在未经腾讯许可的情况下复制了该篇文章，并在其运营的"网贷之家"网站上向公众传播。因此，腾讯以侵害著作权及不正当竞争纠纷等为案由将盈讯公司起诉至南山法庭。

法院指出，涉案文章由腾讯主创团队人员运用Dreamwriter软件生成。该文章的外在表现符合文字作品的形式要求，其内容体现出对相关股市信息和数据的选择、分析与判断，具有一定的独创性。此外，从涉案文章的生成过程分析，腾讯主创团队相关人员在数据输入、触发条件设定、模板和语料风格的选择等各个阶段都进行了智力活动，最终该文章的表现形式是由主创团队人员个性化的安排与选择所决定的，表现出一定的独创性。因此，可认定该篇文章属于我

---

① （2018）京0491民初239号北京菲林律师事务所诉北京百度网讯科技有限公司著作权侵权纠纷一案民事判决书。

国著作权法所保护的文字作品，同时构成腾讯主创团队主持创作的法人作品。最终判定认定盈讯侵犯了腾讯享有的信息网络传播权[①]。此次判决突破了以往"人工智能生成物不能被视为作品"的限制，但与此同时，判决中也隐含"工具说"的观点，即认为人工智能是管理者及经营者从事创作活动的工具，因而著作权应当归属于创作单位（李伟民，2020）。

2. 人工智能生成物的著作权问题

"菲林诉百度案"与"腾讯诉盈讯案"是我国人工智能生成物著作权纠纷的典型案例，两起诉讼中对人工智能生成物是否属于"作品"进行了不同的判定，从中也映射出当前关于人工智能生成物可版权性的两类主流思想，即"反对论"及"支持论"（陶乾，2018）。

基于《中华人民共和国著作权法实施条例》中的规定，著作权法所保护的作品是指文学、艺术和科学领域内具有独创性并能以某种有形形式复制的智力成果。反对论认为，律法中提到的"独创性"所体现的是作者独立的、富有个性的创作，是作者精神与意识的传递，而人工智能生成的内容是应用算法、规则和模板的结果，与形成作品所需的智力创作显然不同。在创作过程中，人工智能本质上是在执行既定流程与方法，如果其没有因自身缺陷而出现计算错误，那么多次得出的结果应当是一致的，这意味着人工智能并未存在创作空间，它的生成物也无法成为受著作权法保护的作品（王迁，2017）。而相反，支持论则提出，独创性应当仅从生成物本身的特征进行判断，与其创作方法无关。人工智能采用的算法、规则与模板，实际上可以类比于人类创作过程中所使用的工具，因此不应当将人工智能使用算法生成产物这一点作为否定产物作品性的依据（李伟民，2018）。同时，承认人工智能生成物的可版权性是激励人工智能产业健康

[①] 腾讯公司诉盈讯公司著作权权属、侵权纠纷、商业贿赂不正当竞争纠纷案，广东省深圳市南山区人民法院 (2019) 粤 0305 民初 14010 号民事判决书。

发展、促进创作、维系著作权市场稳定性与合规性的重要条件（熊琦，2017）。

当前，鉴于人工智能自主创作的广阔发展前景，持"支持论"观点的学者日趋增加。然而，在承认具有独创性的人工智能生成物属于作品后，新的问题也随之浮现。以绘画为例，如果人工智能设计师开发出一款可自主绘画的人工智能，使用者在输入一定的信息（如关键词、初始图案、风格选择等）后即可以生成绘画作品，那么，这种情况下画作的著作权应该如何归属？是人工智能自身、这一人工智能的设计者、所有者，还是购买并使用这一人工智能的用户，又或是由其中多者共享呢？目前，已有较多研究者围绕这一问题展开讨论，表9-1中列举了国内学者关于人工智能作品权利主体的几类主要观点。

表9-1 关于人工智能作品版权归属的几类主要观点

权利归属	代表性学者	代表性观点
著作权归于人工智能所有者[①]	吴汉东	"创制者说"：人工智能作品享有著作权，但人工智能无法像自然人或法人作者一样去行使权利，且其创作的技术路径本身为人类所创制，故而著作权应当归属于人工智能的开发者或所有者（吴汉东，2017）
	熊琦	"意志代表说"：人工智能生成内容的前提，是人类训练者在机器学习过程中对数据进行取舍，将数据筛选的价值观传达给机器。据此，人工智能的内容生成可视为代表其所有者意志的创作过程，人工智能所有者应当享有著作权（熊琦，2017）
	林秀芹 游凯杰	"孳息说"：在进行权利判定时，可将人工智能生成物定义为孳息（由原物所产生的额外收益）。由此，人工智能的生成物著作权也应当归属于人工智能的所有者。可按"原物主义"由人工智能的开发者、投资者获得著作权，或依据"生产主义"将权利流转到购买人或其他使用者当中（林秀芹 等，2018）

[①] 此处的所有者，指拥有人工智能所有权的人，在不同情境下，人工智能的开发者、投资者、使用者均有可能成为人工智能所有者。

续表

权利归属	代表性学者	代表性观点
著作权归于人工智能使用者	朱梦云 杨利华	人工智能使用者是按下"开始键",直接引发作品诞生的主体。使用者输入指令、提供素材等行为是人工智能创作的必要环节,并对生成物的独创性具有重要影响。因此,人工智能生成物的著作权原则上应归于人工智能使用者(朱梦云,2019;杨利华,2021)
著作权归于人工智能使用者	李扬 李晓宇	"工具论":人工智能无论发展到何种阶段,都只能是人类所利用的客体以及工具,故而,人工智能生成物的著作权应当归属于利用人工智能进行作品创作的作者,例外情况下属于雇主或委托人(李扬 等,2018)
人工智能开发者与使用者共享著作权	王小夏 付强	人工智能的作品生成需要进行大量数据学习或样本模仿,所以素材的提供者(使用人)应当成为著作权人,同时,人工智能的学习方法与作品生成方法由开发者提前预设,开发者也理应享有部分著作权(王小夏 等,2017)
合同约定确认归属	易继明	对智能作品的权利配置应当在设计者、所有者及使用者间进行权衡,重视三者间合同安排,按照约定优先的原则确定权利;在未进行约定时,应当建立起以所有者为核心的权利构造(易继明,2017)
著作权归属于人工智能	陈吉栋	"法律拟制说":可运用拟制的法律技术,将能够创设作品的人工智能认定为主体(就如同公司也可以被赋予主体资格),在此基础上,人工智能可以对其创作的作品享有著作权(陈吉栋,2018)
著作权归属于人工智能	郭少飞	"电子人说":人工智能不同于传统机械装置,已具有较高的自主性、主动性,故此,应设立新的法律主体类型"电子人"来表征人工智能系统(郭少飞,2018)。相应地,人工智能作品的著作权也应当归为人工智能
不设置著作权归属者	李伟民 刘强 彭南勇	"孤儿作品说":孤儿作品为著作权人身份不明或无法联系的作品。考虑到人工智能本身不是法定权利主体,但作品本身又满足可版权性的要求,可以将人工智能作品视为著作权法中的"孤儿作品"予以保护(吴汉东,2017;刘强 等,2018)

续表

权利归属	代表性学者	代表性观点
创设新类型邻接权	陶乾	"邻接权说"：若某一人工智能生成物大部分或全部归功于机器，则激活或使用该机器的人应当享有"数据处理者权"，即对人工智能生成物享有许可他人复制、发行，及通过信息网络向公众传播并获得报酬的权利（王迁，2017）

汇总上述众多观点，大多数学者依然主张著作权应当在参与人工智能作品生成环节的人类当中产生，而非由人工智能享有；然而，也有部分学者认为，人工智能可以被赋予主体资格，与自然人、法人等一样被视为作者，并获得相应权利；另外，一些学者提出将人工智能生成物视作孤儿作品，以回避作者认定困难的问题，或者在著作权法的基础上增设"数据处理者权"等邻接权来缓冲人工智能生成物对现有法律的挑战。值得注意的是，关于人工智能生成物著作权归属问题的持续争论，部分原因可能在于学者对于人工智能的属性、人工智能创作模式等存在不同的预设，或者是因为他们着眼于不同对象群体的利益等，具体表现为以下方面：

（1）人工智能的自主程度。

研究者对于人工智能作品最终归属的判断，很大程度上受到他们对人工智能自主性水平预设的影响。例如，诸如电子人说、法律拟制说等"承认人工智能法律主体地位，赋予人工智能必要的权利"的观点均是建立在人工智能自主性决策、判断等能力的基础上；而相反，认为人工智能尚不具备人类所拥有的自主意识的学者，倾向于将人工智能视为"被人类操纵的工具"，等同于画家手中的画笔、摄影师的照相机，并主张将问题回归至人工智能背后的人类，否定人工智能的法律人格及相应权利。

关于这一问题，国内学者提出，可以按照人工智能系统的智能化程度将其划分为三个阶段：第一阶段为依托于硬件的"准智能"阶段，这一阶段严格意义上并不能称为人工智能阶段，人类依托不具备自主性的硬件设备（如摄影机、照相机）来进行创作，作品的具体内容表达仅体现使用者的意志，故而这一阶段的著作权人理应为设备的使用者。第二阶段为依托于计算机软件的"算法阶段"，包括音乐、绘画、文学等内容生成软件或算法，这一阶段的人工智能已具备一定的独立学习、判断能力，但仍处于编程者的预设框架下，例如，软件自动生成新闻过程中所选用的主题与数据、所使用的写作风格仍是基于一些特定的模板，无法脱离人类所设置的算法架构，仅具有部分自主性，故此阶段人工智能生成物的著作权应当由使用人（提供素材）及算法开放者（预置算法）共享。第三阶段也称为"全脑仿真阶段"，科学家旨在通过对大脑的神经联结进行解析，实现对"人类智能"真正意义上的模拟，届时，这类"强人工智能"也将在创作过程中表现出更高水平的自主性，而关于其是否应该被视作著作权人，也应当根据社会科技发展水平做出进一步判断（王小夏 等, 2017）。

（2）人类在创作过程中的贡献。

各主体在人工智能创作过程中的贡献是学者对人工智能生成物的著作权进行分配时的重要标准。如国内学者熊琦提出，按照自然人参与创作的程度，可以将计算机生成内容的类型划分为两种：其一是程式化内容生成，即计算机的所有生成内容均基于程序或算法的预设置，以计算机游戏画面的著作权问题为例，使用者（玩家）无论采用何种方式操纵游戏，输出结果都是基于游戏设计者的预先情节安排，故而这类生成物一旦被界定为作品，其著作权应当归属于软件的著作权人。其二为自主化内容生成，这类程序、软件、算法由使用者来提供素材，计算机依据这些素材生成具有独创性的内容，比如诗歌、音乐生成程序可根据用户输入的关键词或音符来生成作品。对于这类作品，尽管从表面上看，设计者与使用者均未做出贡献，但考虑到使用者筛选、提供了素材，决定了最终的输出结果，故而其应当被视为著作权人。此外，也有观点拓展了"贡献"的内涵，强调人工智能生成物中凝结了投资者的重要贡献。创作型人工智能的开发涉及海量数据收集、建模等众多环节，需要耗费巨额资金，是投资者所提供的大量资金支持促使人工智能能够研发成功并投入市场，因此，人工智能生成物某种程度上更依赖于投资者的资金保障、组织工作，而非个人的独立创作（李晓宇，2018）。

（3）对不同对象利益的关注。

对人工智能生成物著作权的划分，不仅需要遵循公平性原则，同样也需要以促进人工智能产业的长远发展作为关键目标，这样看来，如何平衡各方利益、促进产业良性发展，将是学者、立法者普遍关注的议题。当前对权利归属的分歧，也反映了对于不同对象利益的维护偏向。部分学者认为，对于需要巨额资金支持的作品形式，投资者的作用不容忽视，一旦离开投资者的资金支持，作品创作、传播环节都将极大受阻。同时，依据现行法人制度，投资者即便没有实际参与创作过程，也可以被拟制为版权人。在此基础上，著作权法应当注重保护投资者利益，避免打击投资者的投资热情，使投资者（一般为人工智能所有者）享有人工智能生成物的著作权（陈全真，2019）。相应地，也有人提出，当著作权赋予使用者时，才能最大限度地发挥知识产权制度的激励功能，能够促进更多的使用者积极地应用人工智能创造作品，实现社会物质文明财富的增加（朱梦云，2019）。以易继明教授为代表的学者们也提出，可以通过事前签订合同，在人工智能设计者、所有者、使用者三者间进行利益平衡，以此明确人工智能生成物的权利归属，规避后续的潜在纠纷（易继明，2017）。

（4）学者的现实取向或未来取向。

不同学者在分析视角方面的差异也在很大程度上影响了其对于人工智能著作权问题的解析。持有未来取向观点者聚焦于立法的前瞻性，倾向于从人工智能的快速发展趋势出发做出预设，即认为随着技术的飞跃，人类在创作过程中的参与及控制将逐渐减弱，这将会引发关于人工智能生成物著作权问题的大量纠纷，故而，法律不仅需要回应当下技术所带来的冲击，也需要表现出"超前思维",对未来的潜在风险做出合理应对。诸如"电子人说""法律拟制说"等赋予人工智能主体地位及相应权利的观点,即是在前瞻性视角下,期望通过法律设定来回应未来人工智能创作中人类缺失的问题。而另一方面,现实取向的研究者强调,法律的存在是为了解决现实问题,即便是前瞻性的法学研究也不应当脱离技术发展的现实趋势。现阶段人工智能尚不具备被认定为著作权主体的资格,要实现创作过程的完全自主,仍需要格外漫长的时间,因此,法律不需要过分先于现实发展,只有当人工智能已经发展到能够理解权利与义务的含义,并主动向人类要求法律主体资格时,考虑赋予其著作权才具有现实意义。而人工智能生成物权利归属于人工智能的观点,实际上高估了人工智能的智能水平,削弱了开发者和使用者的核心作用(许春明 等,2019)。

3. 人工智能生成物的侵权问题

孤陈的城市在长夜中埋葬 / 他们记忆着最美丽的皇后 / 飘零在西落的太阳下 / 要先做一场梦

这段诗句并非出自某位诗人,而是来自微软人工智能"小冰",2017 年,由"小冰"创作的诗集《阳光失了玻璃窗》正式出版。据微软工程院介绍,"小冰"对 519 名诗人的现代诗作品进行了 10 000 次的迭代学习,最终获得了现代诗的创造力,并形成了自己的风格、偏好及行文技巧。诸如此类的人工智能创作过程并不少见,作曲人工智能需要深度学习大量作曲家的音乐才能够训练其基本曲风,进而创作新曲谱;绘画人工智能也需要获得众多既有画作素材的"喂养"才能生成具有一定风格的绘画作品。

人工智能的这一创作模式也决定了其存在巨大的侵权风险。现行法律明确规定,未经他人许可,使用他人在著作财产权保护期限之内的作品进行改编创作或商业使用,即会构成侵权。人工智能的创作本质是通过深度学习对海量输入的作品样本进行解码、学习与训练,从中抽取、提炼出作品的规则、模式、结构及趋势,并以此为基础进行模仿创作。在众多样本当中,很可能包括受著作权保护的作品,而逐一取得版权人许可的策略显然成本过高、耗时过长,对于使用海量数据进行分析的人工智能而言很难满足。由此,侵权已然成为人工智能创作中难以回避的问题,如何判定及应对人工智能侵权问题也是人工智能生成内容的快速发展所带来的又一挑战。

"接触+实质性相似"是当前著作权法中判定侵权的重要规则,其中,接触指侵权人曾接触过原作品或有接触原作品的机会,即考察涉嫌侵权作品与原作品相似性是否存在"有意"的可能;实质性相似则是侵权作品复制或部分复制了原作品的独创性部分,因此构成了涉嫌侵权作品与原作品间具有同一性。对于人工智能而言,对输入的作品样本进行分析已经满足了"接触"要求,但在判断其作品与原作的"实质性相似"时仍存在较大困难。有学者提出,现有法律中对于实质性相似的三类判定方法(a. 抽象分离法:剔除掉作品中的思想、公知领域等不属于著作权保护对象的部分,仅对作品间具有独创性的表达部分进行比对;b. 整体观感法:将作品作为一个整体,以一般读者的感受对作品的相似性做出判断;c. 内外部测试法:抽象分离与整体观感法的结合)在进行人工智能相关的侵权认定时存在一定的模糊性,故而建议引入市场替代作为人工智能侵权认定的辅助标准,评估人工智能生成物是否对版权作品的市场利益造成影响,并结合实质性相似的分析结果,共同作为认定人工智能作品版权侵权的依据(曾田,2019)。此外,也有学者认为,应当构建合理使用制度,为人工智能创作提供相对宽松的著作权环境,提倡将训练素材来自众多作者(如微软"小冰"训练写诗)的人工智能创作视为合理使用,而仅将算法训练素材全部来自特定作者(如人工智能模仿某位音乐家的风格进行作曲)的人工智能创作视为侵权(李安,2020)。

那么,一旦构成侵权,由谁来承担这一责任呢?这又再次回归人工智能生成物著作权归属的"人机之争"问题。明确人工智能生成物的著作权归属,不仅关乎权利的获取与行使,也与侵权责任主体的界定密切相关。多数研究者主张关注侵权中"人"的因素，而不是将人工智能视为侵权的责任承担主体。这是因为，在侵权问题当中一旦认定人工智能是责任主体，随之而来的诸多问题（如人工智能如何承担相应的法律责任）都将成为对现有法律体系的重大颠覆。对此，有观点提出，从预防侵权的角度出发，人工智能使用者作为责任人具有更高的可行性。原因在于，使用者作为人工智能生成物的实际控制者，具有更高的侵权控制便利性，也理应承担相应的监管责任（谢琳 等，2019）。也有人认为，人工智能的设计者处于预防侵权链条的第一环，理应担负相应的"防抄袭设计"义务，如将版权保护类作品纳入过滤系统特征信息库中，从源头防止抄袭（初萌，2021）。而关于人工智能生成物的侵权责任承担方式，主流观点认为应由人工智能生成物的著作权人对侵权行为进行经济赔偿，也有人提出，由于人工智能的创造行为所涉的数据信息基础过大，一旦被认定为侵权，与之相关的人类主体将会面对难以承担的赔偿责任，为应对这一问题，可以建立人工智能强制保险制度，并设立人工智能生成物侵权损害赔偿基金，以减轻单个责任主体的经济责任负担（杨利华，2021）。

另一方面，有学者提出可将人工智能侵权问题的责任主体划归为"机"，即为部分人工智能赋予独立的法律人格（石冠彬，2018）。为了解决人工智能无法行使部分权利及承担相应义务的问题，应当设立人类"管理者"来代为行使权利及承担义务。以写稿机器人为例，享有这一机器人所有权的个人或公司即可作为其管理者。相应地，也需要为人工智能设定特定的财产账户，用于相关费用的收取及支付，在人工智能产生侵权问题时，可通过此账户赔偿被侵权者的经济损失（孙那，2017）。

尽管与人工智能生成物有关的归属权及侵权纷争已引发了广泛讨论，也有众多学者提出了用以解决归属权及侵权问题的法律对策，但仅在知识产权法中做出回应尚不足够。随着人工智能自主化水平的提升及其应用范围的扩大，民法、刑法等法律体系有必要对人工智能的法律主体地位做出必要回应及合理应对，才能有效维护社会秩序的稳定。

二、人工智能能否成为法律中的适格主体

不难发现，上述关于人工智能生成物权利归属及侵权责任界定的争论中，都涉及一个核心问题：人工智能能否在法律意义上被视为主体？人工智能的法律人格问题是进一步分析其生成物权属的基础。

从既往对主客体的界定来看，法律主体指活跃在法律之中，享有权利、履行义务和承担责任的人，此处的"人"既包括自然人，也包括法律拟制的人（法人）；相应地，动物及其他物质是权利主体支配的对象，仅能作为权利的客体。主体与客体泾渭分明，而某一对象或归于法律主体，或归于法律客体，不可能游离于主客体间的中间状态（刘洪华，2019）。事实上，这一清晰的主客体界限如今正在接受挑战。2016年，欧洲议会提出一项草案，建议将人工智能机器人认定为"电子人"，使其能够享有薪酬、版权保护和社会保险，尽管这一草案面临极大争议，但其也体现了欧盟国家对人工智能法律主体地位的探索。而在我国，学者亦围绕人工智能的主体判定展开了激烈的争论。

反对人工智能作为法律主体的观点认为，人与物之间的边界不容逾越，机器人不是具有生命的自然人，也区别于具有自己独立意志并作为自然人集合体的法人，因此难以通过法律拟制手段赋予其法律主体资格（林秀芹 等，2018）。基于工具说的观点，人工智能是人类用以改造世界的工具，作为人类能力的延伸，弥补人类技能的不足，这一工具属性决定了它无法成为权利主体。创制者说也认为，在当下"弱人工智能时代"，人工智能是由人类设计者设计出的，其本身是为了实现人类的目的，所掌握的知识也并不是靠自身积累，而是由人类输入。故而，人工智能尚不具备心性及灵性，与具有"人类智慧"的人不可同日而语，也不能取得独立的主体地位（吴汉东 等，2018）。也有学者从人工智能法律人格的潜在消极后果方面出发，提出反对意见。一旦将人工智能认定为法律主体，

则意味着其将与人享有相同的法律地位及资格，届时，在侵权、犯罪等问题的认定中，如何判定人工智能的真实意思、考查人工智能在侵权行为中的主观过错，都将是对现行司法原理的颠覆性挑战（熊琦，2017）。此外，界定人工智能作为主体时如何承担责任也有极高难度，人工智能如果被判处支付赔偿金或坐牢，其本质仍是对人工智能所有者的惩罚，因为人工智能未有独立的收入，且对人工智能"坐牢"的惩罚实际上是剥夺了其所有者的财产权。在此基础上，人工智能的责任承担最终都归结为人类的责任承担，这使得人工智能的法律人格毫无必要（郑戈，2017）。

支持人工智能主体论的观点则认为，权利的范围处于不断扩张的状态中。以社会组织、公司为代表的法人形态已在多领域获得了权利主体的资格，这代表法律主体已不仅局限于自然属性的"人"（张玉洁，2017）。另一方面，人工智能不同于传统的机械装置，具有较高的自主性、主动性，其行为表现及内容输出已在一定程度上脱离人类预设（例如，即便是绘画类人工智能的设计者也难以预判最终生成画作的内容），且在某些运行领域，人工智能一旦启动，便可在不受外部控制的条件下独立完成活动、执行任务，这也代表人工智能已不能被简单地看作其他行为人（如设计者、所有者、使用者）手中的工具，不适于作为单纯受到支配的客体（刘强 等，2018）。当前，人工智能的发展速度已超出人们的预想，其未来也将在社会生活当中占据更加重要的地位，甚至可能成为人类的同伴、合作者，乃至伴侣，基于此，承认并赋予人工智能法律主体性是社会发展的必然趋势。

整体而言，基于现阶段的人工智能发展水平，将其视为主体尚未达到充分条件，但不得不承认的是，法律体系正追随着时代的进步而不断发展与完善，在人工智能快速发展的趋势下，法律中机器与人类的主客体划分并非不可逾越。正如既往各方对于动物法律主体地位的激烈争议一样，"人工智能是否能够成为法律中的适格主体"也将成为人工智能时代下一项更加持久、关键的议题。

第二节　人工智能创造力引发的人类主体性危机

本章第一节中，我们从法律视角切入，探讨人工智能创造力可能引发的法律挑战。第一部分聚焦于人工智能创造力对于司法实践的冲击，关注人工智能生成物的可版权性及其权利归属问题；第二部分将这一问题抽象至一般法律规则层面，讨论人工智能是否可以取得法律认可的民事主体地位。事实上，当前的法律体系建立在人的主体性的基础之上，要回应人工智能是否能够成为适格法律主体这一问题，还需追本溯源，关注法律问题背后的价值观基础，即能产出创造性成果的人工智能能否在一般意义上被视为"人"？这会给人类的社会生活及价值取向带来怎样的影响？

一、人是否仍是天之骄子？——人工智能创造力挑战人类主体性

人是自然界进化的最高产物，相比于其他生命体具有更高的智慧，亦占据主导地位。莎士比亚在戏剧《哈姆雷特》中将人称为"宇宙之精华，万物之灵长"，这一"以人为万物中心"的观念至今仍贯穿于现行法律规则、伦理价值等诸多领域。法律中赋予人类法律主体地位，并致力于保护人类的利益；伦理价值观强调保护人类的精神和意志、自由与尊严等方面的价值。可以认为，人类的主体地位是人文社会科学及法律规范设计的基本前提（张力 等，2018）。然而，人工智能的发展正对人类的主体性地位造成冲击。

1. 创造力与人类的主体性

在哲学上，主体被定义为本体，是属性、状态、变化、关系的承担者和发起者；相对应地，客体是对象性活动的对象及受动者。在主体与客体的关系当中，主体展现出对于客体的支配、控制与协调能力，而主体性则是主体之所以成为主体的一些特殊本质，体现为能动性、自主性和创造性等（李林昆，1991）。其中，能动性指个体自觉、积极、主动地认识与改造世界的能力；自主性强调个体可

以做自己的主宰，有能力进行自主选择和决策；创造性则体现为个体超越重复作业，通过创造性活动产生新的知识和方法的能力。

创造性是主体性中最深层次、最重要的属性之一（郭湛，2022）。人类具有强大的创造性思维和创新能力，使他们能够灵活地应对不断变化的环境，管理复杂的社会关系，并通过社会、技术和医疗创新促进生存与发展。这种产生新颖、有用的想法及问题解决方案的能力也被视为人类进化的关键驱动力（De Dreu et al., 2014）。如人类祖先通过发明取火工具，实现了对火的合理使用，用以烹制熟食、取暖或驱逐野兽，这是人类挣脱自然束缚的开端。第一次工业革命以来，包括珍妮纺织机、蒸汽机在内的集群式的创造性发明逐渐解放了人类双手，极大地推动了人类社会的发展。而当前，世界正处于第四次工业革命当中，以人工智能、大数据为代表的智能信息技术正重塑人类的生产生活方式，智能机器人等发明成为人类体力与智力的延伸，也为人类探索世界创造了更多可能性。创造力如同一条源源不断的河流，贯穿于人类的整个发展历程中，且每一次重大的发展节点也都会涌现出大量的创造力。因此，创造力是人类所独有的，用以区分人类与其他生物的重要能力。具备创造性思维是人类主体性的确立基础，也是人类自誉为"天之骄子"的重要前提。

2. 人工智能创造力对人类主体性的挑战

当前，人工智能已展现出的非凡的分析、计算能力，在多领域有着显著超越人类的表现。1997年，超级计算机"深蓝"就击败了国际象棋世界冠军卡斯帕罗夫。2016年至2017年间，随着"阿尔法狗"的横空出世，围棋这一"人类智慧的最后堡垒"也已被人工智能攻破。值得一提的是，棋类等活动虽然具有较高的空间复杂度，但其归根结底是在明确规则和有限搜索空间下的计算，人工智能可以依据系统中的对弈训练样本，通过运算在短时间内找到最优解；相比之下，创造性活动所生成的往往是之前并未存在的观点、方案、产品等，其中体现了打破思维定势、超出传统观念的能力，在一定程度上具有非逻辑性、非理性。在这一前提下，多数人认为在创造力领域，人类仍比机器表现出更大优势，并将创造力称为人工智能留给人类的"最后一方净土"。

人工智能技术发展初期，其在创造性生成任务中的表现一直乏善可陈，但随着新一代技术的发展，特别是 GPT 模型与生成对抗网络的出现，人工智能在创造性任务中的表现已有了质的飞跃，人工智能所创作的诗歌、乐曲、画作、设计已大量涌现。尽管有观点认为人工智能的创作本质是对信息的运算和处理，而非直觉与灵感，因此并不具备真正意义上的创造力，但如果从客观性的标准来判断，人工智能的生成物无疑已达到了独创性标准（陈吉栋，2018），与人类的作品无异。近期，有研究者通过图灵测试来考察人们是否能够成功区分人类和机器的创造性产出，结果发现，参与者并不能准确地识别算法生成的诗歌（Köbis et al., 2023），进一步印证了人工智能作品的成熟性。随着人工智能技术的迭代升级，这类足以"以假乱真"的作品将会在今后以更批量的形式产出。相应地，其所引发的"机器是否具有创造力？""创造力还是人类独有的能力吗？"等问题，也将成为对人类自文艺复兴以来形成的人类主体性地位的诘难。

当人工智能也能够进行创造性劳动、产出创造性成果，抑或是具有"创造性思维"时，也就意味着创造力不再是人类的特性，随之而来的，是以创造力为基石所构建的主体性大厦的隐隐动摇。从根本上来看，人工智能创造力引发了关于"人类本质"的困惑及主体性焦虑：如果使我们区别于其他生命和机器的能力、特性不再为我们所独有，人类何以称为人，又将如何体现人类价值？以人类为中心建造起的现行价值体系是否会被颠覆？这些伦理困惑都是人工智能时代下的不容忽视的议题。

另一方面，具有创造性的人工智能也可能在更多领域挤占人类的职业生存空间，降低人类在社会当中的重要性，这会进一步削弱人类的主体性地位。事实上，对于技术性失业的担忧几乎是伴随着自动化技术发展而生的，在大量基础性工作岗位被机器取代后，原本位于这些岗位的劳动者可能由于难以适应现代化技术要求而面临失业困境、更加边缘化，其主体性也将受到冲击。除了对于部分工作岗位的替代，具备更高创造性的人工智能也将以更加多样化的身份进入人们的生活当中，作为教师、儿童玩伴、工作伙伴、老人的照顾者等，而在与人工智能日益密切的交互中，人与机器的关系也在悄然变化。人工智能正逐渐跻身人类的社会关系网络，并参与形成众多新型的"人机关系"及"机机关系"（孙伟平，2020），如被悉心照顾或陪伴的儿童可能与机器人之间形成深刻的情感联结，将其视作朋友或家人；也会有成人试图将人工智能作为自身的恋人，甚至与其缔结婚姻关系。在上述情境中，人工智能对于社会关系中人类对象的替代，也将极大地冲击"人是一切社会关系的总和"的人类本质观念。

关于人类主体性更为深远的担忧是，随着人工智能自主性、创造性水平的提高及其在生产生活中的卷入度加深，其被承认为"人"的这一电影情节也可能在真实生活当中上演。2017年，沙特阿拉伯政府授予汉森公司研发的机器人索菲亚以公民身份，这是历史上机器人首次获得公民身份。尽管有观点认为这是为了营造"噱头"，但这一举措无疑宣示了人工智能被赋予"人权"的可能性。当下，人工智能技术的发展速度与日俱增，越来越多的智能体有望在学习能力、创造性等众多方面赶超索菲亚，在生产生活当中扮演更加重要的角色，而人工智能的社会及法律身份也将面临更加激烈与持久的争议，届时，有必要更深入地探讨人工智能所获得的权利是否会影响人类主体性地位。

二、"糖衣炮弹"——人工智能创造力与人的异化

"异化"是一个在社会学及哲学领域被广泛讨论的概念，指人自身所创造的对象反过来变为支配、统治和控制人自身的异己的对象（郑永廷，2005）。早在工业革命早期，卡尔·马克思就曾揭露机器对人的异化："劳动用机器代

替了手工劳动,但是使一部分工人回到野蛮的劳动,并使另一部分工人变成机器。劳动生产了智慧,但是给工人生产了愚钝和痴呆(马克思,2014)"。在人工智能相关研究中,技术对人的异化指人所创造的人工智能技术反而束缚人的主体性(谢俊 等,2023)。基于这一观点,人工智能创造力的发展不仅直接挑战了人类的主体性地位,也可能以一种更加隐蔽的形式削弱人类创造性、能动性与自主性,引发人的异化。

1. 人工智能创造力与创造力的"用进废退"

2022年9月,在美国科罗拉多州的一项数字艺术创作比赛中,39岁游戏设计师杰森(Jason)的作品《太空歌剧院》(见图9-2)拿下了一等奖,然而,这一奖项一经宣布便引起轩然大波。奖项的关键争议在于其作画过程,这一作品并非用数位笔、数位板来绘制,而是借助人工智能绘画工具Midjourney直接生成。据杰森介绍,他不断地将关键词输入Midjourney程序当中,经过约900次的尝试后,选出自己满意的图片进行后期处理。在奖项颁布后,大量艺术爱好者对此次奖项的公平性表示质疑,认为Jason仅仅是在软件上点了几个选项,并未参与实际绘画,此举有悖绘画创作的初衷,而承认这一奖项则会加速创造性活动的消亡。

此类使用人工智能程序参与比赛的新闻并不罕见,随着人工智能创作软件、程序的准入门槛逐渐降低,人工智能在绘画、撰文等方面所展现出的创造力为使用者提供了便利,也极大地提升了创作效率,只需要输入一个或多个关键词,就能够得到与之匹配的输出结果。即便是没有任何创作经验的个体,也可以通过人工智能软件生成令人满意的作品。艺术领域之外,人工智能也能够在更多领域进行创造,如装修设计、基因编程(吴汉东,2019)、教育科研等。例如,近期风靡的人工智能内容生成程序ChatGPT,仅需要使用者在聊天界面当中输入指令(如:写一篇以春天为主题的短文),便可以做出符合要求的回复,甚至可以依据使用者的持续反馈不断修改、完善输出内容，使其更贴近需求。推出至今，ChatGPT 广泛应用于教育及科研领域，使用这一程序来完成作业已在美国大学生群体当中流行开来，北密歇根大学的一名学生使用 ChatGPT 生成了一篇宗教相关的小论文，结果在哲学课上拿到了全班最高分；众多科研工作者也开始使用这一程序来辅助其撰写论文，《科学》《自然》等众多期刊甚至为此发布新规，宣布 ChatGPT 不能被列入作者署名当中。

内容生成程序的出现无疑为各行各业的从业者提供了巨大的机遇，降低了从事内容生成活动的成本，将人们从一些繁杂、耗时的前期准备或作品制作工作中解放出来。然而，随着人工智能在创造性活动中的参与度、付出占比增加，原本需要人类完成的复杂工作逐步移交给机器，这可能会引发新的问题，即人类创造力的"退化"。

图 9-2　获奖作品《太空歌剧院》[①]

在人类的发展历程当中，随着食物的精细化，智齿已不再需要发挥磨牙的功能，逐渐成为被淘汰的器官。在大脑神经元中也存在类似现象。研究者发现，人类在出生后的前二十年内，大脑神经突触的变化呈现倒 U 型曲线：新生儿时

---

① 图源：https://www.wired.com/story/ai-art-copyright-matthew-allen/。

期大脑突触总数相对较低，童年期突触密度达到顶峰，随后再次降低。这是由于儿童时期受到丰富的环境刺激和良好的营养条件等因素的影响，突触数量得以快速增加；而在这之后，外界信息刺激减少，一些没有接收到信息刺激、处于闲置状态的突触将会被修剪，导致密度降低，这也遵循了"用进废退"的规律。既往研究及生活实例中，信息技术对于人类认知的深远影响已被广泛验证。2011年，一篇发表于《科学》的研究中指出，由于互联网及搜索引擎的普及，人们只需要动动手指就可以获得信息，而这也对人们的记忆模式产生了实质性影响，人们倾向于记忆信息的存储位置，而非信息内容本身，我们与计算机正呈现出"共生"关系，这一现象也被命名为"谷歌效应"（Google effect）（Sparrow et al., 2011）。当高度依赖计算机的个体失去与计算机的联系时，其记忆效果就可能受到威胁。对于创造力而言，同样存在着用进废退的观点（李永梅 等，2023）。教育心理学领域的研究者认为，创造力是一种能力，需要通过积极参与创造性活动、挑战固有思维、建立远距离连接等方式进行培养（张亚坤 等，2021）。而当人类只需要按键点击、参数输入等简单操作便可以得到创造性成果时，也更有可能被技术"豢养"，导致创造力的下降。

目前，美国已有多所中学及大学陆续宣布禁止或严格限制学生校内使用ChatGPT；这一限制措施一方面是出于对公平性的保护，另一方面也反映了教育者的担忧，即忧心人工智能程序在作业、考试、论文写作中的惯常性使用不利于学生批判性、创造性思维发展。

2. 人工智能创造力影响人类能动性、自主性

生成式人工智能等人工智能创造性技术的发展在影响人类创造性之外，也可能对人类能动性及自主性产生消极影响。国内学者谢俊及刘睿林提出，生成式人工智能可能从多方面引发人的异化危机（谢俊 等，2023）。

具体而言，生成式模型需要从大规模语言模型中获取与人类相关的大量参数，在这一过程中，个体逐步被数据化与计算化，个体行为、习惯、情感等因素都被转化为可以计算的数据，以实现人工智能的训练升级，为人类提供更多交往选择。这一过程中，个体成为一个"客体化""符号化"的数据节点，而非具有独特背景、情感、思考和经历的主体。同时，人工智能提供的众多选择背后可能隐藏着固定的、预先编程的逻辑，对人们的选择产生潜在影响，限制其在互动中的自主性与能动性，这可能是超强算力带来的"隐性规训"。

生成式人工智能的快速发展也可能引发数字鸿沟现象，无法使用或不熟悉相关技术的人群可能无法获得同等质量与数量的信息，从而难以基于充分信息进行自主性决策。与数字鸿沟相关的经济不平等现象也可能对个体自主性及能动性产生消极影响。

此外，人工智能创造力的发展可能会加深个体对于技术的依赖。具体而言，类似 GPT 的大规模语言模型通过提供文本生成、智能助手、内容推荐等功能，极大地增强了个体在各种任务上的效率，但当人们习惯于依赖生成式人工智能为其提供答案、建议或解决方案时，可能会逐渐减少自己独立思考及权衡的频率；人工智能的内容推荐功能也可能限制个体接触多元观点的机会，削弱其自主性及能动性。

第三节　人机共生——发展趋势与未来展望

诚如上文所提到的，人工智能技术的飞跃，特别是其在创造性能力方面的进展，昭示着人工智能已逐渐脱离工具身份，在生活、生产中扮演更为重要的角色，伴随着这一趋势，人机关系的模式也在发生深刻变革。如何实现人与机器的和谐相处、优化人机之间互惠相依的"共生关系"，将是人工智能时代下的持久议题。

一、人机关系的演变历程

关于人机关系的演化历程，既往研究从哲学、社会学及心理学视角出发，结合技术发展的关键节点，描绘人机融合程度、权力与控制关系等特征如何随技术进步而演变。

有学者将人机关系划分为"依赖""渗透""嵌入"这三个递进阶段（于雪 等，2017）。①依赖阶段：强调人与机作为相对独立的领域，在物质层面及精神层面相互依赖。具体而言，物质层面上人与机器存在双向依赖，机器需要人类的设计、操作与控制，而人类则依赖现代机器以解决其生产及生活中的各项问题；精神层面上，人对机器的依赖体现为人们对于手机等智能设备中的社交、阅读、游戏等功能存在高度依赖。②渗透阶段：强调人机作为独立个体在运行过程中彼此相互渗透，甚至是交融。这一阶段中人与机器的传统界限逐渐模糊，智能机器广泛渗透到人类生活的各个领域，甚至力图取代人的一部分智能活动。③嵌入阶段：这一阶段中人与机器呈现相互嵌入的状态，组成一种新的存在。机器可能通过微机电系统与人体器官及神经网络相连，甚至可能改变人类的思维过程，与此同时，人类的身体功能及认知能力也通过机器嵌入得到增强。

也有研究者认为，人机关系经历了主从到竞争再到主体间关系的演变。人工智能发展之初，遵循"增强人类智能"的基本预设，在此基础上，一系列弱人工智能均是通过听从指令来完成具体任务，是外在于人且附属于人的工具，与作为主体的人类之间存在明显的界限与主从关系。随着智能技术的迅速发展，以 AlphaGo 为代表的高自主化人工智能在人类智慧的各个维度中展现出更高能力，以其强大的功能性优势从人机的主从关系中突破出来，对人类构成竞争性威胁，凸显出人机关系的矛盾与冲突。当人工智能发展为强人工智能或超人工智能时，已经能够具备意识、思维，在多项领域表现出超越人类的智能。此时，人机间的界限逐步消解，其关系可能逐渐走向人机平等，即两者不再存在主客体之分，而是呈现出主体间关系（马艳华 等，2022）。

人机关系 5C 模型（human-machine 5C relationship model）中也提到了与人工智能技术发展密切相关的演化路径。模型中界定了人机关系中的五个阶段：共存（coexistence）、合作（cooperation）、协作（collaboration）、同情（compassion）和共同进化（coevolution）。①共存阶段，人与机器共享相同的环境与空间，但并不涉及真正的协同，如工厂中的操作员通过人机界面监督半自动化的生产流程。②合作阶段：人类操作员与自动化系统之间能够共同执行决策性任务，在任务当中，人与机位于相同的决策层级并能够通过互动沟通一起工作，实现共同目标。③协作阶段：随着智能化水平的提升，其能够执行更多复杂的任务，与人类的关系也从"主仆"转变为"合作者"关系。人与机器间将不局限于通过言语交流，也能够通过手势及触觉渠道沟通，此时，机器代理能够注意、理解与感受人类，并能够了解人类操作员的目标和期望，从而与人类协作实现目标。④同情与共同进化：这两个阶段建立在人工智能技术取得重大突破的预设条件下，此时具有同理心的机器能够感知人类的情感、需求与偏好，而基于互惠原则，人类也会留意机器的"健康"，如工作负荷、任务水平波动等。届时，人机间将不再是竞争关系，而是形成更为亲密的人机交互模式，着重实现持续的协同进化（Pizon et al., 2023）。

整体而言，尽管以往理论中对于人机关系的演变历程存在不同的阶段划分，但大多遵循人工智能技术的发展趋势，从能够完成特定领域任务的弱人工智能，到能够在多领域完成学习及任务执行的强人工智能，再到超越人类智能水平的超人工智能，人机关系也将逐渐从使用者与工具、合作者转向真正意义上的人机共生。

二、人机共生的概念界定

"共生"是生物学中的常用名词，指两种不同生物之间所形成的紧密互利关系。而在人工智能领域，人机共生反映人机间的密切耦合，意味着通过人类与人工智能间的互动使双方都实现进步及效能最大化。有研究者结合多学科观点，提出了一个整合框架以描述人机共生系统，其中包括以下关键要素：任务、交互、性能与体验。前三者指向人机系统，而体验维度则指向人机共生系统中的人类对象（Inga et al., 2023）。

（1）任务维度：任务代表了一个由意图驱动的目标，可以通过分解层、决策层与动作层三层模型来概念化，分解层是任务维度中的最高层次，用于将整体目标分解为一系列可能的子任务，可以被视为整个共生系统的任务框架；决策层依赖分解层的输出的子任务集合，在这一层中，人机合作伙伴通过密切的合作与信息交流，共同制定决策，以实现整体目标；行动层包括具体的行动与实施，人机伙伴间通过互动与反馈共同执行其在决策层中制定的决策。

（2）交互维度：交互维度用于定义人机伙伴在任务维度不同层次间及层次内部互动的主要特征，包括高度协调的联合行动、依据需要随时改变合作程度、理解对方的意图与期望、理解决策和行动对于彼此的影响、接收并加工来自对方及环境的反馈信息等。

（3）性能维度：用以对人机系统的有效性进行评估，包括效率（工作量与所用时间的比值）、错误数量及工作结果质量等方面。

（4）体验维度：主要指向人机系统中的人类成员在互动中的主观感受，包括心流体验、对机器的接受度、能动性感知及化身感四方面。

三、关于人机共生的未来展望

"人机共生"是一个涉及人类与人工智能深度融合与协作的时代概念，人类的智慧与机器的能力相结合，创造出前所未有的可能性。本部分内容将围绕人机共同决策、人机共同创造、人机情感互动和人机协同治理这四个关键维度展开，探讨人机共生关系在这些领域中如何体现，以及它们将如何影响我们的决策方式、创新过程、情感交流和治理结构。通过对这些维度的探讨，为理解人工智能时代下的人机共生发展提供前瞻性思考。

1. 人机共同决策

人机共生时代下，人类与人工智能将共同参与对于问题的分析及解决。在决策过程中，如何发挥各自的独特优势，将是提升人机决策有效性的必要条件。有研究者提出了人机共生关系下关于协同决策的展望，认为通过人类与人工智能的能力互补能够应对决策中的三个关键性挑战：不确定性（uncertainty）、复杂性（complexity）及模棱两可性（equivocality）（Jarrahi, 2018）。

当缺乏源自内部及外部环境的关键信息时，决策面临高水平不确定性。对此，人工智能技术可以通过对于海量数据的预测分析来产生新的思路，识别多因素间关系，为决策收集更多新的信息，而人类则可以发挥其直觉的关键优势，利用隐性经验及个人洞察力来排除可能干扰，与人工智能相互促进，以应对不确定性决策情境。

当决策情境中存在过量信息时，人脑不足以在短时间内完成准确加工，对此，人工智能可以通过严谨的检索及分析，降低问题域中信息复杂性，而人类则可以通过整体性及远见性的视角，对经人工智能筛查后的信息进行更深入的分析，以实现决策。

当决策中存在利益相关者、客户及政策制定者之间的利益冲突时，往往会产生模棱两可性，此时决策由客观分析过程转变为主观过程，以满足多方冲突性的需求及目标。对此，人工智能可以通过情感分析等手段对决策可能引发的各种反应进行精准的分析，以获得最优解。而人类则会在与决策相关的谈判、实施、说服利益相关者等方面发挥关键优势。

2. 人机共同创造

人工智能时代的创新将迎来"人机共创"。传统的创造过程中，人类受到知识、经验及技能的限制，有时难以达到更高的创意深度及广度，而人工智能通过深度学习从大量数据中识别人类难以察觉的模式，有助于为创造性过程提供新的启示。人工智能也能够快速产生和迭代创意概念，为人类伙伴提供更多创意的"原始材料",有助于后续对初始创意进行选择、修改与完善,提升创意的速度与质量。此外,人工智能摆脱了传统思维的束缚,能够为创新过程提供全新的视角及方法,促进更高创造性的观点及产物的生成。

值得关注的是,人机共创中的人工智能并非仅作为一个简单的工具存在,而是作为创造性过程中的合作伙伴参与其中。与传统的机械工具或软件工具不同,这些智能系统不仅可以执行人类的指令,还可以主动提供建议、分析并反馈。这种新型的创造模式也为创新领域注入了新的生命力,有助于实现经验与知识的拓展及跨界融合,例如,设计师可以通过人工智能的建议,结合不同领域的知识和数据,生成原本难以想象的设计概念。数学家则可以通过人工智能的探索性分析及计算模拟来发现、验证新的数学猜想。

为了深入探讨人机共创面临的问题与挑战,加强负责任的人机共创及人工智能的道德性应用,创造力研究领域温硕(Vinchon)与卢巴特(Lubart)等17位知名学者于2023年联合提出《共创宣言》[①],该宣言探讨了人机协作创新面临的"共创""有机""剽窃3.0""停摆"等场景,"共创(Co-cre-AI-tion)"是一种真正的合作努力,力图平等地对待人类和生成性人工智能,并承认各方的贡献,可被称为增强型创造力,其产出是人机混合智能的结果,单靠人类或人工智能都不可能实现。"有机"(organic)是人类进行的所谓"旧式"创造,这种纯粹的人类创造力将成为作品的真正的价值标志,与传统手工艺类似,会提高非人工智能支持的创意产品的质量、独特性和真实性,从而变得更具吸引力,产生所谓的"手工效应"。"剽窃3.0(plagiarism 3.0)"是指某些人为了展示自己的生产力和创造力,会大量"借鉴"人工智能作品而不注明出处。有别于其他剽窃形式,是因为作品缺乏明确的版权所有人,涉及一系列关于人工智能作品的知识产权问题。"停摆"(shut down)是指某些人自愧创造力不如人工智能,或数字领域高

---

① VINCHON F, LUBART T, BARTOLOTTA S, et al. Artificial intelligence & creativity: A manifesto for collaboration[J]. The Journal of Creative Behavior, 2023, 57(4):472-484.

速竞争生成的繁杂内容减少了人类生产内容的空间和注意，从而令人丧失创新动力，出现"创意死亡"现象。该宣言提出了生成式人工智能的四个基本法则，即：人工智能不得剽窃人类作品；人工智能不得生产有害内容；人工智能必须在创造性任务中与人类合作而不是竞争，要么充当支持系统，要么充当完全的共同创造者；人工智能不得在未披露内容是人工生成的情况下创作内容。此外，还强调了从可访问性、伦理、法律到文化敏感性，以及创建标识显示 AI 开发者、产品与用户身份等重要议题。图 9-3、图 9-4、图 9-5 为不同人工智能生成作品。

图 9-3　Dall-E 生成的作品（指令为"人工智能与共创"）[1]

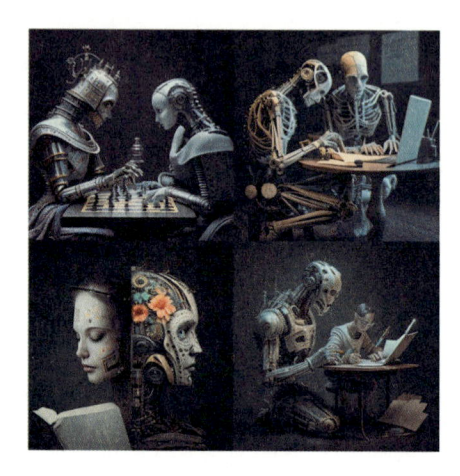

图 9-4　Midjourney 生成的作品（指令为"人工智能与共创"）[2]

---

[1] VINCHON F, LUBART T, BARTOLOTTA S, et al. Artificial intelligence & creativity: A manifesto for collaboration[J]. The Journal of Creative Behavior, 2023, 57(4):472-484.

[2] VINCHON F, LUBART T, BARTOLOTTA S, et al. Artificial intelligence & creativity: A manifesto for collaboration[J]. The Journal of Creative Behavior, 2023, 57(4):472-484.

图 9-5　文心一言生成的作品（指令为"人工智能与共创"）

3. 人机情感互动

人们通常将机器人、人工智能视为高能力 – 低热情群体，然而，人工智能领域的突破性进展正使人机情感互动逐渐从概念转为现实。早在 1997 年，就有研究者就提出了情感计算的概念，用其指代计算机对人类情感的理解和响应（Picard, 2000），这不仅标志着人工智能技术的一个新里程，同时也意味着人类与机器之间的交互正在朝着更加深入、情感化的方向发展。

传统的计算机往往与"冷漠"画上等号，但新一代的情感计算系统已开始探索如何对人类情感进行解析、复制与模拟，使机器更具情感智慧。此类系统能够通过声音、面部表情、生理信号等多维度的信息捕捉用户的情感状态，并据此调整自身的行为。如一项研究中就展示了一个通过学生的面部表情和姿势来判断其学习状态的系统，以此提供更为个性化的学习建议（Kapoor et al., 2005）。

随着社交机器人和智能助手的普及，情感互动的重要性也被进一步放大。在未来，人工智能将不仅会对人类命令做出反应，还会及时觉察人类的情绪状态，并做出相应反馈，与人类进行情感交互。这也将为人与机器间建立更加深厚的情感纽带提供可能性。

4. 人机协同治理

人机共生背景下，人机合作可能从单纯的任务执行扩展到更为复杂、战略性的领域。治理被定义为组织或系统内部的决策和管理，传统上完全依赖于人类的经验和直觉。然而，基于大数据和先进的算法的应用，我们可能逐步进入一个人机共同治理的新阶段。

由于现代组织和社会的复杂性日益增加，传统的治理方法已经变得不再适用。人类可能因为信息过载、偏见或疲劳而做出不理想的决策。而人工智能能够凭借其强大的数据处理能力和算法，提供准确的预测和更为客观的决策建议。如金融市场的高频交易中，交易策略的制定和执行几乎完全由机器完成，人类扮演的则是监督和干预的角色。然而，人机共同治理的真正潜力远不止于此。在城市规划、环境管理、公共健康及全球性的问题中，人机共同治理都有可能为我们提供前所未有的解决方案。人工智能有机会成为社会治理主体中的一员，在信息采集、事件流转、研判分析和处理、应急智慧等社会治理流程中发挥关键作用（周汉华 等, 2020）。此外，也应积极推进围绕人工智能的科技伦理治理及负责任的创新（刘婵娟 等, 2019; 杨杰 等, 2023）。

参考文献

白博仁，等，2024. 人工智能自恋提升人机合作创新意愿及其机制［J/in press］. 心理与行为研究.

曾田，2019. 人工智能创作的版权侵权问题研究［J］. 河北法学，37（10）：176–189.

常涛，刘智强，景保峰，2016. 家长式领导与团队创造力：基于三元理论的新发现［J］. 研究与发展管理，28（1）：62–72.

常涛，吴佳敏，刘智强，2019. 地位稳定性与团队创造力：任务相关特征的影响［J］. 科学学与科学技术管理，40（9）：119–134.

陈冲，余彩婷，张佳，2021. 从组织公平到创业团队创造力的双中介路径检验：基于社会惰性与团队效能视角［J］. 科技进步与对策，38（19）：137–144.

陈吉栋，2018. 论机器人的法律人格：基于法释义学的讨论［J］. 上海大学学报（社会科学版），35（3）：78–89.

陈全真，2019. 人工智能创作物的著作权归属：投资者对创作者的超越［J］. 哈尔滨工业大学学报（社会科学版），21（6）：26–32.

陈威豪，2006. 创造与创新氛围主要测量工具述评［J］. 中国软科学（7）：86–95.

初萌，2021. 人工智能对版权侵权责任制度的挑战及应对［J］. 北方法学，15（1）：138–150.

邓今朝，王重鸣，2012. 团队目标取向对适应性的影响：突变情景下的阶段特征［J］. 软科学，26（5）：86–90.

邓士昌，等，2022. 基于心灵知觉理论的 AI 服务用户接受机制及使用促进策略［J］. 心理科学进展，30（4）：723–737.

段锦云，王娟娟，朱月龙，2014. 组织氛围研究：概念测量、理论基础及评价展望［J］. 心理科学进展，22（12）：1964–1974.

高鹏，等，2008. 信任与建设性争辩对科研团队创造力影响的实证研究［J］. 中国管理科学，16（S1）：561–565.

高在峰，等，2021.自动驾驶车中的人机信任［J］.心理科学进展，29（12）：2172–2183.

葛宝山，刘牧，董保宝，2012.团队互动过程模型研究评介与未来展望［J］.外国经济与管理，34（12）：39–48.

耿紫珍，刘新梅，张晓飞，2015.批评激发创造力？负反馈对团队创造力的影响［J］.科研管理，36（8）：36–43.

耿紫珍，马乾，丁琳，2021.从谏或噤声？家长式领导对团队创造力的影响［J］.科研管理，42（5）：200–206.

龚遥，彭希哲，2020.人工智能技术应用的职业替代效应［J］.人口与经济（3）：86–105.

贡喆，刘昌，沈汪兵，2016.有关创造力测量的一些思考［J］.心理科学进展，24（1）：31–45.

贡喆，等，2017.信任对创造力的影响：激发、抑制以及倒 U 假设［J］.心理科学进展，25（3）：463–474.

顾远东，周文莉，彭纪生，2019.消极情绪与员工创造力：组织认同、职业认同的调节效应研究［J］.管理科学学报，22（6）：21–35.

管建世，罗瑾琏，钟竞，2016.动态环境下双元领导对团队创造力影响研究：基于团队目标取向视角［J］.科学学与科学技术管理，37（8）：159–169.

管健，2009.刻板印象从内容模型到系统模型的发展与应用［J］.心理科学进展，17（4）：845–851.

郭蝉瑜，等，2021.场独立–场依存认知风格影响创造性思维的大脑功能基础［J］.科学通报，66（19）：2430–2440.

郭剑平，2020. 制度变迁史视域下人工智能法律主体地位的法理诠释［J］. 北方法学，14（6）：123–133.

郭凯明，2019. 人工智能发展、产业结构转型升级与劳动收入份额变动［J］. 管理世界，35（7）：60–77，202–203.

郭少飞，2018. "电子人"法律主体论［J］. 东方法学（3）：38–49.

郭小安，甘馨月，2018. "戳掉你的泡泡"：算法推荐时代"过滤气泡"的形成及消解［J］. 全球传媒学刊，5（2）：76–90.

郭湛，2022. 百年中国历史主体的主体性和创造性［J］. 社会主义核心价值观研究，8（1）：5–13.

韩梅，等，2017. 团体规模和任务类型对团体创造力的影响［J］. 中国特殊教育（6）：75–79.

蒿慧杰，2020. 工作焦虑，工作投入与员工创造力关系研究：员工授权的调节作用［J］. 经济经纬，37（4）：133–141.

何江新，张萍萍，2020. 从"算法信任"到"人机信任"路径研究［J］. 自然辩证法研究，36（11）：81–85.

胡卫平，俞国良，2002. 青少年的科学创造力研究［J］：教育研究（1），44–48.

黄林洁琼，等，2018. 多元文化经历促进创造力［J］. 心理科学进展，26（8）：1511–1520.

黄秋风，等，2017. 变革型领导对员工创新行为影响的研究：基于自我决定理论和社会认知理论的元分析检验［J］. 研究与发展管理，29（4）：73–80，126.

黄欣荣，2018. 人工智能与人类未来［J］. 新疆师范大学学报（哲学社会科学版），39（4）：101–108，2.

黄殷，寇彧，2013. 群体独特性对群际偏差的影响［J］. 心理科学进展，21（4）：

732–739.

姜力铭, 等, 2022. 人工智能辅助下的心理健康新型测评[J]. 心理科学进展, 30(1): 157–167.

解学芳. 人工智能时代的文化创意产业智能化创新：范式与边界[J]. 同济大学学报（社会科学版）, 2019, 30（1）: 42–51.

匡文波, 2021. 对个性化算法推荐技术的伦理反思[J]. 上海师范大学学报（哲学社会科学版）, 50（5）: 14–23.

李安, 2020. 机器学习作品的著作权法分析：非作品性使用、合理使用与侵权使用[J]. 电子知识产权（6）: 60–70.

李超平, 时勘, 2005. 变革型领导的结构与测量[J]. 心理学报, 37（6）: 803–811.

李德煌, 晋琳琳, 2014. 组织支持感、知识整合与科研团队创新绩效：基于组织环境和创新氛围[J]. 技术经济与管理研究（7）: 41–45.

李德毅, 2009. 网络时代人工智能研究与发展[J]. 智能系统学报, 4（1）: 1–6.

李冀红, 等, 2021. 面向人机协同的创新能力培养：兼论面向智能时代的创造性人才诉求[J]. 中国电化教育（7）: 36–42, 61.

李建会, 于小晶, 2014. "4E+S"：认知科学的一场新革命？[J]. 哲学研究（1）: 96–101.

李良敏, 罗玲玲, 刘武, 2015. 客观化创造力测量工具：《中文远距联想测验》编制[J]. 东北大学学报（社会科学版）, 17（1）: 19–24.

李林昆, 1991. 对主体性问题的几点认识[J]. 哲学研究（3）: 25–32.

李铭泽, 叶慧莉, 张光磊, 2020. 自恋型领导对团队创造力形成过程的多视角研究[J]. 心理科学进展, 28（9）: 1437–1453.

李鹏, 张剑, 杜斑, 2017. 薪酬公平感、创造性人格对员工创造性绩效的影响[J].

管理评论，29（11）：106–115.

李树祥，梁巧转，杨柳青，2012.团队认知多样性和团队沟通对团队创造力的影响研究［J］.科学学与科学技术管理，33（12）：153–159.

李伟民，2018.人工智能智力成果在著作权法的正确定性：与王迁教授商榷［J］.东方法学，8（3）：149–160.

李伟民，2020.职务作品制度重构与人工智能作品著作权归属路径选择［J］.法学评论，38（3）：108–124.

李文福，等，2017.父母教养方式对创造性倾向的影响：人格的中介作用［J］.心理学探新，37（6）：537–542.

李晓丽，阎力，2011.创造性任务情境下社会惰化影响因素研究［J］.心理科学，34（1）：160–165.

李晓宇，2018.人工智能生成物的可版权性与权利分配刍议［J］.电子知识产权（6）：31–43.

李扬，李晓宇，2018.康德哲学视点下人工智能生成物的著作权问题探讨［J］.法学杂志，39（9）：43–54.

李阳，白新文，2015.善心点亮创造力：内部动机和亲社会动机对创造力的影响［J］.心理科学进展，23（2）：175–181.

李毅，等，2022.大学生创客团队创造力影响因素模型构建与实证［J］.现代远程教育研究，34（1）：82–91.

李永梅，谭维智，2023.机器创造时代的人类创造危机与教育应对［J］.中国电化教育（7）：35–42.

郦全民，2004.认知计算主义的威力和软肋［J］.自然辩证法研究（8）：1–3,28.

林崇德，2010.创造性人才特征与教育模式再构［J］.中国教育学刊（6）：1–4.

林崇德，2014.创造性心理学的几项研究[J].山东师范大学学报（人文社会科学版），59（6）：5-14，2.

林晓敏，白新文，林琳，2014.团队心智模型相似性与正确性对团队创造力的影响[J].心理学报，46（11）：1734-1747.

林新奇，刘彦君，2018.绩效考核公平对员工创新绩效的影响：心理安全感的中介作用[J].现代管理科学（5）：94-96.

林新奇，等，2022.领导风格与员工创新绩效关系的元分析：基于自我决定视角[J].心理科学进展，30（4）：781-801.

林幸台，王木荣，1997.威廉斯创造性思考活动手册[M].台湾：心理出版社.

林秀芹，游凯杰，2018.版权制度应对人工智能创作物的路径选择：以民法孳息理论为视角[J].电子知识产权（6）：13-19.

林秀芹，游凯杰，2018.版权制度应对人工智能创作物的路径选择：以民法孳息理论为视角[J].电子知识产权（6）：13-19.

刘婵娟，翟渊明，刘博京，2019."负责任创新"的伦理内涵与实现[J].浙江社会科学（3）：95-99，94，158.

刘朝，2022.算法歧视的表现、成因与治理策略[J].人民论坛（2）：64-68.

刘洪华，2019.论人工智能的法律地位[J].政治与法律（1）：11-21.

刘强，彭南勇，2018.人工智能作品著作权问题研究[J].南京理工大学学报（社会科学版），31（2）：35-44.

刘新梅，陈超，2017.团队动机氛围对团队创造力的影响路径探析：基于动机性信息加工视角[J].科学学与科学技术管理，38（10）：170-180.

刘璇，张向前，2016.团队创造力研究理论评析[J].科技进步与对策，33（2）：155-160.

刘迪，郑倩，孔令英，2016.不确定性规避与员工创新绩效：知识转移的中介作用［J］.软科学，30（10）：113–117.

鲁艳辉，谭福民，彭舜，2010.智能写作评分系统在大学英语写作中的实证研究［J］.现代教育技术，20（6）：56–58.

罗瑾琏，徐振亭，钟竞，2016.团队目标取向对创造力的多层次影响研究［J］.华东经济管理，30（3）：106–112.

罗瑾琏，赵佳，张洋，2013.知识团队真实型领导对团队创造力的影响及作用机理研究［J］.科技进步与对策，30（8）：152–156.

吕洁，张钢，2015.知识异质性对知识型团队创造力的影响机制：基于互动认知的视角［J］.心理学报，47（4）：533–544.

马克思，2014.1844年经济学哲学手稿［M］.北京：人民出版社.

马璐，纪建伟，2021.团队中地位威胁真能"威胁"个体创造力吗：创新自我效能感和内在动机的作用［J］.科技进步与对策，38（2）：145–152.

马艳华，张明军，2022.人工智能时代人机关系的历史演化与未来走向［J］.邵阳学院学报（社会科学版），21（6）：32–36.

孟令宇，2022.从算法偏见到算法歧视：算法歧视的责任问题探究［J］.东北大学学报（社会科学版），24（1）：1–9.

倪旭东，项小霞，姚春序，2016.团队异质性的平衡性对团队创造力的影响［J］.心理学报，48（5）：556–565.

倪旭东，周琰喆，2019.子团队的结构与情感对团队创造力的影响［J］.心理科学，42（3）：667–673.

彭兰.导致信息茧房的多重因素及"破茧"路径［J］.新闻界，2020（1）：30–38，73.

汝绪华，2018.算法政治：风险、发生逻辑与治理［J］.厦门大学学报（哲学社会科学版）（6）：27–38.

申琦，王璐瑜，2021.当"机器人"成为社会行动者：人机交互关系中的刻板印象［J］.新闻与传播研究，28（2）：37–52，127.

沈伊默，等，2019.辱虐管理与员工创造力：心理契约破坏和中庸思维的不同作用［J］.心理学报，51（2）:238–247.

沈苑，汪琼，2021.人工智能教育应用的偏见风险分析与治理［J］.电化教育研究，42（8）:12–18.

石冠彬，2018.论智能机器人创作物的著作权保护：以智能机器人的主体资格为视角［J］.东方法学（3）：140–148.

孙茂松，邹嘉彦，2001.汉语自动分词研究评述［J］.当代语言学（1）：22–32，77.

孙那，2017.人工智能创作成果的可版权性问题探讨［J］.出版发行研究（12）：17–19，61.

孙伟平，2020.人工智能与人的"新异化"［J］.中国社会科学（12）：119–137，202–203.

孙笑明，等，2017.中间人对结构洞填充后联合团队创造力的影响［J］.管理工程学报，31（3）：29–36.

谭维智，2019.人工智能教育应用的算法风险［J］.开放教育研究，25（6）：20–30.

汤超颖，高嘉欣，2018.员工创造力从何而来？创造力的影响因素和形成机理［J］.中国人力资源开发，35（6）：62–74，100.

汤超颖，朱月利，商继美，2011.变革型领导、团队文化与科研团队创造力的关系［J］.科学学研究，29（2）：275–282.

唐殿强，吴燚，2002.高中生认知方式与创造力关系研究[J].教育理论与实践，22（12）：35-38.

陶乾，2018.论著作权法对人工智能生成成果的保护：作为邻接权的数据处理者权之证立[J].法学（4）：3-15.

田野，2018.劳动法遭遇人工智能：挑战与因应[J].苏州大学学报(哲学社会科学版)，39（6）：57-64，200.

涂艳红，袁凌，王欢芳，2019.知识团队冲突与创造力关系：领导政治技能调节下的跨层次模型[J].科技进步与对策，36（18）：139-146.

汪怀君，汝绪华，2020.人工智能算法歧视及其治理[J].科学技术哲学研究，37（2）：101-106.

汪群，陈敏敏，2017.包容型领导对团队创新行为的影响：团队心理安全感的中介作用[J].领导科学（11）：31-33.

王端旭，赵轶，2011.工作自主性、技能多样性与员工创造力：基于个性特征的调节效应模型[J].商业经济与管理（10）：43-50.

王国平，阎力，2006.头脑风暴法研究的现状和展望[J].绥化学院学报（3）：173-175.

王洪礼，周玉林，2006.城乡高中生认知方式与创造力关系的比较研究[J].心理科学（1）：111-114.

王磊，张庆普，2014.高校科研团队创造力的可拓评价[J].技术经济，33（4）：19-27.

王磊，张伟，张滨楠，2013.高校科研团队创造力整合机制研究[J].科技进步与对策，30（17）：148-154.

王莉，方澜，罗瑾琏，2011.顾客知识、创造力和创新行为的关系研究：基于产品创新过程的实证分析［J］．科学学研究，29（5）：777–784.

王莉红，顾琴轩，俞明传，2016.创造力由个体向团队涌现的边界机制：目标共享与多元化视角［J］．科技管理研究，36（20）：123–129.

王陵峰，龙静，刘海建，2011.并购中组织的LMX，TMX对员工创新影响的实证研究：基于威胁刚性理论的视角［J］．科学学与科学技术管理，32（6）：166–171.

王明旋，等，2019.性别及年龄多样化与团队创造力：基于自我表现理论的双路径研究［J］．中国人力资源开发，36（12）：22–36.

王迁，2017.论人工智能生成的内容在著作权法中的定性［J］．法律科学（西北政法大学学报），35（5）：148–155.

王小夏，付强，2017.人工智能创作物著作权问题探析［J］．中国出版（17）：33–36.

王艳平，赵文丽，2018.人格特质对员工创造力的影响研究［J］．软科学，32（3）：93–96，110.

王轶楠，杨中芳，2005.中西方面子研究综述［J］．心理科学（2）：398–401.

王兆轩，2023.生成式人工智能浪潮下公民数字素养提升：基于ChatGPT的思考［J］．图书馆理论与实践（5）：78–86.

魏江茹，2019.中庸思维程度、知识共享与员工创新行为［J］．经济管理，41（5）：88–104.

吴汉东，2017.人工智能时代的制度安排与法律规制［J］．法律科学（西北政法大学学报），35（5）：128–136.

吴汉东，2019.人工智能生成发明的专利法之问［J］．当代法学，33（4）：24–38.

吴汉东，张平，张晓津，2018.人工智能对知识产权法律保护的挑战［J］．中国法律评论（2）：1–24.

吴梦，白新文，2012.动机性信息加工理论及其在工业与组织心理学中的应用［J］.心理科学进展，20（11）：1889–1898.

吴士健，孙专专，权英，2020.中庸思维对知识隐藏与员工创造力的影响机制研究［J］.管理学报，17（4）：527–535.

吴真真，邱江，张庆林，2008.顿悟的原型启发效应机制探索［J］.心理发展与教育（1）：31–35.

谢俊，刘睿林，2023.ChatGPT：生成式人工智能引发人的异化危机及其反思［J］.重庆大学学报（社会科学版），29（5）：111–124.

谢琳，陈薇，2019.拟制作者规则下人工智能生成物的著作权困境解决［J］.法律适用（9）：38–47.

熊琦，2017.人工智能生成内容的著作权认定［J］.知识产权（3）：3–8.

徐雪芬，辛涛，2013.创造力测量的研究取向和新进展［J］.清华大学教育研究，34（1）：54–63.

许春明，袁玉玲，2019.论人工智能的法律主体性：以人工智能生成物的著作权保护为视角［J］.科技与法律（2）：1–6，18.

许丽颖，等，2017.拟人化：从"它"到"他"［J］.心理科学进展，5（11）：1942–1954.

许为，葛列众，2020.智能时代的工程心理学［J］.心理科学进展，28（9）：1409–1425.

许远理，郭德俊，2004.浅谈情绪智力与人工智能中的感情计算［J］.心理科学进展（2）：209–214.

薛贵，等，2001.内部动机、外部动机与创造力的关系研究［J］.心理发展与教育（1）：6–11.

闫志明，等，2017.教育人工智能（EAI）的内涵、关键技术与应用趋势：美国《为人工智能的未来做好准备》和《国家人工智能研发战略规划》报告解析［J］.远程教育杂志，35（1）：26–35.

杨斌，王伟赟，2017.图书馆个性化推荐服务的信息窄化问题研究［J］.传播与版权（2）：156–157，160.

杨成越，罗先觉，2018.算法歧视的综合治理初探［J］.科学与社会，8（4）：1–12，64.

杨杰，吴琳伟，邓三鸿，2023.颠覆性技术视角下科技伦理的敏捷治理框架探讨［J］.中国科学基金，37（3）：378–386.

杨利华，2021.人工智能生成物著作权问题探究［J］.现代法学，43（4）：102–114.

杨志蓉，谢章澍，宝贡敏，2010.团队快速信任，互动行为对团队创造力的作用机理研究［J］.福州大学学报（哲学社会科学版），24（6）：31–34.

叶超群，刘春雷，林郁泓，2021.融合视角下创造力的认知神经机制［J］.心理学探新，41（1）：28–33.

叶浩生，2010.具身认知：认知心理学的新取向［J］.心理科学进展，18（5）：705–710.

叶勇豪，等，2016.网民对"人祸"事件的道德情绪特点：基于微博大数据研究［J］.心理学报，48（3）：290–304.

易继明，2017.人工智能创作物是作品吗？［J］.法律科学(西北政法大学学报)，35(5)：137–147.

于雪，王前，2017.人机关系：基于中国文化的机体哲学分析［J］.科学技术哲学研究，34（1）：97–102.

余吟吟，陈英葵，2014.方法与变量：企业团队创造力研究现状述评与展望［J］.

科技管理研究，34（3）：234–239，246.

俞扬，2023.创造性人工智能的快速发展［J］.中国科学基金，（2）：265–266.

袁莉，等，2021.人工智能教育评估应用的潜力和局限［J］.开放教育研究，27(5)：4–14.

詹慧佳，刘昌，沈汪兵，2015.创造性思维四阶段的神经基础［J］.心理科学进展，23（2）：213–224.

张钢，李慧慧，2020.团队创造力的内涵及其测量［J］.商业经济与管理（3）：41–49.

张钢，吕洁，2012.从个体创造力到团队创造力：知识异质性的影响［J］.应用心理学，18（4）：349–357.

张光曦，古昕宇，2015.中庸思维与员工创造力［J］.科研管理，36（S1）：251–257.

张辉，杨玉武，戚安邦，2016.团队自主性与团队绩效：一个整合性分析框架［J］.工业工程与管理，21（6）：149–156.

张纪会，徐心和，1999.一种新的进化算法：蚁群算法［J］.系统工程理论与实践，（3）：84-87，109..

张景焕，等，2020.小学高年级学生创造力的发展：性别差异及学校支持的作用［J］.心理学报，52（9）：1057–1070.

张景焕，等，2016.团队多样性与组织支持对团队创造力的影响［J］.心理学报，48（12）：1551–1560.

张景焕，等，2013.父母教养方式对小学高年级学生社会创造力的影响：自尊的中介作用［J］.心理发展与教育，29（6）：595–603.

张力，陈鹏，2018.机器人"人格"理论批判与人工智能物的法律规制［J］.学术界，（12）：53–75.

张丽华，白学军，2006.创造性思维研究概述［J］.教育科学，（5）：86–89.

张琳琳，蔡颖，周宁，2016.团队创造力作用下知识分享形成机制：跨层次有调节的中介模型［J］.科技进步与对策，33（10）：134–139.

张宁俊，张露，王国瑞，2019.关系强度对团队创造力的作用机理研究［J］.管理科学，32（1）：101–113.

张鹏程，丁梦夏，王灿明，2017.积极情绪体验对创造力影响［J］.心理与行为研究，15（5）：613–618.

张婍，冯江平，王二平，2009.群际威胁的分类及其对群体偏见的影响［J］.心理科学进展，17（2）：473–480.

张庆林，邱江，曹贵康，2004.顿悟认知机制的研究述评与理论构想［J］.心理科学（6）：1435–1437.

张涛，2020.自动化系统中算法偏见的法律规制［J］.大连理工大学学报（社会科学版），41（4）：92–102.

张学军，董晓辉，2020.人机共生：人工智能时代及其教育的发展趋势［J］.电化教育研究，41（4）：35–41.

张亚坤，等，2021.让智慧插上创造的翅膀：创造动力系统的激活及其条件［J］.心理科学进展，29（4）：707–722.

张燕，章振，2012.性别多样性对团队绩效和创造力影响的研究［J］.科研管理，33（3）：81–88.

张毅，曾玉娇，李坚飞，2019.团队断裂带对团队创新绩效的影响：一个有中介的调节效应模型［J］.企业经济，（6）：44–54.

张玉洁，2017.论人工智能时代的机器人权利及其风险规制［J］.东方法学，（6）：56–66.

郑戈，2017.人工智能与法律的未来［J］.探索与争鸣（10）：78–84.

郑建君，金盛华，马国义，2009.组织创新气氛的测量及其在员工创新能力与创新绩效关系中的调节效应［J］.心理学报，41（12）：1203–1214.

郑永廷，银红玉，2005.试论人的信息异化及其扬弃［J］.教学与研究（6）：72–75.

周汉华，刘灿华，2020.社会治理智能化的法治路径［J］.法学杂志，41（9）：1–12，149.

周明建，潘海波，任际范，2014.团队冲突和团队创造力的关系研究：团队效能的中介效应［J］.管理评论，26（12）：120–130，159.

周文，许凌云，2023.论新质生产力：内涵特征与重要着力点［J］.改革（10）：1–13.

周详，任乃馨，曾晖，2018.协同创新中头脑风暴法的缺陷及其计算机支持解决方案［J］.企业管理（3）：115–118.

周详，等，2024."三心二意"胜过"一心一意"：媒体多任务提升低工作记忆容量者创造力［J/in press］.心理学报.

周详，等，2013.高校科研团队创造力量表的构建［J］.心理与行为研究，11（6）：770–773，842.

周详，2020.集体智慧在合作创新中的生成与应用［M］.北京：人民出版社.

周耀烈，杨腾蛟，2007.个体创造力向团队创造力转化的机理研究［J］.科学学研究（S2）：409–413.

周治金，李瑞菊，2009.有关创造力研究对创新教育的启示[J].教育研究与实验(1)：81–86.

朱梦云，2019.人工智能生成物的著作权归属制度设计［J］.山东大学学报（哲学社会科学版），（1）：118–126.

朱晓妹，任晶晶，何勤，2020.人工智能技术应用会引发员工的消极情绪吗？：基于资源保存理论的视角［J］.中国临床心理学杂志，28（6）：1285–1288.

ACAR S，2023. Creativity assessment，research，and practice in the age of artificial intelligence［J］. Creativity research journal：1–7.

ADAM D，2023. The muse in the machine［J］. Proceedings of the National Academy of Sciences，120.19：e2306000120.

AIZAWA K，1992. Connectionism and artificial intelligence：history and philosophical interpretation［J］. Journal of experimental & theoretical artificial intelligence，4（4）：295–313.

AL-KHAZRAJI L R A，AYAD R A，ABEER S J，2023. A systematic review of deep dream［J］. Iraqi journal of computers，communications，control & systems engineering（IJCCCE）：192–209.

AL-RIFAIE M M，LEYMARIE F F，LATHAM W，et al.，2017. Swarmic autopoiesis and computational creativity［J］. Connection Science，29（4）：276–294.

AMABILE T，2011. Componential theory of creativity［M］. Boston，MA：Harvard Business School.

AMABILE T M，1983. The social psychology of creativity：a componential conceptualization［J］. Journal of personality and social psychology，45（2）：357–376.

AMABILE T M, et al., 1994. The work preference inventory：assessing intrinsic and extrinsic motivational orientations［J］. Journal of personality and social psychology，66（5）：950–967.

ANDREU-PEREZ J，et al.，2015. Big data for health［J］. IEEE journal of biomedical and health informatics，19（4）：1193–1208.

ARANDA D A, MOLINA-FERNÁNDEZ L M, 2002. Determinants of innovation through a knowledge-based theory lens[J]. Industrial management & data systems, 102(5): 289-296.

ATKINSON D P, BARKER D R, 2023. AI and the social construction of creativity[J]. Convergence, 29(4): 1054-1069.

AWALE A, CHAN C S, 2019, HO G T S. The influence of perceived warmth and competence on realistic threat and willingness for intergroup contact[J]. European journal of social psychology, 49(5): 857-870.

AZIZ-ZADEH L, LIEW S L, DANDEKAR F., 2013 Exploring the neural correlates of visual creativity[J]. Social cognitive and affective neuroscience, 8(4): 475-480.

BAER M, OLDHAM G R, 2006. The curvilinear relation between experienced creative time pressure and creativity: moderating effects of openness to experience and support for creativity[J]. Journal of applied psychology, 91(4): 963-970.

BAHNER J E, HÜPER A-D, MANZEY D, 2008. Misuse of automated decision aids: complacency, automation bias and the impact of training experience[J]. International journal of human-computer studies, 66(9): 688-699.

BAO J, et al., 2017. CVAE-GAN: fine-grained image generation through asymmetric training[C]. Proceedings of the IEEE international conference on computer vision: 2745-2754.

BALES R F, 1950. A set of categories for the analysis of small group interaction[J]. American sociological review, 15(2): 257-263.

BARCZAK G, LASSK F, MULKI J, 2010. Antecedents of team creativity: an examination of team emotional intelligence, team trust and collaborative culture[J].

Creativity and innovation management, 19（4）：332–345.

BARRON F, HARRINGTON D M, 1981. Creativity, intelligence, and personality[J]. Annual review of psychology, 32（1）：439–476.

BASALLA M, SCHNEIDER J, VOM BROCKE J, 2022. Creativity of deep learning: conceptualization and assessment[C]. Proceedings of the 14th international conference on agents and artificial intelligence.

BEATY R E, et al., 2014. Creativity and the default network: a functional connectivity analysis of the creative brain at rest[J]. Neuropsychologia, 64: 92–98.

BEISTEINER R, et al., 1994. musicians processing music: measurement of brain potentials with EEG[J]. European journal of cognitive psychology, 6（3）：311–327.

BELL S T, VILLADO A J, LUKASIK M A, et al, 2011. Getting specific about demographic diversity variable and team performance relationships: a meta–analysis[J]. Journal of management, 37（3）：709–743.

BENEDEK M, et al., 2014. Creating metaphors: the neural basis of figurative language production[J]. Neuroimage, 90: 99–106.

BENGTSSON S, CSIKZENTMIHALYI M, ULLEN F, 2007. Cortical regions involved in the generation of musical structures during improvisation in pianists[J]. Journal of cognitive neuroscience, 19（5）：830–842.

BITKINA O V, et al., 2020. Perceived trust in artificial intelligence technologies: a preliminary study[J]. Human factors and ergonomics in manufacturing & service industries, 30（4）：282–290.

BODEN M A, 2004. The creative mind: myths and mechanisms[M]. Routledge: 148–200.

BODLA A A, et al., 2018. Diversity and creativity in cross-national teams: the role of team knowledge sharing and inclusive climate [J]. Journal of management & organization, 24 (5): 711-729.

BROADBENT E, 2017. Interactions with robots: the truths we reveal about ourselves [J]. Annual review of psychology, 68:627-652.

BRONFENBRENNER U, 2009. The ecology of human development: experiments by nature and design [M]. Cambridge: Harvard University Press.

BROOKS R A, 1991. Intelligence without representation [J]. Artificial intelligence, 47 (1-3): 139-159.

BROUGHAM D, HAAR J, 2018. Smart technology, artificial intelligence, robotics, and algorithms (STARA): employees' perceptions of our future workplace [J]. Journal of management & organization, 24 (2): 239-257.

BROWN S, MARTINEZ M, PARSONS L, 2006. Music and language side by side: a PET study of the generation of melodies and sentences [J]. European journal of neuroscience, 23 (10): 2791-2803.

BUELL R W, NORTON M I, 2011. The labor illusion: how operational transparency increases perceived value [J]. Management science, 57 (9): 1564-1579.

CÁDIZ R F, et al., 2021. Creativity in generative musical networks: evidence from two case studies [J]. Frontiers in robotics and AI: 229.

CANGELOSI A, SCHLESINGER M, SMITH L B, 2015. Developmental robotics: from babies to robots (intelligent robotics and autonomous agents series) [M]. The MIT press.

CARDOSO A, VEALE T, WIGGINS G A, 2009. Converging on the divergent: the history (and future) of the international joint workshops in computational creativity [J]. AI magazine, 30 (3): 15–15.

CARLSSON I, WENDT P E, RISBERG J, 2000. On the neurobiology of creativity, differences in frontal activity between highly and low creative subjects [J]. Neuropsychologia, 38 (6): 873–885.

CARMELI A, PAULUS P B, 2015. CEO ideational facilitation leadership and team creativity: the mediating role of knowledge sharing [J]. The journal of creative behavior, 49 (1): 53–75.

CARROLL J B, 1993. Human cognitive abilities: a survey of factor-analytic studies [M]. Cambridge: Cambridge University Press.

CARSON S H, PETERSON J B, HIGGINS D M, 2005. Reliability, validity, and factor structure of the creative achievement questionnaire [J]. Creativity research journal, 14 (1): 37–50.

CAVUSGIL S T, CALANTONE R J, ZHAO Y, 2003. Tacit knowledge transfer and firm innovation capability [J]. Journal of business & industrial marketing, 18 (1): 6–12.

CHA Y J, et al., 2020. Compensating for the loss of human distinctiveness: the use of social creativity under human–machine comparisons [J]. Computers in human behavior, 103: 80–90.

CHAMBERLAIN R, et al., 2018. Putting the art in artificial: aesthetic responses to computer-generated art [J]. Psychology of aesthetics, creativity, and the arts, 12 (2): 177–192.

CHELA-ALVAREZ X, et al., 2022. Anxiety, depression, and concern about employment status of hotel housekeepers in the Balearic Islands during the covid-19 pandemic:

a longitudinal study [J]. Frontiers in psychology, 13: 842335.

CHEN L, SUN L, HAN J, 2023. A comparison study of human and machine-generated creativity [J]. Journal of computing and information science in engineering, 23(5): 051012.

CHEN M H, 2006. Understanding the benefits and detriments of conflict on team creativity process [J]. Creativity and innovation management, 15(1): 105–116.

CHEN Q, et al., 2019. Brain hemispheric involvement in visuospatial and verbal divergent thinking [J]. Neuroimage, 202(11606): 5.

CHEN Q, et al., 2014. Association of creative achievement with cognitive flexibility by a combined voxel-based morphometry and resting-state functional connectivity study [J]. Neuroimage, 102: 474–483.

CHEN S, et al., 2021. Collectivism-oriented human resource management on team creativity: effects of interpersonal harmony and human resource management strength [J]. The international journal of human resource management, 32(18): 3805–3832.

CHERMAHINI S A, HOMMEL B, 2010.The (b) link between creativity and dopamine: spontaneous eye blinking rates predict and dissociate divergent and convergent thinking [J]. Cognition, 115(3): 458–465.

CHEUNG P C, et al., 2016. Creative potential of Chinese children in Hong Kong and French children in Paris: a cross-cultural comparison of divergent and convergent- integrative thinking [J]. Thinking skills and creativity, 22: 201–211.

CHIARELLA S G, et al., 2022. Investigating the negative bias towards artificial intelligence: effects of prior assignment of AI-authorship on the aesthetic appreciation of abstract paintings [J]. Computers in human behavior, 137: 107406.

COHEN P, 2016. Harold cohen and AARON [J]. Ai Magazine, 37（4）: 63–66.

COPE D, 1989. Experiments in musical intelligence（EMI）: non-linear linguistic-based composition [J]. Journal of new music research, 18（1–2）: 117–139.

COPE D, 1999. One approach to musical intelligence [J]. IEEE intelligent systems and their applications, 14（3）: 21–25.

COUSIJN J, et al., 2014. The relation between resting state connectivity and creativity in adolescents before and after training [J]. PloS one, 9（9）: e105780.

CROPLEY D H, KAUFMAN J C, 2012. Measuring functional creativity: non–expert raters and the creative solution diagnosis scale [J]. Journal of creative behavior, 46（2）: 119–137.

DAS P, VARSHNEY L R, 2022. Explaining artificial intelligence generation and creativity [J]. IEEE signal processing magazine, 39（4）: 85–95.

DE DREU C K, 2006. When too little or too much hurts: evidence for a curvilinear relationship between task conflict and innovation in teams[J]. Journal of management, 32（1）: 83–107.

DE DREU C K, BAAS M, NIJSTAD B A, 2008. Hedonic tone and activation level in the mood–creativity link: toward a dual pathway to creativity model [J]. Journal of personality and social psychology, 94: 739–756.

DE DREU C K, et al., 2014.Oxytonergic circuitry sustains and enables creative cognition in humans [J]. Social cognitive and affective neuroscience, 9（8）: 1159–1165.

DE DREU C K, et al., 2011. Group creativity and innovation: a motivated information processing perspective [J]. Psychology of aesthetics, creativity, and the arts, 5（1）: 81–89.

DE DREU C K, NIJSTAD B A, VAN KNIPPENBERG D, 2008. Motivated information processing in group judgment and decision making [J]. Personality and social psychology review, 12(1): 22-49.

DE SAINT LAURENT C, GLAVEANU V, CHAUDET C, 2020. Malevolent creativity and social media: creating anti-immigration communities on twitter [J]. Creativity research journal, 32(1): 66-80.

DE VISSER E J, et al., 2016. Almost human: anthropomorphism increases trust resilience in cognitive agents [J]. Journal of experimental psychology: applied, 22(3): 331-349.

DIETRICH A, 2004. The cognitive neuroscience of creativity [J]. Psychonomic bulletin & review, 11: 1011-1026.

DIETRICH A, HAIDER H, 2014. Human creativity, evolutionary algorithms, and predictive representations: the mechanics of thought trials [J]. Psychonomic bulletin & review: 1-19.

DOISE W, 1978. Groups and individuals: explanations in social psychology [M]. Cambridge: Cambridge University Press.

DORIGO M, 1992. Optimization, learning and natural algorithms [D]. Milano: Politecnico di Milano.

EAPEN T T, et al., 2023. How generative AI can augment human creativity [J]. Harvard business review, 101(4): 76-85.

EARLEY P C, ANG S, 2003. Cultural intelligence: individual interactions across cultures [M]. Stanford: Stanford University Press.

EDMONDSON A, 1999. Psychological safety and learning behavior in work teams [J].

Administrative science quarterly, 44（2）: 350–383.

EICHSTAEDT J C, et al., 2018. Facebook language predicts depression in medical records [J]. Proceedings of the national academy of sciences, 115（44）: 11203–11208.

ELFENBEIN H, 2007. Emotion in organizations: a review and theoretical integration [J]. Academy of management annals, 1（1）: 315–386.

EREZ M, NOURI R, 2010. Creativity: the influence of cultural, social, and work contexts [J]. Management and organization review, 6（3）: 351–370.

FARH J L, LEE C, FARH C I C, 2010. Task conflict and team creativity: a question of how much and when [J]. Journal of applied psychology, （95）: 1173–1180.

FEIST G J, 1998. A meta-analysis of personality in scientific and artistic creativity [J]. Personality and social psychology review, 2（4）: 290–309.

FELDMAN D, CSIKSZENTMIHALYI M, GARDNER H, 1994. Changing the world [M]. Westport.

FERRARI F, PALADINO M P, JETTEN J, 2016. Blurring human-machine distinctions: anthropomorphic appearance in social robots as a threat to human distinctiveness [J]. International journal of social robotics, 8（2）: 287–302.

FERRARIO A, LOI M, VIGANÒ E, 2020. In AI we trust Incrementally: a multi-layer model of trust to analyze Human-Artificial intelligence interactions [J]. Philosophy & technology, 33（3）: 523–539.

FINK A, BENEDEK M, 2014. EEG alpha power and creative ideation [J]. Neuroscience & biobehavioral reviews, 44: 111–123.

FISKE S T, et al., 2002. A model of (often mixed) stereotype content: competence and warmth respectively follow from perceived status and competition [J]. Journal of personality and social psychology, 82（6）: 878.

FLAHERTY A W, 2005. Fromtotemporal and dopaminergic control of idea generation and creative drive [J]. Journal of comparative neurology, 493（1）: 147–153.

FLAHERTY A W, 2011. Brain illness and creativity: mechanisms and treatment risks [J]. The Canadian journal of psychiatry, 56（3）: 132–143.

FLETCHER J, SOTTILARE R A, 2018. Shared mental models in support of adaptive instruction for teams using the GIFT tutoring architecture [J]. International journal of artificial intelligence in education, 28（2）: 265–285.

FLYNN J R, 1987. Massive IQ gains in 14 nations: what IQ tests really measure [J]. Psychological bulletin, 101（2）: 171.

FORGEARD M, MECKLENBURG A C, 2013. The two dimensions of motivation and a reciprocal model of the creative process [J]. Review of general psychology, 17（3）: 255–266.

FRANKLIN J C, et al., 2016. A brief mobile app reduces nonsuicidal and suicidal self-injury: evidence from three randomized controlled trials [J]. Journal of consulting and clinical psychology, 84（6）: 544.

FRISCHKNECHT R, 2021. A social cognition perspective on autonomous technology [J]. Computers in human behavior, 122: 106815.

FURNHAM A, et al., 2008. Personality, hypomania, intelligence and creativity [J]. Personality & individual differences, 44（5）:1060–1069.

GALIN D, 1974. Implications for psychiatry of left and right cerebral specialization: a neurophysiological context for unconscious processes [J]. Archives of general psychiatry, 31(4): 572–583.

GALTON F, 1891. Hereditary genius [M]. D. Appleton.

GALTON F, 1883. Inquiries into human faculty and its development [M]. Macmillan.

GAO Q, et al., 2020. The impact of school climate on trait creativity in primary school students: the mediating role of achievement motivation and proactive personality [J]. Asia Pacific journal of education, 40(3): 330–343.

GARDNER H, KORNHABER M L, WAKE W K, 1996. Intelligence: multiple perspectives [M]. Harcourt brace college publishers.

GEORGE J M, ZHOU J, 2002. Understanding when bad moods foster creativity and good ones don't: the role of context and clarity of feelings [J]. Journal of applied psychology, 87(4): 687–697.

GERSICK C J G, 1991. Revolutionary change theories: a multilevel exploration of the punctuated equilibrium paradigm [J]. Academy of management review, 16(1): 10–36.

GIACCARDI E, FISCHER G, 2008. Creativity and evolution: a metadesign perspective [J]. Digital creativity, 19(1): 19–32.

GLIKSON E, WOOLLEY A W, 2020. Human trust in artificial intelligence: Review of empirical research [J]. Academy of management annals, 14(2): 627–660.

GOEL V, VARTANIAN O, 2005. Dissociating the roles of right ventral lateral and dorsal lateral prefrontal cortex in generation and maintenance of hypotheses in set-shift problems [J]. Cerebral cortex, 15(8): 1170–1177.

GONG Y, et al., 2013. A multilevel model of team goal orientation, information exchange, and creativity [J]. Academy of management journal, 56(3): 827–851.

GORDON S M, GORDON A, 2021. Wargaming development series: developing impactful wargame narratives through storytelling [J]. Journal of advanced military studies,

12（2）：182–198.

GOUGH H G, 1979. A creative personality scale for the adjective check list [J]. Journal of personality and social psychology, 37（8）：1398–1405.

GRANT A M, BERRY J W, 2011. The necessity of others is the mother of invention: Intrinsic and prosocial motivations, perspective taking, and creativity [J]. Academy of management journal, 54（1）：73–96.

GRAY H M, GRAY K, WEGNER D M, 2007. Dimensions of mind perception [J]. Science, 315（5812）：619–619.

GRAY K, et al., 2019. "Forward flow": a new measure to quantify free thought and predict creativity [J]. American psychologist, 74（5）：539.

GREEN A E, et al., 2023. The process definition of creativity [J]. Creativity research journal：1–29.

GRUNER D T, CSIKSZENTMIHALYI M, 2019. Engineering creativity in an age of artificial intelligence [J]. The Palgrave handbook of social creativity research：447–462.

GUNDLACH R H, GESELL G P, 1979. Extent of psychological differentiation and creativity [J]. Perceptual and motor skills, 48（1）：319–333.

HAMMOND M M, et al., 2011. Predictors of individual–level innovation at work: a meta–analysis [J]. Psychology of aesthetics, creativity, and the arts, 5（1）：90–105.

HAN S J, LEE Y, BEYERLEIN M, 2019. Developing team creativity: the influence of psychological safety and relation–oriented shared leadership [J]. Performance improvement quarterly, 32（2）：159–182.

HARRISON D A, et al., 2002. Time, teams, and task performance: changing effects of surface–and deep–level diversity on group functioning [J]. Academy of management journal, 45（5）: 1029-1045.

HARVEY S, 2014. Creative synthesis: exploring the process of extraordinary group creativity [J]. Academy of management review, 39（3）: 324-343.

HE W, et al., 2020. Different roles of shared and vertical leadership in promoting team creativity: cultivating and synthesizing team members' individual creativity [J]. Personnel psychology, 73（1）: 199-225.

HERTZ N, WIESE E, 2019. Good advice is beyond all price, but what if it comes from a machine? [J]. Journal of experimental psychology: applied, 25（3）: 386-395.

HHAI ,2023. Augmenting Human Intellect [M]. IOS Press.

HOEVER I J, VAN KNIPPENBERG D, VAN GINKEL W P, et al., 2012. Fostering team creativity: perspective taking as key to unlocking diversity's potential [J]. Journal of applied psychology, 97（5）: 982-996.

HOFF K A, BASHIR M, 2015. Trust in automation: integrating empirical evidence on factors that influence trust [J]. Human factors, 57（3）: 407-434.

HONG J W, et al., 2022. Human, I wrote a song for you: an experiment testing the influence of machines' attributes on the AI-composed music evaluation [J]. Computers in Human Behavior, 131: 107239.

HONG J W, PENG Q, WILLIAMS D, 2021. Are you ready for artificial Mozart and Skrillex? an experiment testing expectancy violation theory and AI music [J]. New media & society, 23（7）: 1920-1935.

HONGDIZI J, et al., 2023. Influence of analytic processing on divergent and convergent thinking tasks: the role of rational and experiential thinking styles [J]. Journal of Intelligence, 11（2）: 2.

HORTON JR C B, WHITE M W, IYENGAR S S, 2023. Bias against AI art can enhance perceptions of human creativity [J]. Scientific Reports, 13（1）: 19001.

HORWITZ S K, HORWITZ I B, 2007. The effects of team diversity on team outcomes: a meta–analytic review of team demography [J]. Journal of management, 33（6）: 987–1015.

HOU F, et al., 2021. Entrepreneurial team knowledge diversity and creativity: a multilevel analysis of knowledge sharing, individual creativity, and team creativity [J]. Frontiers in psychology, 12: 717–756.

HOWARD–JONES P A, et al., 2005. Semantic divergence and creative story generation: an fMRI investigation [J]. Cognitive brain research, 25（1）: 240–250.

HU J, et al., 2018. Leader humility and team creativity: the role of team information sharing, psychological safety, and power distance [J]. Journal of applied psychology, 103（3）: 313–323.

HUANG C, et al., 2022.An overview of artificial intelligence ethics [J]. IEEE transactions on artificial intelligence, 4（4）: 799–819.

HUANG C C, et al., 2010.The idea storming cube: evaluating the effects of using game and computer agent to support divergent thinking [J]. Journal of educational technology & society, 13（4）: 180–191.

HUANG C, et al., 2022.An overview of artificial intelligence ethics [J]. IEEE transactions on artificial intelligence, 4（4）: 799–819.

HÜLSHEGER U R, ANDERSON N, SALGADO J F, 2009. Team–level predictors of innovation at work: a comprehensive meta–analysis spanning three decades of research [J]. Journal of applied psychology, 94（5）: 1128–1145.

HUSKEY V R, HUSKEY H D, 1980. Lady lovelace and charles babbage [J]. IEEE annals of the history of computing, 2(4): 299–329.

INGA J, et al., 2023. Human–machine symbiosis: a multivariate perspective for physically coupled human–machine systems [J]. International journal of human–computer studies, 170: 102926.

ISAKSEN S G, LAUER K J, 2002. The climate for creativity and change in teams [J]. Creativity and innovation management, 11(1): 74–86.

ISEN A M, DAUBMAN K A, NOWICKI G P, 1987. Positive affect facilitates creative problem solving [J]. Journal of personality and social psychology, 52(6): 1122.

JACKSON S E, 1996. The consequences of diversity in multidisciplinary work teams [J]. Handbook of work group psychology: 53–75.

JAIN A K, DUIN R P, MAO J, 2000. Statistical pattern recognition: a review [J]. IEEE transactions on pattern analysis and machine intelligence, 22(1): 4–37.

JARRAHI M H, 2018. Artificial intelligence and the future of work: human–AI symbiosis in organizational decision making [J]. Business horizons, 61(4): 577–586.

JEHN K A, NORTHCRAFT G B, NEALE M A, 1999. Why differences make a difference: a field study of diversity, conflict and performance in workgroups [J]. Administrative science quarterly, 44(4): 741–763.

JETTEN J, SPEARS R, POSTMES T, 2004. Intergroup distinctiveness and differentiation: a meta–analytic integration [J]. Journal of personality and social psychology, 86(6): 862.

JIANG H, ZHANG Q P, 2014. Development and validation of team creativity measures: a complex systems perspective [J]. Creativity and innovation management, 23(3): 264–275.

JOO B K, et al., 2012. Team creativity: the effects of perceived learning culture, developmental feedback and team cohesion [J]. International journal of training and development, 16 (2): 77–91.

JORDANOUS A, 2016. Four Perspectives on computational creativity in theory and in practice [J]. Connection science, 28 (2): 194–216.

JUNG R E, et al., 2010. White matter integrity, creativity, and psychopathology: disentangling constructs with diffusion tensor imaging [J]. PloS one, 5 (3): e9818.

KAHNEMAN D, TVERSKY A, 1972. Subjective probability: a judgment of representativeness [J]. Cognitive psychology, 3 (3): 430–454.

KAUFMAN J C, 2012. Counting the muses: development of the Kaufman domains of creativity scale (K–DOCS) [J]. Psychology of aesthetics creativity & the arts, 6 (4):298.

KAUFMAN J C, BEGHETTO R A, 2009. Beyond big and little: the four C model of creativity [J]. Review of general psychology, 13 (1): 1–12.

KÉRI S, 2011. Solitary minds and social capital: latent inhibition, general intellectual functions and social network size predict creative achievements [J]. Psychology of aesthetics, creativity, and the arts, 5 (3): 215.

KHARKHURIN A V, 2014. Creativity. 4in1: four-criterion construct of creativity [J]. Creativity research journal, 26 (3): 338–352.

KIM A, et al., 2019. Effects of gender and relationship type on the response to artificial intelligence [J]. Cyberpsychology, behavior, and social networking, 22 (4): 249–253.

KIM S Y, SCHMITT B H, THALMANN N M, 2019. Eliza in the uncanny valley: anthropomorphizing consumer robots increases their perceived warmth but decreases liking [J]. Marketing letters, 30: 1–12.

KIRK U, et al., 2009. Modulation of aesthetic value by semantic context: an fMRI study[J]. NeuroImage, 44（3）: 1125–1132.

KÖBIS N, MOSSINK L D, 2021. Artificial intelligence versus Maya Angelou: experimental evidence that people cannot differentiate AI–generated from human–written poetry [J]. Computers in human behavior, 114: 106553.

KONG H, et al., 2021. Influences of artificial intelligence （AI） awareness on career competency and job burnout [J]. International journal of contemporary hospitality management, 33（2）: 717–734.

KOUNIOS J, et al., 2008. The origins of insight in resting–state brain activity [J]. Neuropsychologia, 46（1）: 281–291.

KREBS H I, et al., 2007. Robot-aided neurorehabilitation: a robot for wrist rehabilitation [J]. IEEE transactions on neural systems and rehabilitation engineering, 15（3）: 327–335.

KULISEVSKY J, PAGONABARRAGA J, MARTINEZ–CORRAL M, 2009. Changes in artistic style and behaviour in Parkinson's disease: dopamine and creativity [J]. Journal of neurology, 256（5）: 816–819.

KWON J, KUDROWITZ B, 2023. Concept evaluation dilemma: presentation effect on product concept evaluation in the new product development （NPD） process [J]. International journal of design creativity and innovation, 11（2）:138–158.

LAN L, KAUFMAN J C, 2012. American and Chinese similarities and differences in defining and valuing creative products [J]. The journal of creative behavior, 46（4）: 285–306.

LANGLEY P, et al., 1987. Scientific discovery: computational explorations of the creative processes [M]. MIT press.

LAZER D, et al., 2009. Social science: computational social science [J]. Science, 323(5915): 721–723.

LECUN Y, BENGIO Y, HINTON G, 2015. Deep learning [J]. Nature, 521(7553): 436–444.

LEE E K, et al., 2018. The dual effects of task conflict on team creativity: focusing on the role of team-focused transformational leadership [J]. International journal of conflict management, 95(6): 1173–1180.

LEE Y–N, WALSH J P, WANG J, 2015. Creativity in scientific teams: unpacking novelty and impact [J]. Research policy, 44(3): 684–697.

LEUNG A K Y, CHIU C Y, 2010. Multicultural experience, idea receptiveness, and creativity [J]. Journal of cross-cultural psychology, 41(5–6): 723–741.

LIEBOWITZ J, 2001. Knowledge management and its link to artificial intelligence [J]. Expert systems with applications, 20(1): 1–6.

LIMB C, BRAUN A, 2008. Neural substrates of spontaneous musical performance: an fMRI study of jazz improvisation [J]. PLoS One, 3(2): e1679.

LIU D, CHEN X–P, YAO X, 2011. From autonomy to creativity: a multilevel investigation of the mediating role of harmonious passion [J]. Journal of applied psychology, 96(2): 294

LONGUET-HIGGINS H. Artificial intelligence: a new theoretical psychology? [J]. Cognition, 10(1–3): 197–200.

LUM K, ISAAC W, 2016. To predict and serve? [J]. Significance, 13(5): 14–19.

LUO J, NIKI K, PHILIPS S, 2016. Neural correlates of the Aha! Reaction [J]. Neuro report, 15(13): 2013–2017.

MACDORMAN K F, ENTEZARI S O, 2015. Individual differences predict sensitivity to the uncanny valley [J]. Interaction studies, 16 (2): 141–172.

MADDUX W W, GALINSKY A D, 2009. Cultural borders and mental barriers: the relation ship between living abroad and creativity [J]. Journal of personality and social psychology, 96 (5): 1047.

MADORE K P, et al., 2020. Memory failure predicted by attention lapsing and media multitasking [J]. Nature, 587 (7832): 87–91.

MAGNI F, PARK J, CHAO M M, 2023. Humans as creativity gatekeepers: are we biased against AI creativity? [J]. Journal of business and psychology, 1–14.

MA H H, 2009. The effect size of variables associated with creativity: a meta–analysis [J]. Creativity research journal, 21 (1): 30–42.

MARR J C, THAU S, 2014. Falling from great (and not–so–great) heights: how initial status position influences performance after status loss [J]. Academy of management journal, 57 (1): 223–248.

MAYSELESS N, SHAMAY–TSOORY S G, 2015. Enhancing verbal creativity: modulating creativity by altering the balance between right and left inferior frontal gyrus with tDCS [J]. Neuroscience, 291: 167–176.

MAZNEVSKI M L, 1994. Understanding our differences: performance in decision–making groups with diverse members [J]. Human relations, 47 (5): 531–552.

MCCLURE P K, 2018. "You're fired," says the robot: the rise of automation in the workplace, technophobes, and fears of unemployment [J]. Social science computer review, 36 (2): 139–156.

MCCULLOCH W S, PITTS W, 1943. A logical calculus of the ideas immanent in nervous activity [J]. The bulletin of mathematical biophysics, 5 (4): 115–133.

MCGRATH J E, 1984. Groups: interaction and performance [M]. Englewood Cliffs, NJ: Prentice-Hall.

MCKAY A S, GRYGIEL P, KARWOWSKI M, 2017. Connected to create: a social network analysis of friendship ties and creativity [J]. Psychology of aesthetics, creativity, and the arts, 11 (3): 284.

MEHTA A, et al., 2009. Team goal orientation and team performance: the mediating role of team planning [J]. Journal of management, 35 (4): 1026-1046.

MINSKY M, 1988. Society of mind [M]. Simon and Schuster.

MIRON-SPEKTOR E, PALETZ S B, LIN C C, 2015. To create without losing face: the effects of face cultural logic and social-image affirmation on creativity [J]. Journal of organizational behavior, 36 (7): 919-943.

MIROWSKA A, 2020. AI evaluation in selection [J]. Journal of personnel psychology, 19 (3): 142-149.

MITCHELL T M, 1999. Machine learning and data mining [J]. Communications of the ACM, 42 (11): 30-36.

MOFFAT D C, KELLY M, 2006. An investigation into people's bias against computational creativity in music composition [J]. Assessment, 13 (11): 1-8.

MOHAMMED S S, et al., 2021. Does the context matter? the interplay of hr systems and relational climates predicting individual and team creativity[J]. Creativity research journal: 1-19.

MORI M, MACDORMAN K F, KAGEKI N, 2012. The uncanny valley from the field [J]. IEEE robotics & automation magazine, 19 (2): 98-100.

MÜLLER B C N, et al., 2021. I Robot: how human appearance and mind attribution relate to the perceived danger of robots [J]. International journal of social robotics, 13 (4):

691–701.

NAN C, KHAN F, IQBAL M T, 2008. Real-time fault diagnosis using knowledge-based expert system [J]. Process safety and environmental protection, 86(1): 55–71.

NEWELL A, SIMON H A, 2007. Computer science as empirical inquiry: symbols and search [M]. ACM Turing award lectures.

NEWMAN D T, FAST N J, HARMON D J, 2020. When eliminating bias isn't fair: algorithmic reductionism and procedural justice in human resource decisions [J]. Organizational behavior and human decision processes, 160: 149–167.

NIEDBALA E M, HOHMAN Z P, 2019. Retaliation against the outgroup: the role of self-uncertainty [J]. Group processes & intergroup relations, 22(5): 708–723.

NILSSON N J, 1998. Artificial intelligence: a new synthesis [M]. Morgan Kaufmann.

NIU W, KAUFMAN J C, 2013. Creativity of Chinese and American cultures: a synthetic analysis [J]. The journal of creative behavior, 47(1): 77–87.

NIU W, STERNBERG R J, 2006. The philosophical roots of western and eastern conceptions of creativity [J]. Journal of theoretical and philosophical psychology, 26(1-2): 18–38.

OEDZES J J, et al., 2019. Informal hierarchy and team creativity: the moderating role of empowering leadership [J]. Applied psychology, 68(1): 3–25.

OHLY S, FRITZ C, 2010. Work characteristics, challenge appraisal, creativity, and proactive behavior: a multi-level study [J]. Journal of organizational behavior, 31(4): 543–565.

PAULUS P B, LAREY T S, ORTEGA A H, 1995. Performance and perceptions of brainstormers in an organizational setting [J]. Basic and applied social psychology, 17(1-2):

249–265.

PERSKI O, et al., 2019. Do daily fluctuations in psychological and app-related variables predict engagement with an alcohol reduction app? a series of N-Of-1 studies [J]. JMIR mHealth and uHealth, 7(10): e14098.

PICARD R, COSIER G, 1997. Affective intelligence: the missing link? [J]. BT Technology journal, 15(4): 151–162.

PICARD R W, 2000. Affective computing [M]. MIT press.

PICCIANO A G, 2012. The evolution of big data and learning analytics in American higher education [J]. Journal of asynchronous learning networks, 16(3): 9–20.

PIROLA–MERLO A, MANN L, 2004. The relationship between individual creativity and team creativity: aggregating across people and time [J]. Journal of organizational behavior, 25(2): 235–257.

PIZOŃ J, GOLA A, 2023. Human–machine relationship: perspective and future roadmap for industry 5.0 solutions [J]. Machines, 11(2): 203.

POOLE M S, 2003. A multiple sequence model of group decision development [J]. Theory and practice (an anthology), 8: 76–82.

POULTON B C, WEST M A, 1993. Effective multidisciplinary teamwork in primary health care [J]. Journal of advanced nursing, 18(6): 918–925.

PUTMAN V L, PAULUS P B, 2009. Brainstorming, brainstorming rules and decision making [J]. The journal of creative behavior, 43(1): 29–40.

PUTNAM H, 2018. Computational psychology and interpretation theory [M]. Artificial intelligence: Routledge.

QIN X, et al., 2022. Adults still can't resist: a social robot can induce normative conformity [J]. Computers in human behavior, 127: 107041.

RAFNER J, ROGER E B, KAUFMAN J C, 2023. Creativity in the age of generative AI [J]. Nature human behavior, 7 (11), 1836–1838.

RAZUMNIKOVA O M, BRYZGALOV A O, 2005. Frequency–spatial organization of brain electrical activity in creative verbal thought: the role of the gender factor [J]. Neuroscience and behavioral physiology, 36 (6): 645–653.

REEVES B, NASS C, 1996. The media equation: how people treat computers, television, and new media like real people [M]. Cambridge: CSLI Publication.

RENZULLI J S, DELCOURT M A B, 1986. The legacy and logic of research on the identification of gifted persons [J]. Gifted child quarterly, 30 (1): 20–23.

REUTER M, et al., 2006. Identification of first candidate genes for creativity: a pilot study [J]. Brain research, 1069: 190–197.

RHODES M, 1961. An analysis of creativity [J]. The Phi delta kappan, 42 (7): 305–310.

RIEK B M, MANIA E W, GAERTNER S L, 2006. Intergroup threat and outgroup attitudes: a meta–analytic review [J]. Personality and social psychology review, 10 (4): 336–353.

RIETZSCHEL E F, NIJSTAD B A, STROEBE W, 2006. Productivity is not enough: a comparison of interactive and nominal brainstorming groups on idea generation and selection [J]. Journal of experimental social psychology, 42 (2): 244–251.

ROBINETTE P, HOWARD A M, WAGNER A R, 2017. Effect of robot performance on human–robot trust in time–critical situations [J]. IEEE transactions on human–machine systems, 47 (4): 425–436.

ROSE D, LANGLEY P, 1986. Chemical discovery as belief revision [J]. Machine learning, 1(4): 423–452.

ROWE J, PARTRIDGE D, 1993. Creativity: a survey of AI approaches [J]. Artificial intelligence review, 7(1): 43–70.

RUNCO M A, et al., 2011. The genetic basis of creativity and ideational fluency [J]. Creativity research journal, 23(4): 376–380.

RUSSELL S, NORVIG P, 2002. Artificial intelligence: a modern approach [M]. Pearson education.

SAMUEL A L, 1959. Machine learning [J]. The technology review, 62(1): 42–45.

SAUNDERS R, 2012. Towards autonomous creative systems: a computational approach [J]. Cognitive computation, 4(3): 216–225.

SAUNDERS R, BOWN O, 2015. Computational social creativity [J]. Artificial life, 21(3): 366–378.

SAWYER K, 2012. Learning how to create: toward a learning sciences of art and design [M]. Oxford: Oxford University Press.

SAWYER R K, 2012. Explaining creativity: the science of human innovation [M]. Oxford: Oxford University Press: 87.

SCHAEFER C E, 1970. Evaluation of a program for developing creative thinking in teachers and children at the fourth and fifth grade levels [D]. New York: Fordham University.

SCHULER D, 1994. Social computing [J]. Communications of the ACM, 37(1): 28–29.

SEGIJN C M, VOORVELD H A, SMIT E G, 2017. How related multiscreening could positively affect advertising outcomes [J]. Journal of advertising, 46(4): 455–472.

SHAFFER D W, COLLIER W, RUIS A R, 2016. A tutorial on epistemic network analysis: analyzing the structure of connections in cognitive, social, and interaction data [J]. Journal of Learning Analytics, 3(3): 9–45.

SHEFRIN H, MEIR S, 2003. The contributions of Daniel Kahneman and Amos Tversky [J]. The journal of behavioral finance, 4(2): 54–58.

SHEPHERD L, et al., 2018. The role of threat, emotions, and prejudice in promoting collective action against immigrant groups [J]. European journal of social psychology, 48(4): 447–459.

SHIN D, 2021. The effects of explainability and causability on perception, trust, and acceptance: implications for explainable AI [J]. International journal of human–computer studies, 146: 102551.

SHIN S J, ZHOU J, 2007. When is educational specialization heterogeneity related to creativity in research and development teams? transformational leadership as a moderator [J]. Journal of applied psychology, 92(6): 1709–1721.

SHIN Y, et al., 2016. Does team culture matter? roles of team culture and collective regulatory focus in team task and creative performance [J]. Group & organization management, 41(2): 232–265.

SHRIF M, 1956. Experiments in group conflict [J]. Scientific American, 195(5): 54–59.

SIMS K, 2023. Evolving virtual creatures [J]. Seminal graphics papers: pushing the boundaries, 2: 699–706.

SLAGLE J R, 1963. A heuristic program that solves symbolic integration problems in freshman calculus [J]. Journal of the ACM, 10(4): 507–520.

SOLSO R, 2001. Brain activities in a skilled versus a novice artist: an fMRI study [J]. Leonardo, 34（1）: 31–34.

SPARROW B, LIU J, WEGNER D M, 2011. Google effects on memory: cognitive consequences of having information at our fingertips [J]. Science, 333（6043）: 776–778.

SPEARMAN C, 1904. "General Intelligence" objectively determined and measured [J]. American journal of psychology, 15（2）: 201–293.

STARCHENKO M, et al., 2003. Study of the brain organization of creative thinking [J]. Human physiology, 29（5）: 652–653.

STAW B M, 2009. Is group creativity reallyan oxymoron? some thoughts on bridging the cohesion–creativity divide [J]. Creativity in groups: 311–323.

STAW B M, SANDELANDS L E, DUTTON J E, 1981. Threat rigidity effects in organizational behavior: a multilevel analysis [J]. Administrative science quarterly, 26（4）: 501–524.

STEIGLEDER M K, et al., 1980. Drivelike motivational properties of competitive behavior [J]. Journal of personality and social psychology, 38（1）: 93–104.

STERNBERG R J, 1988, Society, culture, and person: a systems view of creativity[M] Cambridge: Cambridge University Press.

STERNBERG R J, O'HARA L A, LUBART T I, 1997. Creativity as investment [J]. California management review, 40（1）: 8–21.

STEWART G L, 2006. A meta–analytic review of relationships between team design features and team performance [J]. Journal of management, 32（1）: 29–55.

STURM B L, et al., 2019. Machine learning research that matters for music creation: a case study [J]. Journal of new music research, 48（1）: 36–55.

SUN R, 2006. Cognition and multi-agent interaction: from cognitive modeling to social simulation [M]. Cambridge: Cambridge University Press.

SUN R, 2008. The cambridge handbook of computational psychology [M]. Cambridge: Cambridge University Press.

TADMOR C T, GALINSKY A D, MADDUX W W, 2012. Getting the most out of living abroad: biculturalism and integrative complexity as key drivers of creative and professional success [J]. Journal of personality and social psychology, 103(3): 520–542.

TAKEUCHI H, et al., 2010. White matter structures associated with creativity: evidence from diffusion tensor imaging [J]. Neuroimage, 51: 11–18.

TAO W, GAO S, YUAN Y, 2023. Boundary crossing: an experimental study of individual perceptions toward AIGC [J]. Frontiers in psychology, 14: 1185880.

TAYLOR C L, KAUFMAN J C, 2021. The creative trait motivation scales [J]. Thinking skills and creativity, 39: 100763.

THORNDIKE R L, STEIN S, 1937. An evaluation of the attempts to measure social intelligence [J]. Psychological bulletin, 34(5): 275.

THURSTON J R, CALDEN G, 1954. Intelligence factors in irregular discharge among tuberculosis patients [J]. Journal of consulting psychology, 18(6): 404.

TORRANCE E P, 1972. Predictive validity of the Torrance tests of creative thinking [J]. Journal of creative behavior, 6(4): 236–262.

TURING A, 1936. Turing machine [J]. Proc London Math Soc, 242: 230–265.

TVERSKY A, KAHNEMAN D, 1973. Availability: a heuristic for judging frequency and probability [J]. Cognitive psychology, 5(2): 207–232.

TVERSKY A, KAHNEMAN D, 1974. Judgment under uncertainty: heuristics and biases: biases in judgments reveal some heuristics of thinking under uncertainty [J]. Science, 185 (4157): 1124–1131.

UNCAPHER M R, K THIEU M, WAGNER A D, 2016. Media multitasking and memory: differences in working memory and long-term memory [J]. Psychonomic bulletin & review, 23 (2): 483–490.

VAN BEZOUW M J, VAN DER TOORN J, BECKER J C, 2021. Social creativity: reviving a social identity approach to social stability [J]. European journal of social psychology, 51 (2): 409–422.

VAN DEN BOS K, 2001. Uncertainty management: the influence of uncertainty salience on reactions to perceived procedural fairness [J]. Journal of personality and social psychology, 80 (6): 931–941.

VAN DER SCHUUR, et al., 2019. Social media use, social media stress and sleep: examining cross-sectional and longitudinal relationships in adolescents [J]. Kind en adolescent, 40: 157–177.

VAN KNIPPENBERG D, DE DREU C K W, HOMAN A C, 2004. Work group diversity and group performance: an integrative model and research agenda [J]. Journal of applied psychology, 89 (6): 1008–1022.

VARSHNEY L R, et al., 2019. A big data approach to computational creativity: the curious case of Chef Watson [J]. IBM journal of research and development, 63 (1): 7: 1–7: 18.

VESSEY W B, MUMFORD M D, 2012. Heuristics as a basis for assessing creative potential: measures, methods, and contingencies [J]. Creativity research journal, 24 (1):

41–54.

VIEIRA DE FIGUEIREDO C, PEREIRA C R, 2021. The effect of gender and male distinctiveness threat on prejudice against homosexuals [J]. Journal of personality and social psychology, 121（6）: 1241–1257.

VINCHON F, et al., 2023. Artificial intelligence & creativity: a manifesto for collaboration [J]. The journal of creative behavior, 57（4）:472–484.

VOCI A, 2006. The link between identification and in‑group favouritism: effects of threat to social identity and trust‑related emotions [J]. British journal of social psychology, 45（2）: 265–284.

VOLLMER A L, et al., 2018. Children conform, adults resist: a robot group induced peer pressure on normative social conformity [J]. Science robotics, 3（21）: 1–7.

VOORVELD H A, VAN DER GOOT M, 2013. Age differences in media multitasking: a diary study [J]. Journal of broadcasting & electronic media, 57（3）: 392–408.

WALLAS G, 1926. The art of thought [M]. New York: Harcourt Brace Jovanovich.

WANG Y, et al., 2016. Clustering of electricity consumption behavior dynamics toward big data applications [J]. IEEE transactions on smart grid, 7（5）: 2437–2447.

WANG Y, WANG L, 2016. Self-construal and creativity: the moderator effect of self-esteem [J]. Personality and individual differences, 99: 184–189.

WAYTZ A, et al., 2010. Causes and consequences of mind perception [J]. Trends in cognitive sciences, 14（8）: 383–388.

WAYTZ A, NORTON M I, 2014. Botsourcing and outsourcing: robot, British, Chinese, and German workers are for thinking-not feeling-jobs [J]. Emotion, 14（2）: 434–444.

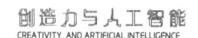

WEI D, et al., 2014. Increased resting functional connectivity of the medial prefrontal cortex in creativity by means of cognitive stimulation [J]. Cortex, 51: 92–102.

WEST M A, ANDERSON N R, 1996. Innovation in top management teams [J]. Journal of applied psychology, 81 (6): 680–693.

WEST M A, 2002. Sparkling fountains or stagnant ponds: an integrative model of creativity and innovation implementation in work groups [J]. Applied psychology, 51 (3): 355–387

XU S, WANG Z J, DAVID P, 2016. Media multitasking and well-being of university students [J]. Computers in human behavior, 55: 242–250.

XUE H, LU K, HAO N, 2018. Cooperation makes two less-creative individuals turn into a highly-creative pair [J]. Neuroimage, 172, 527–537

YEARSLEY J M, BUSEMEYER J R, 2016. Quantum cognition and decision theories: a tutorial [J]. Journal of mathematical psychology, 74: 99–116.

YI X, et al., 2013. Cultural and bilingual influences on artistic creativity performances: comparison of German and Chinese students [J]. Creativity research journal, 25 (1): 97–108.

YOGEESWARAN K, el al., 2016.The interactive effects of robot anthropomorphism and robot ability on perceived threat and support for robotics research [J]. Journal of human-robot interaction, 5 (2): 29–47.

ZEKI S, 2001. Artistic creativity and the brain [J]. Science, 293 (5527): 51–52.

ZHANG S, ZHANG J, 2017. The association of TPH genes with creative potential [J]. Psychology of aesthetics, creativity, and the arts, 11 (1): 2.

ZHANG S, ZHANG M, ZHANG J, 2014. Association of COMT and COMT-DRD2 interaction with creative potential [J]. Frontiers in human neuroscience, 8:

216.

ZHANG W, et al., 2017. Exploring the effects of job autonomy on engagement and creativity: the moderating role of performance pressure and learning goal orientation [J]. Journal of business and psychology, 32(3): 235–251.

ZHU D H, CHANG Y P, 2020. Robot with humanoid hands cooks food better? effect of robotic chef anthropomorphism on food quality prediction [J]. International journal of contemporary hospitality management, 32(3): 1367–1383.

ZŁOTOWSKI J, YOGEESWARAN K, BARTNECK C, 2017. Can we control it? autonomous robots threaten human identity, uniqueness, safety, and resources [J]. International journal of human–computer studies, 100: 48–54.

ZU C, ZENG H, ZHOU X, 2019. Computational simulation of team creativity: the benefit of member flow [J]. Frontiers in psychology, 10: 188.